2024年版全国二级建造师执业资格考试用书

建设工程法规及相关知识

全国二级建造师执业资格考试用书编写委员会 编写

中国建筑工业出版社

图书在版编目（CIP）数据

建设工程法规及相关知识/全国二级建造师执业资格考试用书编写委员会编写. —北京：中国建筑工业出版社，2023.11

2024年版全国二级建造师执业资格考试用书

ISBN 978-7-112-29282-0

Ⅰ. ①建… Ⅱ. ①全… Ⅲ. ①建筑法—中国—资格考试—自学参考资料 Ⅳ. ①D922.297

中国国家版本馆CIP数据核字（2023）第190178号

责任编辑：牛　松
责任校对：党　蕾

2024年版全国二级建造师执业资格考试用书

建设工程法规及相关知识

全国二级建造师执业资格考试用书编写委员会　编写

*

中国建筑工业出版社出版、发行（北京海淀三里河路9号）
各地新华书店、建筑书店经销
北京同文印刷有限责任公司印刷

*

开本：787毫米×1092毫米　1/16　印张：20　字数：486千字
2024年1月第一版　2024年1月第一次印刷
定价：**78.00元**（含增值服务）
ISBN 978-7-112-29282-0
（41845）

如有内容及印装质量问题，请联系本社读者服务中心退换
电话：（010）58337283　QQ：2885381756
（地址：北京海淀三里河路9号中国建筑工业出版社604室　邮政编码：100037）

版权所有　翻印必究

请读者识别、监督：
　　本书封面印有网上增值服务码，环衬为有中国建筑工业出版社水印的专用防伪纸，封底印有专用溯源码，扫描该码可验真伪。
　　举报电话：（010）58337026；举报QQ：3050159269
本社法律顾问：上海博和律师事务所许爱东律师

序

为了加强建设工程项目管理，提高工程项目总承包及施工管理专业技术人员素质，规范施工管理行为，保证工程质量和施工安全，根据《中华人民共和国建筑法》《建设工程质量管理条例》《建设工程安全生产管理条例》和国家有关执业资格考试制度的规定，2002年人事部和建设部联合颁布了《建造师执业资格制度暂行规定》（人发〔2002〕111号），对从事建设工程项目总承包及施工管理的专业技术人员实行建造师执业资格制度。

注册建造师是以专业工程技术为依托、以工程项目管理为主业的注册执业人士。注册建造师可以担任建设工程总承包或施工管理的项目负责人，从事法律、行政法规或标准规范规定的相关业务。实行建造师执业资格制度后，我国大中型工程施工项目负责人由取得注册建造师资格的人士担任。建造师执业资格制度的建立，将为我国拓展国际建筑市场开辟广阔的道路。

按照人事部和建设部印发的《建造师执业资格制度暂行规定》（人发〔2002〕111号）、《建造师执业资格考试实施办法》（国人部发〔2004〕16号）和《关于建造师资格考试相关科目专业类别调整有关问题的通知》（国人厅发〔2006〕213号）要求，本编委会组织全国具有较高理论水平和丰富实践经验的专家、学者，按照"二级建造师执业资格考试大纲（2024年版）"要求，编写了"2024年版全国二级建造师执业资格考试用书"（以下简称"考试用书"）。在编撰过程中，遵循"以素质测试为基础、以工程实践内容为主导"的指导思想，坚持"模块化与系统性相结合，理论性与实操性相结合，指导性与实用性相结合，一致性与特色化相结合"的修订原则，力求在素质测试的基础上，进一步加强对考生实践能力的考核，切实选拔出具有较高理论水平和施工现场实际管理能力的人才。本套考试用书共9册，书名分别为《建设工程施工管理》《建设工程法规及相关知识》《建筑工程管理与实务》《公路工程管理与实务》《水利水电工程管理与实务》《矿业工程管理与实务》《机电工程管理与实务》《市政公用工程管理与实务》《建设工程法律法规选编》。本套考试用书既可作为全国二级建造师执业资格考试学习用书，也可供从事工程管理的其他人员学习使用和高等学校相关专业师生教学参考。

考试用书编撰者为高等学校、行业协会和施工企业等方面的专家和学者。在此，谨向他们表示衷心感谢。在考试用书编写过程中，虽经反复推敲核证，仍难免有不妥甚至疏漏之处，恳请广大读者提出宝贵意见。

全国二级建造师执业资格考试用书编写委员会

前　言

依法治国就是依照宪法和法律来治理国家，是中国共产党领导人民治理国家的基本方略，是发展社会主义市场经济的客观需要，也是社会文明进步的显著标志，国家长治久安的必要保障。目前，中国特色社会主义法律体系已经形成，法治政府建设稳步推进，司法体制不断完善，全社会法治观念明显增强。

国家对于建设工程领域法律法规的制定和实施，也是十分重视的。国家先后颁布实施了《中华人民共和国建筑法》《中华人民共和国招标投标法》《中华人民共和国无障碍环境建设法》等建设工程领域的法律法规，也颁布实施了《中华人民共和国民法典》《中华人民共和国行政许可法》等相关的法律法规。这些法律法规是工程建设活动的依据，注册建造师在从事工程项目管理的过程中，要严格依照法律法规进行管理，既需要掌握建设工程领域的法律法规，也需要掌握在工程项目管理中与行政监督机构发生行政监督管理关系中的法律依据、与施工企业有合同关系的其他民事主体（如建设单位）产生权利义务的法律依据以及在内部管理中产生的劳动关系等的法律依据。

本书编写委员会由行业内的高水平专家组成，既有相关专业的大学教师，也有施工企业的专家、行业监管部门的领导，全书内容力图反映国家最新的立法现状，也贴近建设工程领域的现实情况。为行文简洁，本书在引用《中华人民共和国建筑法》《中华人民共和国招标投标法》等法律时，均简称为《建筑法》《招标投标法》等。

本书编写严格依据最新版"二级建造师执业资格考试大纲"，既可作为全国二级建造师执业资格考试学习用书，也可供从事工程管理的其他人员学习使用和高等学校相关专业师生教学参考。

网上免费增值服务说明

为了给二级建造师考试人员提供更优质、持续的服务，我社为购买正版考试图书的读者免费提供网上增值服务，增值服务分为文档增值服务和全程精讲课程，具体内容如下：

☞ **文档增值服务：** 主要包括各科目的备考指导、学习规划、考试复习方法、重点难点内容解析、应试技巧、在线答疑，每本图书都会提供相应内容的增值服务。

☞ **全程精讲课程：** 由权威老师进行网络在线授课，对考试用书重点难点内容进行全面讲解，旨在帮助考生掌握重点内容，提高应试水平。课程涵盖**全部考试科目**。

更多免费增值服务内容敬请关注"建工社微课程"微信服务号，网上免费增值服务使用方法如下：

1. 计算机用户

2. 移动端用户

注： 增值服务从本书发行之日起开始提供，至次年新版图书上市时结束，提供形式为在线阅读、观看。如果输入卡号和密码或扫码后无法通过验证，请及时与我社联系。

客服电话：4008-188-688（周一至周五 9：00—17：00）

Email：jzs@cabp.com.cn

防盗版举报电话：010-58337026，举报查实重奖。

网上增值服务如有不完善之处，敬请广大读者谅解。欢迎提出宝贵意见和建议，谢谢！

读者如果对图书中的内容有疑问或问题，可关注微信公众号【建造师应试与执业】，与图书编辑团队直接交流。

建造师应试与执业

目 录

第1章 建设工程基本法律知识 ··· 1
1.1 建设工程法律基础 ··· 1
1.2 建设工程物权制度 ··· 7
1.3 建设工程知识产权制度 ··· 15
1.4 建设工程侵权责任制度 ··· 20
1.5 建设工程税收制度 ··· 23
1.6 建设工程行政法律制度 ··· 28
1.7 建设工程刑事法律制度 ··· 37

第2章 建筑市场主体制度 ··· 44
2.1 建筑市场主体的一般规定 ··· 44
2.2 建筑业企业资质制度 ··· 51
2.3 建造师注册执业制度 ··· 59
2.4 建筑市场主体信用体系建设 ··· 67
2.5 营商环境制度 ··· 72

第3章 建设工程许可法律制度 ·· 78
3.1 建设工程规划许可 ··· 78
3.2 建设工程施工许可 ··· 80

第4章 建设工程发承包法律制度 ·· 86
4.1 建设工程发承包的一般规定 ··· 86
4.2 建设工程招标投标制度 ··· 90
4.3 非招标采购制度 ··· 100

第5章 建设工程合同法律制度 ··· 107
5.1 合同的基本规定 ··· 107
5.2 建设工程施工合同的规定 ·· 116
5.3 相关合同制度 ·· 125

第 6 章　建设工程安全生产法律制度 ... 143

- 6.1　建设单位和相关单位的安全责任制度 ... 143
- 6.2　施工安全生产许可证制度 ... 152
- 6.3　施工单位安全生产责任制度 ... 154
- 6.4　施工现场安全防护制度 ... 166
- 6.5　施工生产安全事故的应急救援和调查处理 ... 175
- 6.6　政府主管部门安全生产监督管理 ... 183

第 7 章　建设工程质量法律制度 ... 188

- 7.1　工程建设标准 ... 188
- 7.2　无障碍环境建设制度 ... 195
- 7.3　建设单位及相关单位的质量责任和义务 ... 201
- 7.4　施工单位的质量责任和义务 ... 209
- 7.5　建设工程竣工验收制度 ... 219
- 7.6　建设工程质量保修制度 ... 223

第 8 章　建设工程环境保护和历史文化遗产保护法律制度 ... 227

- 8.1　建设工程环境保护制度 ... 227
- 8.2　施工中历史文化遗产保护制度 ... 238

第 9 章　建设工程劳动保障法律制度 ... 244

- 9.1　劳动合同制度 ... 244
- 9.2　劳动用工和工资支付保障 ... 251
- 9.3　劳动安全卫生和保护 ... 257
- 9.4　工伤保险制度 ... 262
- 9.5　劳动争议的解决 ... 267

第 10 章　建设工程争议解决法律制度 ... 272

- 10.1　建设工程争议和解、调解制度 ... 272
- 10.2　仲裁制度 ... 274
- 10.3　民事诉讼制度 ... 280
- 10.4　行政复议制度 ... 293
- 10.5　行政诉讼制度 ... 300

第1章 建设工程基本法律知识

党的十八届四中全会通过的《中共中央关于全面推进依法治国若干重大问题的决定》指出，全面推进依法治国，总目标是建设中国特色社会主义法治体系，建设社会主义法治国家。为此，要坚持法治国家、法治政府、法治社会一体建设，实现科学立法、严格执法、公正司法、全民守法，促进国家治理体系和治理能力现代化。作为一名建造师，必须增强法律意识和法治观念，做到学法、懂法、守法和用法，这是新时期对建造师从事执业活动的基本要求。

第1章
看本章精讲课
配套章节自测

1.1 建设工程法律基础

建设工程法律具有综合性的特点，虽然主要是经济法的组成部分，但还包括了行政法、民法商法等的内容。建设工程法律同时又具有一定的独立性和完整性，具有自己的完整体系。建设工程法律体系，是指把已经制定的和需要制定的建设工程方面的法律、行政法规、部门规章和地方性法规、地方政府规章等有机结合起来，形成的一个相互联系、相互补充、相互协调的完整统一的体系。

1.1.1 法律部门和法律体系

法律体系也称法的体系，通常指由一个国家现行的各个部门法构成的有机联系的统一整体。2011年3月10日，十一届全国人民代表大会第四次会议正式宣布：一个立足中国国情和实际、适应改革开放和社会主义现代化建设需要、集中体现党和人民意志的，以宪法为统帅，以宪法相关法、民法商法等多个法律部门的法律为主干，由法律、行政法规、地方性法规等多个层次的法律规范构成的中国特色社会主义法律体系已经形成，国家经济建设、政治建设、文化建设、社会建设以及生态文明建设的各个方面实现有法可依。

在我国法律体系中，根据所调整的社会关系性质不同，可以划分为不同的部门法。部门法又称法律部门，是根据一定标准、原则所制定的同类法律规范的总称。我国法律体系的基本框架是由宪法及宪法相关法、民法商法、行政法、经济法、社会法、刑法、诉讼与非诉讼程序法等构成。2023年9月5日，全国人民代表大会常务委员会法制工作委员会发布了《现行有效法律目录》，截至2023年9月1日十四届全国人大常委会第五次会议闭幕，现行有效法律共计298件，按法律部门分类如下。

1. 宪法及宪法相关法

宪法是国家的根本大法，是特定社会政治经济和思想文化条件综合作用的产物，集中反映各种政治力量的实际对比关系，确认革命胜利成果和现实的民主政治，规定国家的根本任务和根本制度，即社会制度、国家制度的原则和国家政权的组织以及公民的基本权利义务等内容。

宪法相关法，是指《地方各级人民代表大会和地方各级人民政府组织法》《全国人民代表大会和地方各级人民代表大会选举法》《国籍法》《全国人民代表大会组织法》《国务院组织法》《民族区域自治法》等法律。

2. 民法商法

民法是规定并调整平等主体的公民间、法人间及公民与法人间的财产关系和人身关系的法律规范的总称。商法是调整市场经济关系中商人及其商事活动的法律规范的总称。

我国采用的是民商合一的立法模式，商法被认为是民法的特别法和组成部分。《民法典》《商标法》《专利法》《著作权法》《消费者权益保护法》《公司法》《招标投标法》等属于民法商法。

3. 行政法

行政法是调整行政主体在行使行政职权和接受行政法制监督过程中而与行政相对人、行政法制监督主体之间发生的各种关系，以及行政主体内部发生的各种关系的法律规范的总称。

作为行政法调整对象的行政关系，主要包括行政管理关系、行政法制监督关系、行政救济关系、内部行政关系。《土地管理法》《城市房地产管理法》《行政处罚法》《行政复议法》《环境影响评价法》《行政许可法》《城乡规划法》等属于行政法。

4. 经济法

经济法是调整国家在协调、干预经济运行的过程中发生的经济关系的法律规范的总称。《建筑法》《统计法》《标准化法》《税收征收管理法》《预算法》《审计法》《节约能源法》《政府采购法》《反垄断法》等属于经济法。

5. 社会法

社会法是调整劳动关系、社会保障和社会福利关系的法律规范的总称。

社会法是在国家干预社会生活过程中逐渐发展起来的一个法律门类，所调整的是政府与社会之间、社会不同部分之间的法律关系。《无障碍环境建设法》《残疾人保障法》《矿山安全法》《劳动法》《职业病防治法》《安全生产法》《劳动合同法》等属于社会法。

6. 刑法

刑法是关于犯罪和刑罚的法律规范的总称。《刑法》是这一法律部门的主要内容。

7. 诉讼与非诉讼程序法

诉讼法指的是规范诉讼程序的法律的总称。我国有三大诉讼法，即《刑事诉讼法》《行政诉讼法》《民事诉讼法》。非诉讼程序法有《仲裁法》《劳动争议调解仲裁法》《人民调解法》等。

1.1.2 法的形式和效力层级

1. 法的形式

法的形式是指法律创制方式和外部表现形式。它包括4层含义：（1）法律规范创制机关的性质及级别；（2）法律规范的外部表现形式；（3）法律规范的效力等级；（4）法律规范的地域效力。法的形式决定于法的本质。在世界历史上存在过的法律形式主要有：习惯法、宗教法、判例、规范性法律文件、国际惯例、国际条约等。

我国法的形式是制定法形式，具体可分为以下7类：

1）宪法

宪法是由全国人民代表大会依照特别程序制定的具有最高效力的根本法。宪法是集中反映统治阶级的意志和利益，其主要功能是制约和平衡国家权力，保障公民权利。宪法在我国法律体系中具有最高的法律地位和法律效力，是我国最高的法律形式。

宪法也是建设法规的最高形式，是国家进行建设管理、监督的权力基础。如《宪法》规定："国务院行使下列职权：……（六）领导和管理经济工作和城乡建设、生态文明建设""县级以上地方各级人民政府依照法律规定的权限，管理本行政区域内的……城乡建设事业……行政工作，发布决定和命令，任免、培训、考核和奖惩行政工作人员。"

2）法律

法律是指由全国人民代表大会和全国人民代表大会常务委员会制定颁布的规范性法律文件，即狭义的法律。法律分为基本法律和一般法律（又称非基本法律、专门法）两类。基本法律是由全国人民代表大会制定的调整国家和社会生活中带有普遍性的社会关系的规范性法律文件的统称，如刑法、民法、诉讼法以及有关国家机构的组织法等法律。一般法律是由全国人民代表大会常务委员会制定的调整国家和社会生活中某种具体社会关系或其中某一方面内容的规范性文件的统称，如《建筑法》《招标投标法》等法律。

《立法法》第11条规定："下列事项只能制定法律：（一）国家主权的事项；（二）各级人民代表大会、人民政府、监察委员会、人民法院和人民检察院的产生、组织和职权；（三）民族区域自治制度、特别行政区制度、基层群众自治制度；（四）犯罪和刑罚；（五）对公民政治权利的剥夺、限制人身自由的强制措施和处罚；（六）税种的设立、税率的确定和税收征收管理等税收基本制度；（七）对非国有财产的征收、征用；（八）民事基本制度；（九）基本经济制度以及财政、海关、金融和外贸的基本制度；（十）诉讼制度和仲裁基本制度；（十一）必须由全国人民代表大会及其常务委员会制定法律的其他事项。"

建设法律既包括专门的建设领域的法律，也包括与建设活动相关的其他法律。例如，前者有《城乡规划法》《建筑法》《城市房地产管理法》等，后者有《民法典》《行政处罚法》《行政许可法》等。

3）行政法规

行政法规是国家最高行政机关国务院根据宪法和法律就有关执行法律和履行行政管理职权的问题，以及依据全国人民代表大会及其常务委员会特别授权所制定的规范性文件的总称。

依照《立法法》的规定，国务院根据宪法和法律，制定行政法规。行政法规可以就下列事项作出规定：（1）为执行法律的规定需要制定行政法规的事项；（2）宪法规定的国务院行政管理职权的事项。应当由全国人民代表大会及其常务委员会制定法律的事项，国务院根据全国人民代表大会及其常务委员会的授权决定先制定行政法规，经过实践检验，制定法律的条件成熟时，国务院应当及时提请全国人民代表大会及其常务委员会制定法律。

现行的建设行政法规主要有《建设工程质量管理条例》《建设工程安全生产管理条例》《建设工程勘察设计管理条例》《城市房地产开发经营管理条例》等。

4）地方性法规、自治条例和单行条例

省、自治区、直辖市的人民代表大会及其常务委员会根据本行政区域的具体情况和实际需要，在不同宪法、法律、行政法规相抵触的前提下，可以制定地方性法规。设区的市的人民代表大会及其常务委员会根据本市的具体情况和实际需要，在不同宪法、法律、行政法规和本省、自治区的地方性法规相抵触的前提下，可以对城乡建设与管理、生态文明建设、历史文化保护、基层治理等方面的事项制定地方性法规，法律对设区的市制定地方性法规的事项另有规定的，从其规定。设区的市的地方性法规须报省、自治区的人民代表大会常务委员会批准后施行。省、自治区的人民代表大会常务委员会对报请批准的地方性法规，应当对其合法性进行审查，认为同宪法、法律、行政法规和本省、自治区的地方性法规不抵触的，应当在4个月内予以批准。省、自治区的人民代表大会常务委员会在对报请批准的设区的市的地方性法规进行审查时，发现其同本省、自治区的人民政府的规章相抵触的，应当作出处理决定。

地方性法规可以就下列事项作出规定：（1）为执行法律、行政法规的规定，需要根据本行政区域的实际情况作具体规定的事项；（2）属于地方性事务需要制定地方性法规的事项。

经济特区所在地的省、市的人民代表大会及其常务委员会根据全国人民代表大会的授权决定，制定法规，在经济特区范围内实施。民族自治地方的人民代表大会有权依照当地民族的政治、经济和文化的特点，制定自治条例和单行条例。自治区的自治条例和单行条例，报全国人民代表大会常务委员会批准后生效。自治州、自治县的自治条例和单行条例，报省、自治区、直辖市的人民代表大会常务委员会批准后生效。

目前，各地方都制定了大量的规范建设活动的地方性法规、自治条例和单行条例，如《北京市建筑绿色发展管理条例》《天津市建设工程质量管理条例》《新疆维吾尔自治区建筑市场管理条例》等。

5）部门规章

国务院各部、委员会、中国人民银行、审计署和具有行政管理职能的直属机构以及法律规定的机构，可以根据法律和国务院的行政法规、决定、命令，在本部门的权限范围内，制定规章。

部门规章规定的事项应当属于执行法律或者国务院的行政法规、决定、命令的事项，其名称可以是"规定""办法"和"实施细则"等。没有法律或者国务院的行政法规、决定、命令的依据，部门规章不得设定减损公民、法人和其他组织权利或者增加其义务的规范，不得增加本部门的权力或者减少本部门的法定职责。目前，大量的建设法规是以部门规章的方式发布，如住房和城乡建设部发布的《房屋建筑和市政基础设施工程质量监督管理规定》《房屋建筑和市政基础设施工程竣工验收备案管理办法》《市政公用设施抗灾设防管理规定》，国家发展和改革委员会发布的《招标公告和公示信息发布管理

办法》《必须招标的工程项目规定》等。

涉及两个以上国务院部门职权范围的事项，应当提请国务院制定行政法规或者由国务院有关部门联合制定规章。目前，国务院有关部门已联合制定了一些规章，如2013年3月，国家发展和改革委员会、工业和信息化部、财政部、住房和城乡建设部、交通运输部、铁道部、水利部、国家广播电影电视总局、中国民用航空局经修改后联合发布的《评标委员会和评标方法暂行规定》。

6）地方政府规章

省、自治区、直辖市和设区的市、自治州的人民政府，可以根据法律、行政法规和本省、自治区、直辖市的地方性法规制定规章。

地方政府规章可以就下列事项作出规定：（1）为执行法律、行政法规、地方性法规的规定需要制定规章的事项；（2）属于本行政区域的具体行政管理事项。设区的市、自治州的人民政府制定地方政府规章，限于城乡建设与管理、生态文明建设、历史文化保护、基层治理等方面的事项。已经制定的地方政府规章，涉及上述事项范围以外的，继续有效。没有法律、行政法规、地方性法规的依据，地方政府规章不得设定减损公民、法人和其他组织权利或者增加其义务的规范。

目前，省、自治区、直辖市和设区的市、自治州的人民政府都制定了大量地方政府规章，如《重庆市建设工程造价管理规定》《宁波市政府投资建设工程造价管理办法》等。

7）国际条约

国际条约是指我国与外国缔结、参加、签订、加入、承认的双边、多边的条约、协定和其他具有条约性质的文件。国际条约的名称，除条约外，还有公约、协议、协定、议定书、宪章、盟约、换文和联合宣言等。除我国在缔结时宣布持保留意见不受其约束的以外，这些条约的内容都与国内法具有一样的约束力，所以也是我国法的形式。例如，我国加入世界贸易组织后，世界贸易组织中与工程建设有关的协定也对我国的建设活动产生约束力。

2. 法的效力层级

法的效力层级，是指法律体系中的各种法的形式，由于制定的主体、程序、时间、适用范围等的不同，具有不同的效力，形成法的效力等级体系。

1）宪法至上

宪法是国家的根本大法，具有最高的法律效力。宪法作为根本法和母法，是其他立法活动的最高法律依据。任何法律、法规都必须遵循宪法而产生，无论是维护社会稳定、保障社会秩序，还是规范经济秩序，都不能违背宪法的基本准则。

2）上位法优于下位法

在我国法律体系中，法律的效力仅次于宪法而高于其他法的形式。行政法规的法律地位和法律效力仅次于宪法和法律，高于地方性法规和部门规章。地方性法规的效力，高于本级和下级地方政府规章。省、自治区人民政府制定的规章的效力，高于本行政区域内的设区的市、自治州人民政府制定的规章。

自治条例和单行条例依法对法律、行政法规、地方性法规作变通规定的，在本自治地方适用自治条例和单行条例的规定。经济特区法规根据授权对法律、行政法规、地方性法规作变通规定的，在本经济特区适用经济特区法规的规定。

部门规章之间、部门规章与地方政府规章之间具有同等效力，在各自的权限范围内施行。

3）特别法优于一般法

特别法优于一般法，是指公法权力主体在实施公权力行为中，当一般规定与特别规定不一致时，优先适用特别规定。《立法法》规定，同一机关制定的法律、行政法规、地方性法规、自治条例和单行条例、规章，特别规定与一般规定不一致的，适用特别规定。

4）新法优于旧法

新法、旧法对同一事项有不同规定时，新法的效力优于旧法。《立法法》规定，同一机关制定的法律、行政法规、地方性法规、自治条例和单行条例、规章，新的规定与旧的规定不一致的，适用新的规定。

5）需要由有关机关裁决适用的特殊情况

法律之间对同一事项的新的一般规定与旧的特别规定不一致，不能确定如何适用时，由全国人民代表大会常务委员会裁决。

行政法规之间对同一事项的新的一般规定与旧的特别规定不一致，不能确定如何适用时，由国务院裁决。

地方性法规、规章之间不一致时，由有关机关依照下列规定的权限作出裁决：（1）同一机关制定的新的一般规定与旧的特别规定不一致时，由制定机关裁决。（2）地方性法规与部门规章之间对同一事项的规定不一致，不能确定如何适用时，由国务院提出意见，国务院认为应当适用地方性法规的，应当决定在该地方适用地方性法规的规定；认为应当适用部门规章的，应当提请全国人民代表大会常务委员会裁决。（3）部门规章之间、部门规章与地方政府规章之间对同一事项的规定不一致时，由国务院裁决。

根据授权制定的法规与法律规定不一致，不能确定如何适用时，由全国人民代表大会常务委员会裁决。

6）备案和审查

行政法规、地方性法规、自治条例和单行条例、规章应当在公布后的 30 日内依照下列规定报有关机关备案：（1）行政法规报全国人民代表大会常务委员会备案。（2）省、自治区、直辖市的人民代表大会及其常务委员会制定的地方性法规，报全国人民代表大会常务委员会和国务院备案；设区的市、自治州的人民代表大会及其常务委员会制定的地方性法规，由省、自治区的人民代表大会常务委员会报全国人民代表大会常务委员会和国务院备案。（3）自治州、自治县的人民代表大会制定的自治条例和单行条例，由省、自治区、直辖市的人民代表大会常务委员会报全国人民代表大会常务委员会和国务院备案；自治条例、单行条例报送备案时，应当说明对法律、行政法规、地方性法规作出变通的情况。（4）部门规章和地方政府规章报国务院备案；地方政府规章应当同时报本级人民代表大会常务委员会备案；设区的市、自治州的人民政府制定的规章应当同时报省、自治区的人民代表大会常务委员会和人民政府备案。（5）根据授权制定的法规应当报授权决定规定的机关备案；经济特区法规、浦东新区法规、海南自由贸易港法规报送备案时，应当说明变通的情况。

国务院、中央军事委员会、国家监察委员会、最高人民法院、最高人民检察院和各省、自治区、直辖市的人民代表大会常务委员会认为行政法规、地方性法规、自治条例和单行条例同宪法或者法律相抵触或存在合宪性、合法性问题的，可以向全国人民代表大会常务委员会书面提出进行审查的要求，由全国人民代表大会有关的专门委员会和常务委员会工作机构进行审查、提出意见。其他国家机关和社会团体、企业事业组织以及公民认为行政法规、地方性法规、自治条例和单行条例同宪法或者法律相抵触的，可以向全国人民代表大会常务委员会书面提出进行审查的建议，由常务委员会工作机构进行审查；必要时，送有关的专门委员会进行审查、提出意见。

全国人民代表大会专门委员会、常务委员会工作机构可以对报送备案的行政法规、地方性法规、自治条例和单行条例等进行主动审查，并可以根据需要进行专项审查。国务院备案审查工作机构可以对报送备案的地方性法规、自治条例和单行条例，部门规章和省、自治区、直辖市的人民政府制定的规章进行主动审查，并可以根据需要进行专项审查。

1.2 建设工程物权制度

《民法典》是规范各类民事主体人身关系和财产关系的民事基本法律。其立法目的之一是为了维护国家基本经济制度，维护社会主义市场经济秩序，明确物的归属，发挥物的效用，保护权利人的物权。

物权是一项基本民事权利，也是大多数经济活动的基础和目的。在建设工程活动中涉及的许多权利都源于物权。建设单位对建设工程项目的权利来自于物权中最基本的权利——所有权，施工单位的施工活动是为了形成《民法典》意义上的物——建设工程。

1.2.1 物权的设立、变更、转让、消灭和保护

1. 物权的设立、变更、转让、消灭

1）不动产登记

不动产登记，是指不动产登记机构依法将不动产权利归属和其他法定事项记载于不动产登记簿的行为。不动产，是指土地、海域以及房屋、林木等定着物。不动产物权的设立、变更、转让和消灭，经依法登记，发生效力；未经登记，不发生效力，但是法律另有规定的除外。不动产物权的设立、变更、转让和消灭，依照法律规定应当登记的，自记载于不动产登记簿时发生效力。依法属于国家所有的自然资源，所有权可以不登记。不动产登记，由不动产所在地的登记机构办理。

下列不动产权利，依照规定办理登记：（1）集体土地所有权；（2）房屋等建筑物、构筑物所有权；（3）森林、林木所有权；（4）耕地、林地、草地等土地承包经营权；（5）建设用地使用权；（6）宅基地使用权；（7）海域使用权；（8）地役权；（9）抵押权；（10）法律规定需要登记的其他不动产权利。不动产登记费按件收取，不得按照不动产的面积、体积或者价款的比例收取。

不动产登记机构应当履行下列职责：（1）查验申请人提供的权属证明和其他必要材

料；（2）就有关登记事项询问申请人；（3）如实、及时登记有关事项；（4）法律、行政法规规定的其他职责。登记机构不得有下列行为：（1）要求对不动产进行评估；（2）以年检等名义进行重复登记；（3）超出登记职责范围的其他行为。

当事人之间订立有关设立、变更、转让和消灭不动产物权的合同，除法律另有规定或者当事人另有约定外，自合同成立时生效；未办理物权登记的，不影响合同效力。不动产权属证书是权利人享有该不动产物权的证明。不动产权属证书记载的事项，应当与不动产登记簿一致；记载不一致的，除有证据证明不动产登记簿确有错误外，以不动产登记簿为准。

权利人、利害关系人可以申请查询、复制不动产登记资料，登记机构应当提供。利害关系人不得公开、非法使用权利人的不动产登记资料。

当事人签订买卖房屋的协议或者签订其他不动产物权的协议，为保障将来实现物权，按照约定可以向登记机构申请预告登记。预告登记后，未经预告登记的权利人同意，处分该不动产的，不发生物权效力。预告登记后，债权消灭或者自能够进行不动产登记之日起 90 日内未申请登记的，预告登记失效。

2）动产交付

动产物权的设立和转让，自交付时发生效力，但是法律另有规定的除外。船舶、航空器和机动车等的物权的设立、变更、转让和消灭，未经登记，不得对抗善意第三人。

动产物权设立和转让前，权利人已经占有该动产的，物权自民事法律行为生效时发生效力。动产物权设立和转让前，第三人占有该动产的，负有交付义务的人可以通过转让请求第三人返还原物的权利代替交付。动产物权转让时，当事人又约定由出让人继续占有该动产的，物权自该约定生效时发生效力。

3）其他规定

因人民法院、仲裁机构的法律文书或者人民政府的征收决定等，导致物权设立、变更、转让或者消灭的，自法律文书或者征收决定等生效时发生效力。因合法建造、拆除房屋等事实行为设立或者消灭物权的，自事实行为成就时发生效力。

2. 物权的保护

物权的保护，是指通过法律规定的方法和程序保障物权人在法律许可的范围内对其财产行使占有、使用、收益、处分权利的制度。物权受到侵害的，权利人可以通过和解、调解、仲裁、诉讼等途径解决。

因物权的归属、内容发生争议的，利害关系人可以请求确认权利。无权占有不动产或者动产的，权利人可以请求返还原物。妨害物权或者可能妨害物权的，权利人可以请求排除妨害或者消除危险。造成不动产或者动产毁损的，权利人可以请求修理、重作、更换或者恢复原状。侵害物权，造成权利人损害的，权利人可以请求损害赔偿，也可以请求承担其他民事责任。物权保护方式，可以单独适用，也可以根据权利被侵害的情形合并适用。

侵害物权，除承担民事责任外，违反行政管理规定的，依法承担行政责任；构成犯罪的，依法追究刑事责任。

1.2.2 所有权、用益物权、担保物权和占有

物权包括所有权、用益物权和担保物权。占有是指占有人对物具有事实上的管领和控制的状态。

1. 所有权

所有权是所有人依法对自己财产（包括不动产和动产）所享有的占有、使用、收益和处分的权利。它是一种财产权，又称财产所有权。所有权是物权中最重要也最完全的一种权利。当然，所有权在法律上也受到一定的限制。最主要的限制是，为了公共利益的需要，依照法律规定的权限和程序可以征收集体所有的土地和组织、个人的房屋及其他不动产。

财产所有权的权能，是指所有人对其所有的财产依法享有的权利，包括占有权、使用权、收益权、处分权。

1）占有权

占有权是指对财产实际掌握、控制的权能。占有权是行使物的使用权的前提条件，是所有人行使财产所有权的一种方式。占有权可以根据所有人的意志和利益分离出去，由非所有人享有。例如，根据货物运输合同，承运人对托运人的财产享有占有权。

2）使用权

使用权是指对财产的实际利用和运用的权能。通过对财产实际利用和运用满足所有人的需要，是实现财产使用价值的基本渠道。使用权是所有人所享有的一项独立权能。所有人可以在法律规定的范围内，以自己的意志使用其所有物。

3）收益权

收益权是指收取由原物产生出来的新增经济价值的权能。原物新增的经济价值，包括由原物直接派生出来的果实、由原物所产生出来的租金和利息、对原物直接利用而产生的利润等。收益往往是因为使用而产生的，因而收益权也往往与使用权联系在一起。但是，收益权本身是一项独立的权能，而使用权并不能包括收益权。有时，所有人并不行使对物的使用权，仍可以享有对物的收益权。

4）处分权

处分权是指依法对财产进行处置，决定财产在事实上或法律上命运的权能。处分权的行使决定着物的归属。处分权是所有人的最基本的权利，是所有权内容的核心。

2. 用益物权

1）用益物权的一般规定

用益物权是权利人对他人所有的不动产或者动产，依法享有占有、使用和收益的权利。用益物权包括土地承包经营权、建设用地使用权、宅基地使用权、居住权和地役权。

国家所有或者国家所有由集体使用以及法律规定属于集体所有的自然资源，组织、个人依法可以占有、使用和收益。此时，组织或者个人就成为用益物权人。因不动产或者动产被征收、征用，致使用益物权消灭或者影响用益物权行使的，用益物权人有权获得相应补偿。

2）土地承包经营权

土地承包经营权人依法对其承包经营的耕地、林地、草地等享有占有、使用和收益的权利，有权从事种植业、林业、畜牧业等农业生产。耕地的承包期为30年。草地的承包期为30年至50年。林地的承包期为30年至70年。承包期限届满，由土地承包经营权人依照农村土地承包的法律规定继续承包。土地承包经营权自土地承包经营权合同生效时设立。

登记机构应当向土地承包经营权人发放土地承包经营权证、林权证等证书，并登记造册，确认土地承包经营权。土地承包经营权人依照法律规定，有权将土地承包经营权互换、转让。未经依法批准，不得将承包地用于非农建设。

3）建设用地使用权

建设用地使用权人依法对国家所有的土地享有占有、使用和收益的权利，有权利用该土地建造建筑物、构筑物及其附属设施。建设用地使用权可以在土地的地表、地上或者地下分别设立。

设立建设用地使用权，应当符合节约资源、保护生态环境的要求，遵守法律、行政法规关于土地用途的规定，不得损害已经设立的用益物权。设立建设用地使用权，可以采取出让或者划拨等方式。

工业、商业、旅游、娱乐和商品住宅等经营性用地以及同一土地有两个以上意向用地者的，应当采取招标、拍卖等公开竞价的方式出让。严格限制以划拨方式设立建设用地使用权。通过招标、拍卖、协议等出让方式设立建设用地使用权的，当事人应当采用书面形式订立建设用地使用权出让合同。

设立建设用地使用权的，应当向登记机构申请建设用地使用权登记。建设用地使用权自登记时设立。登记机构应当向建设用地使用权人发放权属证书。建设用地使用权人应当合理利用土地，不得改变土地用途；需要改变土地用途的，应当依法经有关行政主管部门批准。建设用地使用权人应当依照法律规定以及合同约定支付出让金等费用。建设用地使用权人建造的建筑物、构筑物及其附属设施的所有权属于建设用地使用权人，但是有相反证据证明的除外。

建设用地使用权人有权将建设用地使用权转让、互换、出资、赠与或者抵押，但是法律另有规定的除外。建设用地使用权转让、互换、出资、赠与或者抵押的，当事人应当采用书面形式订立相应的合同。使用期限由当事人约定，但是不得超过建设用地使用权的剩余期限。建设用地使用权转让、互换、出资或者赠与的，应当向登记机构申请变更登记。建设用地使用权转让、互换、出资或者赠与的，附着于该土地上的建筑物、构筑物及其附属设施一并处分。建筑物、构筑物及其附属设施转让、互换、出资或者赠与的，该建筑物、构筑物及其附属设施占用范围内的建设用地使用权一并处分。

建设用地使用权期限届满前，因公共利益需要提前收回该土地的，应当依据规定对该土地上的房屋以及其他不动产给予补偿，并退还相应的出让金。住宅建设用地使用权期限届满的，自动续期。续期费用的缴纳或者减免，依照法律、行政法规的规定办理。非住宅建设用地使用权期限届满后的续期，依照法律规定办理。该土地上的房屋以及其他不动产的归属，有约定的，按照约定；没有约定或者约定不明确的，依照法律、行政法规的规定办理。

建设用地使用权消灭的，出让人应当及时办理注销登记。登记机构应当收回权属证书。

集体所有的土地作为建设用地的，应当依照土地管理的法律规定办理。

4）宅基地使用权

宅基地使用权人依法对集体所有的土地享有占有和使用的权利，有权依法利用该土地建造住宅及其附属设施。宅基地使用权的取得、行使和转让，适用土地管理的法律和国家有关规定。宅基地因自然灾害等原因灭失的，宅基地使用权消灭。对失去宅基地的村民，应当依法重新分配宅基地。已经登记的宅基地使用权转让或者消灭的，应当及时办理变更登记或者注销登记。

5）居住权

居住权人有权按照合同约定，对他人的住宅享有占有、使用的用益物权，以满足生活居住的需要。设立居住权，当事人应当采用书面形式订立居住权合同。居住权无偿设立，但是当事人另有约定的除外。设立居住权的，应当向登记机构申请居住权登记。居住权自登记时设立。

居住权不得转让、继承。设立居住权的住宅不得出租，但是当事人另有约定的除外。居住权期限届满或者居住权人死亡的，居住权消灭。居住权消灭的，应当及时办理注销登记。

6）地役权

地役权人有权按照合同约定，利用他人的不动产，以提高自己的不动产的效益。他人的不动产为供役地，自己的不动产为需役地。设立地役权，当事人应当采用书面形式订立地役权合同。地役权自地役权合同生效时设立。当事人要求登记的，可以向登记机构申请地役权登记；未经登记，不得对抗善意第三人。

供役地权利人应当按照合同约定，允许地役权人利用其不动产，不得妨害地役权人行使权利。地役权人应当按照合同约定的利用目的和方法利用供役地，尽量减少对供役地权利人物权的限制。

地役权期限由当事人约定；但是，不得超过土地承包经营权、建设用地使用权等用益物权的剩余期限。土地所有权人享有地役权或者负担地役权的，设立土地承包经营权、宅基地使用权等用益物权时，该用益物权人继续享有或者负担已经设立的地役权。土地上已经设立土地承包经营权、建设用地使用权、宅基地使用权等用益物权的，未经用益物权人同意，土地所有权人不得设立地役权。

地役权不得单独转让。土地承包经营权、建设用地使用权等转让的，地役权一并转让，但是合同另有约定的除外。地役权不得单独抵押。土地经营权、建设用地使用权等抵押的，在实现抵押权时，地役权一并转让。需役地以及需役地上的土地承包经营权、建设用地使用权等部分转让时，转让部分涉及地役权的，受让人同时享有地役权。供役地以及供役地上的土地承包经营权、建设用地使用权等部分转让时，转让部分涉及地役权的，地役权对受让人具有法律约束力。

3. 担保物权

1）担保物权的一般规定

担保物权是权利人在债务人不履行到期债务或者发生当事人约定的实现担保物权

的情形时，依法享有就担保财产优先受偿的权利。债权人在借贷、买卖等民事活动中，为保障实现其债权，需要担保的，可以设立担保物权。担保物权包括抵押权、质权、留置权。第三人为债务人向债权人提供担保的，可以要求债务人提供反担保。反担保适用《民法典》和其他法律的规定。

设立担保物权，应当订立担保合同。担保合同包括抵押合同、质押合同和其他具有担保功能的合同。担保合同是主债权债务合同的从合同。主债权债务合同无效的，担保合同无效，但是法律另有规定的除外。担保合同被确认无效后，债务人、担保人、债权人有过错的，应当根据其过错各自承担相应的民事责任。

担保物权的担保范围包括主债权及其利息、违约金、损害赔偿金、保管担保财产和实现担保物权的费用。当事人另有约定的，按照其约定。担保期间，担保财产毁损、灭失或者被征收等，担保物权人可以就获得的保险金、赔偿金或者补偿金等优先受偿。被担保债权的履行期限未届满的，也可以提存该保险金、赔偿金或者补偿金等。

第三人提供担保，未经其书面同意，债权人允许债务人转移全部或者部分债务的，担保人不再承担相应的担保责任。被担保的债权既有物的担保又有人的担保的，债务人不履行到期债务或者发生当事人约定的实现担保物权的情形，债权人应当按照约定实现债权；没有约定或者约定不明确，债务人自己提供物的担保的，债权人应当先就该物的担保实现债权；第三人提供物的担保的，债权人可以就物的担保实现债权，也可以请求保证人承担保证责任。提供担保的第三人承担担保责任后，有权向债务人追偿。

2）抵押权

为担保债务的履行，债务人或者第三人不转移财产的占有，将该财产抵押给债权人的，债务人不履行到期债务或者发生当事人约定的实现抵押权的情形，债权人有权就该财产优先受偿。债务人或者第三人为抵押人，债权人为抵押权人，提供担保的财产为抵押财产。

债务人或者第三人有权处分的下列财产可以抵押：（1）建筑物和其他土地附着物；（2）建设用地使用权；（3）海域使用权；（4）生产设备、原材料、半成品、产品；（5）正在建造的建筑物、船舶、航空器；（6）交通运输工具；（7）法律、行政法规未禁止抵押的其他财产。抵押人可以将上述所列财产一并抵押。上述第（1）、（2）、（3）项，或者第（5）项规定的正在建造的建筑物抵押的，应当办理抵押登记，抵押权自登记时设立。以动产抵押的，抵押权自抵押合同生效时设立；未经登记，不得对抗善意第三人。

下列财产不得抵押：（1）土地所有权；（2）宅基地、自留地、自留山等集体所有土地的使用权，但是法律规定可以抵押的除外；（3）学校、幼儿园、医疗机构等为公益目的成立的非营利法人的教育设施、医疗卫生设施和其他公益设施；（4）所有权、使用权不明或者有争议的财产；（5）依法被查封、扣押、监管的财产；（6）法律、行政法规规定不得抵押的其他财产。

企业、个体工商户、农业生产经营者可以将现有的以及将有的生产设备、原材料、半成品、产品抵押，债务人不履行到期债务或者发生当事人约定的实现抵押权的情形，债权人有权就抵押财产确定时的动产优先受偿。

以建筑物抵押的,该建筑物占用范围内的建设用地使用权一并抵押。以建设用地使用权抵押的,该土地上的建筑物一并抵押。抵押人即使未依据规定一并抵押的,未抵押的财产视为一并抵押。乡镇、村企业的建设用地使用权不得单独抵押。以乡镇、村企业的厂房等建筑物抵押的,其占用范围内的建设用地使用权一并抵押。

抵押权人在债务履行期限届满前,与抵押人约定债务人不履行到期债务时抵押财产归债权人所有的,只能依法就抵押财产优先受偿。以动产抵押的,不得对抗正常经营活动中已经支付合理价款并取得抵押财产的买受人。抵押权设立前,抵押财产已经出租并转移占有的,原租赁关系不受该抵押权的影响。

抵押期间,抵押人可以转让抵押财产。当事人另有约定的,按照其约定。抵押财产转让的,抵押权不受影响。抵押人转让抵押财产的,应当及时通知抵押权人。抵押权人能够证明抵押财产转让可能损害抵押权的,可以请求抵押人将转让所得的价款向抵押权人提前清偿债务或者提存。转让的价款超过债权数额的部分归抵押人所有,不足部分由债务人清偿。

抵押权不得与债权分离而单独转让或者作为其他债权的担保。债权转让的,担保该债权的抵押权一并转让,但是法律另有规定或者当事人另有约定的除外。抵押人的行为足以使抵押财产价值减少的,抵押权人有权请求抵押人停止其行为;抵押财产价值减少的,抵押权人有权请求恢复抵押财产的价值,或者提供与减少的价值相应的担保。抵押人不恢复抵押财产的价值,也不提供担保的,抵押权人有权请求债务人提前清偿债务。

抵押权人可以放弃抵押权或者抵押权的顺位。抵押权人与抵押人可以协议变更抵押权顺位以及被担保的债权数额等内容。但是,抵押权的变更未经其他抵押权人书面同意的,不得对其他抵押权人产生不利影响。债务人以自己的财产设定抵押,抵押权人放弃该抵押权、抵押权顺位或者变更抵押权的,其他担保人在抵押权人丧失优先受偿权益的范围内免除担保责任,但是其他担保人承诺仍然提供担保的除外。

同一财产向两个以上债权人抵押的,拍卖、变卖抵押财产所得的价款依照下列规定清偿:(1)抵押权已经登记的,按照登记的时间先后确定清偿顺序;(2)抵押权已经登记的先于未登记的受偿;(3)抵押权未登记的,按照债权比例清偿。其他可以登记的担保物权,清偿顺序参照适用上述规定。

同一财产既设立抵押权又设立质权的,拍卖、变卖该财产所得的价款按照登记、交付的时间先后确定清偿顺序。建设用地使用权抵押后,该土地上新增的建筑物不属于抵押财产。该建设用地使用权实现抵押权时,应当将该土地上新增的建筑物与建设用地使用权一并处分。但是,新增建筑物所得的价款,抵押权人无权优先受偿。

3)质权

质权分为动产质权和权利质权。

动产质权是指为担保债务的履行,债务人或者第三人将其动产出质给债权人占有的,债务人不履行到期债务或者发生当事人约定的实现质权的情形,债权人有权就该动产优先受偿。债务人或者第三人为出质人,债权人为质权人,交付的动产为质押财产。质权人在债务履行期限届满前,与出质人约定债务人不履行到期债务时质押财产归债权人所有的,只能依法就质押财产优先受偿。质权自出质人交付质押财产时设立。质权人有权收取质押财产的孳息，但是合同另有约定的除外。质权人在质权存续期间，未经出质人同意，擅自使用、处分质押财产，造成出质人损害的，应当承担赔偿责任。质权人负有妥善保管质押财产的义务；因保管不善致使质押财产毁损、灭失的，应当承担赔偿责任。质权人的行为可能使质押财产毁损、灭失的，出质人可以请求质权人将质押财产提存，或者请求提前清偿债务并返还质押财产。因不可归责于质权人的事由可能使质押财产毁损或者价值明显减少，足以危害质权人权利的，质权人有权请求出质人提供相应的担保；出质人不提供的，质权人可以拍卖、变卖质押财产，并与出质人协议将拍卖、变卖所得的价款提前清偿债务或者提存。出质人可以请求质权人在债务履行期限届满后及时行使质权；质权人不行使的，出质人可以请求人民法院拍卖、变卖质押财产。

权利质权是以权利出质的质权。债务人或者第三人有权处分的下列权利可以出质：（1）汇票、本票、支票；（2）债券、存款单；（3）仓单、提单；（4）可以转让的基金份额、股权；（5）可以转让的注册商标专用权、专利权、著作权等知识产权中的财产权；（6）现有的以及将有的应收账款；（7）法律、行政法规规定可以出质的其他财产权利。以汇票、本票、支票、债券、存款单、仓单、提单出质的，质权自权利凭证交付质权人时设立；没有权利凭证的，质权自办理出质登记时设立。法律另有规定的，依照其规定。汇票、本票、支票、债券、存款单、仓单、提单的兑现日期或者提货日期先于主债权到期的，质权人可以兑现或者提货，并与出质人协议将兑现的价款或者提取的货物提前清偿债务或者提存。以基金份额、股权出质的，质权自办理出质登记时设立。基金份额、股权出质后，不得转让，但是出质人与质权人协商同意的除外。出质人转让基金份额、股权所得的价款，应当向质权人提前清偿债务或者提存。以注册商标专用权、专利权、著作权等知识产权中的财产权出质的，质权自办理出质登记时设立。知识产权中的财产权出质后，出质人不得转让或者许可他人使用，但是出质人与质权人协商同意的除外。出质人转让或者许可他人使用出质的知识产权中的财产权所得的价款，应当向质权人提前清偿债务或者提存。以应收账款出质的，质权自办理出质登记时设立。应收账款出质后，不得转让，但是出质人与质权人协商同意的除外。出质人转让应收账款所得的价款，应当向质权人提前清偿债务或者提存。

4）留置权

债务人不履行到期债务，债权人可以留置已经合法占有的债务人的动产，并有权就该动产优先受偿。债权人为留置权人，占有的动产为留置财产。债权人留置的动产，应当与债权属于同一法律关系，但是企业之间留置的除外。法律规定或者当事人约定不得留置的动产，不得留置。留置财产为可分物的，留置财产的价值应当相当于债务的金额。

留置权人负有妥善保管留置财产的义务；因保管不善致使留置财产毁损、灭失的，应当承担赔偿责任。留置权人有权收取留置财产的孳息。

留置权人与债务人应当约定留置财产后的债务履行期限；没有约定或者约定不明确的，留置权人应当给债务人60日以上履行债务的期限，但是鲜活易腐等不易保管的动产除外。债务人逾期未履行的，留置权人可以与债务人协议以留置财产折价，也可以就拍卖、变卖留置财产所得的价款优先受偿。债务人可以请求留置权人在债务履行期限届满后行使留置权；留置权人不行使的，债务人可以请求人民法院拍卖、变卖留置财产。留置财产折价或者拍卖、变卖后，其价款超过债权数额的部分归债务人所有，不足部分由债务人清偿。

同一动产上已经设立抵押权或者质权，该动产又被留置的，留置权人优先受偿。留置权人对留置财产丧失占有或者留置权人接受债务人另行提供担保的，留置权消灭。

4. 占有

1）占有的概念

占有，是指占有人对不动产或者动产的实际控制。占有人可以是依法有权占有不动产或者动产，如根据租赁合同在租期内占有对方交付的租赁物。占有人也可能是无权占有他人的不动产或者动产。如借他人的物品，过期不还。占有人不知道自己是无权占有的，为善意占有；明知自己属于无权占有的，为恶意占有。占有可以分为自主占有和他主占有。自主占有是指占有人以所有的意思对物从事的占有。自主占有意味着占有人明示或默示其占有物属于自己，至于他是否对物具备合法所有权，或者是否确信自己具备所有权则不影响自主占有的成立。他主占有是指占有人以非所有的意思对他人财产从事的占有，如保管人对保管物的占有、用益权人对用益物的占有、质权人对质物的占有等。

在工程建设过程中，占有具有重要的意义。在施工过程中，施工企业对施工场地的占有属于他主占有。

2）有权占有的法律适用

《民法典》规定，基于合同关系等产生的占有，有关不动产或者动产的使用、收益、违约责任等，按照合同约定；合同没有约定或者约定不明确的，依照有关法律规定。在施工过程中，施工企业是基于施工合同关系产生了对施工场地的占有权，施工企业应当按照施工合同的约定对施工场地进行使用，如果违反约定应当承担违约责任。

3）权利人的损害赔偿请求权

占有的不动产或者动产毁损、灭失，该不动产或者动产的权利人请求赔偿的，占有人应当将因毁损、灭失取得的保险金、赔偿金或者补偿金等返还给权利人；权利人的损害未得到足够弥补的，恶意占有人还应当赔偿损失。

4）占有保护请求权

占有的不动产或者动产被侵占的，占有人有权请求返还原物；对妨害占有的行为，占有人有权请求排除妨害或者消除危险；因侵占或者妨害造成损害的，占有人有权依法请求损害赔偿。

占有人返还原物的请求权，自侵占发生之日起1年内未行使的，该请求权消灭。

1.3 建设工程知识产权制度

当今，我们所处的时代也被称为知识时代，其突出的表现就是知识在经济活动和日常生活中有着重要的作用。在建设工程活动中也是如此，知识产权引领着工程建设领域的技术进步，知识产权法律制度保护着相关权利人的利益。知识产权是权利人对其创造的智力成果依法享有的权利。按照《民法典》的规定，知识产权是权利人依法就下列客体享有的专有的权利：（1）作品；（2）发明、实用新型、外观设计；（3）商标；

（4）地理标志；（5）商业秘密；（6）集成电路布图设计；（7）植物新品种；（8）法律规定的其他客体。

在建设工程中的知识产权主要是著作权、专利权、商标权。计算机软件也是工程建设中经常使用的，属于著作权保护的客体。

1.3.1 著作权制度

1. 著作权的概念

著作权，是指作者及其他著作权人依法对文学、艺术和科学作品所享有的专有权。在我国，著作权等同于版权。

2. 建设工程活动中常见的著作权作品

著作权保护的客体是作品，在建设工程活动中，会产生许多具有著作权的作品，主要有以下几种。（1）文字作品。施工单位编制的投标文件等文字作品、项目经理完成的工作报告等，都会享有著作权。建设单位编制的招标文件等文字作品也享有著作权。（2）建筑作品。建筑作品是指以建筑物或者构筑物形式表现的有审美意义的作品。（3）图形作品。图形作品是指为施工、生产绘制的工程设计图、产品设计图，以及反映地理现象、说明事物原理或者结构的地图、示意图等作品。

3. 著作权主体

著作权的主体是指从事文学、艺术、科学等领域创作的作者及其他享有著作权的自然人、法人或者非法人组织。在特定情况下，国家也可以成为著作权的主体。

在建设工程活动中，有许多作品属于单位作品。由法人或者非法人组织主持，代表法人或者非法人组织意志创作，并由法人或者非法人组织承担责任的作品，法人或者非法人组织视为作者。如招标文件、投标文件，往往就是单位作品。单位作品的著作权完全归单位所有。

在建设工程活动中，有些作品属于职务作品。自然人为完成法人或者非法人组织工作任务所创作的作品是职务作品。职务作品与单位作品在形式上的区别在于，单位作品的作者是单位，而职务作品的作者是自然人个人。一般情况下，职务作品的著作权由作者享有，但法人或者非法人组织有权在其业务范围内优先使用。作品完成两年内，未经单位同意，作者不得许可第三人以与单位使用的相同方式使用该作品。《著作权法》规定，有下列情形之一的职务作品，作者享有署名权，著作权的其他权利由法人或者非法人组织享有，法人或者非法人组织可以给予作者奖励：（1）主要是利用法人或者非法人组织的物质技术条件创作，并由法人或者非法人组织承担责任的工程设计图、产品设计图、地图、示意图、计算机软件等职务作品；（2）报社、期刊社、通讯社、广播电台、电视台的工作人员创作的职务作品；（3）法律、行政法规规定或者合同约定著作权由法人或者其他非法人组织享有的职务作品。

在建设工程活动中，有些作品属于委托作品。一般情况下，勘察设计文件都是勘察设计单位接受建设单位委托创作的委托作品。受委托创作的作品，著作权的归属由委托人和受托人通过合同约定。合同未作明确约定或者没有订立合同的，著作权属于受托人。

4. 著作权的保护期

著作权的保护期由于权利内容以及主体的不同而有所不同：（1）作者的署名权、修改权、保护作品完整权的保护期不受限制。（2）自然人的作品，其发表权、使用权和获得报酬权的保护期，截止于作者死亡后第 50 年的 12 月 31 日。如果是合作作品，截止于最后死亡的作者死亡后第 50 年的 12 月 31 日。（3）法人或者非法人组织的作品、著作权（署名权除外）由法人或者非法人组织享有的职务作品，其发表权、使用权和获得报酬权的保护期为 50 年，截止于作品首次发表后第 50 年的 12 月 31 日，但作品自创作完成后 50 年内未发表的，不再受《著作权法》保护。

5. 计算机软件的法律保护

1）计算机软件的概念

计算机软件，是指计算机程序及其有关文档。计算机程序，是指为了得到某种结果而可以由计算机等具有信息处理能力的装置执行的代码化指令序列，或者可以被自动转换成代码化指令序列的符号化指令序列或者符号化语句序列。同一计算机程序的源程序和目标程序为同一作品。文档，是指用来描述程序的内容、组成、设计、功能规格、开发情况、测试结果及使用方法的文字资料和图表等，如程序设计说明书、流程图、用户手册等。

2）软件著作权的归属

软件著作权属于软件开发者，法律法规另有规定的除外。如无相反证明，在软件上署名的自然人、法人或者其他组织为开发者。

由两个以上的自然人、法人或者其他组织合作开发的软件，其著作权的归属由合作开发者签订书面合同约定。接受他人委托开发的软件，其著作权的归属由委托人与受托人签订书面合同约定；无书面合同或者合同未作明确约定的，其著作权由受托人享有。由国家机关下达任务开发的软件，著作权的归属与行使由项目任务书或者合同规定；项目任务书或者合同中未作明确规定的，软件著作权由接受任务的法人或者其他组织享有。

自然人在法人或者其他组织中任职期间所开发的软件有下列情形之一的，该软件著作权由该法人或者其他组织享有，该法人或者其他组织可以对开发软件的自然人进行奖励：（1）针对本职工作中明确指定的开发目标所开发的软件；（2）开发的软件是从事本职工作活动所预见的结果或者自然的结果；（3）主要使用了法人或者其他组织的资金、专用设备、未公开的专门信息等物质技术条件所开发并由法人或者其他组织承担责任的软件。

3）软件著作权的限制

软件的合法复制品所有人享有下列权利：（1）根据使用的需要把该软件装入计算机等具有信息处理能力的装置内。（2）为了防止复制品损坏而制作备份复制品。这些备份复制品不得通过任何方式提供给他人使用，并在所有人丧失该合法复制品的所有权时，负责将备份复制品销毁。（3）为了把该软件用于实际的计算机应用环境或者改进其功能、性能而进行必要的修改；但是，除合同另有约定外，未经该软件著作权人许可，不得向任何第三方提供修改后的软件。

软件著作权制度也存在合理使用，即为了学习和研究软件内含的设计思想和原理，通过安装、显示、传输或者存储软件等方式使用软件的，可以不经软件著作权人许可，不向其支付报酬。

4）计算机软件著作权的保护期限

自然人的软件著作权，保护期为自然人终生及其死亡后 50 年，截止于自然人死亡后第 50 年的 12 月 31 日；软件是合作开发的，截止于最后死亡的自然人死亡后第 50 年的 12 月 31 日。法人或者其他组织的软件著作权，保护期为 50 年，截止于软件首次发表后第 50 年的 12 月 31 日，但软件自开发完成之日起 50 年内未发表的，不再受到《计算机软件保护条例》的保护。

1.3.2 专利权制度

1. 专利权的概念

专利权是指权利人在法律规定的期限内，对其发明创造所享有的制造、使用和销售的专有权。国家授予权利人对其发明创造享有专有权，能保护权利人的利益，使其公开其发明创造的技术内容，有利于发明创造的应用。在建设工程活动中，不断有新技术产生，有许多新技术是取得了专利权的。

2. 专利法保护的对象

专利法保护的对象就是专利权的客体，各国规定各不相同。《专利法》保护的是发明创造专利权，并规定发明创造是指发明、实用新型和外观设计。

发明是指对产品、方法或者其改进所提出的新的技术方案。实用新型是指对产品的形状、构造或者其结合所提出的适于实用的新的技术方案。外观设计，是指对产品的整体或者局部的形状、图案或者其结合以及色彩与形状、图案的结合所作出的富有美感并适于工业应用的新设计。

3. 授予专利权的条件

1）授予发明和实用新型专利权的条件

授予专利权的发明和实用新型，应当具备新颖性、创造性和实用性。新颖性是指该发明或者实用新型不属于现有技术，也没有任何单位或者个人就同样的发明或者实用新型在申请日以前向国务院专利行政主管部门提出过申请，并记载在申请日以后公布的专利申请文件或者公告的专利文件中。创造性是指与现有技术相比，该发明具有突出的实质性特点和显著的进步，该实用新型具有实质性特点和进步。所谓现有技术，是指申请日以前在国内外为公众所知的技术。实用性是指该发明或者实用新型能够制造或者使用，并且能够产生积极效果。取得专利权的发明或者实用新型必须是能够应用于生产领域的，而不能是纯理论的。

2）授予外观设计专利权的条件

授予专利权的外观设计，应当同申请日以前在国内外出版物上公开发表过或者国内公开使用过的外观设计不相同和不相近似，并不得与他人在先取得的合法权利相冲突。除了新颖性外，外观设计还应当具备富有美感和适于工业应用两个条件。

4. 专利权人的权利和期限

（1）专利权人的权利。发明和实用新型专利权被授予后，除《专利法》另有规定的，任何单位或者个人未经专利权人许可，都不得实施其专利，即不得为生产经营目的制造、使用、许诺销售、销售、进口其专利产品，或者使用其专利方法以及使用、许诺销售、销售、进口依照该专利方法直接获得的产品。外观设计专利权被授予后，任何单位或者个人未经专利权人许可，都不得实施其专利，即不得为生产经营目的制造、销售、进口其外观设计专利产品。

（2）专利权的期限。发明专利权的期限为20年，实用新型专利权的期限为10年，外观设计专利权的期限为15年，均自申请日起计算。

1.3.3 商标权制度

1. 商标与商标专用权的概念

商标是指用来区别一个经营者的品牌或服务和其他经营者的商品或服务的标记。任何能够将自然人、法人或者其他组织的商品与他人的商品区别开的标志，包括文字、图形、字母、数字、三维标志、颜色组合和声音等，以及上述要素的组合，均可以作为商标申请注册。经商标局核准注册的商标为注册商标，包括商品商标、服务商标和集体商标、证明商标；商标注册人享有商标专用权，受法律保护。

商标专用权是指自然人、法人或者其他组织对其注册的商标依法享有的专用权。由于商标有表示质量和信誉的作用，他人使用商标所有人的商标，有可能对商标所有人的信誉造成损害，必须严格禁止。

《商标法》规定，自然人、法人或者其他组织在生产经营活动中，对其商品或者服务需要取得商标专用权的，应当向商标局申请商标注册。不以使用为目的的恶意商标注册申请，应当予以驳回。

2. 商标专用权的内容以及保护对象

商标专用权的内容是指商标所有人对注册商标所享有的具体权利。同其他知识产权不同，商标专用权的内容只包括财产权，商标设计者的人身权受《著作权法》保护。

商标专用权包括使用权和禁止权两个方面。使用权是商标注册人对其注册商标充分支配和完全使用的权利，权利人也有权将商标使用权转让给他人或通过合同许可他人使用其注册商标。禁止权是商标注册人禁止他人未经其许可而使用注册商标的权利。

商标注册人享有商标专用权，受法律保护。商标注册人有权标明"注册商标"或者注册标记。

3. 注册商标的续展、转让和使用许可

注册商标的有效期为10年，自核准注册之日起计算。但是，商标与其他知识产权的客体不同，往往使用时间越长越有价值。商标的知名度较高往往也是长期使用的结果。因此，注册商标可以无数次办理续展手续，其理论上的有效期是无限的。注册商标有效期满，需要继续使用的，应当在期满前12个月内办理续展手续；在此期间未能办理的，可以给予6个月的宽展期。每次续展注册的有效期为10年，自该商标上一届有效期满次日起计算。期满未办理续展手续的，注销其注册商标。

注册商标的转让是指商标专用人将其所有的注册商标依法转移给他人所有并由其专用的法律行为。转让注册商标的，转让人和受让人应当共同向商标局提出申请。受让人应当保证使用该注册商标的商品或服务的质量。转让注册商标的，商标注册人对其在同一种商品上注册的近似的商标，或者在类似商品上注册的相同或者近似的商标，应当一并转让。

注册商标的使用许可是指商标注册人通过签订商标使用许可合同，许可他人使用其注册商标的法律行为。许可人应当监督被许可人使用其注册商标的商品或者服务的质量。被许可人应当保证使用注册商标的商品或服务的质量。经许可使用他人注册商标的，必须在使用该注册商标的商品上标明被许可人的名称和商品产地。

1.4 建设工程侵权责任制度

1.4.1 侵权责任主体和损害赔偿

侵权，是指公民或法人没有法律依据而侵害他人的财产权利或人身权利的行为。侵权行为一经发生，即在侵权行为人和被侵权人之间形成债的关系。侵权行为产生的债被称为侵权之债。在建设工程活动中，也常会产生侵权之债。如施工现场的施工噪声，有可能产生侵权之债。

1. 侵权责任主体

1）侵权行为的归责原则

侵权行为的归责原则，是指在行为人的行为致人损害时，根据何种标准和原则确定行为人的侵权责任。侵权行为的归责原则是确定侵权责任主体的基础。我国侵权行为的归责原则为：（1）过错责任原则，是指行为人因过错侵害他人民事权益造成损害的，应当承担侵权责任。（2）无过错责任原则，是指行为人造成他人民事权益损害，不论行为人有无过错，法律规定应当承担侵权责任的，依照其规定。（3）过错推定责任，是指一旦行为人的行为致人损害就推定其主观上有过错，除非其能证明自己没有过错，否则应承担民事责任。（4）公平责任原则，是指损害双方的当事人对损害结果的发生都没有过错，但如果受害人的损失得不到补偿又显失公平的情况下，由人民法院根据具体情况和公平的观念，要求当事人分担损害后果。

2）侵权责任的承担方式

侵权行为危及他人人身、财产安全的，被侵权人有权请求侵权人承担停止侵害、排除妨碍、消除危险等侵权责任。

3）共同侵权

二人以上共同实施侵权行为，造成他人损害的，应当承担连带责任。

4）教唆侵权、帮助侵权

教唆、帮助他人实施侵权行为的，应当与行为人承担连带责任。教唆、帮助无民事行为能力人、限制民事行为能力人实施侵权行为的，应当承担侵权责任；该无民事行为能力人、限制民事行为能力人的监护人未尽到监护职责的，应当承担相应的责任。

5）共同危险行为

二人以上实施危及他人人身、财产安全的行为，其中一人或者数人的行为造成他人损害，能够确定具体侵权人的，由侵权人承担责任；不能确定具体侵权人的，行为人承担连带责任。

6）分别侵权

分别侵权承担连带责任，二人以上分别实施侵权行为造成同一损害，每个人的侵权行为都足以造成全部损害的，行为人承担连带责任。分别侵权承担按份责任，二人以上分别实施侵权行为造成同一损害，能够确定责任大小的，各自承担相应的责任；难以确定责任大小的，平均承担责任。

7）受害人有过错或者故意

被侵权人对同一损害的发生或者扩大有过错的，可以减轻侵权人的责任。损害是因受害人故意造成的，行为人不承担责任。

8）第三人过错

损害是因第三人造成的，第三人应当承担侵权责任。

9）自甘风险

自愿参加具有一定风险的文体活动，因其他参加者的行为受到损害的，受害人不得请求其他参加者承担侵权责任；但是，其他参加者对损害的发生有故意或者重大过失的除外。

10）自助行为

合法权益受到侵害，情况紧迫且不能及时获得国家机关保护，不立即采取措施将使其合法权益受到难以弥补的损害的，受害人可以在保护自己合法权益的必要范围内采取扣留侵权人的财物等合理措施；但是，应当立即请求有关国家机关处理。受害人采取的措施不当造成他人损害的，应当承担侵权责任。

2. 损害赔偿

1）人身损害赔偿范围

侵害他人造成人身损害的，应当赔偿医疗费、护理费、交通费、营养费、住院伙食补助费等为治疗和康复支出的合理费用，以及因误工减少的收入。造成残疾的，还应当赔偿辅助器具费和残疾赔偿金；造成死亡的，还应当赔偿丧葬费和死亡赔偿金。因同一侵权行为造成多人死亡的，可以以相同数额确定死亡赔偿金。被侵权人死亡的，其近亲属有权请求侵权人承担侵权责任。被侵权人为组织，该组织分立、合并的，承继权利的组织有权请求侵权人承担侵权责任。被侵权人死亡的，支付被侵权人医疗费、丧葬费等合理费用的人有权请求侵权人赔偿费用，但是侵权人已经支付该费用的除外。

2）侵害人身权益造成财产损失的赔偿数额的确定

侵害他人人身权益造成财产损失的，按照被侵权人因此受到的损失或者侵权人因此获得的利益赔偿；被侵权人因此受到的损失以及侵权人因此获得的利益难以确定，被侵权人和侵权人就赔偿数额协商不一致，向人民法院提起诉讼的，由人民法院根据实际情况确定赔偿数额。

侵害自然人人身权益造成严重精神损害的，被侵权人有权请求精神损害赔偿。因故意或者重大过失侵害自然人具有人身意义的特定物造成严重精神损害的，被侵权人有权请求精神损害赔偿。

侵害他人财产的，财产损失按照损失发生时的市场价格或者其他合理方式计算。故意侵害他人知识产权，情节严重的，被侵权人有权请求相应的惩罚性赔偿。

3）赔偿费用支付方式

损害发生后，当事人可以协商赔偿费用的支付方式。协商不一致的，赔偿费用应当一次性支付；一次性支付确有困难的，可以分期支付，但是被侵权人有权请求提供相应的担保。

1.4.2 产品责任

因产品存在缺陷造成他人损害的，生产者应当承担侵权责任。

1. 被侵权人请求损害赔偿的途径

因产品存在缺陷造成他人损害的，被侵权人可以向产品的生产者请求赔偿，也可以向产品的销售者请求赔偿。产品缺陷由生产者造成的，销售者赔偿后，有权向生产者追偿。因销售者的过错使产品存在缺陷的，生产者赔偿后，有权向销售者追偿。因运输者、仓储者等第三人的过错使产品存在缺陷，造成他人损害的，产品的生产者、销售者赔偿后，有权向第三人追偿。

2. 流通后发现有缺陷的补救措施

产品投入流通后发现存在缺陷的，生产者、销售者应当及时采取停止销售、警示、召回等补救措施；未及时采取补救措施或者补救措施不力造成损害扩大的，对扩大的损害也应当承担侵权责任。依据规定采取召回措施的，生产者、销售者应当负担被侵权人因此支出的必要费用。

3. 产品责任惩罚性赔偿

明知产品存在缺陷仍然生产、销售，或者没有依据前述规定采取有效补救措施，造成他人死亡或者健康严重损害的，被侵权人有权请求相应的惩罚性赔偿。

1.4.3 建筑物和物件损害责任

1. 建筑物、构筑物或者其他设施倒塌、塌陷致害责任

建筑物、构筑物或者其他设施倒塌、塌陷造成他人损害的，由建设单位与施工单位承担连带责任，但是建设单位与施工单位能够证明不存在质量缺陷的除外。建设单位、施工单位赔偿后，有其他责任人的，有权向其他责任人追偿。因所有人、管理人、使用人或者第三人的原因，建筑物、构筑物或者其他设施倒塌、塌陷造成他人损害的，由所有人、管理人、使用人或者第三人承担侵权责任。

2. 建筑物、构筑物或者其他设施脱落、坠落致害责任

建筑物、构筑物或者其他设施及其搁置物、悬挂物发生脱落、坠落造成他人损害，所有人、管理人或者使用人不能证明自己没有过错的，应当承担侵权责任。所有人、管理人或者使用人赔偿后，有其他责任人的，有权向其他责任人追偿。

3. 不明抛掷物、坠落物致害责任

禁止从建筑物中抛掷物品。从建筑物中抛掷物品或者从建筑物上坠落的物品造成他人损害的，由侵权人依法承担侵权责任；经调查难以确定具体侵权人的，除能够证明自己不是侵权人的外，由可能加害的建筑物使用人给予补偿。可能加害的建筑物使用人补偿后，有权向侵权人追偿。物业服务企业等建筑物管理人应当采取必要的安全保障措施防止上述情形的发生；未采取必要的安全保障措施的，应当依法承担未履行安全保障义务的侵权责任。发生上述规定的情形的，公安等机关应当依法及时调查，查清责任人。

4. 堆放物倒塌、滚落或者滑落致害责任

堆放物倒塌、滚落或者滑落造成他人损害，堆放人不能证明自己没有过错的，应当承担侵权责任。在公共道路上堆放、倾倒、遗撒妨碍通行的物品造成他人损害的，由行为人承担侵权责任。公共道路管理人不能证明已经尽到清理、防护、警示等义务的，应当承担相应的责任。

5. 公共场所或者道路上施工致害责任和窨井等地下设施致害责任

在公共场所或者道路上挖掘、修缮安装地下设施等造成他人损害，施工人不能证明已经设置明显标志和采取安全措施的，应当承担侵权责任。窨井等地下设施造成他人损害，管理人不能证明尽到管理职责的，应当承担侵权责任。

1.5 建设工程税收制度

税收是政府为了满足社会公共需要，凭借其政治权力，按照法律规定，强制、无偿地取得财政收入的一种形式。在建设工程活动中，应当熟悉和执行税收相关法律制度。

1.5.1 企业增值税

1. 增值税的概念和特点

增值税是以商品和劳务在流转过程中产生的增值额作为征税对象而征收的一种流转税。增值税是对商品在流转过程中的增值额部分征税。

增值税具有以下特点：（1）增值税只对商品在生产流通过程中的价值增值额征收，不会重复计税，这是增值税最本质的特征，也是增值税区别于其他间接税的显著特点。（2）实行价外税制度。增值税是以不含税的销售额为计税依据的，增值税专用发票的开具都会分别注明商品的价格和增值税税额部分。在计税时，作为计税依据的销售额中不包含增值税税额，这样有利于形成均衡的生产价格，并有利于税负转嫁。（3）从增值税的征税范围看，对从事应税交易的所有单位和个人，在货物、服务、无形资产、不动产和金融商品增值的各个生产流通环节向纳税人普遍征收，具有普遍性。

2. 增值税的纳税人

《增值税暂行条例》规定，在中华人民共和国境内销售货物或者加工、修理修配劳务，销售服务、无形资产、不动产以及进口货物的单位和个人，为增值税的纳税人。根据纳税人的经营规模以及会计核算的健全程度，我国将增值税的纳税人分为一般纳税人和小规模纳税人。区分一般纳税人和小规模纳税人的主要意义在于，二者在增值税法中的地位不同：一般纳税人可以领购和自行开具增值税专用发票，采用抵扣法缴纳增值税款；而小规模纳税人缴纳增值税款只能采取简易方法，不能采用抵扣法。小规模纳税人以外的纳税人应当向主管税务机关办理登记。小规模纳税人会计核算健全，能够提供准确税务资料的，可以向主管税务机关办理登记，不作为小规模纳税人计算应纳税额。小规模纳税人的标准由国务院财政、税务主管部门规定。

3. 增值税的征税范围

1）征税范围的一般规定

（1）销售货物。货物，是指有形动产，包括电力、热力、气体。销售货物，是指

有偿转让货物的所有权。有偿，是指从购买方取得货币、货物或者其他经济利益。

（2）提供加工和修理修配服务。加工，是指受托加工货物，即委托方提供原料及主要材料，受托方按照委托方的要求，制造货物并收取加工费的业务。修理修配，是指受托对损伤和丧失功能的货物进行修复，使其恢复原状和功能的业务。提供加工、修理修配劳务，是指有偿提供加工、修理修配劳务。单位或者个体工商户聘用的员工为本单位或者雇主提供加工、修理修配劳务，不包括在内。

（3）销售服务。销售服务，是指提供交通运输服务、邮政服务、电信服务、建筑服务、金融服务、现代服务、生活服务。

（4）销售无形资产。销售无形资产，是指转让无形资产所有权或者使用权的业务活动。无形资产，是指不具有实物形态，但能带来经济利益的资产，包括技术、商标、著作权、商誉、自然资源使用权和其他权益性无形资产。

（5）销售不动产。销售不动产，是指转让不动产所有权的业务活动。不动产，是指不能移动或者移动后会引起性质、形状改变的财产，包括建筑物、构筑物等。

（6）进口货物。进口货物是指申报进入我国海关境内的货物。通常，境外产品要输入境内，必须向我国海关申报进口，并办理有关报关手续。只要是报关进口的应税货物，均属于增值税征税范围，在进口环节缴纳增值税（享受免税政策的货物除外）。

2）视同销售的行为

根据《增值税暂行条例》及其实施细则的规定，单位或者个体工商户的下列行为，视同销售货物：（1）将货物交付其他单位或者个人代销；（2）销售代销货物；（3）设有两个以上机构并实行统一核算的纳税人，将货物从一个机构移送其他机构用于销售，但相关机构设在同一县（市）的除外；（4）将自产或者委托加工的货物用于非增值税应税项目；（5）将自产、委托加工的货物用于集体福利或者个人消费；（6）将自产、委托加工或者购进的货物作为投资，提供给其他单位或者个体工商户；（7）将自产、委托加工或者购进的货物分配给股东或者投资者；（8）将自产、委托加工或者购进的货物无偿赠送其他单位或者个人。

4. 增值税的税率
1）一般纳税人的增值税税率

按照国务院常务会议决定，从2019年4月1日起，增值税税率进行以下调整。（1）纳税人销售货物、劳务、有形动产租赁服务或者进口货物，除下述第（2）项、第（4）项、第（5）项另有规定外，税率为13%。（2）纳税人销售交通运输、邮政、基础电信、建筑、不动产租赁服务，销售不动产，转让土地使用权，销售或者进口下列货物，税率为9%：① 粮食等农产品、食用植物油、食用盐；② 自来水、暖气、冷气、热水、煤气、石油液化气、天然气、二甲醚、沼气、居民用煤炭制品；③ 图书、报纸、杂志、音像制品、电子出版物；④ 饲料、化肥、农药、农机、农膜；⑤ 国务院规定的其他货物。（3）纳税人销售服务、无形资产，除上述第（1）项、第（2）项和下述第（5）项另有规定外，税率为6%。（4）纳税人出口货物，税率为零；但是，国务院另有规定的除外。（5）境内单位和个人跨境销售国务院规定范围内的服务、无形资产，税率为零。税率的调整，由国务院决定。纳税人兼营不同税率的项目，应当分别核算不同税率项目的销售额；未分别核算销售额的，从高适用税率。

2)增值税小规模纳税人适用的征收率

征收率主要适用于小规模纳税人。小规模纳税人增值税征收率为3%,国务院另有规定的除外。《国家税务总局关于增值税小规模纳税人减免增值税等政策有关征管事项的公告》规定,小规模纳税人发生增值税应税销售行为,合计月销售额未超过10万元(以1个季度为1个纳税期的,季度销售额未超过30万元)的,免征增值税。

5. 应纳税额的计算

1)小规模纳税人应纳税额的计算

小规模纳税人发生应税销售行为,实行按照销售额和征收率计算应纳税额的简易办法,并不得抵扣进项税额。应纳税额计算公式:应纳税额=销售额×征收率。

2)一般纳税人应纳税额的计算

纳税人销售货物、劳务、服务、无形资产、不动产(以下统称"应税销售行为"),应纳税额为当期销项税额抵扣当期进项税额后的余额。应纳税额计算公式:应纳税额=当期销项税额−当期进项税额。当期销项税额小于当期进项税额不足抵扣时,其不足部分可以结转下期继续抵扣。纳税人进口货物,按照组成计税价格和《增值税暂行条例》规定的税率计算应纳税额。

纳税人发生应税销售行为,按照销售额和规定的税率计算收取的增值税额,为销项税额。销项税额计算公式:销项税额=销售额×税率。销售额为纳税人发生应税销售行为收取的全部价款和价外费用,但是不包括收取的销项税额。销售额以人民币计算。

纳税人购进货物、劳务、服务、无形资产、不动产支付或者负担的增值税额,为进项税额。下列进项税额准予从销项税额中抵扣。(1)从销售方取得的增值税专用发票上注明的增值税额。(2)从海关取得的海关进口增值税专用缴款书上注明的增值税额。(3)购进农产品,除取得增值税专用发票或者海关进口增值税专用缴款书外,按照农产品收购发票或者销售发票上注明的农产品买价和11%的扣除率计算的进项税额,国务院另有规定的除外。进项税额计算公式:进项税额=买价×扣除率。(4)自境外单位或者个人购进劳务、服务、无形资产或者境内的不动产,从税务机关或者扣缴义务人取得的代扣代缴税款的完税凭证上注明的增值税额。准予抵扣的项目和扣除率的调整,由国务院决定。

纳税人购进货物、劳务、服务、无形资产、不动产,取得的增值税扣税凭证不符合法律、行政法规或者国务院税务主管部门有关规定的,其进项税额不得从销项税额中抵扣。下列项目的进项税额不得从销项税额中抵扣。(1)用于简易计税方法计税项目、免征增值税项目、集体福利或者个人消费的购进货物、劳务、服务、无形资产和不动产;(2)非正常损失的购进货物,以及相关的劳务和交通运输服务;(3)非正常损失的在产品、产成品所耗用的购进货物(不包括固定资产)、劳务和交通运输服务;(4)国务院规定的其他项目。

3)增值税专用发票的管理

纳税人发生应税销售行为,应当向索取增值税专用发票的购买方开具增值税专用发票,并在增值税专用发票上分别注明销售额和销项税额。属于下列情形之一的,不得开具增值税专用发票:(1)应税销售行为的购买方为消费者个人的;(2)发生应税销售行为适用免税规定的。

6. 增值税的减免

纳税人销售额未达到国务院财政、税务主管部门规定的增值税起征点的，免征增值税；达到起征点的，依照规定全额计算缴纳增值税。下列项目免征增值税：（1）农业生产者销售的自产农产品；（2）避孕药品和用具；（3）古旧图书；（4）直接用于科学研究、科学试验和教学的进口仪器、设备；（5）外国政府、国际组织无偿援助的进口物资和设备；（6）由残疾人的组织直接进口供残疾人专用的物品；（7）销售的自己使用过的物品。除上述规定外，增值税的免税、减税项目由国务院规定。任何地区、部门均不得规定免税、减税项目。纳税人兼营免税、减税项目的，应当分别核算免税、减税项目的销售额；未分别核算销售额的，不得免税、减税。

7. 增值税的纳税期限

增值税纳税义务发生时间：（1）发生应税销售行为，为收讫销售款项或者取得索取销售款项凭据的当天；先开具发票的，为开具发票的当天。（2）进口货物，为报关进口的当天。增值税扣缴义务发生时间为纳税人增值税纳税义务发生的当天。增值税由税务机关征收，进口货物的增值税由海关代征。

增值税的纳税期限分别为1日、3日、5日、10日、15日、1个月或者1个季度。纳税人的具体纳税期限，由主管税务机关根据纳税人应纳税额的大小分别核定；不能按照固定期限纳税的，可以按次纳税。扣缴义务人解缴税款的期限，依照上述规定执行。

1.5.2 环境保护税

环境保护税是为了保护和改善环境，减少污染物排放，推进生态文明建设而征收的一种税。

1. 环境保护税的概念和特点

环境保护税是以在中华人民共和国领域和中华人民共和国管辖的其他海域，直接向环境排放应税污染物的企业、事业单位和其他生产经营者为纳税人征收的一种税。环境保护税具有以下特点：

1）"费改税"，实现税负平移。将排污费的缴纳人作为环境保护税的纳税人，根据现行排污收费项目、计费办法和收费标准，设置环境保护税的税目、计税依据和税额标准。

2）需要多部门配合，实现制度转换。相比部分已有税种，环境保护税所涉及的技术性相对较强。《环境保护税法》明确，在"费改税"后，由税务部门征收，生态环境保护部门配合，确定"企业申报、税务征收、环保监测、信息共享"的税收征管模式。

3）税款用于治理环境和生态文明建设。税收收入纳入一般公共预算管理，用于污染防治和生态环境保护，推进生态文明建设。环境保护税征收的目的在于用间接调控的手段改变传统环境保护领域的直接干预措施，促进生态文明的建设。

2. 纳税人与征税范围

《环境保护税法》规定，在中华人民共和国领域和中华人民共和国管辖的其他海域，直接向环境排放应税污染物的企业事业单位和其他生产经营者为环境保护税的纳税人。（应税污染物详见该法所附《环境保护税税目税额表》《应税污染物和当量值表》）

有下列情形之一的，不属于直接向环境排放污染物，不缴纳相应污染物的环境保护税：（1）企业事业单位和其他生产经营者向依法设立的污水集中处理、生活垃圾集中处理场所排放应税污染物的；（2）企业事业单位和其他生产经营者在符合国家和地方环境保护标准的设施、场所贮存或者处置固体废物的。依法设立的城乡污水集中处理、生活垃圾集中处理场所超过国家和地方规定的排放标准向环境排放应税污染物的，应当缴纳环境保护税。企业事业单位和其他生产经营者贮存或者处置固体废物不符合国家和地方环境保护标准的，应当缴纳环境保护税。

3. 计税依据和应纳税额

应税污染物的计税依据，按照下列方法确定：（1）应税大气污染物按照污染物排放量折合的污染当量数确定；（2）应税水污染物按照污染物排放量折合的污染当量数确定；（3）应税固体废物按照固体废物的排放量确定；（4）应税噪声按照超过国家规定标准的分贝数确定。（环境保护税的税目、税额详见《环境保护税法》所附《环境保护税税目税额表》）

环境保护税应纳税额按照下列方法计算：（1）应税大气污染物的应纳税额为污染当量数乘以具体适用税额；（2）应税水污染物的应纳税额为污染当量数乘以具体适用税额；（3）应税固体废物的应纳税额为固体废物排放量乘以具体适用税额；（4）应税噪声的应纳税额为超过国家规定标准的分贝数对应的具体适用税额。

4. 税收减免

下列情形，暂予免征环境保护税：（1）农业生产（不包括规模化养殖）排放应税污染物的；（2）机动车、铁路机车、非道路移动机械、船舶和航空器等流动污染源排放应税污染物的；（3）依法设立的城乡污水集中处理、生活垃圾集中处理场所排放相应应税污染物，不超过国家和地方规定的排放标准的；（4）纳税人综合利用的固体废物，符合国家和地方环境保护标准的；（5）国务院批准免税的其他情形。

纳税人排放应税大气污染物或者水污染物的浓度值低于国家和地方规定的污染物排放标准30%的，减按75%征收环境保护税。纳税人排放应税大气污染物或者水污染物的浓度值低于国家和地方规定的污染物排放标准50%的，减按50%征收环境保护税。

5. 征收管理

环境保护税由税务机关征收管理，生态环境主管部门负责对污染物的监测管理。生态环境主管部门和税务机关应当建立涉税信息共享平台和工作配合机制。生态环境主管部门应当将排污单位的排污许可、污染物排放数据、环境违法和受行政处罚情况等环境保护相关信息，定期交送税务机关。税务机关应当将纳税人的纳税申报、税款入库、减免税额、欠缴税款以及风险疑点等环境保护税涉税信息，定期交送生态环境主管部门。

纳税义务发生时间为纳税人排放应税污染物的当日。纳税人应当向应税污染物排放地的税务机关申报缴纳环境保护税。环境保护税按月计算，按季申报缴纳。不能按固定期限计算缴纳的，可以按次申报缴纳。纳税人申报缴纳时，应当向税务机关报送所排放应税污染物的种类、数量，大气污染物、水污染物的浓度值，以及税务机关根据实际需要要求纳税人报送的其他纳税资料。纳税人按季申报缴纳的，应当自季度终了之日起15日内，向税务机关办理纳税申报并缴纳税款。纳税人按次申报缴纳的，应当自纳税义务发生之日起15日内，向税务机关办理纳税申报并缴纳税款。

1.6 建设工程行政法律制度

党的二十大报告指出,"坚持依法治国、依法执政、依法行政共同推进,坚持法治国家、法治政府、法治社会一体建设""法治政府建设是全面依法治国的重点任务和主体工程",建设法治政府,其实质是规范行政权力的依法行使,这是建设法治政府的必然选择。

1.6.1 行政法的特征和基本原则

1. 行政法的特征

行政是国家通过一定的组织为实现国家或者社会职能而进行的公共管理活动及其过程。行政法是有关行政的主体及职权、行为及程序、违法及责任和救济关系等的法律规范的总称。关于行政法的特征,一般是从形式和内容两个方面予以概括。

1)行政法在形式上的特征

(1)行政法涉及的社会领域十分广泛,内容纷繁丰富,行政关系复杂多变,因而难以制定一部全面而又完整的统一法典。目前,我国业已制定了《行政许可法》《行政强制法》等主要的行政法律。

(2)行政法涉及的领域广泛、行政法的制定主体多元,形式多样,数量庞大。一般来讲,行政法表现形式包括宪法、法律、行政法规、行政规章、地方性法规、民族自治条例和单行条例及行政法的其他渊源等。

2)行政法在内容上的特征

(1)政府职能几乎无所不在,行政法的内容具有其他部门法无可比拟的丰富性。现代政府职能较之以往有了极大的扩展,行政几乎触及所有的社会生活领域。

(2)行政法内容的广泛性决定了行政法的内容较之其他法律规范更易发生变动。由于行政法调整和涉及的社会关系极其广泛、复杂、多变,特别是新问题的大量出现,行政法不可能一成不变或停留在传统的领域。

(3)行政法的实体法规范与程序法规范相交织。法律根据规定内容的不同,可分为实体法和程序法。在行政法中,为了防止行政权的滥用、控制和约束行政权、实现行政管理的规范化,往往既规定行政主体享有的特定行政管理权,又规定行政主体行使这些权力的程序。行政法的实体法规范与程序法规范往往交织在一部行政法律规范中。

2. 行政法的基本原则

行政法的基本原则是对行政法规范的价值和精神实质的高度概括,体现着行政法规范的价值取向和目标。一般认为,行政法有以下基本原则:

1)依法行政原则

依法行政原则是各国行政法的共同理念或基本原则,其基本含义在于行政机关和其他行政公务组织必须依法行使行政权或者从事行政管理活动。依法行政是建设社会主义法治国家的关键。依法行政原则是行政法的首要原则,其基本内涵包括职权法定、法律优先和法律保留三个方面。

（1）职权法定。所谓职权法定，是指国家行政机关以及其他组织的行政职权必须由法律予以规定或授予。否则，其权力来源就没有法律根据。

（2）法律优先。所谓法律优先又称为消极的依法行政，即法律优先于行政，是指行政机关在实施行政行为的过程中，坚持以宪法和法律为最高的行为准则，一切行政决定都要服从宪法和法律。

（3）法律保留。所谓法律保留，又称积极的依法行政，与职权法定的内涵存在一定重合与交叉，具体是指行政机关的行为必须有明确的法律授权，法律无明文授权即无行政。对某些事项，没有法律授权时行政机关就不能为之，否则就属于违法。

2）行政合理性原则

行政合理性原则产生的主要原因，是由于行政自由裁量权的存在。行政合理性原则，指行政主体不仅应当按照行政法律规范所规定的条件、种类和幅度范围作出行政行为，而且要求行政行为的内容要符合立法精神和目的，符合公平正义等法律理性。行政合理性的基本内涵包括比例原则和平等对待两个方面。

（1）比例原则。比例原则是指行政机关实施行政行为应兼顾行政目标的实现和适当性手段的选择，保障公共利益和相对人权益的均衡，如为实现行政目标可能对相对人权益造成某种不利影响时，应将这种不利影响限制在尽可能小的范围和限度内，保持二者处于适度的比例。

（2）平等对待。平等对待的基本含义为非有正当理由不得区别对待，具体要求：一是行政主体在行政权的行使过程中，应平等地、无偏私地行使行政权，平等地对待一切当事人；二是国家应平等对待行政主体与行政相对人。

3）程序正当原则

程序正当原则主要体现在行政公开、程序公正和公众参与三个方面。

（1）行政公开。行政公开可以实现公民的知情权，满足公民对信息的需要，有利于公民对行政事务的参与。行政公开的要求：行政立法和行政政策公开、行政执法行为公开、行政裁决和行政复议行为公开、行政信息公开以及行政诉讼及裁判结果公开。

（2）程序公正。行政法领域，程序公正在于规范行政主体适用法律作出对利害关系人合法权益至关重要的行政决定的行为。

（3）公众参与。公众参与，是指作为行政相对人的公民、法人或其他组织有权参与行政过程，有权对行政主体即将作出的行为表达意见，而且该等意见应当获得行政主体的尊重。

4）诚信原则

诚实信用的基本内涵主要包括诚实守信和信赖保护两个方面。

（1）诚实守信。在行政法中，诚实守信意味着：① 行政主体不得为了自身的利益欺骗行政相对人，不得"钓鱼执法"和"养鱼执法"，违反法律、法规、政策的初衷和目的。② 政府在制定法律、政策、决定和作出承诺前，必须充分考虑各种复杂的情形，听取多方意见，在慎重考虑的基础上作出决定。③ 行政主体必须依法行政，不得任意反悔。④ 法律规范应具有稳定性与不可溯及性。⑤ 行政活动应具有真实性与确定性。

（2）信赖保护。信赖保护是指人民基于对国家公权力行使结果的合理信赖而有所规划或举措，由此而产生的信赖利益应受保护。如《行政许可法》规定，行政许可所依据的法律、法规、规章修改或者废止，或者准予行政许可所依据的客观情况发生重大变化的，为了公共利益的需要，行政机关可以依法变更或者撤回已经生效的行政许可。由此给公民、法人或者其他组织造成财产损失的，行政机关应当依法给予补偿。

5) 高效便民原则

高效便民原则，是指行政机关应依法高效率、高效益地行使职权，最大限度地方便人民群众，从而更好地服务于人民和实现行政管理的目标。

6) 监督与救济原则

监督行政的原则，是指有权国家机关、公民、法人或者其他组织对行政机关或其他组织的行政活动有权进行监督与问责。救济原则，是指处于行政相对人地位的公民、法人或其他组织享有救济权利，主要包括申请行政复议权、提起行政诉讼权、要求赔偿权或补偿权以及救济过程中的相应权利等。

1.6.2 行政许可、行政处罚和行政强制

1. 行政许可

1) 行政许可的概念与特征

《行政许可法》规定，行政许可，是指行政机关根据公民、法人或者其他组织的申请，经依法审查，准予其从事特定活动的行为。行政许可的本质功能是事先控制一种行为范围，具有事先控制性。行政许可首先是一种行政赋权行为，赋予特定行政相对人从事某种活动的权利和资格，如施工许可证等。同时，在法规已有禁止规定的条件下，行政许可又属于解禁行为，如采矿等。行政许可是一种依申请行政行为。

2) 行政许可的设定

设定行政许可，应当遵循经济和社会发展规律，有利于发挥公民、法人或者其他组织的积极性、主动性，维护公共利益和社会秩序，促进经济、社会和生态环境协调发展。

（1）可以设定行政许可的事项。《行政许可法》规定，下列事项可以设定行政许可：① 直接涉及国家安全、公共安全、经济宏观调控、生态环境保护以及直接关系人身健康、生命财产安全等特定活动，需要按照法定条件予以批准的事项；② 有限自然资源开发利用、公共资源配置以及直接关系公共利益的特定行业的市场准入等，需要赋予特定权利的事项；③ 提供公众服务并且直接关系公共利益的职业、行业，需要确定具备特殊信誉、特殊条件或者特殊技能等资格、资质的事项；④ 直接关系公共安全、人身健康、生命财产安全的重要设备、设施、产品、物品，需要按照技术标准、技术规范，通过检验、检测、检疫等方式进行审定的事项；⑤ 企业或者其他组织的设立等，需要确定主体资格的事项；⑥ 法律、行政法规规定可以设定行政许可的其他事项。

以上所列事项，通过下列方式能够予以规范的，可以不设行政许可：① 公民、法人或者其他组织能够自主决定的；② 市场竞争机制能够有效调节的；③ 行业组织或者中介机构能够自律管理的；④ 行政机关采用事后监督等其他行政管理方式能够解决的。

（2）行政许可的设定权限。《行政许可法》规定，法律可以设定行政许可。尚未制定法律的，行政法规可以设定行政许可。必要时，国务院可以采用发布决定的方式设定

行政许可。实施后，除临时性行政许可事项外，国务院应当及时提请全国人民代表大会及其常务委员会制定法律，或者自行制定行政法规。

尚未制定法律、行政法规的，地方性法规可以设定行政许可；尚未制定法律、行政法规和地方性法规的，因行政管理的需要，确需立即实施行政许可的，省、自治区、直辖市人民政府规章可以设定临时性的行政许可。临时性的行政许可实施满1年需要继续实施的，应当提请本级人民代表大会及其常务委员会制定地方性法规。地方性法规和省、自治区、直辖市人民政府规章，不得设定应当由国家统一确定的公民、法人或者其他组织的资格、资质的行政许可；不得设定企业或者其他组织的设立登记及其前置性行政许可。其设定的行政许可，不得限制其他地区的个人或者企业到本地区从事生产经营和提供服务，不得限制其他地区的商品进入本地区市场。除以上规定的外，其他规范性文件一律不得设定行政许可。

行政法规可以在法律设定的行政许可事项范围内，对实施该行政许可作出具体规定。地方性法规可以在法律、行政法规设定的行政许可事项范围内，对实施该行政许可作出具体规定。规章可以在上位法设定的行政许可事项范围内，对实施该行政许可作出具体规定。法规、规章对实施上位法设定的行政许可作出的具体规定，不得增设行政许可；对行政许可条件作出的具体规定，不得增设违反上位法的其他条件。

3）行政许可的实施机关

行政许可由具有行政许可权的行政机关在其法定职权范围内实施。法律、法规授权的具有管理公共事务职能的组织，在法定授权范围内，以自己的名义实施行政许可。被授权的组织适用《行政许可法》有关行政机关的规定。

行政机关在其法定职权范围内，依照法律、法规、规章的规定，可以委托其他行政机关实施行政许可。委托机关应当将受委托行政机关和受委托实施行政许可的内容予以公告。委托行政机关对受委托行政机关实施行政许可的行为应当负责监督，并对该行为的后果承担法律责任。受委托行政机关在委托范围内，以委托行政机关名义实施行政许可；不得再委托其他组织或者个人实施行政许可。

4）行政许可的实施程序

行政许可实施程序的目的在于保障实施行政许可权的公正与效率。行政许可实施程序的基本环节包括申请与受理、审查与决定、期限、听证、变更与延续。

（1）申请与受理。《行政许可法》规定，公民、法人或者其他组织从事特定活动，依法需要取得行政许可的，应当向行政机关提出申请。申请书需要采用格式文本的，行政机关应当向申请人提供行政许可申请书格式文本。申请人可以委托代理人提出行政许可申请。但是，依法应当由申请人到行政机关办公场所提出行政许可申请的除外。行政许可申请可以通过信函、电报、电传、传真、电子数据交换和电子邮件等方式提出。行政机关对申请人提出的行政许可申请，应当根据下列情况分别作出处理：① 申请事项依法不需要取得行政许可的，应当即时告知申请人不受理；② 申请事项依法不属于本行政机关职权范围的，应当即时作出不予受理的决定，并告知申请人向有关行政机关申请；③ 申请材料存在可以当场更正的错误的，应当允许申请人当场更正；④ 申请材料不齐全或者不符合法定形式的，应当当场或者在5日内一次告知申请人需要补正的全部内容，逾期不告知的，自收到申请材料之日起即为受理；⑤ 申请事项属于本行政机关职权范围,申请材料齐全、符合法定形式,或者申请人按照本行政机关的要求提交全部补正申请材料的,应当受理行政许可申请。行政机关受理或者不予受理行政许可申请,应当出具加盖本行政机关专用印章和注明日期的书面凭证。

(2)审查与决定。根据法定条件和程序,需要对申请材料的实质内容进行核实的,行政机关应当指派两名以上工作人员进行核查。行政机关对行政许可申请进行审查后,除当场作出行政许可决定的外,应当在法定期限内按照规定程序作出行政许可决定。申请人的申请符合法定条件、标准的,行政机关应当依法作出准予行政许可的书面决定。行政机关依法作出不予行政许可的书面决定的,应当说明理由,并告知申请人享有依法申请行政复议或者提起行政诉讼的权利。

依法应当先经下级行政机关审查后报上级行政机关决定的行政许可,下级行政机关应当在法定期限内将初步审查意见和全部申请材料直接报送上级行政机关。行政机关作出准予行政许可的决定,需要颁发行政许可证件的,应当向申请人颁发加盖本行政机关印章的下列行政许可证件:① 许可证、执照或者其他许可证书;② 资格证、资质证或者其他合格证书;③ 行政机关的批准文件或者证明文件;④ 法律、法规规定的其他行政许可证件。行政机关作出的准予行政许可决定,应当予以公开,公众有权查阅。法律、行政法规设定的行政许可,其适用范围没有地域限制的,申请人取得的行政许可在全国范围内有效。

(3)期限。行政机关应当对申请人提交的申请材料进行审查。申请人提交的申请材料齐全、符合法定形式,行政机关能够当场作出决定的,应当当场作出书面的行政许可决定。除可以当场作出行政许可决定的外,行政机关应当自受理行政许可申请之日起20日内作出行政许可决定。20日内不能作出决定的,经本行政机关负责人批准,可以延长10日,并应当将延长期限的理由告知申请人。但是,法律、法规另有规定的,依照其规定。

(4)听证。法律、法规、规章规定实施行政许可应当听证的事项,或者行政机关认为需要听证的其他涉及公共利益的重大行政许可事项,行政机关应当向社会公告,并举行听证。行政许可直接涉及申请人与他人之间重大利益关系的,行政机关在作出行政许可决定前,应当告知申请人、利害关系人享有要求听证的权利;申请人、利害关系人在被告知听证权利之日起5日内提出听证申请的,行政机关应当在20日内组织听证。申请人、利害关系人不承担行政机关组织听证的费用。

(5)变更与延续。被许可人要求变更行政许可事项的,应当向作出行政许可决定的行政机关提出申请;符合法定条件、标准的,行政机关应当依法办理变更手续。被许可人需要延续依法取得的行政许可的有效期的,应当在该行政许可有效期届满30日前向作出行政许可决定的行政机关提出申请。但是,法律、法规、规章另有规定的,依照其规定。行政机关应当根据被许可人的申请,在该行政许可有效期届满前作出是否准予延续的决定;逾期未作决定的,视为准予延续。

2. 行政处罚
1)行政处罚的概念和特征

行政处罚是指行政机关依法对违反行政管理秩序的公民、法人或者其他组织,以减损权益或者增加义务的方式予以惩戒的行为。行政处罚是行政主体对犯有违反行政法律规范行为相对人的一种惩罚，具有行政制裁性。行政处罚作为一种特定的行政行为，其结果是导致相对人权利被剥夺，因而行政处罚的机关、种类、范围、程序等都必须是法定的。

设定和实施行政处罚必须以事实为依据，与违法行为的事实、性质、情节以及社会危害程度相当。对违法行为给予行政处罚的规定必须公布；未经公布的，不得作为行政处罚的依据。

2）行政处罚的种类和设定

（1）行政处罚的种类：① 警告、通报批评；② 罚款、没收违法所得、没收非法财物；③ 暂扣许可证件、降低资质等级、吊销许可证件；④ 限制开展生产经营活动、责令停产停业、责令关闭、限制从业；⑤ 行政拘留；⑥ 法律、行政法规规定的其他行政处罚。

（2）行政处罚的设定。法律可以设定各种行政处罚。限制人身自由的行政处罚，只能由法律设定。行政法规可以设定除限制人身自由以外的行政处罚。法律对违法行为已经作出行政处罚规定，行政法规需要作出具体规定的，必须在法律规定的给予行政处罚的行为、种类和幅度的范围内规定。法律对违法行为未作出行政处罚规定，行政法规为实施法律，可以补充设定行政处罚。拟补充设定行政处罚的，应当通过听证会、论证会等形式广泛听取意见，并向制定机关作出书面说明。行政法规报送备案时，应当说明补充设定行政处罚的情况。

地方性法规可以设定除限制人身自由、吊销营业执照以外的行政处罚。法律、行政法规对违法行为已经作出行政处罚规定，地方性法规需要作出具体规定的，必须在法律、行政法规规定的给予行政处罚的行为、种类和幅度的范围内规定。法律、行政法规对违法行为未作出行政处罚规定，地方性法规为实施法律、行政法规，可以补充设定行政处罚。拟补充设定行政处罚的，应当通过听证会、论证会等形式广泛听取意见，并向制定机关作出书面说明。地方性法规报送备案时，应当说明补充设定行政处罚的情况。

国务院部门规章可以在法律、行政法规规定的给予行政处罚的行为、种类和幅度的范围内作出具体规定。尚未制定法律、行政法规的，国务院部门规章对违反行政管理秩序的行为，可以设定警告、通报批评或者一定数额罚款的行政处罚。罚款的限额由国务院规定。地方政府规章可以在法律、法规规定的给予行政处罚的行为、种类和幅度的范围内作出具体规定。尚未制定法律、法规的，地方政府规章对违反行政管理秩序的行为，可以设定警告、通报批评或者一定数额罚款的行政处罚。罚款的限额由省、自治区、直辖市人民代表大会常务委员会规定。

3）行政处罚的实施机关

行政处罚由具有行政处罚权的行政机关在法定职权范围内实施。国家在城市管理、市场监管、生态环境、文化市场、交通运输、应急管理、农业等领域推行建立综合行政执法制度，相对集中行政处罚权。国务院或者省、自治区、直辖市人民政府可以决定一个行政机关行使有关行政机关的行政处罚权。限制人身自由的行政处罚权只能由公安机关和法律规定的其他机关行使。

法律、法规授权的具有管理公共事务职能的组织可以在法定授权范围内实施行政处罚。行政机关依照法律、法规、规章的规定，可以在其法定权限内书面委托符合规定条件的组织实施行政处罚。行政机关不得委托其他组织或者个人实施行政处罚。委托书应当载明委托的具体事项、权限、期限等内容。委托行政机关和受委托组织应当将委托书向社会公布。委托行政机关对受委托组织实施行政处罚的行为应当负责监督，并对该行为的后果承担法律责任。受委托组织在委托范围内，以委托行政机关名义实施行政处罚；不得再委托其他组织或者个人实施行政处罚。

4）行政处罚的管辖和适用

（1）行政处罚的管辖。行政处罚由违法行为发生地的行政机关管辖。法律、行政法规、部门规章另有规定的，从其规定。行政处罚由县级以上地方人民政府具有行政处罚权的行政机关管辖。法律、行政法规另有规定的，从其规定。省、自治区、直辖市根据当地实际情况，可以决定将基层管理迫切需要的县级人民政府部门的行政处罚权交由能够有效承接的乡镇人民政府、街道办事处行使，并定期组织评估。两个以上行政机关都有管辖权的，由最先立案的行政机关管辖。对管辖发生争议的，应当协商解决，协商不成的，报请共同的上一级行政机关指定管辖；也可以直接由共同的上一级行政机关指定管辖。

（2）行政处罚的适用。行政机关实施行政处罚时，应当责令当事人改正或者限期改正违法行为。当事人有违法所得，除依法应当退赔的外，应当予以没收。对当事人的同一个违法行为，不得给予两次以上罚款的行政处罚。同一个违法行为违反多个法律规范应当给予罚款处罚的，按照罚款数额高的规定处罚。不满14周岁的未成年人有违法行为的，不予行政处罚，责令监护人加以管教；已满14周岁不满18周岁的未成年人有违法行为的，应当从轻或者减轻行政处罚。精神病人、智力残疾人在不能辨认或者不能控制自己行为时有违法行为的，不予行政处罚，但应当责令其监护人严加看管和治疗。间歇性精神病人在精神正常时有违法行为的，应当给予行政处罚。尚未完全丧失辨认或者控制自己行为能力的精神病人、智力残疾人有违法行为的，可以从轻或者减轻行政处罚。

当事人有下列情形之一，应当从轻或者减轻行政处罚：① 主动消除或者减轻违法行为危害后果的；② 受他人胁迫或者诱骗实施违法行为的；③ 主动供述行政机关尚未掌握的违法行为的；④ 配合行政机关查处违法行为有立功表现的；⑤ 法律、法规、规章规定其他应当从轻或者减轻行政处罚的。

违法行为轻微并及时改正，没有造成危害后果的，不予行政处罚。初次违法且危害后果轻微并及时改正的，可以不予行政处罚。当事人有证据足以证明没有主观过错的，不予行政处罚。法律、行政法规另有规定的，从其规定。行政机关可以依法制定行政处罚裁量基准，规范行使行政处罚裁量权。行政处罚裁量基准应当向社会公布。违法行为在2年内未被发现的，不再给予行政处罚；涉及公民生命健康安全、金融安全且有危害后果的，上述期限延长至5年。法律另有规定的除外。上述规定的期限，从违法行为发生之日起计算；违法行为有连续或者继续状态的，从行为终了之日起计算。

5）行政处罚的决定

（1）简易程序。违法事实确凿并有法定依据，对公民处以200元以下、对法人或者其他组织处以3000元以下罚款或者警告的行政处罚的，可以当场作出行政处罚决定。法律另有规定的，从其规定。执法人员当场作出行政处罚决定的，应当向当事人出示执法证件,填写预定格式、编有号码的行政处罚决定书,并当场交付当事人。当事人拒绝签收的,应当在行政处罚决定书上注明。执法人员当场作出的行政处罚决定,应当报所属行政机关备案。

(2)普通程序。除可以当场作出的行政处罚外,行政机关发现公民、法人或者其他组织有依法应当给予行政处罚的行为的,必须全面、客观、公正地调查,收集有关证据;必要时,依照法律、法规的规定,可以进行检查。符合立案标准的,行政机关应当及时立案。调查终结,行政机关负责人应当对调查结果进行审查,根据不同情况,分别作出如下决定:① 确有应受行政处罚的违法行为的,根据情节轻重及具体情况,作出行政处罚决定;② 违法行为轻微,依法可以不予行政处罚的,不予行政处罚;③ 违法事实不能成立的,不予行政处罚;④ 违法行为涉嫌犯罪的,移送司法机关。对情节复杂或者重大违法行为给予行政处罚,行政机关负责人应当集体讨论决定。行政机关依照规定给予行政处罚,应当制作行政处罚决定书。行政机关应当自行政处罚案件立案之日起90日内作出行政处罚决定。法律、法规、规章另有规定的,从其规定。

(3)听证程序。行政机关拟作出下列行政处罚决定,应当告知当事人有要求听证的权利,当事人要求听证的,行政机关应当组织听证:① 较大数额罚款;② 没收较大数额违法所得、没收较大价值非法财物;③ 降低资质等级、吊销许可证件;④ 责令停产停业、责令关闭、限制从业;⑤ 其他较重的行政处罚;⑥ 法律、法规、规章规定的其他情形。当事人不承担行政机关组织听证的费用。听证结束后,行政机关应当根据听证笔录,依照规定作出决定。

6)行政处罚的执行

行政处罚决定依法作出后,当事人应当在行政处罚决定书载明的期限内,予以履行。作出罚款决定的行政机关应当与收缴罚款的机构分离。依照规定当场作出行政处罚决定,有下列情形之一,执法人员可以当场收缴罚款:(1)依法给予100元以下罚款的;(2)不当场收缴事后难以执行的。除依照规定当场收缴的罚款外,作出行政处罚决定的行政机关及其执法人员不得自行收缴罚款。当事人应当自收到行政处罚决定书之日起15日内,到指定的银行或者通过电子支付系统缴纳罚款。

3. 行政强制

1)行政强制及其种类

行政强制,包括行政强制措施和行政强制执行。行政强制措施,是指行政机关在行政管理过程中,为制止违法行为、防止证据损毁、避免危害发生、控制危险扩大等情形,依法对公民的人身自由实施暂时性限制,或者对公民、法人或者其他组织的财物实施暂时性控制的行为。行政强制执行,是指行政机关或者行政机关申请人民法院,对不履行行政决定的公民、法人或者其他组织,依法强制履行义务的行为。

(1)行政强制措施的种类和设定。行政强制措施的种类:① 限制公民人身自由;② 查封场所、设施或者财物;③ 扣押财物;④ 冻结存款、汇款;⑤ 其他行政强制措施。行政强制措施由法律设定。尚未制定法律,且属于国务院行政管理职权事项的,行政法规可以设定除限制公民人身自由、冻结存款和汇款及应当由法律规定的行政强制措施以外的其他行政强制措施。尚未制定法律、行政法规,且属于地方性事务的,地方性法规可以设定查封场所、设施或者财物,以及扣押财物的行政强制措施。法律、法规以外的其他规范性文件不得设定行政强制措施。法律对行政强制措施的对象、条件、种类作了规定的，行政法规、地方性法规不得作出扩大规定。法律中未设定行政强制措施的，行政法规、地方性法规不得设定行政强制措施。但是，法律规定特定事项由行政法规规定具体管理措施的，行政法规可以设定除限制公民人身自由、冻结存款和汇款及应当由法律规定的行政强制措施以外的其他行政强制措施。

（2）行政强制执行的方式和设定。行政强制执行的方式：① 加处罚款或者滞纳金；② 划拨存款、汇款；③ 拍卖或者依法处理查封、扣押的场所、设施或者财物；④ 排除妨碍、恢复原状；⑤ 代履行；⑥ 其他强制执行方式。行政强制执行由法律设定。法律没有规定行政机关强制执行的，作出行政决定的行政机关应当申请人民法院强制执行。

2）行政强制措施实施程序

行政强制措施由法律、法规规定的行政机关在法定职权范围内实施。行政强制措施权不得委托。依据《行政处罚法》的规定行使相对集中行政处罚权的行政机关，可以实施法律、法规规定的与行政处罚权有关的行政强制措施。行政强制措施应当由行政机关具备资格的行政执法人员实施，其他人员不得实施。实施限制人身自由的行政强制措施不得超过法定期限。实施行政强制措施的目的已经达到或者条件已经消失，应当立即解除。

3）行政机关强制执行程序

行政机关依法作出行政决定后，当事人在行政机关决定的期限内不履行义务的，具有行政强制执行权的行政机关依照规定强制执行。行政机关作出强制执行决定前，应当事先催告当事人履行义务。催告应当以书面形式作出。当事人收到催告书后有权进行陈述和申辩。行政机关应当充分听取当事人的意见，对当事人提出的事实、理由和证据，应当进行记录、复核。当事人提出的事实、理由或者证据成立的，行政机关应当采纳。经催告，当事人逾期仍不履行行政决定，且无正当理由的，行政机关可以作出强制执行决定。强制执行决定应当以书面形式作出。在催告期间，对有证据证明有转移或者隐匿财物迹象的，行政机关可以作出立即强制执行决定。催告书、行政强制执行决定书应当直接送达当事人。

有下列情形之一的，中止执行：（1）当事人履行行政决定确有困难或者暂无履行能力的；（2）第三人对执行标的主张权利，确有理由的；（3）执行可能造成难以弥补的损失，且中止执行不损害公共利益的；（4）行政机关认为需要中止执行的其他情形。中止执行的情形消失后，行政机关应当恢复执行。对没有明显社会危害，当事人确无能力履行，中止执行满3年未恢复执行的，行政机关不再执行。有下列情形之一的，终结执行：（1）公民死亡，无遗产可供执行，又无义务承受人的；（2）法人或者其他组织终止，无财产可供执行，又无义务承受人的；（3）执行标的灭失的；（4）据以执行的行政决定被撤销的；（5）行政机关认为需要终结执行的其他情形。

在执行中或者执行完毕后，据以执行的行政决定被撤销、变更，或者执行错误的，应当恢复原状或者退还财物；不能恢复原状或者退还财物的，依法给予赔偿。实施行政强制执行，行政机关可以在不损害公共利益和他人合法权益的情况下，与当事人达成执行协议。执行协议可以约定分阶段履行，当事人不履行执行协议的，行政机关应当恢复强制执行。

行政机关不得在夜间或者法定节假日实施行政强制执行。但是，情况紧急的除外。行政机关不得对居民生活采取停止供水、供电、供热、供燃气等方式迫使当事人履行相关行政决定。对违法的建筑物、构筑物、设施等需要强制拆除的，应当由行政机关予以公告，限期当事人自行拆除。当事人在法定期限内不申请行政复议或者提起行政诉讼，又不拆除的，行政机关可以依法强制拆除。

4）申请人民法院强制执行

当事人在法定期限内不申请行政复议或者提起行政诉讼，又不履行行政决定的，没有行政强制执行权的行政机关可以自期限届满之日起 3 个月内，依照法律规定申请人民法院强制执行。行政机关申请人民法院强制执行前，应当催告当事人履行义务。催告书送达 10 日后当事人仍未履行义务的，行政机关可以向所在地有管辖权的人民法院申请强制执行；执行对象是不动产的，向不动产所在地有管辖权的人民法院申请强制执行。

人民法院接到行政机关强制执行的申请，应当在 5 日内受理。行政机关对人民法院不予受理的裁定有异议的，可以在 15 日内向上一级人民法院申请复议，上一级人民法院应当自收到复议申请之日起 15 日内作出是否受理的裁定。人民法院对行政机关强制执行的申请进行书面审查，对符合规定，且行政决定具备法定执行效力的，除规定的情形外，人民法院应当自受理之日起 7 日内作出执行裁定。

人民法院发现有下列情形之一的，在作出裁定前可以听取被执行人和行政机关的意见：（1）明显缺乏事实根据的；（2）明显缺乏法律、法规依据的；（3）其他明显违法并损害被执行人合法权益的。人民法院应当自受理之日起 30 日内作出是否执行的裁定。裁定不予执行的，应当说明理由，并在 5 日内将不予执行的裁定送达行政机关。行政机关对人民法院不予执行的裁定有异议的，可以自收到裁定之日起 15 日内向上一级人民法院申请复议，上一级人民法院应当自收到复议申请之日起 30 日内作出是否执行的裁定。行政机关申请人民法院强制执行，不缴纳申请费。强制执行的费用由被执行人承担。人民法院以划拨、拍卖方式强制执行的，可以在划拨、拍卖后将强制执行的费用扣除。

1.7 建设工程刑事法律制度

1.7.1 刑法的特征和基本原则

1. 刑法的特征

刑法是规定犯罪、刑事责任和刑罚的法律。刑法的特征有两层含义，一是刑法的阶级特征；二是刑法的法律特征。

1）刑法的阶级性质

刑法和其他法律一样，不是自古就有的，也不会永远存在下去，其产生和发展是一个历史的范畴。刑法是统治阶级根据自己的意志和利益制定的，刑法的阶级内容主要是通过刑法的具体规定表现出来的。刑法的阶级性质是由国家的阶级本质决定的。我国刑法是保护人民、打击敌人、惩罚犯罪、保障人权、服务国家建设的有力武器，是人民民主专政的重要工具。这一切都反映了我国刑法的社会主义本质。

2）刑法的法律性质

刑法是规定犯罪、刑事责任、刑罚的法律规范，它所解决的主要是如何认定犯罪、是否追究刑事责任以及如何追究刑事责任等问题，刑法规定的内容具有特定性。刑法保护的是所有受到犯罪侵害的社会关系，这些社会关系涉及社会生活的各个方面，具有普遍性。刑罚不仅可以剥夺犯罪分子的政治权利、财产权利，限制或有期、无期剥夺犯罪分子的人身自由权利，而且在最严重的情况下还可以剥夺犯罪分子的生命权利，刑法强制方法具有严厉性。另外，刑法应具有谦抑性，所谓刑法的谦抑性，是指刑法不应将一切违法行为都当作处罚对象，仅应以具有刑事处罚必要性之危害行为为处罚对象。

2. 刑法的基本原则

刑法的基本原则是指贯穿全部刑法规范，具有指导和制约全部刑事立法和刑事司法的意义，并体现我国刑事法治基本精神的准则。

1）罪刑法定原则

罪刑法定原则的基本含义为法无明文规定不为罪，法无明文规定不处罚。第一个方面可称之为积极的罪刑法定原则；第二个方面，可称之为消极的罪刑法定原则。《刑法》第3条规定："法律明文规定为犯罪行为的，依照法律定罪处刑；法律没有明文规定为犯罪行为的，不得定罪处刑。"此即我国刑法中的罪刑法定原则。这一原则的价值内涵和内在要求，在整部法典中得到了较为全面、系统的体现。

2）适用刑法人人平等原则

适用刑法人人平等原则的含义是对任何人犯罪，不论犯罪人的民族、身份、家庭出身、社会地位、职业性质、财产状况、政治面貌、才能业绩如何，都应追究刑事责任，一律平等地适用刑法，依法定罪、量刑和行刑，不允许任何人有超越法律的特权。《刑法》第4条规定："对任何人犯罪，在适用法律上一律平等。不允许任何人有超越法律的特权。"

3）罪责刑相适应原则

罪责刑相适应原则的含义为确定刑罚的轻重，应当结合犯罪行为的社会危害性和犯罪人的主观恶性及人身危险性来进行综合评价，以此确定行为人应当承担的刑事责任，并适用相应轻重的刑罚。刑罚的轻重不是单纯地与犯罪分子所犯罪行相适应，还要与犯罪分子承担的刑事责任相适应。《刑法》第5条规定："刑罚的轻重，应当与犯罪分子所犯罪行和承担的刑事责任相适应。"

1.7.2 犯罪概念、犯罪构成、刑罚种类和刑罚裁量

1. 犯罪概念

《刑法》第13条规定，一切危害国家主权、领土完整和安全，分裂国家、颠覆人民民主专政的政权和推翻社会主义制度，破坏社会秩序和经济秩序，侵犯国有财产或者劳动群众集体所有的财产，侵犯公民私人所有的财产，侵犯公民的人身权利、民主权利和其他权利，以及其他危害社会的行为，依照法律应当受刑罚处罚的，都是犯罪，但是情节显著轻微危害不大的，不认为是犯罪。因此，我国刑法中的犯罪是指严重危害我国

社会，触犯刑法并应受刑罚处罚的行为。

2. 犯罪构成

我国刑法学界通行的观点认为，犯罪构成是我国刑法规定的、决定某一具体行为的社会危害性及其程度而为该行为构成犯罪所必需的一切客观要件和主观要件的总和。犯罪构成要件包括犯罪客体、犯罪客观方面、犯罪主体和犯罪主观方面，故而也被称为四要件犯罪构成理论。我国刑法中的犯罪构成是指刑法规定的，决定某一具体行为的社会危害性及其程度，而为该行为构成犯罪所必须具备的一切客观要件和主观要件的有机统一的整体。

3. 刑罚种类

刑罚是刑法所规定的由国家审判机关对犯罪人所适用的限制或剥夺其某种权益的强制性制裁方法。刑罚分为主刑和附加刑。主刑的种类如下：（1）管制；（2）拘役；（3）有期徒刑；（4）无期徒刑；（5）死刑。附加刑的种类如下：（1）罚金；（2）剥夺政治权利；（3）没收财产。附加刑也可以独立适用。对于犯罪的外国人，可以独立适用或者附加适用驱逐出境。因利用职业便利实施犯罪，或者实施违背职业要求的特定义务的犯罪被判处刑罚的，人民法院可以根据犯罪情况和预防再犯罪的需要，禁止其自刑罚执行完毕之日或者假释之日起从事相关职业，期限为3年至5年。被禁止从事相关职业的人违反人民法院依照上述规定作出的决定的，由公安机关依法给予处罚。

4. 刑罚裁量

刑罚裁量，又称量刑，是指人民法院在依法认定行为人的行为构成犯罪的基础上，依据行为人的犯罪事实、各种量刑情节与规则，依法决定对行为人是否判处刑罚、判处什么刑罚以及如何执行刑罚的刑事审判活动。对于犯罪分子决定刑罚的时候，应当根据犯罪的事实、犯罪的性质、情节和对于社会的危害程度，依照规定判处。犯罪分子具有规定的从重处罚、从轻处罚情节的，应当在法定刑的限度以内判处刑罚。犯罪分子具有规定的减轻处罚情节的，应当在法定刑以下判处刑罚；刑法规定有数个量刑幅度的，应当在法定量刑幅度的下一个量刑幅度内判处刑罚。

1）累犯

被判处有期徒刑以上刑罚的犯罪分子，刑罚执行完毕或者赦免以后，在5年以内再犯应当判处有期徒刑以上刑罚之罪的，是累犯，应当从重处罚，但是过失犯罪和不满18周岁的人犯罪的除外。上述规定的期限，对于被假释的犯罪分子，从假释期满之日起计算。危害国家安全犯罪、恐怖活动犯罪、黑社会性质的组织犯罪的犯罪分子，在刑罚执行完毕或者赦免以后，在任何时候再犯上述任一类罪的，都以累犯论处。

2）自首和立功

犯罪以后自动投案，如实供述自己的罪行的，是自首。对于自首的犯罪分子，可以从轻或者减轻处罚。其中，犯罪较轻的，可以免除处罚。被采取强制措施的犯罪嫌疑人、被告人和正在服刑的罪犯，如实供述司法机关还未掌握的本人其他罪行的，以自首论。犯罪嫌疑人虽不具有上述规定的自首情节，但是如实供述自己罪行的，可以从轻处罚；因其如实供述自己罪行，避免特别严重后果发生的，可以减轻处罚。犯罪分子有揭发他人犯罪行为，查证属实的，或者提供重要线索，从而得以侦破其他案件等立功表现的,可以从轻或者减轻处罚;有重大立功表现的,可以减轻或者免除处罚。

3)数罪并罚

判决宣告以前一人犯数罪的,除判处死刑和无期徒刑的以外,应当在总和刑期以下、数刑中最高刑期以上,酌情决定执行的刑期,但是管制最高不能超过3年,拘役最高不能超过1年,有期徒刑总和刑期不满35年的,最高不能超过20年,总和刑期在35年以上的,最高不能超过25年。数罪中有判处有期徒刑和拘役的,执行有期徒刑。数罪中有判处有期徒刑和管制,或者拘役和管制的,有期徒刑、拘役执行完毕后,管制仍须执行。数罪中有判处附加刑的,附加刑仍须执行,其中附加刑种类相同的,合并执行,种类不同的,分别执行。

4)缓刑

对于被判处拘役、3年以下有期徒刑的犯罪分子,同时符合下列条件的,可以宣告缓刑,对其中不满18周岁的人、怀孕的妇女和已满75周岁的人,应当宣告缓刑:(1)犯罪情节较轻;(2)有悔罪表现;(3)没有再犯罪的危险;(4)宣告缓刑对所居住社区没有重大不良影响。宣告缓刑,可以根据犯罪情况,同时禁止犯罪分子在缓刑考验期限内从事特定活动,进入特定区域、场所,接触特定的人。被宣告缓刑的犯罪分子,如果被判处附加刑,附加刑仍须执行。拘役的缓刑考验期限为原判刑期以上1年以下,但是不能少于2个月。有期徒刑的缓刑考验期限为原判刑期以上5年以下,但是不能少于1年。缓刑考验期限,从判决确定之日起计算。对于累犯和犯罪集团的首要分子,不适用缓刑。

5)减刑

被判处管制、拘役、有期徒刑、无期徒刑的犯罪分子,在执行期间,如果认真遵守监规,接受教育改造,确有悔改表现的,或者有立功表现的,可以减刑;有下列重大立功表现之一的,应当减刑:(1)阻止他人重大犯罪活动的;(2)检举监狱内外重大犯罪活动,经查证属实的;(3)有发明创造或者重大技术革新的;(4)在日常生产、生活中舍己救人的;(5)在抗御自然灾害或者排除重大事故中,有突出表现的;(6)对国家和社会有其他重大贡献的。

6)假释

被判处有期徒刑的犯罪分子,执行原判刑期1/2以上,被判处无期徒刑的犯罪分子,实际执行13年以上,如果认真遵守监规,接受教育改造,确有悔改表现,没有再犯罪的危险的,可以假释。如果有特殊情况,经最高人民法院核准,可以不受上述执行刑期的限制。对累犯以及因故意杀人、强奸、抢劫、绑架、放火、爆炸、投放危险物质或者有组织的暴力性犯罪被判处10年以上有期徒刑、无期徒刑的犯罪分子,不得假释。对犯罪分子决定假释时,应当考虑其假释后对所居住社区的影响。有期徒刑的假释考验期限,为没有执行完毕的刑期;无期徒刑的假释考验期限为10年。假释考验期限,从假释之日起计算。

1.7.3 建设工程常见犯罪行为及罪名

罪名,即具体犯罪的称谓,是对某种具体犯罪本质特征的简明概括。在建设工程领域,常见的犯罪行为及罪名如下:

1. 重大责任事故罪

重大责任事故罪，是指在生产、作业中违反有关安全管理规定，因而发生重大伤亡事故或者造成其他严重后果的行为。本罪的构成是：（1）本罪侵犯的客体是厂矿企业、事业单位的安全生产制度；（2）本罪在客观方面表现为在生产、作业活动中，违反有关安全管理的规定，因而发生重大伤亡事故，或者造成其他严重后果；（3）本罪的犯罪主体，包括对生产、作业负有组织、指挥或者管理职责的负责人、管理人员、实际控制人、投资人等人员，以及直接从事生产、作业的人员；（4）本罪的主观方面是过失。行为人违反规章制度可能是故意的，但对于自己违章行为所造成的重大事故是由于疏忽大意而没有预见或者已经预见而轻信能够避免，这是判断具有本罪过失的重要根据。

《刑法》第 134 条第 1 款规定，在生产、作业中违反有关安全管理的规定，因而发生重大伤亡事故或者造成其他严重后果的，处 3 年以下有期徒刑或者拘役；情节特别恶劣的，处 3 年以上 7 年以下有期徒刑。根据《最高人民法院、最高人民检察院关于办理危害生产安全刑事案件适用法律若干问题的解释》（法释〔2015〕22 号），发生安全事故，具有下列情形之一的，应当认定为"造成严重后果"或者"发生重大伤亡事故或者造成其他严重后果"，对相关责任人员，处 3 年以下有期徒刑或者拘役：（1）造成死亡 1 人以上，或者重伤 3 人以上的；（2）造成直接经济损失 100 万元以上的；（3）其他造成严重后果或者重大安全事故的情形。发生安全事故，具有下列情形之一的，对相关责任人员，处 3 年以上 7 年以下有期徒刑：（1）造成死亡 3 人以上或者重伤 10 人以上，负事故主要责任的；（2）造成直接经济损失 500 万元以上，负事故主要责任的；（3）其他造成特别严重后果、情节特别恶劣或者后果特别严重的情形。

2. 强令、组织他人违章冒险作业罪

强令、组织他人违章冒险作业罪，是指强令他人违章冒险作业，或者明知存在重大事故隐患而不排除，仍冒险组织作业，因而发生重大伤亡事故或者造成其他严重后果的行为。本罪的构成是：（1）本罪侵犯的客体是安全生产秩序；（2）本罪的客观方面表现为强令他人违章冒险作业，或者明知存在重大事故隐患而不排除，仍冒险组织作业的行为；（3）本罪的犯罪主体包括对生产、作业负有组织、指挥或者管理职责的负责人、管理人员、实际控制人、投资人等人员；（4）本罪的主观方面是过失。

《刑法》第 134 条第 2 款规定，强令他人违章冒险作业，或者明知存在重大事故隐患而不排除，仍冒险组织作业，因而发生重大伤亡事故或者造成其他严重后果的，处 5 年以下有期徒刑或者拘役；情节特别恶劣的，处 5 年以上有期徒刑。

根据《最高人民法院 最高人民检察院关于办理危害生产安全刑事案件适用法律若干问题的解释（二）》（法释〔2022〕19 号），明知存在事故隐患，继续作业存在危险，仍然违反有关安全管理的规定，有下列情形之一的，属于《刑法》规定的"强令他人违章冒险作业"：（1）以威逼、胁迫、恐吓等手段，强制他人违章作业的；（2）利用组织、指挥、管理职权，强制他人违章作业的；（3）其他强令他人违章冒险作业的情形。明知存在重大事故隐患，仍然违反有关安全管理的规定，不排除或者故意掩盖重大事故隐患，组织他人作业的，属于《刑法》规定的"冒险组织作业"。

3. 工程重大安全事故罪

工程重大安全事故罪，是指建设单位、设计单位、施工单位、工程监理单位违反

国家规定，降低工程质量标准，造成重大安全事故的行为。本罪的构成是：(1)本罪侵犯的客体是人民的财产和生命安全以及国家的建筑管理制度。(2)本罪在客观方面表现为违反国家规定，降低工程质量标准，造成重大安全事故的行为。(3)本罪的主体为特殊主体，即为单位犯罪。主体只能是建设单位、设计单位或者是施工单位及工程监理单位。但该罪名不处罚单位，只处罚直接责任人。(4)本罪在主观方面表现为过失。

《刑法》第137条规定，建设单位、设计单位、施工单位、工程监理单位违反国家规定，降低工程质量标准，造成重大安全事故的，对直接责任人员处5年以下有期徒刑或者拘役，并处罚金；后果特别严重的，处5年以上10年以下有期徒刑，并处罚金。

4. 重大劳动安全事故罪

重大劳动安全事故罪，是指安全生产设施或者安全生产条件不符合国家规定，因而发生重大伤亡事故或者造成其他严重后果的行为。本罪的犯罪主体是刑法规定的"直接负责的主管人员和其他直接责任人员"，即对安全生产设施或者安全生产条件不符合国家规定负有直接责任的生产经营单位负责人、管理人员、实际控制人、投资人，以及其他对安全生产设施或者安全生产条件负有管理、维护职责的人员。

《刑法》第135条规定，安全生产设施或者安全生产条件不符合国家规定，因而发生重大伤亡事故或者造成其他严重后果的，对直接负责的主管人员和其他直接责任人员，处3年以下有期徒刑或者拘役；情节特别恶劣的，处3年以上7年以下有期徒刑。

5. 虚开增值税专用发票、用于骗取出口退税、抵扣税款发票罪

虚开增值税专用发票、用于骗取出口退税、抵扣税款发票罪是指故意虚开增值税专用发票或者虚开用于骗取出口退税、抵扣税款的其他发票的行为。虚开增值税专用发票或者虚开用于骗取出口退税、抵扣税款的其他发票，是指有为他人虚开、为自己虚开、让他人为自己虚开、介绍他人虚开行为之一的。

《刑法》第205条规定，虚开增值税专用发票或者虚开用于骗取出口退税、抵扣税款的其他发票的，处3年以下有期徒刑或者拘役，并处2万元以上20万元以下罚金；虚开的税款数额较大或者有其他严重情节的，处3年以上10年以下有期徒刑，并处5万元以上50万元以下罚金；虚开的税款数额巨大或者有其他特别严重情节的，处10年以上有期徒刑或者无期徒刑，并处5万元以上50万元以下罚金或者没收财产。单位犯上述规定之罪的，对单位判处罚金，并对其直接负责的主管人员和其他直接责任人员，处3年以下有期徒刑或者拘役；虚开的税款数额较大或者有其他严重情节的，处3年以上10年以下有期徒刑；虚开的税款数额巨大或者有其他特别严重情节的，处10年以上有期徒刑或者无期徒刑。

根据《最高人民法院关于虚开增值税专用发票定罪量刑标准有关问题的通知》(法〔2018〕226号)，虚开的税款数额在5万元以上的，以虚开增值税专用发票罪处3年以下有期徒刑或者拘役，并处2万元以上20万元以下罚金；虚开的税款数额在50万元以上的，认定为刑法规定的"数额较大"；虚开的税款数额在250万元以上的，认定为刑法规定的"数额巨大"。

6. 串通投标罪

串通投标罪，指投标人相互串通投标报价，损害招标人或者其他投标人利益，或者投标人与招标人串通投标，损害国家、集体、公民的合法权益，情节严重的行为。

《刑法》第 223 条规定，投标人相互串通投标报价，损害招标人或者其他投标人利益，情节严重的，处 3 年以下有期徒刑或者拘役，并处或者单处罚金。投标人与招标人串通投标，损害国家、集体、公民的合法利益的，依照以上规定处罚。

第 2 章　建筑市场主体制度

2.1　建筑市场主体的一般规定

市场主体是指在市场经济中从事生产、流通、服务等经济活动的各种经济组织和个人。《市场主体登记管理条例》规定，市场主体是指在中华人民共和国境内以营利为目的从事经营活动的下列自然人、法人及非法人组织：（1）公司、非公司企业法人及其分支机构；（2）个人独资企业、合伙企业及其分支机构；（3）农民专业合作社（联合社）及其分支机构；（4）个体工商户；（5）外国公司分支机构；（6）法律、行政法规规定的其他市场主体。自然人、法人和非法人组织也是建筑市场的重要主体。

2.1.1　自然人、法人和非法人组织

1. 自然人

在工程建设中，自然人可以作为建设单位人员、设计师、施工人员、监理人员等角色参与项目，承担相应的工作任务和义务。

1）民事权利能力和民事行为能力

民事权利能力是指民事主体参与民事法律关系，享有民事权利、承担民事义务的法律资格。自然人的民事权利能力既包括自然人享有民事权利的资格，也包括自然人承担民事义务的资格。自然人从出生时起到死亡时止，具有民事权利能力，依法享有民事权利，承担民事义务。自然人的民事权利能力一律平等。民事行为能力是指民事主体以自己的行为去取得民事权利、承担民事义务的能力。自然人的民事行为能力分为完全行为能力、限制行为能力、无民事行为能力三种。

2）个体工商户和农村承包经营户

《民法典》规定，自然人从事工商业经营，经依法登记，为个体工商户。个体工商户可以起字号。

个体工商户的债务，个人经营的，以个人财产承担；家庭经营的，以家庭财产承担；无法区分的，以家庭财产承担。农村承包经营户的债务，以从事农村土地承包经营的农户财产承担；事实上由农户部分成员经营的，以该部分成员的财产承担。

3）自然人在建设工程中的地位

《建筑法》规定，承包建筑工程的单位应当持有依法取得的资质证书，并在其资质等级许可的业务范围内承揽工程。禁止建筑施工企业超越本企业资质等级许可的业务范围或者以任何形式用其他建筑施工企业的名义承揽工程。禁止建筑施工企业以任何形式允许其他单位或者个人使用本企业的资质证书、营业执照，以本企业的名义承揽工程。

"依法取得的资质证书"和"资质等级"，是指有关主管机关依照《建筑法》第

12

条和第 13 条规定，对符合法定条件的建筑施工企业、勘察单位、设计单位或工程监理单位核发的允许其从事相关建筑活动的资质证书和该证书所载明的资质等级。

自然人不具有工程承包的资质，不能承包建筑工程。

2. 法人

法人是具有民事权利能力和民事行为能力，依法独立享有民事权利和承担民事义务的组织。法人是建设工程活动中的重要主体。

1）法人应当具备的条件

（1）依法成立

法人应当依法成立。法人的设立目的和方式必须符合法律的规定。法人应当有自己的名称、组织机构、住所、财产或者经费。法人的名称是法人相互区别的标志和法人进行活动时使用的代号。法人的组织机构是指对内管理法人事务、对外代表法人进行民事活动的机构。法人的住所则是法人进行业务活动的所在地，也是确定法律管辖的依据。法人以其主要办事机构所在地为住所。依法需要办理法人登记的，应当将主要办事机构所在地登记为住所。有必要的财产或者经费是法人进行民事活动的物质基础，法人的财产或者经费必须与法人的经营范围或者设立目的相适应，否则将不能被批准设立或者核准登记。

（2）能够独立承担民事责任

法人以其全部财产独立承担民事责任。法人必须能够以自己的财产或者经费承担在民事活动中的债务，在民事活动中给其他主体造成损失时能够承担赔偿责任。法人以其全部财产独立承担民事责任。

（3）有法定代表人

《民法典》规定，依照法律或者法人章程的规定，代表法人从事民事活动的负责人，为法人的法定代表人。法定代表人以法人名义从事的民事活动，其法律后果由法人承受。法人章程或者法人权力机构对法定代表人代表权的限制，不得对抗善意相对人。法定代表人因执行职务造成他人损害的，由法人承担民事责任。法人承担民事责任后，依照法律或者法人章程的规定，可以向有过错的法定代表人追偿。

2）法人的分类

法人分为营利法人、非营利法人和特别法人三大类。

（1）营利法人

以取得利润并分配给股东等出资人为目的成立的法人，为营利法人。营利法人包括有限责任公司、股份有限公司和其他企业法人等。营利法人经依法登记成立。

依法设立的营利法人，由登记机关发给营利法人营业执照。营业执照签发日期为营利法人的成立日期。设立营利法人应当依法制定法人章程。法人章程是关于法人组织和行为的基本规则的书面文件，是对法人内部事务具有法律效力的自治性规范，对法人成员均具有约束力。

（2）非营利法人

为公益目的或者其他非营利目的成立，不向出资人、设立人或者会员分配所取得利润的法人，为非营利法人。非营利法人包括事业单位、社会团体、基金会、社会服务机构等。

事业单位是指国家为了社会公益目的，由国家机关举办或者其他组织利用国有资产举办的，从事教育、科技、文化、卫生等活动的社会服务组织。社会团体，是指基于会员共同意愿，为公益目的或者会员共同利益等非营利目的设立的社会组织。社会团体包括两种：一是为公益目的而设立的，如中国红十字会、中华慈善总会等；二是为会员共同利益设立的，如行业协会、商会等。捐助法人是指为公益目的以捐助财产设立的非营利法人。

（3）特别法人

机关法人、基层群众性自治组织、农村集体经济组织、城镇农村的合作经济组织等属于特别法人。

有独立经费的机关和承担行政职能的法定机构从成立之日起，具有机关法人资格，可以从事为履行职能所需要的民事活动。城镇农村的合作经济组织依法取得法人资格。居民委员会、村民委员会具有基层群众性自治组织法人资格，可以从事为履行职能所需要的民事活动。未设立村集体经济组织的，村民委员会可以依法代行村集体经济组织的职能。

3）企业法人与项目经理部的法律关系

从项目管理的理论上说，各类企业都可以设立项目经理部，但施工企业设立的项目经理部具有典型意义。

（1）项目经理部的概念和设立

项目经理部是施工企业为了完成某项建设工程施工任务而设立的组织。项目经理部是由一个项目经理与技术、生产、材料、成本等管理人员组成的项目管理班子，是一次性的具有弹性的现场生产组织机构。对于大中型施工项目，施工企业应当在施工现场设立项目经理部；小型施工项目可以由施工企业根据实际情况选择适当的管理方式。施工企业应当明确项目经理部的职责、任务和组织形式。

项目经理部不具备法人资格，而是施工企业根据建设工程施工项目需要组建的非常设的下属机构。项目经理根据企业法人的授权，全面组织和领导本项目经理部的工作。

（2）项目经理是企业法人授权在建设工程施工项目上的管理者

企业法人的法定代表人，其职务行为可以代表企业法人。由于施工企业同时会有数个、数十个甚至更多的建设工程施工项目在组织实施，导致企业法定代表人不可能成为所有施工项目的直接负责人。因此，在每个施工项目上必须有一个经企业法人授权的项目经理。施工企业的项目经理，是受企业法人的委派，对建设工程施工项目全面负责的项目管理者，是一种施工企业内部的岗位职务。

建设工程项目上的生产经营活动，必须在企业制度的制约下运行；其质量、安全、技术等活动，必须接受企业相关职能部门的指导和监督。推行项目经理责任制，绝不意味着可以搞"以包代管"。过分强调建设工程项目承包的自主权，过度下放管理权限，将会削弱施工企业的整体管理能力，给施工企业带来诸多经营风险。

（3）项目经理部行为的法律后果由企业法人承担

由于项目经理部不具备独立的法人资格，无法独立承担民事责任，项目经理部行为的法律后果将由企业法人承担。例如：项目经理部没有按照合同约定完成施工任务，则应由施工企业承担违约责任；项目经理签字的材料款，如果不按时支付，发生诉讼时，材料供应商应当以施工企业为被告提起诉讼。

3. 非法人组织

非法人组织是不具有法人资格，但是能够依法以自己的名义从事民事活动的组织。非法人组织包括个人独资企业、合伙企业、不具有法人资格的专业服务机构等。

非法人组织与非经登记的组织、非法组织不一样。非法人组织所表征的是该组织不具有独立法人资格和地位，并不涉及其组织或行为的合法性；非经登记的组织是未履行登记程序的组织；非法组织则是指该组织所从事的事业或所实施的行为违反法律、行政法规的规定，具有违法性。

1）非法人组织的类别

（1）个人独资企业，是指依照《个人独资企业法》在中国境内设立，由一个自然人投资，财产为投资人个人所有，投资人以其个人财产对企业债务承担无限责任的经营实体。

（2）合伙企业，是指自然人、法人和其他组织依照《合伙企业法》在中国境内设立的普通合伙企业和有限合伙企业。普通合伙企业由普通合伙人组成，合伙人对合伙企业债务承担无限连带责任。有限合伙企业由普通合伙人和有限合伙人组成，普通合伙人对合伙企业债务承担无限连带责任，有限合伙人以其认缴的出资额为限对合伙企业债务承担责任。

（3）不具有法人资格的专业服务机构，主要指未取得法人资格的律师事务所、会计师事务所等专业服务机构。

在建设工程中，非法人组织可以作为建设单位、设计单位、监理单位等参与项目。

2）非法人组织的相关规定

非法人组织不具有法人资格，不能独立承担民事责任。《民法典》规定，非法人组织的财产不足以清偿债务的，其出资人或者设立人承担无限责任。法律另有规定的，依照其规定。

非法人组织代表人，是指非法人组织根据其章程、协议或者经共同决定，来确定由其代表该组织对外从事民事活动的人。非法人组织可以确定一人或者数人代表该组织从事民事活动。

有下列情形之一的，非法人组织解散：（1）章程规定的存续期间届满或者章程规定的其他解散事由出现；（2）出资人或者设立人决定解散；（3）法律规定的其他情形。非法人组织解散的，应当依法进行清算。

2.1.2 建设工程委托代理

在建设工程活动中，通过委托代理实施民事法律行为的情形较为常见。因此，了解和熟悉有关代理的基本法律知识是十分必要的。

1. 代理的法律特征和主要种类

《民法典》规定，民事主体可以通过代理人实施民事法律行为。

1）代理的法律特征

（1）代理人必须在代理权限范围内实施代理行为

代理人实施代理活动的直接依据是代理权。因此，代理人必须在代理权限范围内与第三人或相对人实施代理行为。

代理人实施代理行为时有独立进行意思表示的权利。代理制度的存在，正是为了弥补一些民事主体没有资格、精力和能力去处理有关事务的缺陷。如果仅是代为传达当事人的意思表示或接受意思表示，而没有任何独立决定意思表示的权利，则不是代理，只能视为传达意思表示的使者。

（2）代理人一般应该以被代理人的名义实施代理行为

代理人在代理权限内，以被代理人名义实施的民事法律行为，对被代理人发生效力。

（3）代理行为必须是具有法律意义的行为

代理人为被代理人实施的是能够产生、变更或消灭法律上的权利义务关系的行为。如果是代理人请朋友吃饭、聚会等，不能导致法律权利义务关系的变化，就不是代理行为。

（4）代理行为的法律后果归属于被代理人

代理人在代理权限内，以被代理人名义实施的民事法律行为，在法律上产生与被代理人自己的行为同样的后果，被代理人对代理人的代理行为承担民事责任。

2）代理的种类

代理包括委托代理和法定代理。

（1）委托代理

委托代理人按照被代理人的委托行使代理权。委托代理权来源于委托人的授权行为。因委托代理中，被代理人是以意思表示的方法将代理权授予代理人的，故又称"意定代理"或"任意代理"。

数人为同一代理事项的代理人的，应当共同行使代理权，但是当事人另有约定的除外。代理人知道或者应当知道代理事项违法仍然实施代理行为，或者被代理人知道或者应当知道代理人的代理行为违法未作反对表示的，被代理人和代理人应当承担连带责任。

（2）法定代理

法定代理是指根据法律的规定而发生的代理。法定代理权来源于法律规定，无须任何授权行为。法定代理主要是为了本身欠缺相应行为能力的无民事行为能力人和限制行为能力人而设定的。无民事行为能力人、限制民事行为能力人的监护人是其法定代理人。

2. 建设工程代理行为及其法律关系

建设工程活动中涉及的代理行为比较多，如工程招标代理、材料设备采购代理以及诉讼代理等。

1）建设工程代理行为的设立

建设工程活动不同于一般的经济活动，其代理行为不仅要依法实施，有些还要受到法律的限制。

（1）不得委托代理的建设工程活动

《民法典》规定，依照法律规定、当事人约定或者民事法律行为的性质，应当由本人亲自实施的民事法律行为,不得代理。

《建筑法》规定,禁止承包单位将其承包的全部建筑工程转包给他人,禁止承包单位将其承包的全部建筑工程肢解以后以分包的名义分别转包给他人。施工总承包的,建筑工程主体结构的施工必须由总承包单位自行完成。

(2)一般代理行为无法定的资格要求

一般的代理行为可以由自然人、法人担任代理人,对其资格并无法定的严格要求。即使是诉讼代理人,也不要求必须由具有律师资格的人担任。《民事诉讼法》规定,下列人员可以被委托为诉讼代理人:① 律师、基层法律服务工作者;② 当事人的近亲属或者工作人员;③ 当事人所在社区、单位以及有关社会团体推荐的公民。

(3)民事法律行为的委托代理

建设工程代理行为多为民事法律行为的委托代理。民事法律行为的委托代理,可以用书面形式,也可以用口头形式。但是,法律规定用书面形式的,应当用书面形式。

书面委托代理的授权委托书应当载明代理人的姓名或者名称、代理事项、权限和期限,并由委托人签名或者盖章。委托书授权不明的,被代理人应当向第三人承担民事责任,代理人负连带责任。

2)建设工程代理行为的终止

委托代理终止,是指被代理人与代理人之间的代理关系消灭。《民法典》规定,有下列情形之一的,委托代理终止:(1)代理期限届满或者代理事务完成;(2)被代理人取消委托或者代理人辞去委托;(3)代理人丧失民事行为能力;(4)代理人或者被代理人死亡;(5)作为被代理人或者代理人的法人、非法人组织终止。建设工程代理行为的终止,主要是第(1)(2)(5)三种情况:

(1)代理期限届满或代理事务完成

被代理人通常是授予代理人某一特定期限内的代理权,或者是某一项也可能是某几项特定事务的代理权,那么在这一期限届满或者被指定的代理事务全部完成,代理关系即告终止,代理行为也随之终止。

(2)被代理人取消委托或者代理人辞去委托

委托代理是建立在被代理人与代理人的高度信任基础上的。如果被代理人由于某种原因失去了对代理人的信任,法律就不应当强制要求代理关系继续。反之,如果代理人由于某种原因不愿意再行代理,法律也不能强制要求代理人继续从事代理。因此,法律规定被代理人有权根据自己的意愿单方取消委托,也允许代理人单方辞去委托,均不必以对方同意为前提。

但是,单方取消或辞去委托可能会承担相应的民事责任。《民法典》规定,委托人或者受托人可以随时解除委托合同。因解除合同造成对方损失的,除不可归责于该当事人的事由外,无偿委托合同的解除方应当赔偿因解除时间不当造成的直接损失,有偿委托合同的解除方应当赔偿对方的直接损失和合同履行后可以获得的利益。

(3)作为被代理人或者代理人的法人、非法人组织终止

在建设工程活动中,不管是被代理人还是代理人,任何一方的法人、非法人组织终止,代理关系均随之终止。此时代理人或被代理人的主体资格已消灭,代理行为将无法继续,其法律后果也将无从承担。

3）建设工程代理法律关系

（1）代理人在代理权限内以被代理人的名义实施代理行为

《民法典》规定，代理人在代理权限内，以被代理人名义实施的民事法律行为，对被代理人发生效力。

这是关于代理人与被代理人基本权利和义务的规定。代理人必须取得代理权，并依据代理权限，以被代理人的名义实施民事法律行为。被代理人要对代理人的代理行为承担民事责任。

（2）转托他人代理应当事先取得被代理人的同意

《民法典》规定，代理人需要转委托第三人代理的，应当取得被代理人的同意或者追认。转委托代理经被代理人同意或者追认的，被代理人可以就代理事务直接指示转委托的第三人，代理人仅就第三人的选任以及对第三人的指示承担责任。转委托代理未经被代理人同意或者追认的，代理人应当对转委托的第三人的行为承担责任。但是，在紧急情况下代理人为了维护被代理人的利益需要转委托第三人代理的除外。

4）无权代理与表见代理

（1）无权代理

无权代理，是指行为人没有代理权仍以被代理人名义实施民事法律行为。代理权的存在是代理法律关系成立的前提，行为人只有基于代理权才能以被代理人的名义实施代理行为。一般来说，行为人没有代理权，其实施的民事法律行为对被代理人就不应当产生代理的效力。

《民法典》规定，行为人没有代理权、超越代理权或者代理权终止后，仍然实施代理行为，未经被代理人追认的，对被代理人不发生效力。相对人可以催告被代理人自收到通知之日起 30 日内予以追认。被代理人未作表示的，视为拒绝追认。行为人实施的行为被追认前，善意相对人有撤销的权利。撤销应当以通知的方式作出。

无权代理一般存在三种表现形式：① 自始未经授权。如果行为人自始至终没有被授予代理权就以他人的名义实施民事行为，属于无权代理。② 超越代理权。代理权限是有范围的，超越了代理权限，依然属于无权代理。③ 代理权已终止。行为人虽曾得到被代理人的授权，但该代理权已经终止的，行为人如果仍以被代理人的名义实施民事行为，则属无权代理。

被代理人对无权代理人实施的行为如果予以追认，则无权代理可转化为有权代理，产生与有权代理相同的法律效力，并不会发生代理人的赔偿责任。如果被代理人不予追认，对被代理人不发生效力，则无权代理人需承担因无权代理行为给被代理人和善意相对人造成的损失。

（2）表见代理

表见代理是指行为人虽无权代理，但由于行为人的某些行为，造成了足以使善意相对人相信其有代理权的表象，而与善意相对人进行的、由本人承担法律后果的代理行为。《民法典》规定，行为人没有代理权、超越代理权或者代理权终止后，仍然实施代理行为，相对人有理由相信行为人有代理权的，代理行为有效。

表见代理除需符合无权代理的一般条件外，还需具备以下特别构成要件：一是须存在足以使相对人相信行为人具有代理权的事实或理由。这是构成表见代理的客观要件。它要求行为人与本人之间应存在某些事实上或法律上的联系，如行为人持有本人发出的委任状、已加盖公章的空白合同书或者有显示本人向行为人授予代理权的通知函告等证明类文件。二是须本人存在过失。其过失表现为本人表达了足以使相对人相信有授权意思的表示，或者实施了足以使相对人相信有授权意义的行为，发生了外表授权的事实。三是相对人须为善意且无过失。这是构成表见代理的主观要件。如果相对人明知行为人无代理权而仍与之实施民事行为，则相对人为主观恶意，不构成表见代理。

表见代理对本人产生有权代理的效力，即在相对人与本人之间产生民事法律关系。本人受表见代理人与相对人之间实施的法律行为的约束，享有该行为设定的权利和履行该行为约定的义务。本人不能以无权代理为由抗辩。本人在承担表见代理行为所产生的责任后，可以向无权代理人追偿因代理行为而遭受的损失。

（3）知道他人以本人名义实施民事行为不作否认表示的视为同意

本人知道他人以本人名义实施民事行为而不作否认表示的，视为同意。这是一种默示方式的特殊授权。就是说，即使本人没有授予他人代理权，但事后并未作否认的意思表示，应视为授予了代理权。由此，他人以其名义实施法律行为的后果应由本人承担。

5）代理中不当或违法行为应承担的法律责任

（1）损害被代理人利益应承担的法律责任

代理人不履行或者不完全履行职责，造成被代理人损害的，应当承担民事责任。代理人和相对人恶意串通，损害被代理人合法权益的，代理人和相对人应当承担连带责任。

（2）相对人故意行为应承担的法律责任

相对人知道或者应当知道行为人无权代理的，相对人和行为人按照各自的过错承担责任。

（3）违法代理行为应承担的法律责任

代理人知道或者应当知道代理事项违法仍然实施代理行为，或者被代理人知道或者应当知道代理人的代理行为违法未作反对表示的，被代理人和代理人应当承担连带责任。

2.2 建筑业企业资质制度

《建筑业企业资质管理规定》规定，建筑业企业是指从事土木工程、建筑工程、线路管道设备安装工程的新建、扩建、改建等施工活动的企业。《建设工程质量管理条例》规定，施工单位应当依法取得相应等级的资质证书并在其资质等级许可的范围内承揽工程。

2.2.1 建筑业企业资质条件和等级

工程建设活动不同于一般的经济活动，其从业单位所具备的条件直接影响到建设工程质量和安全生产，因此，从事工程建设活动的单位必须符合相应的资质条件。

《建筑法》规定，从事建筑活动的建筑施工企业、勘察单位、设计单位和工程监理单位，应当具备下列条件：（1）符合国家规定的注册资本；（2）有与其从事的建筑活动适应的具有法定执业资格的专业技术人员；（3）有从事相关建筑活动所应有的技术装备；（4）法律、行政法规规定的其他条件。从事建筑活动的建筑施工企业、勘察单位、设计单位和工程监理单位按照其拥有的注册资本、专业技术人员、技术装备和已完成的建筑工程业绩等资质条件，划分为不同的资质等级，经资质审查合格，取得相应等级的资质证书后，方可在其资质等级许可的范围内从事建筑活动。

1. 建筑业企业资质条件

《建筑业企业资质管理规定》规定，企业应当按照其拥有的资产、主要人员、已完成的工程业绩和技术装备等条件申请建筑业企业资质，经审查合格，取得建筑业企业资质证书后，方可在资质许可的范围内从事建筑施工活动。

1) 有符合规定的净资产

企业净资产是指企业的资产总额减去负债以后的净额，是属于企业所有并可以自由支配的资产，即所有者权益。相对于注册资本而言，它能够更准确地体现企业的经济实力。

2) 有符合规定的主要人员

《关于简化建筑业企业资质标准部分指标的通知》（建市〔2016〕226号）要求，除各类别最低等级资质外，取消关于注册建造师、中级以上职称人员、持有岗位证书的现场管理人员、技术工人的指标考核。

《关于加快培育新时代建筑产业工人队伍的指导意见》（建市〔2020〕105号）第3节规定，加快自有建筑工人队伍建设。引导建筑企业加强对装配式建筑、机器人建造等新型建造方式和建造科技的探索和应用，提升智能建造水平，通过技术升级推动建筑工人从传统建造方式向新型建造方式转变。

3) 有符合规定的已完成工程业绩

《关于简化建筑业企业资质标准部分指标的通知》中要求，调整建筑工程施工总承包一级及以下资质的建筑面积考核指标。按照调整后的企业工程业绩考核指标，建筑工程施工总承包的一级企业，近5年承担过下列4类中的2类工程的施工总承包或主体工程承包工程质量合格：（1）地上25层以上的民用建筑工程1项或地上18~24层的民用建筑工程2项；（2）高度100米以上的构筑物工程1项或高度80~100米（不含）的构筑物工程2项；（3）建筑面积12万平方米以上的建筑工程1项或建筑面积10万平方米以上的建筑工程2项；（4）钢混凝土结构单跨30米以上（或钢结构单跨36米以上）的建筑工程1项或钢筋混凝土结构单跨27~30米（不含）（或钢结构单跨30~36米（不含））的建筑工程2项。

对申请建筑工程、市政公用工程施工总承包特级、一级资质的企业，未进入全国建筑市场监管与诚信信息发布平台的企业业绩，不作为有效业绩认定。

4) 有符合规定的技术装备

施工单位必须使用与其从事施工活动相适应的技术装备，我国目前的企业资质标准对技术装备的要求主要是具有与承包工程范围相适应的施工机械和质量检测设备。

2. 施工企业的资质序列、类别和等级

1) 施工企业的资质序列

按照《建设工程企业资质管理制度改革方案》（建市〔2020〕94号）的规定，施工资质分为综合资质、施工总承包资质、专业承包资质和专业作业资质。

2）施工企业的资质类别和等级

《建设工程企业资质管理制度改革方案》将 10 类施工总承包企业特级资质调整为施工综合资质，可承担各行业、各等级施工总承包业务；保留 12 类施工总承包资质，将民航工程的专业承包资质整合为施工总承包资质；将 36 类专业承包资质整合为 18 类；将施工劳务企业资质改为专业作业资质，由审批制改为备案制。综合资质和专业作业资质不分等级；施工总承包资质、专业承包资质等级原则上压减为甲、乙两级（部分专业承包资质不分等级），其中，施工总承包甲级资质在本行业内承揽业务规模不受限制。

施工总承包资质分为 13 个类型，分别是：建筑工程施工总承包、公路工程施工总承包、铁路工程施工总承包、港口与航道工程施工总承包、水利水电工程施工总承包、电力工程施工总承包、矿山工程施工总承包、冶金工程施工总承包、石油化工工程施工总承包、市政公用工程施工总承包、通信工程施工总承包、机电工程施工总承包、民航工程施工总承包。

专业承包资质分为 18 个类型，分别是：地基基础工程专业承包、起重设备安装工程专业承包、预拌混凝土专业承包、模板脚手架专业承包、桥梁工程专业承包、隧道工程专业承包、通用专业承包、建筑装修装饰工程专业承包、防水防腐保温工程专业承包、建筑机电工程专业承包、消防设施工程专业承包、古建筑工程专业承包、公路工程类专业承包、铁路电务电气化工程专业承包、港口与航道工程类专业承包、水利水电工程类专业承包、输变电工程专业承包、核工程专业承包。

2.2.2　建筑业企业资质的申请、许可、延续和变更

1. 建筑业企业资质的申请

1）简化建筑业企业资质的规定

《优化营商环境条例》规定，国家推进"证照分离"改革，持续精简涉企经营许可事项，依法采取直接取消审批、审批改为备案、实行告知承诺、优化审批服务等方式，对所有涉企经营许可事项进行分类管理，为企业取得营业执照后开展相关经营活动提供便利。除法律、行政法规规定的特定领域外，涉企经营许可事项不得作为企业登记的前置条件。

《国务院办公厅关于进一步优化营商环境降低市场主体制度性交易成本的意见》（国办发〔2022〕30 号）规定，深入推进告知承诺等改革，积极探索"一业一证"改革，推动行政许可减环节、减材料、减时限、减费用。

《建设工程企业资质管理制度改革方案》规定，深化"互联网＋政务服务"，加快推动企业资质审批事项线上办理，实行全程网上申报和审批，逐步推行电子资质证书，实现企业资质审批"一网通办"，并在全国建筑市场监管公共服务平台公开发布企业资质信息。简化各类证明事项，凡是通过政府部门间信息共享可以获取的证明材料，一律不再要求企业提供。

2）建筑业企业资质的申请流程

《建筑业企业资质管理规定》规定，企业可以申请一项或多项建筑业企业资质。企业首次申请或增项申请资质，应当申请最低等级资质。企业申请建筑业企业资质，在资

质许可机关的网站或审批平台提出申请事项，提交资金、专业技术人员、技术装备和已完成业绩等电子材料。

《住房和城乡建设部办公厅关于做好建筑业"证照分离"改革衔接有关工作的通知》（建办市〔2021〕30号）规定，建筑业企业施工劳务资质由审批制改为备案制，由企业注册地设区市住房和城乡建设主管部门负责办理备案手续。企业提交企业名称、统一社会信用代码、办公地址、法定代表人姓名及联系方式、企业净资产、技术负责人、技术工人等信息材料后，备案部门应当场办理备案手续，并核发建筑业企业施工劳务资质证书。企业完成备案手续并取得资证书后，即可承接施工劳务作业。

《住房和城乡建设部办公厅关于建设工程企业资质有关事宜的通知》（建办市函〔2022〕361号）规定，具有法人资格的企业可直接申请施工总承包、专业承包二级资质。企业按照新申请或增项提交相关材料，企业资产、技术负责人需满足《建筑业企业资质标准》（建市〔2014〕159号）规定的相应类别二级资质标准要求，其他指标需满足相应类别三级资质标准要求。持有施工总承包、专业承包三级资质的企业，可按照现行二级资质标准要求申请升级，也可按照上述要求直接申请二级资质。

3）施工企业资质的告知承诺制

《国务院办公厅关于开展工程建设项目审批制度改革试点的通知》（国办发〔2018〕33号）规定，对通过事中事后监管能够纠正不符合审批条件的行为且不会产生严重后果的审批事项，实行告知承诺制。公布实行告知承诺制的审批事项清单及具体要求，申请人按照要求作出书面承诺的，审批部门可以直接作出审批决定。

《住房和城乡建设部办公厅关于进一步做好建设工程企业资质告知承诺制审批有关工作的通知》（建办市〔2020〕59号）规定，自2021年1月1日起，建筑工程、市政公用工程施工总承包一级资质继续实行告知承诺制审批，涉及上述资质的重新核定事项不实行告知承诺制审批。实施建设工程企业资质审批权限下放试点的地区，上述企业资质审批方式由相关省级住房和城乡建设主管部门自行确定。通过告知承诺方式申请上述资质的企业，须保证填报的包括业绩项目及项目技术指标在内的所有信息真实有效，项目符合法定基本建设程序、相关工程建设资料齐全，并由企业法定代表人签署书面承诺书。

告知承诺制审批流程：（1）申请。企业通过建设工程企业资质申报软件或本地区省级住房和城乡建设主管部门资质申报系统，按要求填报企业资质申请信息生成电子数据包（须包含企业法定代表人承诺书），由省级住房和城乡建设主管部门上传至住房和城乡建设部企业资质审批系统。（2）受理。住房和城乡建设部行政审批集中受理办公室通过资质审批系统在线受理企业告知承诺申请事项，并出具受理凭证。（3）公示。企业告知承诺申请事项及填报的人员、业绩项目等信息在住房和城乡建设部门户网站公示，接受社会监督，公示期10个工作日。（4）审批。住房和城乡建设部依据企业填报的资质申请信息和全国建筑市场监管公共服务平台人员、项目信息进行审批。（5）公告。对企业填报信息符合资质标准要求且在公示期内未被投诉举报的企业，住房和城乡建设部按规定办理资质核准公告。（6）核查。对企业申报业绩项目通过遥感卫星照片比对、组织实地核查、委托省级住房和城乡建设主管部门抽查等方式进行核查。

2. 建筑业企业资质的许可

我国对建筑业企业资质实施分级管理，国务院建设行政主管部门负责全国建筑业企业资质的归口管理工作。

1）施工企业资质管理体制

《建筑业企业资质管理规定》规定，国务院住房城乡建设主管部门负责全国建筑企业资质的统一监督管理。国务院交通运输、水利、工业信息化等有关部门配合国务院住房城乡建设主管部门实施相关资质类别建筑业企业资质的管理工作。

省、自治区、直辖市人民政府住房城乡建设主管部门负责本行政区域内建筑业企业资质的统一监督管理。省、自治区、直辖市人民政府交通运输、水利、通信等有关部门配合同级住房城乡建设主管部门实施本行政区域内相关资质类别建筑业企业资质的管理工作。

企业违法从事建筑活动的，违法行为发生地的县级以上地方人民政府住房城乡建设主管部门或者其他有关部门应当依法查处，并将违法事实、处理结果或者处理建议及时告知该建筑业企业资质的许可机关。

2）施工企业资质的许可权限

《建设工程企业资质管理制度改革方案》规定，进一步加大放权力度，选择工作基础较好的地方和部分资质类别，开展企业资质审批权下放试点，将除综合资质外的其他等级资质，下放至省级及以下有关主管部门审批（其中，涉及公路、水运、水利、通信、铁路、民航等资质的审批权限由国务院住房和城乡建设主管部门会同国务院有关部门根据实际情况决定），方便企业就近办理。

3）施工企业资质的适用范围

企业资质全国通用，严禁各行业、各地区设置限制性措施，严厉查处变相设置市场准入壁垒，违规限制企业跨地区、跨行业承揽业务等行为，维护统一规范的建筑市场。

3. 建筑业企业资质的延续和变更

1）企业资质证书的使用与延续

《关于规范使用建筑业企业资质证书的通知》（建办市函〔2016〕462号）中指出，为切实减轻企业负担，各有关部门和单位在对企业跨地区承揽业务监督管理、招标活动中，不得要求企业提供建筑业企业资质证书原件，企业资质情况可通过扫描建筑业企业资质证书复印件的二维码查询。

《建筑业企业资质管理规定》规定，资质证书有效期为5年。建筑业企业资质证书有效期届满，企业继续从事建筑施工活动的，应当于资质证书有效期届满3个月前，向原资质许可机关提出延续申请。资质许可机关应当在建筑业企业资质证书有效期届满前做出是否准予延续的决定；逾期未做出决定的，视为准予延续。

《关于建设工程企业资质有关事宜的通知》规定，地方各级住房和城乡建设主管部门核发的工程勘察、工程设计、建筑业企业、工程监理企业资质，资质延续有关政策由各省级住房和城乡建设主管部门确定，相关企业资质证书信息应及时报送至全国建筑市场监管公共服务平台。

2）企业资质证书的变更

《优化营商环境条例》规定，企业申请办理住所等相关变更登记的，有关部门应当依法及时办理，不得限制。除法律、法规、规章另有规定外，企业迁移后其持有的有效许可证件不再重复办理。

(1) 办理企业资质证书变更的程序

《建筑业企业资质管理规定》规定，企业在建筑业企业资质证书有效期内名称、地址、注册资本、法定代表人等发生变更的，应当在工商部门办理变更手续后1个月内办理资质证书变更手续。

由国务院住房城乡建设主管部门颁发的建筑业企业资质证书的变更，企业应当向企业工商注册所在地省、自治区、直辖市人民政府住房城乡建设主管部门提出变更申请，省、自治区、直辖市人民政府住房城乡建设主管部门应当自受理申请之日起2日内将有关变更证明材料报国务院住房城乡建设主管部门，由国务院住房城乡建设主管部门在2日内办理变更手续。

上述规定以外的资质证书的变更，由企业工商注册所在地的省、自治区、直辖市人民政府住房城乡建设主管部门或者设区的市人民政府住房城乡建设主管部门依法另行规定，变更结果应当在资质证书变更后15日内，报国务院住房城乡建设主管部门备案。

涉及公路、水运、水利、通信、铁路、民航等方面的建筑业企业资质证书的变更，办理变更手续的住房城乡建设主管部门应当将建筑业企业资质证书变更情况告知同级有关部门。

(2) 企业更换、遗失补办建筑业企业资质证书

《建筑业企业资质管理规定》规定，企业需更换、遗失补办建筑业企业资质证书的，应当持建筑业企业资质证书更换、遗失补办申请等材料向资质许可机关申请办理。资质许可机关应当在2个工作日内办理完毕。

《关于取消部分部门规章和规范性文件设定的证明事项的决定》(建法规〔2019〕6号)规定，建筑业企业资质证书遗失补办，由申请人告知资质许可机关，由资质许可机关在官网发布信息。

(3) 企业发生合并、分立、改制的资质办理

《建筑业企业资质管理规定》规定，企业发生合并、分立、重组以及改制等事项，需承继原建筑业企业资质的，应当申请重新核定建筑业企业资质等级。

3) 不予批准企业资质升级申请和增项申请的规定

《建筑业企业资质管理规定》规定，企业申请建筑业企业资质升级、资质增项，在申请之日起前1年至资质许可决定作出前，有下列情形之一的，资质许可机关不予批准其建筑业企业资质升级申请和增项申请：(1) 超越本企业资质等级或以其他企业的名义承揽工程，或允许其他企业或个人以本企业的名义承揽工程的；(2) 与建设单位或企业之间相互串通投标，或以行贿等不正当手段谋取中标的；(3) 未取得施工许可证擅自施工的；(4) 将承包的工程转包或违法分包的；(5) 违反国家工程建设强制性标准施工的；(6) 恶意拖欠分包企业工程款或者劳务人员工资的；(7) 隐瞒或谎报、拖延报告工程质量安全事故，破坏事故现场、阻碍对事故调查的；(8) 按照国家法律、法规和标准规定需要持证上岗的现场管理人员和技术工种作业人员未取得证书上岗的；(9) 未依法履行工程质量保修义务或拖延履行保修义务的；(10) 伪造、变造、倒卖、出租、出借或者以其他形式非法转让建筑业企业资质证书的；(11) 发生过较大以上质

量安全事故或者发生过两起以上一般质量安全事故的;(12)其他违反法律、法规的行为。

4)企业资质证书的撤回、撤销、吊销和注销
(1)撤回

《建筑业企业资质管理规定》规定,取得建筑业企业资质证书的企业,应当保持资产、主要人员、技术装备等方面满足相应建筑业企业资质标准要求的条件。企业不再符合相应建筑业企业资质标准要求条件的,县级以上地方人民政府住房城乡建设主管部门、其他有关部门,应当责令其限期改正并向社会公告,整改期限最长不超过3个月;企业整改期间不得申请建筑业企业资质的升级增项,不能承揽新的工程;逾期仍未达到建筑业企业资质标准要求条件的,资质许可机关可以撤回其建筑业企业资质证书。

被撤回建筑业企业资质证书的企业,可以在资质被撤回后3个月内,向资质许可机关提出核定低于原等级同类别资质的申请。

(2)撤销

《建筑业企业资质管理规定》规定,有下列情形之一的,资质许可机关应当撤销建筑业企业资质:① 资质许可机关工作人员滥用职权、玩忽职守准予资质许可的;② 超越法定职权准予资质许可的;③ 违反法定程序准予资质许可的;④ 对不符合资质标准条件的申请企业准予资质许可的;⑤ 依法可以撤销资质许可的其他情形。

以欺骗、贿赂等不正当手段取得资质许可的,应当予以撤销。

(3)注销

《建筑业企业资质管理规定》规定,有下列情形之一的,资质许可机关应当依法注销建筑业企业资质,并向社会公布其建筑业企业资质证书作废,企业应当及时将建筑业企业资质证书交回资质许可机关:① 资质证书有效期届满,未依法申请延续的;② 企业依法终止的;③ 资质证书依法被撤回、撤销或吊销的;④ 企业提出注销申请的;⑤ 法律、法规规定的应当注销建筑业企业资质的其他情形。

4. 禁止无资质、越级、以他企业名义承揽工程的规定

施工单位应具备企业法人营业执照和相应的资质证书,并只可从事资质等级许可经营范围内的施工活动。

1)禁止无资质承揽工程

《建设工程质量管理条例》规定,施工单位应当依法取得相应等级的资质证书,并在其资质等级许可的范围内承揽工程。《建设工程安全生产管理条例》进一步规定,施工单位从事建设工程的新建、扩建、改建和拆除等活动,应当具备国家规定的注册资本、专业技术人员、技术装备和安全生产等条件,依法取得相应等级的资质证书,并在其资质许可的范围内承揽工程。《建筑法》规定,禁止总承包单位将工程分包给不具备相应资质条件单位。

2)禁止越级承揽工程

《建筑法》《建设工程质量管理条例》均规定,禁止施工单位超越本单位资质等级许可的业务范围承揽工程。

(1)联合共同承包对资质的有关法律规定

《建筑法》规定,两个以上不同资质等级的单位实行联合共同承包的,应当按照资

质等级低的单位的业务许可范围承揽工程。

（2）分包工程对资质的有关法律规定

《建筑法》规定，禁止总承包单位将工程分包给不具备相应资质条件的单位。《房屋建筑和市政基础设施工程施工分包管理办法》进一步规定，分包工程承包人必须具有相应的资质，并在其资质等级许可的范围内承揽业务。

《建设工程质量管理条例》规定，本条例所称违法分包，是指下列行为：① 总承包单位将建设工程分包给不具备相应资质条件的单位的；② 建设工程总承包合同中未有约定，又未经建设单位认可，承包单位将其承包的部分建设工程交由其他单位完成的；③ 施工总承包单位将建设工程主体结构的施工分包给其他单位的；④ 分包单位将其承包的建设工程再分包的。

3）禁止借用或出借资质承揽工程的规定

《建筑法》规定，禁止建筑施工企业超越本企业资质等级许可的业务范围或者以任何形式用其他建筑施工企业的名义承揽工程。禁止建筑施工企业以任何形式允许其他单位或者个人使用本企业的资质证书、营业执照，以本企业的名义承揽工程。《建设工程质量管理条例》规定，禁止施工单位超越本单位资质等级许可的业务范围或者以其他施工单位的名义承揽工程。禁止施工单位允许其他单位或者个人以本单位的名义承揽工程。

《房屋建筑和市政基础设施工程施工分包管理办法》规定，分包工程发包人没有将其承包的工程进行分包，在施工现场所设项目管理机构的项目负责人、技术负责人、项目核算负责人、质量管理人员、安全管理人员不是工程承包人本单位人员的，视同允许他人以本企业名义承揽工程。

5. 违法行为的法律责任

1）企业申请办理资质违法行为应承担的法律责任

《建筑法》规定，以欺骗手段取得资质证书的，吊销资质证书，处以罚款；构成犯罪的，依法追究刑事责任。

《建筑业企业资质管理规定》规定，申请人隐瞒有关情况或者提供虚假材料申请建筑业企业资质的，不予受理或者不予行政许可，并给予警告，申请人在1年内不得再次申请建筑业企业资质。

企业以欺骗、贿赂等不正当手段取得建筑业企业资质证书的，由县级以上地方人民政府建设主管部门或者有关部门给予警告，并依法处以罚款，申请人3年内不得再次申请建筑业企业资质。

建筑业企业未按照规定及时办理资质证书变更手续的，由县级以上地方人民政府建设主管部门责令限期办理；逾期不办理的，可处以1000元以上1万元以下的罚款。

2）无资质承揽工程应承担的法律责任

《建筑法》规定，发包单位将工程发包给不具有相应资质条件的承包单位的，或者违反本法规定将建筑工程肢解发包的，责令改正，处以罚款。未取得资质证书承揽工程的，予以取缔，并处罚款；有违法所得的，予以没收。

《建设工程质量管理条例》进一步规定，建设单位将建设工程发包给不具有相应资质等级的勘察、设计、施工单位或者委托给不具有相应资质等级的工程监理单位的，责令改正，处50万元以上100万元以下的罚款。未取得资质证书承揽工程的，予以取缔，对施工单位处工程合同价款 2% 以上 4% 以下的罚款；有违法所得的，予以没收。

3）超越资质等级承揽工程应承担的法律责任

《建筑法》规定，超越本单位资质等级承揽工程的，责令停止违法行为，处以罚款，可以责令停业整顿，降低资质等级；情节严重的，吊销资质证书；有违法所得的，予以没收。《建设工程质量管理条例》进一步规定，勘察、设计、施工、工程监理单位超越本单位资质等级承揽工程的，责令停止违法行为；对施工单位处工程合同价款 2% 以上 4% 以下的罚款，可以责令停业整顿，降低资质等级；情节严重的，吊销资质证书；有违法所得的，予以没收。

4）允许其他单位或者个人以本单位名义承揽工程应承担的法律责任

《建筑法》规定，建筑施工企业转让、出借资质证书或者以其他方式允许他人以本企业的名义承揽工程的，责令改正，没收违法所得，并处罚款，可以责令停业整顿，降低资质等级；情节严重的，吊销资质证书。对因该项承揽工程不符合规定的质量标准造成的损失，建筑施工企业与使用本企业名义的单位或者个人承担连带赔偿责任。

《建设工程质量管理条例》规定，勘察、设计、施工、工程监理单位允许其他单位或者个人以本单位名义承揽工程的，责令改正，没收违法所得；对施工单位处工程合同价款 2% 以上 4% 以下的罚款；可以责令停业整顿，降低资质等级；情节严重的，吊销资质证书。

5）转包、违法分包等行为应承担的法律责任

《建筑法》规定，承包单位将承包的工程转包的，或者违反本法规定进行分包的，责令改正，没收违法所得，并处罚款，可以责令停业整顿，降低资质等级；情节严重的，吊销资质证书。承包单位有以上规定的违法行为的，对因转包工程或者违法分包的工程不符合规定的质量标准造成的损失，与接受转包或者分包的单位承担连带赔偿责任。

《建设工程质量管理条例》规定，承包单位将承包的工程转包或者违法分包的，责令改正，没收违法所得；对施工单位处工程合同价款 0.5% 以上 1% 以下的罚款；可以责令停业整顿，降低资质等级；情节严重的，吊销资质证书。

《房屋建筑和市政基础设施工程施工分包管理办法》规定，转包、违法分包或者允许他人以本企业名义承揽工程的，以及接受转包和用他人名义承揽工程的，按《建筑法》《招标投标法》和《建设工程质量管理条例》的规定予以处罚。

6）以欺骗手段取得资质证书承揽工程应承担的法律责任

《建设工程质量管理条例》规定，以欺骗手段取得资质证书承揽工程的，吊销资质证书，处工程合同价款 2% 以上 4% 以下的罚款；有违法所得的，予以没收。

2.3 建造师注册执业制度

由于建设工程的技术要求复杂，且建设工程的质量和安全生产直接关系到人身安全及公共财产安全，责任重大，因此对从事建设工程活动的专业技术人员，应当建立必要的个人执业资格制度。《建筑法》规定，从事建筑活动的专业技术人员，应该依法取得相应的执业资格证书，并在执业资格证书许可的范围内从事建筑活动。

注册建造师是指通过考核认定或考试合格取得中华人民共和国建造师资格证书，并按照规定注册，取得中华人民共和国建造师注册证书和执业印章，担任施工单位项目负责人及从事相关活动的专业技术人员。未取得注册证书和执业印章的，不得担任大中型建设工程项目的施工单位项目负责人，不得以注册建造师的名义从事相关活动。《建造师执业资格制度暂行规定》规定，建造师分为一级建造师和二级建造师。

《建造师执业资格制度暂行规定》《建造师执业资格考试实施办法》《注册建造师执业管理办法（试行）》《专业技术人员资格考试违纪违规行为处理规定》《注册建造师管理规定》等文件中对于二级建造师的注册执业相关制度进行了规定。

2.3.1 建造师考试

1. 命题与考试组织

《建造师执业资格制度暂行规定》规定，二级建造师执业资格实行全国统一大纲，各省、自治区、直辖市命题并组织考试的制度。建设部负责拟定二级建造师执业资格考试大纲，人事部负责审定考试大纲。各省、自治区、直辖市人事厅（局），建设厅（委）按照国家确定的考试大纲和有关规定，在本地区组织实施二级建造师执业资格考试。

《建造师执业资格考试实施办法》规定，二级建造师执业资格考试设《建设工程施工管理》《建设工程法规及相关知识》《专业工程管理与实务》3个科目。

2. 报考条件与原则

《建造师执业资格制度暂行规定》规定，凡遵纪守法并具备工程类或工程经济类中等专科以上学历并从事建设工程项目施工管理工作满2年，可报名参加二级建造师资格考试。

《建造师执业资格考试实施办法》规定，参加考试由本人提出申请，携带所在单位出具的有关证明及相关材料到当地考试管理机构报名。考试管理机构按规定程序和报名条件审查合格后，发给准考证。考生凭准考证在指定的时间、地点参加考试。中央管理的企业和国务院各部门及其所属单位的人员按属地原则报名参加考试。

3. 考试违纪违规行为处理规定

《专业技术人员资格考试违纪违规行为处理规定》规定，应试人员在考试过程中有下列违纪违规行为之一的，给予其当次该科目考试成绩无效的处理：（1）携带通讯工具、规定以外的电子用品或者与考试内容相关的资料进入座位，经提醒仍不改正的；（2）经提醒仍不按规定书写、填涂本人身份和考试信息的；（3）在试卷、答题纸、答题卡规定以外位置标注本人信息或者其他特殊标记的；（4）未在规定座位参加考试，或者未经考试工作人员允许擅自离开座位或者考场，经提醒仍不改正的；（5）未用规定的纸、笔作答，或者试卷前后作答笔迹不一致的；（6）在考试开始信号发出前答题，或者在考试结束信号发出后继续答题的；（7）将试卷、答题卡、答题纸带出考场的；（8）故意损坏试卷、答题纸、答题卡、电子化系统设施的；（9）未按规定使用考试系统，经提醒仍不改正的；（10）其他应当给予当次该科目考试成绩无效处理的违纪违规行为。

应试人员在考试过程中有下列严重违纪违规行为之一的，给予其当次全部科目考试成绩无效的处理，并将其违纪违规行为记入专业技术人员资格考试诚信档案库，记录期限为5年：(1)抄袭、协助他人抄袭试题答案或者与考试内容相关资料的；(2)互相传递试卷、答题纸、答题卡、草稿纸等的；(3)持伪造件参加考试的；(4)本人离开考场后，在考试结束前，传播考试试题及答案的；(5)使用禁止带入考场的通讯工具、规定以外的电子用品的；(6)其他应当给予当次全部科目考试成绩无效处理的严重违纪违规行为。

应试人员在考试过程中有下列特别严重违纪违规行为之一的，给予其当次全部科目考试成绩无效的处理，并将其违纪违规行为记入专业技术人员资格考试诚信档案库，长期记录：(1)串通作弊或者参与有组织作弊的；(2)代替他人或者让他人代替自己参加考试的；(3)其他情节特别严重、影响恶劣的违纪违规行为。

2.3.2 建造师注册、受聘和执业范围

1. 注册

1）申请初始注册和延续注册

《注册建造师管理规定》规定，取得二级建造师资格证书的人员申请注册，由省、自治区、直辖市人民政府住房城乡建设主管部门负责受理和审批。对批准注册的，核发由国务院住房城乡建设主管部门统一样式的《中华人民共和国二级建造师注册证书》和执业印章，并在核发证书后30日内送国务院住房城乡建设主管部门备案。

取得资格证书的人员，经过注册方能以注册建造师的名义执业。申请初始注册时应当具备以下条件：(1)经考核认定或考试合格取得资格证书；(2)受聘于一个相关单位；(3)达到继续教育要求；(4)没有《注册建造师管理规定》中规定不予注册的情形。

初始注册者，可自资格证书签发之日起3年内提出申请。逾期未申请者，须符合本专业继续教育的要求后方可申请初始注册。申请初始注册需要提交下列材料：(1)注册建造师初始注册申请表；(2)资格证书、学历证书和身份证明复印件；(3)申请人与聘用单位签订的聘用劳动合同复印件或其他有效证明文件；(4)逾期申请初始注册的，应当提供达到继续教育要求的证明材料。

注册证书和执业印章是注册建造师的执业凭证，由注册建造师本人保管、使用。注册证书与执业印章有效期为3年。注册有效期满需继续执业的，应当在注册有效期届满30日前，按照规定申请延续注册。延续注册的，有效期为3年。申请延续注册的，应当提交下列材料：(1)注册建造师延续注册申请表；(2)原注册证书；(3)申请人与聘用单位签订的聘用劳动合同复印件或其他有效证明文件。

《注册建造师执业管理办法（试行）》规定，多专业注册的注册建造师，其中一个专业注册期满仍需以该专业继续执业和以其他专业执业的，应当及时办理续期注册。

2）变更注册和增加执业专业

《注册建造师管理规定》规定，在注册有效期内，注册建造师变更执业单位，应当与原聘用单位解除劳动关系，并按照规定办理变更注册手续，变更注册后仍延续原注册有效期。申请变更注册的，应当提交下列材料：(1)注册建造变更注册申请表；(2)注册证书和执业印章；(3)申请人与新聘用单位签订的聘用合同复印件或有效证明文件；(4)工作调动证明（与原聘用单位解除聘用合同或聘用合同到期的证明文件、退休人员

的退休证明）。注册建造师需要增加执业专业的，应当按照规定申请专业增项注册，并提供相应的资格证明。

3）不予注册的情形和注册证书、执业印章失效及注销

《注册建造师管理规定》规定，申请人有下列情形之一的，不予注册：（1）不具有完全民事行为能力的；（2）申请在两个或者两个以上单位注册的；（3）未达到注册建造师继续教育要求的；（4）受到刑事处罚，刑事处罚尚未执行完毕的；（5）因执业活动受到刑事处罚，自刑事处罚执行完毕之日起至申请注册之日止不满5年的；（6）因前项规定以外的原因受到刑事处罚，自处罚决定之日起至申请注册之日止不满3年的；（7）被吊销注册证书，自处罚决定之日起至申请注册之日止不满2年的；（8）在申请注册之日前3年内担任项目经理期间，所负责项目发生过重大质量和安全事故的；（9）申请人的聘用单位不符合注册单位要求的；（10）年龄超过65周岁的；（11）法律、法规规定不予注册的其他情形。

注册建造师有下列情形之一的，其注册证书和执业印章失效：（1）聘用单位破产的；（2）聘用单位被吊销营业执照的；（3）聘用单位被吊销或者撤回资质证书的；（4）已与聘用单位解除聘用合同关系的；（5）注册有效期满且未延续注册的；（6）年龄超过65周岁的；（7）死亡或不具有完全民事行为能力的；（8）其他导致注册失效的情形。

注册建造师有下列情形之一的，由注册机关办理注销手续，收回注册证书和执业印章或者公告其注册证书和执业印章作废：（1）有以上规定的注册证书和执业印章失效情形发生的；（2）依法被撤销注册的；（3）依法被吊销注册证书的；（4）受到刑事处罚的；（5）法律、法规规定应当注销注册的其他情形。

2. 受聘

1）受聘单位

《注册建造师管理规定》规定，取得资格证书的人员应当受聘于一个具有建设工程勘察、设计、施工、监理、招标代理、造价咨询等一项或者多项资质的单位，经注册后方可从事相应的执业活动。担任施工单位项目负责人的，应当受聘并注册于一个具有施工资质的企业。据此，建造师不仅可以在施工单位担任建设工程施工项目的项目经理，也可以在勘察、设计、监理、招标代理、造价咨询等单位或具有多项上述资质的单位执业。

2）变更聘用

《注册建造师执业管理办法（试行）》规定，注册建造师应当通过企业按规定及时申请办理变更注册、续期注册等相关手续。注册建造师变更聘用企业的，应当在与新聘用企业签订聘用合同后的1个月内，通过新聘用企业申请办理变更手续。因变更注册申报不及时影响注册建造师执业、导致工程项目出现损失的，由注册建造师所在聘用企业承担责任，并作为不良行为记入企业信用档案。

3）聘用解除

《注册建造师执业管理办法（试行）》规定，聘用企业与注册建造师解除劳动关系的，应当及时申请办理注销注册或变更注册。聘用企业与注册建造师解除劳动合同关系后无故不办理注销注册或变更注册的，注册建造师可向省级建设主管部门申请注销注册证书和执业印章。注册建造师要求注销注册或变更注册的，应当提供与原聘用企业解除

劳动关系的有效证明材料。建设主管部门经向原聘用企业核实，聘用企业在7日内没有提供书面反对意见和相关证明材料的，应予办理注销注册或变更注册。

3. 执业

1）执业范围

《注册建造师管理规定》规定，注册建造师可以从事建设工程项目总承包管理或施工管理，建设工程项目管理服务，建设工程技术经济咨询，以及法律、行政法规和国务院住房城乡建设主管部门规定的其他业务。

《注册建造师执业管理办法（试行）》明确注册建造师应当在其注册证书所注明的专业范围内从事建设工程施工管理活动。大中型工程施工项目负责人必须由本专业注册建造师担任。二级注册建造师可以承担中、小型工程施工项目负责人。各专业大、中、小型工程分类标准按《注册建造师执业工程规模标准（试行）》执行。

《建造师执业资格制度暂行规定》规定，建造师的执业范围包括：（1）担任建设工程项目施工的项目经理。（2）从事其他施工活动管理工作。（3）法律、行政法规或国务院建设行政主管部门规定的其他业务。二级建造师可以担任二级及以下建筑业企业资质的建设工程项目施工的项目经理。

2）二级建造师的执业技术能力和执业行为

《建造师执业资格制度暂行规定》规定，二级建造师的执业技术能力包括：（1）了解工程建设法律、法规、工程建设强制性标准及有关行业管理的规定；（2）具有一定的施工管理专业知识；（3）具有一定的施工管理实践经验和资历，有一定的施工组织能力，能保证工程质量和安全生产。

《注册建造师执业管理办法（试行）》规定，担任建设工程施工项目负责人的注册建造师对其签署的工程管理文件承担相应责任。注册建造师签章完整的工程施工管理文件方为有效。注册建造师有权拒绝在不合格或者有弄虚作假内容的建设工程施工管理文件上签字并加盖执业印章。

担任建设工程施工项目负责人的注册建造师在执业过程中，应当及时、独立完成建设工程施工管理文件签章，无正当理由不得拒绝在文件上签字并加盖执业印章。担任工程项目技术、质量、安全等岗位的注册建造师，是否在有关文件上签章，由企业根据实际情况自行规定。

注册建造师不得同时担任两个及以上建设工程施工项目负责人，发生下列情形之一的除外：（1）同一工程相邻分段发包或分期施工的；（2）合同约定的工程验收合格的；（3）因非承包原因致使工程项目停工超120天（含），经建设单位同意的。

项目负责人的更换。注册建造师担任施工项目负责人期间原则上不得更换，如发生下列情形之一的，应当办理书面交接手续后更换施工项目负责人：（1）发包方与注册建造师受聘企业已解除承包合同的；（2）发包方同意更换项目负责人的；（3）因不可抗力等特殊情况必须更换项目负责人的。建设工程合同履行期间变更项目负责人的，企业应当于项目负责人变更5个工作日内报建设行政主管部门和有关部门及时进行网上变更。

3）监督与管理

《注册建造师执业管理办法（试行）》规定，监督管理部门履行监督检查职责时，有权采取下列措施：(1)要求被检查人员出示注册证书和执业印章；(2)要求被检查人员所在聘用企业提供有关人员签署的文件及相关业务文档；(3)就有关问题询问签署文件的人员；(4)纠正违反有关法律、法规、本规定及工程标准规范的行为；(5)提出依法处理的意见和建议。

监督管理部门在对注册建造师执业活动进行监督检查时，不得妨碍被检查单位的正常生产经营活动，不得索取或者收受财物，谋取任何利益。有关单位和个人对依法进行的监督检查应当协助与配合，不得拒绝或者阻挠。注册建造师注册证书和执业印章由本人保管，任何单位（发证机关除外）和个人不得扣押注册建造师注册证书或执业印章。

《注册建造师执业管理办法（试行）》规定，国务院建设主管部门对全国注册建造师的执业活动实施统一监督管理；国务院铁路、交通、水利、信息产业、民航等有关部门按照国务院规定的职责分工，对全国相关专业注册建造师执业活动实施监督管理。县级以上地方人民政府建设主管部门对本行政区域内注册建造师执业活动实施监督管理；县级以上地方人民政府交通、水利、通信等有关部门在各自职责范围内，对本行政区域内相关专业注册建造师执业活动实施监督管理。

2.3.3 建造师基本权利和义务

1. 建造师的基本权利

《建造师执业资格制度暂行规定》规定，建造师经注册后，有权以建造师名义担任建设工程项目施工的项目经理及从事其他施工活动的管理。

《注册建造师管理规定》规定，注册建造师享有下列权利：(1)使用注册建造师名称；(2)在规定范围内从事执业活动；(3)在本人执业活动中形成的文件上签字并加盖执业印章；(4)保管和使用本人注册证书、执业印章；(5)对本人执业活动进行解释和辩护；(6)接受继续教育；(7)获得相应的劳动报酬；(8)对侵犯本人权利的行为进行申述。

建设工程施工活动中形成的有关工程施工管理文件，应当由注册建造师签字并加盖执业印章。施工单位签署质量合格的文件上，必须有注册建造师的签字盖章。

《注册建造师执业管理办法（试行）》规定，担任建设工程施工项目负责人的注册建造师，应当按《关于印发〈注册建造师施工管理签章文件目录〉（试行）的通知》（建市〔2008〕42号）和配套表格要求，在建设工程施工管理相关文件上签字并加盖执业印章，签章文件作为工程竣工备案的依据。注册建造师签章完整的工程施工管理文件方为有效。注册建造师有权拒绝在不合格或者有弄虚作假内容的建设工程施工管理文件上签字并加盖执业印章。

建设工程合同包含多个专业工程的，担任施工项目负责人的注册建造师，负责该工程施工管理文件签章。专业工程独立发包时，注册建造师执业范围涵盖该专业工程的，可担任该专业工程施工项目负责人。分包工程施工管理文件应当由分包企业注册建造师签章。分包企业签署质量合格的文件上，必须由担任总包项目负责人的注册建造师签章。

修改注册建造师签字并加盖执业印章的工程施工管理文件，应当征得所在企业同意，由注册建造师本人进行修改；注册建造师本人不能进行修改的，应当由企业指定同等资格条件的注册建造师修改，并由其签字并加盖执业印章。

《注册建造师执业管理办法（试行）》规定，注册建造师注册证书和执业印章由本人保管，任何单位（发证机关除外）和个人不得扣押注册建造师注册证书或执业印章。

2. 建造师的基本义务

《建造师执业资格制度暂行规定》规定，建造师在工作中，必须严格遵守法律、法规和行业管理的各项规定，恪守职业道德。建造师必须接受继续教育、更新知识，不断提高业务水平。

《注册建造师管理规定》进一步规定，注册建造师应当履行下列义务：（1）遵守法律法规和有关管理规定，恪守职业道德；（2）执行技术标准、规范和规程；（3）保证执业的质量，并承担相应责任；（4）接受继续教育，努力提高执业水准；（5）保守在执业中知悉的国家秘密和他人的商业、技术等秘密；（6）与当事人有利害关系的，应当主动回避；（7）协助注册管理机关完成相关工作。

注册建造师不得有下列行为：（1）不履行注册建造师义务；（2）在执业过程中，索贿、受贿或者谋取合同约定费用外的其他利益；（3）在执业过程中实施商业贿赂；（4）签署有虚假记载等不合格的文件；（5）允许他人以自己的名义从事执业活动；（6）同时在两个或者两个以上单位受聘或者执业；（7）涂改、倒卖、出租、出借、复制或以其他形式非法转让资格证书、注册证书和执业印章；（8）超出执业范围和聘用单位业务范围内从事执业活动；（9）法律、法规、规章禁止的其他行为。

《注册建造师执业管理办法（试行）》规定，注册建造师不得有下列行为：（1）不按设计图纸施工；（2）使用不合格建筑材料；（3）使用不合格设备、建筑构配件；（4）违反工程质量、安全、环保和用工方面的规定；（5）在执业过程中，索贿、行贿、受贿或者谋取合同约定费用外的其他不法利益；（6）签署弄虚作假或在不合格文件上签章的；（7）以他人名义或允许他人以自己的名义从事执业活动；（8）同时在两个或者两个以上企业聘用并执业；（9）超出执业范围和聘用企业业务范围从事执业活动；（10）未变更注册单位而在另一家企业从事执业活动；（11）所负责工程办理竣工验收或移交手续前，变更注册到另一企业；（12）伪造、涂改、倒卖、出租、出借或以其他形式非法转让资格证书注册证书和执业印章；（13）不履行注册建造师义务和法律、法规、规章禁止的其他行为。

担任建设工程施工项目负责人的注册建造师在执业过程中，应当及时、独立完成建设工程施工管理文件签章，无正当理由不得拒绝在文件上签字并加盖执业印章。担任施工项目负责人的注册建造师应当按照国家法律法规、工程建设强制性标准组织施工，保证工程施工符合国家有关质量、安全、环保、节能等有关规定。担任施工项目负责人的注册建造师，应当按照国家劳动用工有关规定，规范项目劳动用工管理，切实保障劳务人员合法权益。担任建设工程施工项目负责人的注册建造师对其签署的工程管理文件承担相应责任。

建设工程发生质量、安全、环境事故时，担任该施工项目负责人的注册建造师应当按照有关法律法规规定的事故处理程序及时向企业报告，并保护事故现场，不得隐瞒。

《关于开展工程建设领域专业技术人员职业资格"挂证"等违法违规行为专项整治的通知》(建办市〔2018〕57号)规定,严肃查处持证人注册单位与实际工作单位不符、买卖租借(专业)资格(注册)证书等"挂证"违法违规行为,以及提供虚假就业信息、以职业介绍为名提供"挂证"信息服务等违法违规行为。

3. 建造师违法行为应承担的责任

1)建造师注册违法行为应承担的法律责任

《注册建造师管理规定》规定,有下列情形之一的,注册机关依据职权或者根据利害关系人的请求,可以撤销注册建造师的注册:(1)注册机关工作人员滥用职权职守作准予注册许可的;(2)超越法定职权作出准予注册许可的;(3)违反法定程序作出准予注册许可的;(4)对不符合法定条件的申请人颁发注册证书和执业印章的;(5)依法可以撤销注册的其他情形。申请人以欺骗、贿赂等不正当手段获准注册的,应当予以撤销。

《注册建造师管理规定》规定,隐瞒有关情况或者提供虚假材料申请注册的,住房城乡建设主管部门不予受理或者不予注册,并给予警告,申请人1年内不得再次申请注册。以欺骗、贿赂等不正当手段取得注册证书的,由注册机关撤销其注册,3年内不得再次申请注册,并由县级以上地方人民政府住房城乡建设主管部门处以罚款。其中没有违法所得的,处以1万元以下的罚款;有违法所得的,处以违法所得3倍以下且不超过3万元的罚款。聘用单位为申请人提供虚假注册材料的,由县级以上地方人民政府住房城乡建设主管部门或者其他有关部门给予警告,责令限期改正;逾期未改正的,可处以1万元以上3万元以下的罚款。

《关于开展工程建设领域专业技术人员职业资格"挂证"等违法违规行为专项整治的通知》规定,对违规的专业技术人员撤销其注册许可,自撤销注册之日起3年内不得再次申请注册,记入不良行为记录并列入建筑市场主体"黑名单",向社会公布。

2)建造师执业活动中违法行为应承担的法律责任

《注册建造师管理规定》规定,注册建造师在执业活动中有下列行为之一的,由县级以上地方人民政府住房城乡建设主管部门或者其他有关部门给予警告,责令改正,没有违法所得的,处以1万元以下的罚款;有违法所得的,处以违法所得3倍以下且不超过3万元的罚款。(1)不履行注册建造师义务;(2)在执业过程中,索贿、受贿或者谋取合同约定费用外的其他利益;(3)在执业过程中实施商业贿赂;(4)签署有虚假记载等不合格的文件;(5)允许他人以自己的名义从事执业活动;(6)同时在两个或者两个以上单位受聘或者执业;(7)涂改、倒卖、出租、出借或以其他形式非法转让资格证书、注册证书和执业印章;(8)超出执业范围和聘用单位业务范围内从事执业活动;(9)法律、法规、规章禁止的其他行为。

3)未提供注册建造师信用档案信息应承担的法律责任

《注册建造师管理规定》规定,注册建造师或者其聘用单位未按照要求提供注册建造师信用档案信息的,由县级以上地方人民政府住房城乡建设主管部门或者其他有关部门责令限期改正;逾期未改正的,可处以1000元以上1万元以下的罚款。

4)注册执业人员因过错造成质量事故应承担的法律责任

《建设工程质量管理条例》规定,违反本条例规定,注册建筑师、注册结构工程师、监理工程师等注册执业人员因过错造成质量事故的，责令停止执业1年；造成重大质量事故的，吊销执业资格证书，5年以内不予注册；情节特别恶劣的，终身不予注册。

2.4 建筑市场主体信用体系建设

社会信用制度作为市场经济基础制度的重要组成部分，是建立全国统一大市场的基础制度，是优化营商环境的根本保障。在公平交易、等价有偿、自由选择的条件下，良好的信用体系建设是市场经济平稳运行的根本保障。

中共中央办公厅、国务院办公厅印发《关于推进社会信用体系建设高质量发展促进形成新发展格局的意见》规定，全面建立企业信用状况综合评价体系，以信用风险为导向优化配置监管资源，在食品药品、工程建设、招标投标、安全生产、消防安全、医疗卫生、生态环保、价格、统计、财政性资金使用等重点领域推进信用分级分类监管，提升监管精准性和有效性。

《住房和城乡建设部2023年信用体系建设工作要点》（建办厅函〔2023〕124号）强调要加快推进信用体系制度建设；加强信用信息管理基础设施建设；推动信用体系建设，助力优化营商环境；建立健全以信用监管为基础的新型监管机制；加强组织实施。

《建筑业企业资质管理规定》规定，建筑业企业信用档案应当包括企业基本情况、资质、业绩、工程质量和安全、合同履约、社会投诉和违法行为等情况。企业的信用档案信息按照有关规定向社会公开。取得建筑业企业资质的企业应当按照有关规定，向资质许可机关提供真实、准确、完整的企业信用档案信息。

《国务院关于建立完善守信联合激励和失信联合惩戒制度加快推进社会诚信建设的指导意见》强调贯彻落实"褒扬诚信、部门联动、依法依规、突出重点"的原则，通过对重点领域和严重失信行为实施联合惩戒、依法依规加强对失信行为的行政性约束和惩戒、加强对失信行为的市场性约束和惩戒、加强对失信行为的行业性约束和惩戒、加强对失信行为的社会性约束和惩戒、完善个人信用记录、推动联合惩戒措施落实到人，以健全约束和惩戒失信行为机制。

《保障农民工工资支付条例》中规定，对拖欠农民工工资失信联合惩戒对象依法依规予以限制和惩戒。用人单位拖欠农民工工资，情节严重或者造成严重不良社会影响的，有关部门应当将该用人单位及其法定代表人或者主要负责人、直接负责的主管人员和其他直接责任人员列入拖欠农民工工资失信联合惩戒对象名单。建设单位未依法提供工程款支付担保或者政府投资项目拖欠工程款，导致拖欠农民工工资的，县级以上地方人民政府应当限制其新建项目，并记入信用记录，纳入国家信用信息系统进行公示。

《注册建造师管理规定》规定，违法违规行为、被投诉举报处理、行政处罚等情况应当作为注册建造师的不良行为记入其信用档案。注册建造师信用档案信息按照有关规定向社会公示。

2.4.1 建筑市场各方主体信用信息分类

《建筑市场信用管理暂行办法》（建市〔2017〕241号）中对建筑市场信用管理和各方主体进行了定义，建筑市场信用管理是指在房屋建筑和市政基础设施工程建设活动中，对建筑市场各方主体信用信息的认定、采集、交换、公开、评价、使用及监督管理。建筑市场各方主体是指工程项目的建设单位和从事工程建设活动的勘察、设计、施工、监理等企业，以及注册建筑师、勘察设计注册工程师、注册建造师、注册监理工程师等注册执业人员。

建筑市场的信用信息在省级建筑市场平台或者全国市场建筑平台进行公开。建筑市场信用信息由基本信息、优良信用信息、不良信用信息构成。基本信息是指注册登记信息、资质信息、工程项目信息、注册执业人员信息等。优良信用信息是指建筑市场各方主体在工程建设活动中获得的县级以上行政机关或群团组织表彰奖励等信息。不良信用信息是指建筑市场各方主体在工程建设活动中违反有关法律、法规、规章或工程建设强制性标准等，受到县级以上住房城乡建设主管部门行政处罚的信息，以及经有关部门认定的其他不良信用信息。

2.4.2　建筑市场各方主体信用信息公开和应用

1. 信用信息公开

《建筑市场信用管理暂行办法》规定，各级住房城乡建设主管部门应当完善信用信息公开制度，通过省级建筑市场监管一体化工作平台和全国建筑市场监管公共服务平台，及时公开建筑市场各方主体的信用信息。

1）公开期限

《建筑市场信用管理暂行办法》规定，建筑市场各方主体的信用信息公开期限为：（1）基本信息长期公开；（2）优良信用信息公开期限一般为3年；（3）不良信用信息公开期限一般为6个月至3年，并不得低于相关行政处罚期限。具体公开期限由不良信用信息的认定部门确定。

《建筑市场诚信行为信息管理办法》（建市〔2007〕9号）规定，省、自治区和直辖市建设行政主管部门负责审查整改结果，对整改确有实效的，由企业提出申请，经批准，可缩短其不良行为记录信息公布期限，但公布期限最短不得少于3个月，同时将整改结果列于相应不良行为记录后，供有关部门和社会公众查询；对于拒不整改或整改不力的单位，信息发布部门可延长其不良行为记录信息公布期限。

《招标投标违法行为记录公告暂行办法》（发改法规〔2008〕1531号）规定，国务院有关行政主管部门和省级人民政府有关行政主管部门应自招标投标违法行为行政处理决定作出之日起20个工作日内对外进行记录公告。

2）内容和范围

《建筑市场信用管理暂行办法》规定，公开建筑市场各方主体信用信息不得危及国家安全、公共安全、经济安全和社会稳定，不得泄露国家秘密、商业秘密和个人隐私。

《建筑市场诚信行为信息管理办法》规定，属于《全国建筑市场各方主体不良行为记录认定标准》范围的不良行为记录除在当地发布外，还将由建设部统一在全国公布，公布期限与地方确定的公布期限相同，法律、法规另有规定的从其规定。各省、自治区、直辖市建设行政主管部门将确认的不良行为记录在当地发布之日起7日内报建设部。通过与工商、税务、纪检、监察、司法、银行等部门建立的信息共享机制，获取的有关建筑市场各方主体不良行为记录的信息，省、自治区、直辖市建设行政主管部门也应参照本规定在本地区统一公布。

《招标投标违法行为记录公告暂行办法》规定，对招标投标违法行为所作出的以下行政处理决定应给予公告：(1)警告；(2)罚款；(3)没收违法所得；(4)暂停或者取消招标代理资格；(5)取消在一定时期内参加依法必须进行招标的项目的投标资格；(6)取消担任评标委员会成员的资格；(7)暂停项目执行或追回已拨付资金；(8)暂停安排国家建设资金；(9)暂停建设项目的审查批准；(10)行政主管部门依法作出的其他行政处理决定。

违法行为记录公告的基本内容为：被处理的招标投标当事人名称（或姓名）、违法行为、处理依据、处理决定、处理时间和处理机关等。公告部门可将招标投标违法行为行政处理决定书直接进行公告。

3）公告信息的变更

《建筑市场信用管理暂行办法》规定，地方各级住房城乡建设主管部门应当通过省级建筑市场监管一体化工作平台办理信用信息变更，并及时推送至全国建筑市场监管公共服务平台。

《建筑市场诚信行为信息管理办法》规定，对发布有误的信息，由发布该信息的省、自治区和直辖市建设行政主管部门进行修正，根据被曝光单位对不良行为的整改情况，调整其信息公布期限，保证信息的准确和有效。行政处罚决定经行政复议、行政诉讼以及行政执法监督被变更或被撤销，应及时变更或删除该不良记录，并在相应诚信信息平台上予以公布，同时应依法妥善处理相关事宜。

《招标投标违法行为记录公告暂行办法》规定，公告部门负责建立公告平台信息系统，对记录信息数据进行追加、修改、更新，并保证公告的违法行为记录与行政处理决定的相关内容一致。被公告的招标投标当事人认为公告记录与行政处理决定的相关内容不符的，可向公告部门提出书面更正申请，并提供相关证据。公告部门接到书面申请后，应在5个工作日内进行核对。公告的记录与行政处理决定的相关内容不一致的，应当给予更正并告知申请人；公告的记录与行政处理决定的相关内容一致的，应当告知申请人。公告部门在作出答复前不停止对违法行为记录的公告。

2. 信息应用

诚信信息公开一方面可以促使信用优良的企业得到更多机会，对不良信用的企业起到市场淘汰的效果；另一方面可以根据公开的信息对市场各主体进行监督和奖惩。

《建筑市场信用管理暂行办法》规定，各级住房城乡建设主管部门应当充分利用全国建筑市场监管公共服务平台，建立完善建筑市场各方主体守信激励和失信惩戒机制。对信用好的，可根据实际情况在行政许可等方面实行优先办理、简化程序等激励措施；对存在严重失信行为的，作为"双随机、一公开"监管重点对象，加强事中事后监管，依法采取约束和惩戒措施。同时还要求建立建筑市场主体"黑名单"制度并将列入"黑名单"的市场主体作为重点监管对象。县级以上住房城乡建设主管部门按照"谁处罚、谁列入"的原则，将存在下列情形的建筑市场各方主体，列入建筑市场主体"黑名单"：(1)利用虚假材料、以欺骗手段取得企业资质的；(2)发生转包、出借资质，受到行政处罚的；(3)发生重大及以上工程质量安全事故，或1年内累计发生2次及以上较大工程质量安全事故，或发生性质恶劣、危害性严重、社会影响大的较大工程质量安全事故，受到行政处罚的；（4）经法院判决或仲裁机构裁决，认定为拖欠工程款，且拒不履行生效法律文书确定的义务的。

《建筑市场诚信行为信息管理办法》规定，各级建设行政主管部门，应当依据国家有关法律、法规和规章，按照诚信激励和失信惩戒的原则，逐步建立诚信奖惩机制，在行政许可、市场准入、招标投标、资质管理、工程担保与保险、表彰评优等工作中，充分利用已公布的建筑市场各方主体的诚信行为信息，依法对守信行为给予激励，对失信行为进行惩处。在健全诚信奖惩机制的过程中，要防止利用诚信奖惩机制设置新的市场壁垒和地方保护。各级建设行政主管部门应按照管理权限和属地管理原则建立建筑市场各方主体的信用档案，将信用记录信息与建筑市场监管综合信息系统数据库相结合，实现数据共享和管理联动。

《建筑业企业资质管理规定》规定，企业未按照本规定要求提供企业信用档案信息的，由县级以上地方人民政府住房城乡建设主管部门或者其他有关部门给予警告，责令限期改正；逾期未改正的，可处以1000元以上1万元以下的罚款。

2.4.3 建筑市场各方主体不良行为记录认定标准

《全国建筑市场各方主体不良行为记录认定标准》对涉及建筑市场最主要的责任主体，即建设单位、勘察、设计、施工、监理、工程检测、招标代理、造价咨询、施工图审查等单位的不良行为，制定了具体的认定标准，特别是强化了对建设单位行为的规范问题，突出了建筑许可、市场准入、招标投标、发承包交易、质量管理、安全生产、拖欠工程款和农民工工资、治理商业贿赂等相关内容。

1. 施工单位不良行为记录认定标准

《全国建筑市场各方主体不良行为记录认定标准》对施工单位的不良行为记录认定标准分为如下5大类、41条。

1）资质不良行为认定标准

（1）未取得资质证书承揽工程的，或超越本单位资质等级承揽工程的；（2）以欺骗手段取得资质证书承揽工程的；（3）允许其他单位或个人以本单位名义承揽工程的；（4）未在规定期限内办理资质变更手续的；（5）涂改、伪造、出借、转让建筑业企业资质证书的；（6）按照国家规定需要持证上岗的技术工种的作业人员未经培训、考核，未取得证书上岗，情节严重的。

2）承揽业务不良行为认定标准

（1）利用向发包单位及其工作人员行贿、提供回扣或者给予其他好处等不正当手段承揽业务的；（2）相互串通投标或与招标人串通投标的，以向招标人或评标委员会成员行贿的手段谋取中标的；（3）以他人名义投标或以其他方式弄虚作假，骗取中标的；（4）不按照与招标人订立的合同履行义务，情节严重的；（5）将承包的工程转包或违法分包的。

3）工程质量不良行为认定标准

（1）在施工中偷工减料的，使用不合格建筑材料、建筑构配件和设备的，或者有不按照工程设计图纸或施工技术标准施工的其他行为的；（2）未按照节能设计进行施工的；（3）未对建筑材料、建筑构配件、设备和商品混凝土进行检测，或未对涉及结构安全的试块、试件以及有关材料取样检测的;(4)工程竣工验收后,不向建设单位出具质量保修书的,或质量保修的内容、期限违反规定的;(5)不履行保修义务或者拖延履行保修义务的。

4)工程安全不良行为认定标准

(1)在本单位发生重大生产安全事故时,主要负责人不立即组织抢救或在事故调查处理期间擅离职守或逃匿的,主要负责人对生产安全事故隐瞒不报、谎报或拖延不报的;(2)对建筑安全事故隐患不采取措施予以消除的;(3)不设立安全生产管理机构、配备专职安全生产管理人员或分部分项工程施工时无专职安全生产管理人员现场监督的;(4)主要负责人、项目负责人、专职安全生产管理人员、作业人员或特种作业人员,未经安全教育培训或经考核不合格即从事相关工作的;(5)未在施工现场的危险部位设置明显的安全警示标志,或未按照国家有关规定在施工现场设置消防通道、消防水源、配备消防设置和灭火器材的;(6)未向作业人员提供安全防护用具和安全防护服装的;(7)未按照规定在施工起重机械和整体提升脚手架、模板等自升式架设设施验收合格后登记的;(8)使用国家明令淘汰、禁止使用的危及施工安全的工艺、设备、材料的;(9)违法挪用列入建设工程概算的安全生产作业环境及安全施工措施所需费用的;(10)施工前未对有关安全施工的技术要求作出详细说明的;(11)未根据不同施工阶段和周围环境及季节、气候的变化,在施工现场采取相应的安全施工措施,或在城市市区内的建设工程的施工现场未实行封闭围挡的;(12)在尚未竣工的建筑物内设置员工集体宿舍的;(13)施工现场临时搭建的建筑物不符合安全使用要求的;(14)未对因建设工程施工可能造成损害的毗邻建筑物、构筑物和地下管线等采取专项防护措施的;(15)安全防护用具、机械设备、施工机具及配件在进入施工现场前未经查验或查验不合格即投入使用的;(16)使用未经验收或验收不合格的施工起重机械和整体提升脚手架、模板等自升式架设设施的;(17)委托不具有相应资质的单位承担施工现场安装、拆卸施工起重机械和整体提升脚手架、模板等自升式架设设施的;(18)在施工组织设计中未编制安全技术措施、施工现场临时用电方案或专项施工方案的;(19)主要负责人、项目负责人未履行安全生产管理职责的,或不服管理、违反规章制度和操作规程冒险作业的;(20)施工单位取得资质证书后,降低安全生产条件的,或经整改仍未达到与其资质等级相适应的安全生产条件的;(21)取得安全生产许可证发生重大安全事故的;(22)未取得安全生产许可证擅自进行生产的;(23)安全生产许可证有效期满未办理延期手续,继续进行生产的,或逾期不办理延期手续,继续进行生产的;(24)转让安全生产许可证的,接受转让的,冒用或使用伪造的安全生产许可证的。

5)拖欠工程款或工人工资不良行为认定标准

根据《建筑市场诚信行为信息管理办法》,拖欠工程款或工人工资的不良行为认定标准是恶意拖欠或克扣劳动者工资。

《拖欠农民工工资失信联合惩戒对象名单管理暂行办法》规定,用人单位拖欠农民工工资,具有下列情形之一,经人力资源社会保障行政部门依法责令限期支付工资,逾期未支付的,人力资源社会保障行政部门应当作出列入决定,将该用人单位及其法定代表人或者主要负责人、直接负责的主管人员和其他直接责任人员列入失信联合惩戒名单:(1)克扣、无故拖欠农民工工资达到认定拒不支付劳动报酬罪数额标准的;(2)因拖欠农民工工资违法行为引发群体性事件、极端事件造成严重不良社会影响的。

对被列入失信联合惩戒名单的当事人，由相关部门在政府资金支持、政府采购、招标投标、融资贷款、市场准入、税收优惠、评优评先、交通出行等方面依法依规予以限制。

2. 注册建造师不良行为记录认定标准

注册建造师有下列行为之一，经有关监督部门确认后由工程所在地建设主管部门或有关部门记入注册建造师执业信用档案：（1）《注册建造师执业管理办法（试行）》第22条所列行为；（2）未履行注册建造师职责造成质量、安全、环境事故的；（3）泄露商业秘密的；（4）无正当理由拒绝或未及时签字盖章的；（5）未按要求提供注册建造师信用档案信息的；（6）未履行注册建造师职责造成不良社会影响的；（7）未履行注册建造师职责导致项目未能及时交付使用的；（8）不配合办理交接手续的；（9）不积极配合有关部门监督检查的。

2.5 营商环境制度

根据《优化营商环境条例》规定，营商环境是指企业等市场主体在市场经济活动中所涉及的体制机制性因素和条件。具体来讲，营商环境包括市场主体在准入、生产经营、退出等过程中涉及的政务环境、市场环境、法治环境、人文环境等有关外部因素和条件的总和。

2.5.1 营商环境优化

1.《优化营商环境条例》的相关规定

党中央、国务院高度重视优化营商环境工作。2019年10月，国务院制定《优化营商环境条例》，认真总结了近年来我国优化营商环境的经验和做法，将实践证明行之有效、人民群众满意、市场主体支持的改革举措用法规制度固化下来，重点针对我国营商环境的突出短板和市场主体反映强烈的痛点难点堵点问题，对标国际先进水平，从制度层面为营商环境的持续优化提供更为有力的保障和支撑，以不断解放和发展社会生产力，加快建设现代化经济体系，推动高质量发展。

1）总体原则

（1）转变政府职能。国家持续深化简政放权、放管结合、优化服务改革，最大限度减少政府对市场资源的直接配置，最大限度减少政府对市场活动的直接干预，加强和规范事中事后监管，着力提升政务服务能力和水平，切实降低制度性交易成本，更大激发市场活力和社会创造力，增强发展动力。

（2）坚持市场化、法治化、国际化原则。以市场主体需求为导向，以深刻转变政府职能为核心，创新体制机制、强化协同联动、完善法治保障，对标国际先进水平，为各类市场主体投资兴业营造稳定、公平、透明、可预期的良好环境。

（3）建立营商环境评价制度。国家建立和完善以市场主体和社会公众满意度为导向的营商环境评价体系，发挥营商环境评价对优化营商环境的引领和督促作用。开展营商环境评价，不得影响各地区、各部门正常工作，不得影响市场主体正常生产经营活动或者增加市场主体负担。

2）加强市场主体保护

（1）保证各类市场主体经营自主权，平等参与竞争。市场主体依法享有经营自主权。对依法应当由市场主体自主决策的各类事项，任何单位和个人不得干预。国家坚持权利平等、机会平等、规则平等，保障各种所有制经济平等受到法律保护。

（2）保护市场主体及其经营者的财产权和其他合法权益，保护企业经营者人身和财产安全。严禁违反法定权限、条件、程序对市场主体的财产和企业经营者个人财产实施查封、冻结和扣押等行政强制措施；依法确需实施前述行政强制措施的，应当限定在所必需的范围内。禁止在法律、法规规定之外要求市场主体提供财力、物力或者人力的摊派行为。市场主体有权拒绝任何形式的摊派。

3）净化市场环境

（1）深化商事制度改革，简化企业开办及经营流程。国家统一企业登记业务规范，统一数据标准和平台服务接口，采用统一社会信用代码进行登记管理。国家推进"证照分离"改革，持续精简涉企经营许可事项，依法采取直接取消审批、审批改为备案、实行告知承诺、优化审批服务等方式，对所有涉企经营许可事项进行分类管理，为企业取得营业执照后开展相关经营活动提供便利。除法律、行政法规规定的特定领域外，涉企经营许可事项不得作为企业登记的前置条件。

（2）放宽市场准入，营造公平竞争环境。实行全国统一的市场准入负面清单制度。市场准入负面清单以外的领域，各类市场主体均可以依法平等进入。各地区、各部门不得另行制定市场准入性质的负面清单。

（3）严格规范各类收费行为。设立政府性基金、涉企行政事业性收费、涉企保证金，应当有法律、行政法规依据或者经国务院批准。对政府性基金、涉企行政事业性收费、涉企保证金以及实行政府定价的经营服务性收费，实行目录清单管理并向社会公开，目录清单之外的前述收费和保证金一律不得执行。推广以金融机构保函替代现金缴纳涉企保证金。

（4）加强市场主体及政府信用体系建设。持续推进政务诚信、商务诚信、社会诚信和司法公信建设，提高全社会诚信意识和信用水平，维护信用信息安全，严格保护商业秘密和个人隐私。

4）优化政务服务

（1）推进政务服务标准化。政府按照减环节、减材料、减时限的要求，编制并向社会公开政务服务事项（包括行政权力事项和公共服务事项）标准化工作流程和办事指南，细化量化政务服务标准，压缩自由裁量权，推进同一事项实行无差别受理、同标准办理。没有法律、法规、规章依据，不得增设政务服务事项的办理条件和环节。

（2）提高政务服务效率。政府及其有关部门办理政务服务事项，应当根据实际情况，推行当场办结、一次办结、限时办结等制度，实现集中办理、就近办理、网上办理、异地可办。需要市场主体补正有关材料、手续的，应当一次性告知需要补正的内容；需要进行现场踏勘、现场核查、技术审查、听证论证的，应当及时安排、限时办结。

（3）严格控制并逐步精简行政许可。新设行政许可应当按照行政许可法和国务院的规定严格设定标准，并进行合法性、必要性和合理性审查论证。对通过事中事后监管或者市场机制能够解决以及行政许可法和国务院规定不得设立行政许可的事项，一律不得设立行政许可，严禁以备案、登记、注册、目录、规划、年检、年报、监制、认定、认证、审定以及其他任何形式变相设定或者实施行政许可。

（4）优化投资及工程建设项目审批程序。县级以上地方人民政府应当深化投资审批制度改革，根据项目性质、投资规模等分类规范投资审批程序，精简审批要件，简化技术审查事项，强化项目决策与用地、规划等建设条件落实的协同，实行与相关审批在线并联办理。设区的市级以上地方人民政府应当按照国家有关规定，优化工程建设项目（不包括特殊工程和交通、水利、能源等领域的重大工程）审批流程，推行并联审批、多图联审、联合竣工验收等方式，简化审批手续，提高审批效能。

（5）优化产权登记及权利担保流程。不动产登记机构应当按照国家有关规定，加强部门协作，实行不动产登记、交易和缴税一窗受理、并行办理，压缩办理时间，降低办理成本。在国家规定的不动产登记时限内，各地区应当确定并公开具体办理时间。国家推动建立统一的动产和权利担保登记公示系统，逐步实现市场主体在一个平台上办理动产和权利担保登记。纳入统一登记公示系统的动产和权利范围另行规定。

5）规范监管执法

（1）政府监管事权、监管规则和监管标准应公开透明。政府有关部门应当严格按照法律法规和职责，落实监管责任，明确监管对象和范围、厘清监管事权，依法对市场主体进行监管，实现监管全覆盖。

（2）构建以信用为基础的新型监管机制。政府及其有关部门应当按照国家关于加快构建以信用为基础的新型监管机制的要求，创新和完善信用监管，强化信用监管的支撑保障，加强信用监管的组织实施，不断提升信用监管效能。

（3）推行"双随机、一公开"监管。除直接涉及公共安全和人民群众生命健康等特殊行业、重点领域外，市场监管领域的行政检查应当通过随机抽取检查对象、随机选派执法检查人员、抽查事项及查处结果及时向社会公开的方式进行。针对同一检查对象的多个检查事项，应当尽可能合并或者纳入跨部门联合抽查范围。

（4）政府及其有关部门应当按照鼓励创新的原则，对新技术、新产业、新业态、新模式等实行包容审慎监管，针对其性质、特点分类制定和实行相应的监管规则和标准，留足发展空间，同时确保质量和安全，不得简单化予以禁止或者不予监管。

6）加强法治保障

制定与市场主体生产经营活动密切相关的行政法规、规章、行政规范性文件，应当按照国务院的规定，充分听取市场主体、行业协会商会的意见。

除依法需要保密外，制定与市场主体生产经营活动密切相关的行政法规、规章、行政规范性文件，应当通过报纸、网络等向社会公开征求意见，并建立健全意见采纳情况反馈机制。向社会公开征求意见的期限一般不少于30日。

2. 优化营商环境专项整治工作

为消除招投标过程中对不同所有制企业设置的各类不合理限制和壁垒，维护公平竞争的市场秩序，国家发展改革委、工业和信息化部、住房城乡建设部、交通运输部、水利部、商务部、铁路局、民航局在全国开展工程项目招投标领域营商环境专项整治工作。为有力有序推进专项整治工作，专门制定《工程项目招投标领域营商环境专项整治工作方案》(发改办法规〔2019〕862号)，方案要求清理、排查、纠正在招投标法规政策文件、招标公告、投标邀请书、资格预审公告、资格预审文件、招标文件以及招投标实践操作中，对不同所有制企业设置的各类不合理限制和壁垒。重点针对以下问题：

（1）违法设置的限制、排斥不同所有制企业参与招投标的规定，以及虽然没有直接限制、排斥，但实质上起到变相限制、排斥效果的规定。

（2）违法限定潜在投标人或者投标人的所有制形式或者组织形式，对不同所有制投标人采取不同的资格审查标准。

（3）设定企业股东背景、年平均承接项目数量或者金额、从业人员、纳税额、营业场所面积等规模条件；设置超过项目实际需要的企业注册资本、资产总额、净资产规模、营业收入、利润、授信额度等财务指标。

（4）设定明显超出招标项目具体特点和实际需要的过高的资质资格、技术、商务条件或者业绩、奖项要求。

（5）将国家已经明令取消的资质资格作为投标条件、加分条件、中标条件；在国家已经明令取消资质资格的领域，将其他资质资格作为投标条件、加分条件、中标条件。

（6）将特定行政区域、特定行业的业绩、奖项作为投标条件、加分条件、中标条件；将政府部门、行业协会商会或者其他机构对投标人作出的荣誉奖励和慈善公益证明等作为投标条件、中标条件。

（7）限定或者指定特定的专利、商标、品牌、原产地、供应商或者检验检测认证机构（法律法规有明确要求的除外）。

（8）要求投标人在本地注册设立子公司、分公司、分支机构，在本地拥有一定办公面积，在本地缴纳社会保险等。

（9）没有法律法规依据设定投标报名、招标文件审查等事前审批或者审核环节。

（10）对仅需提供有关资质证明文件、证照、证件复印件的，要求必须提供原件；对按规定可以采用"多证合一"电子证照的，要求必须提供纸质证照。

（11）在开标环节要求投标人的法定代表人必须到场，不接受经授权委托的投标人代表到场。

（12）评标专家对不同所有制投标人打分畸高或畸低，且无法说明正当理由。

（13）明示或暗示评标专家对不同所有制投标人采取不同的评标标准、实施不客观公正评价。

（14）采用抽签、摇号等方式直接确定中标候选人。

（15）限定投标保证金、履约保证金只能以现金形式提交，或者不按规定或者合同约定返还保证金。

（16）简单以注册人员、业绩数量等规模条件或者特定行政区域的业绩奖项评价企业的信用等级，或者设置对不同所有制企业构成歧视的信用评价指标。

（17）不落实《必须招标的工程项目规定》《必须招标的基础设施和公用事业项目范围规定》，违法干涉社会投资的房屋建筑等工程建设单位发包自主权。

（18）其他对不同所有制企业设置的不合理限制和壁垒。

2.5.2　中小企业款项支付保障

近年来，拖欠中小企业款项问题较为突出。中小企业是建设现代化经济体系、实现经济高质量发展的重要基础，是扩大就业、改善民生的重要支撑。拖欠中小企业款项，既影响中小企业发展，也损害政府公信力，破坏营商环境，影响经济社会稳定大局，必须完善法规制度，依法予以治理。为此国务院专门制定《保障中小企业款项支付条例》，从规范机关、事业单位和大型企业付款期限、明确检验验收要求、禁止变相拖欠、规范保证金收取和结算、公示拖欠款项信息、建立健全投诉和监督评价机制、明确迟延支付责任等方面作出规定，旨在依法保障中小企业款项得到及时支付，缓解中小企业资金压力，切实保护中小企业合法权益。

《保障中小企业款项支付条例》所称中小企业，是指在中华人民共和国境内依法设立，依据国务院批准的中小企业划分标准确定的中型企业、小型企业和微型企业。中小企业、大型企业依合同订立时的企业规模类型确定。中小企业与机关、事业单位、大型企业订立合同时，应当主动告知其属于中小企业。

1. 规范合同订立及财政资金约束保障

一是规定机关、事业单位和大型企业不得要求中小企业接受不合理的付款期限、方式、条件和违约责任等交易条件，不得违约拖欠中小企业的货物、工程、服务款项；二是强化财政资金保障要求，与政府采购、政府投资有关法律法规相衔接，规定机关、事业单位使用财政资金从中小企业采购货物、工程、服务，应当严格按照批准的预算执行，不得无预算、超预算开展采购；政府投资项目所需资金应当按照国家有关规定确保落实到位，不得由施工单位垫资建设。

2. 规范支付行为要求

1）付款期限

机关、事业单位从中小企业采购货物、工程、服务，应当自货物、工程、服务交付之日起30日内支付款项；合同另有约定的，付款期限最长不得超过60日。大型企业从中小企业采购货物、工程、服务，应当按照行业规范、交易习惯合理约定付款期限并及时支付款项。合同约定采取履行进度结算、定期结算等结算方式的，付款期限应当自双方确认结算金额之日起算。

2）检验验收要求

机关、事业单位和大型企业与中小企业约定以货物、工程、服务交付后经检验或者验收合格作为支付中小企业款项条件的，付款期限应当自检验或者验收合格之日起算。合同双方应当在合同中约定明确、合理的检验或者验收期限，并在该期限内完成检验或者验收。机关、事业单位和大型企业拖延检验或者验收的，付款期限自约定的检验或者验收期限届满之日起算。

3. 防范账款拖欠

1）禁止变相拖欠

机关、事业单位和大型企业使用商业汇票等非现金支付方式支付中小企业款项的，应当在合同中作出明确、合理约定，不得强制中小企业接受商业汇票等非现金支付方式，不得利用商业汇票等非现金支付方式变相延长付款期限；不得以法定代表人或者主要负责人变更，履行内部付款流程，或者在合同未作约定的情况下以等待竣工验收批复、决算审计等为由，拒绝或者迟延支付中小企业款项；除合同另有约定或者法律、行政法规另有规定外，机关、事业单位和国有大型企业不得强制要求以审计机关的审计结果作为结算依据。

2）规范保证金收取和结算

除依法设立的投标保证金、履约保证金、工程质量保证金、农民工工资保证金外，工程建设中不得收取其他保证金，不得将保证金限定为现金；保证金收取比例应当符合国家有关规定；保证期限届满后，应当及时对保证金进行核实和结算。

3）明确迟延支付责任

机关、事业单位和大型企业迟延支付中小企业款项的，应当按照合同约定和法律规定的利率标准支付逾期利息。对拒绝或者迟延支付中小企业款项的机关、事业单位，应当在公务消费、办公用房、经费安排等方面采取必要的限制措施。

4. 信用监督与服务保障

1）建立支付信息披露制度

要求机关、事业单位、大型企业在规定时限内将逾期尚未支付中小企业款项的合同数量、金额等信息向社会公开或者公示。

2）建立投诉处理和失信惩戒制度

规定省级以上人民政府负责中小企业促进工作综合管理的部门应当建立便利畅通的渠道，受理拒绝或者迟延支付中小企业款项相关投诉，并及时作出相应处理；机关、事业单位和大型企业不履行及时支付中小企业款项义务，情节严重的，依法实施失信惩戒。

3）建立监督评价机制

审计机关依法对机关、事业单位和国有大型企业支付中小企业款项情况实施审计监督；省级以上人民政府建立督查制度，对及时支付中小企业款项工作进行监督检查；国家依法开展中小企业发展环境评估和营商环境评价时，应当将及时支付中小企业款项工作情况纳入评估和评价内容。

第 3 章 建设工程许可法律制度

按照建设工程项目行政监督流程，可以划分为立项、用地规划、工程规划、施工许可、竣工验收备案等阶段。建设工程全过程涉及的行政许可种类较多。其中，与建造师密切相关的行政许可主要有建设工程规划许可、建设工程施工许可等。

第 3 章
看本章精讲课
配套章节自测

建设工程规划许可、建设工程施工许可除本身构成行政许可外，还构成其他许可或备案等制度的前提条件。例如申请领取施工许可证应当具备的条件包括：依法应当办理建设工程规划许可证的，已经取得建设工程规划许可证。

3.1 建设工程规划许可

在规划区内进行建设活动，必须遵守《城乡规划法》的规定，符合城乡规划的实施要求。城乡规划，包括城镇体系规划、城市规划、镇规划、乡规划和村庄规划。城市规划、镇规划分为总体规划和详细规划。详细规划分为控制性详细规划和修建性详细规划。规划区，是指城市、镇和村庄的建成区以及因城乡建设和发展需要，必须实行规划控制的区域。规划区的具体范围由有关人民政府在组织编制的城市总体规划、镇总体规划、乡规划和村庄规划中，根据城乡经济社会发展水平和统筹城乡发展的需要划定。

实施城乡规划，应当遵循城乡统筹、合理布局、节约土地、集约发展和先规划后建设的原则，改善生态环境，促进资源、能源节约和综合利用，保护耕地等自然资源和历史文化遗产，保持地方特色、民族特色和传统风貌，防止污染和其他公害，并符合区域人口发展、国防建设、防灾减灾和公共卫生、公共安全的需要。县级以上地方人民政府应当根据当地经济社会发展的实际，在城市总体规划、镇总体规划中合理确定城市、镇的发展规模、步骤和建设标准。

在规划区内进行建设活动，应当遵守土地管理、自然资源和环境保护等法律、法规的规定。在城市、镇规划区内进行建筑物、构筑物、道路、管线和其他工程建设的，建设单位或者个人应当向城市、县人民政府城乡规划主管部门或者省、自治区、直辖市人民政府确定的镇人民政府申请办理建设工程规划许可证。

3.1.1 规划许可证的申请

1. 应当提交的材料

申请办理建设工程规划许可证，应当提交使用土地的有关证明文件、建设工程设计方案等材料。需要建设单位编制修建性详细规划的建设项目，还应当提交修建性详细规划。城市、县人民政府城乡规划主管部门或者省、自治区、直辖市人民政府确定的镇人民政府应当依法将经审定的修建性详细规划、建设工程设计方案的总平面图予以公布。

2. 核发建设工程规划许可证

城乡规划主管部门不得在城乡规划确定的建设用地范围以外作出规划许可。

1）城市规划区内

对符合控制性详细规划和规划条件的，由城市、县人民政府城乡规划主管部门或者省、自治区、直辖市人民政府确定的镇人民政府核发建设工程规划许可证。

2）乡、村庄规划区内

在乡、村庄规划区内进行乡镇企业、乡村公共设施和公益事业建设的，建设单位或者个人应当向乡、镇人民政府提出申请，由乡、镇人民政府报城市、县人民政府城乡规划主管部门核发乡村建设规划许可证。

在乡、村庄规划区内使用原有宅基地进行农村村民住宅建设的规划管理办法，由省、自治区、直辖市制定。

在乡、村庄规划区内进行乡镇企业、乡村公共设施和公益事业建设以及农村村民住宅建设，不得占用农用地；确需占用农用地的，应当依照《土地管理法》有关规定办理农用地转用审批手续后，由城市、县人民政府城乡规划主管部门核发乡村建设规划许可证。

建设单位或者个人在取得乡村建设规划许可证后，方可办理用地审批手续。

3）临时建设批准

在城市、镇规划区内进行临时建设的，应当经城市、县人民政府城乡规划主管部门批准。临时建设影响近期建设规划或者控制性详细规划的实施以及交通、市容、安全等的，不得批准。临时建设应当在批准的使用期限内自行拆除。临时建设和临时用地规划管理的具体办法，由省、自治区、直辖市人民政府制定。

3.1.2 规划条件的变更

1. 规划变更

建设单位应当按照规划条件进行建设；确需变更的，必须向城市、县人民政府城乡规划主管部门提出申请。变更内容不符合控制性详细规划的，城乡规划主管部门不得批准。城市、县人民政府城乡规划主管部门应当及时将依法变更后的规划条件通报同级土地主管部门并公示。建设单位应当及时将依法变更后的规划条件报有关人民政府土地主管部门备案。

2. 规划验收

县级以上地方人民政府城乡规划主管部门按照国务院规定对建设工程是否符合规划条件予以核实。未经核实或者经核实不符合规划条件的，建设单位不得组织竣工验收。

建设单位应当在竣工验收后 6 个月内向城乡规划主管部门报送有关竣工验收资料。

3. 补偿

在选址意见书、建设用地规划许可证、建设工程规划许可证或者乡村建设规划许可证发放后，因依法修改城乡规划给被许可人合法权益造成损失的，应当依法给予补偿。

经依法审定的修建性详细规划、建设工程设计方案的总平面图不得随意修改；确需修改的，城乡规划主管部门应当采取听证会等形式，听取利害关系人的意见；因修改给利害关系人合法权益造成损失的，应当依法给予补偿。

4. 监督检查

县级以上人民政府及其城乡规划主管部门应当加强对城乡规划编制、审批、实施、修改的监督检查。

地方各级人民政府应当向本级人民代表大会常务委员会或者乡、镇人民代表大会报告城乡规划的实施情况，并接受监督。

县级以上人民政府城乡规划主管部门对城乡规划的实施情况进行监督检查，有权采取以下措施：（1）要求有关单位和人员提供与监督事项有关的文件、资料，并进行复制；（2）要求有关单位和人员就监督事项涉及的问题作出解释和说明，并根据需要进入现场进行勘测；（3）责令有关单位和人员停止违反有关城乡规划的法律、法规的行为。

城乡规划主管部门的工作人员履行上述规定的监督检查职责，应当出示执法证件。被监督检查的单位和人员应当予以配合，不得妨碍和阻挠依法进行的监督检查活动。监督检查情况和处理结果应当依法公开，供公众查阅和监督。

城乡规划主管部门在查处违反《城乡规划法》规定的行为时，发现国家机关工作人员依法应当给予行政处分的，应当向其任免机关或者监察机关提出处分建议。

依照《城乡规划法》规定应当给予行政处罚，而有关城乡规划主管部门不给予行政处罚的，上级人民政府城乡规划主管部门有权责令其作出行政处罚决定或者建议有关人民政府责令其给予行政处罚。

城乡规划主管部门违反《城乡规划法》规定作出行政许可的，上级人民政府城乡规划主管部门有权责令其撤销或者直接撤销该行政许可。因撤销行政许可给当事人合法权益造成损失的，应当依法给予赔偿。

3.2 建设工程施工许可

建设工程施工许可是建设工程行政监督的重要环节，具体表现为施工许可证。《建筑法》规定，建筑工程开工前，建设单位应当按照国家有关规定向工程所在地县级以上人民政府建设行政主管部门申请领取施工许可证。《建筑工程施工许可管理办法》进一步规定，应当申请领取施工许可证的建筑工程未取得施工许可证的，一律不得开工。

3.2.1 施工许可证和开工报告的适用范围

1. 施工许可证的适用范围

1）建筑工程

我国建设工程施工许可证主要适用于建筑工程。《建筑法》规定，建筑工程开工前，建设单位应当申请领取施工许可证。该建筑工程是通过定义"建筑活动"而间接定义的，建筑活动是指各类房屋建筑及其附属设施的建造和与其配套的线路、管道、设备的安装活动。《建筑工程施工许可管理办法》进一步明确，在中华人民共和国境内从事各类房屋建筑及其附属设施的建造、装修装饰和与其配套的线路、管道、设备的安装，以及城镇市政基础设施工程的施工,建设单位在开工前应当依照规定,向工程所在地的县级以上地方人民政府住房城乡建设主管部门申请领取施工许可证。

《建筑法》关于施工许可等的规定,适用于其他专业建筑工程的建筑活动,具体办法由国务院规定。《建筑工程施工许可管理办法》进一步规定,该办法关于施工许可管理的规定适用于其他专业建筑工程;有关法律、行政法规有明确规定的,从其规定。

2)工程总承包项目

因《建筑法》的制度设计主要以施工(总)承包为基础,建设项目采取工程总承包模式时,是否需要申请领取施工许可证不够明确。住房和城乡建设部办公厅《关于工程总承包项目和政府采购工程建设项目办理施工许可手续有关事项的通知》(建办市〔2017〕46号)规定,对采用工程总承包模式的工程建设项目,在施工许可证及其申请表中增加"工程总承包单位"和"工程总承包项目经理"栏目。各级住房城乡建设主管部门可以根据工程总承包合同及分包合同确定设计、施工单位,依法办理施工许可证。

3)政府采购工程项目

因建设行政主管部门等基本对采购、许可等事项一体化监管,《建筑法》及《建筑工程施工许可管理办法》等有关规定对于政府采购建设工程项目是否应当向建设行政主管部门申请领取施工许可证不够明确。国务院法制办公室《对政府采购工程项目法律适用及申领施工许可证问题的答复》(国法秘财函〔2015〕736号)规定,依法通过竞争性谈判或者单一来源方式确定供应商的政府采购建设工程项目,符合建筑法规定的申请领取施工许可证条件的,应当颁发施工许可证,不应当以未进入有形市场进行招标为由拒绝颁发施工许可证。

2. 开工报告的适用范围

1)国家审批的大中型项目

从开工报告制度设立和演变的历史看,该制度长期适用于国家审批的大中型项目。开工报告制度由国家计划委员会、国家基本建设委员会《关于做好基本建设前期工作的通知》(1979年5月10日)设立。国务院《关于加强基本建设计划管理、控制基本建设规模的若干规定》(国发〔1981〕30号)规定,一切新建的大中型项目,必须正式列入国家年度计划,并由国家建委批准开工报告后,才能正式开工。

2)地方审批的大中型项目、大型技改项目

国家计划委员会《关于简化基本建设项目审批手续的通知》(计资〔1984〕1684号)落实简政放权的要求,将需要国家审批的基本建设大中型项目审批程序(原为五道手续,即:项目建议书、可行性研究报告、设计任务书、初步设计和开工报告),简化为项目建议书、设计任务书两道手续。凡新建的基本建设大中型项目、大型技改项目的初步设计、开工报告和在建设目的"五定"、调整概算等业务,不再由国家计划委员会审批;按隶属关系,由各部门、各省、自治区、直辖市负责审批,报国家计划委员会备案。

3)大中型和限额以上项目

国务院《关于印发投资管理体制近期改革方案的通知》(国发〔1988〕45号)恢复了国家计划委员会审批开工报告的职责规定。根据该规定,国家计划委员会还要审批大

中型和限额以上项目的开工报告和中央投资的大中型和限额以上项目的设计任务书（可行性研究报告）。

4）重大政府投资项目

国务院办公厅《关于印发国家计划委员会职能配置、内设机构和人员编制方案的通知》（国办发〔1994〕28号）规定，简化基本建设大中型及限额以上项目的审批手段；限额以上的新开工项目，纳入国家年度投资规模计划，不再审批开工报告；对外商直接投资项目，按权限应由国家计委审批的，只审批项目建议书和可行性研究报告，不再审批开工报告。至国务院《关于取消第一批行政审批项目的决定》（国发〔2002〕24号）取消了不需要政府投资、除国家明令限制之外的农业等11类项目的开工报告审批后，开工报告范围大幅缩减。《政府投资条例》规定，国务院规定应当审批开工报告的重大政府投资项目，按照规定办理开工报告审批手续后方可开工建设。

3. 不需要办理施工许可证和开工报告的情形

1）作为文物保护的纪念建筑物和古建筑等的修缮

《建筑法》规定，依法核定作为文物保护的纪念建筑物和古建筑等的修缮，依照文物保护的有关法律规定执行。《文物保护工程管理办法》规定，修缮工程是指为保护文物本体所必需的结构加固处理和维修，包括结合结构加固而进行的局部复原工程。修缮工程等文物保护工程按照文物保护单位级别实行分级管理，并按以下规定履行报批程序：（1）全国重点文物保护单位保护工程，以省、自治区、直辖市文物行政部门为申报机关，国家文物局为审批机关；（2）省、自治区、直辖市级文物保护单位保护工程以文物所在地的市、县级文物行政部门为申报机关，省、自治区、直辖市文物行政部门为审批机关。市县级文物保护单位及未核定为文物保护单位的不可移动文物的保护工程的申报机关、审批机关由省级文物行政部门确定。

2）军用房屋建筑工程建筑活动

《建筑法》规定，军用房屋建筑工程建筑活动的具体管理办法，由国务院、中央军事委员会依据本法制定。

以上作为文物保护的纪念建筑物和古建筑等的修缮、军用房屋建筑工程建筑活动虽然无需办理施工许可证和开工报告，但仍须按规定办理有关审批手续。

3）限额以下的小型工程

根据《建筑法》，国务院建设行政主管部门确定的限额以下的小型工程，是申请领取施工许可证的除外情形。

关于"小型工程"的规模标准，《建筑工程施工许可管理办法》作出规定，工程投资额在30万元以下或者建筑面积在300平方米以下的建筑工程，可以不申请办理施工许可证。此外，该办法还向各地方住房城乡建设主管部门作出了授权，即省、自治区、直辖市人民政府住房城乡建设主管部门可以根据当地的实际情况，对限额进行调整，并报国务院住房城乡建设主管部门备案。

4）抢险救灾及其他临时性房屋建筑和农民自建低层住宅的建筑活动

《建筑法》规定，抢险救灾及其他临时性房屋建筑和农民自建低层住宅的建筑活动，不适用《建筑法》。抢险救灾直接涉及人民生命和财产，因其时效性极强，不适用严格的行政许可程序。其他临时性房屋建筑和农民自建低层住宅的建筑活动，因其重要程度、行政资源等因素,未被列入现行《建筑法》的调整范围,不属于应当办理施工许可证的范围。

3.2.2 施工许可证的申请

1. 施工许可证的申请主体

施工许可证的名称易令人误解为施工单位需取得的证书。事实上,虽然施工许可证上同时注明建设单位和施工单位的名称,但根据《建筑法》,按照国家有关规定向工程所在地县级以上人民政府建设行政主管部门申请领取施工许可证的主体是建设单位。

建设工程实施代建模式,代建单位全面代表建设单位履行职责的,可以根据实际情况以自己的名义申请领取施工许可证,也可以在施工许可证中建设单位之后注明代建单位的身份。

2. 施工许可证的申请条件

1)依法应当办理用地批准手续的,已经办理该建筑工程用地批准手续

《土地管理法》规定,经批准的建设项目需要使用国有建设用地的,建设单位应当持法律、行政法规规定的有关文件,向有批准权的县级以上人民政府自然资源主管部门提出建设用地申请,经自然资源主管部门审查,报本级人民政府批准。

2)依法应当办理建设工程规划许可证的,已经取得建设工程规划许可证

《城乡规划法》规定了依法应当办理建设工程规划许可证的情形,详见本书3.1节有关内容。

3)施工场地已经基本具备施工条件,需要征收房屋的,其进度符合施工要求

施工场地需要符合专业、技术、安全、卫生等基本条件。根据《建设工程施工合同(示范文本)》GF—2017—0201,常见的施工条件有:(1)施工用水、电力、通讯线路等施工所必需的条件接至施工现场内;(2)保证向承包人提供正常施工所需要的进入施工现场的交通条件;(3)协调处理施工现场周围地下管线和邻近建筑物、构筑物、古树名木的保护工作,并承担相关费用;(4)按照专用合同条款约定应提供的其他设施和条件。

《民法典》规定,为了公共利益的需要,依照法律规定的权限和程序可以征收集体所有的土地和组织、个人的房屋以及其他不动产。征收集体所有的土地,应当依法及时足额支付土地补偿费、安置补助费以及农村村民住宅、其他地上附着物和青苗等的补偿费用,并安排被征地农民的社会保障费用,保障被征地农民的生活,维护被征地农民的合法权益。征收组织、个人的房屋以及其他不动产,应当依法给予征收补偿,维护被征收人的合法权益;征收个人住宅的,还应当保障被征收人的居住条件。征收工作不能于开工前全部完成的,应当结合施工组织计划等妥善安排,保证其进度符合施工要求。

4)已经确定施工企业

建设单位应当依法通过招标或直接发包的方式确定具备相应资质的施工企业,并签订建设工程承包合同。《建筑工程施工许可管理办法》规定,按照规定应当招标的工程没有招标,应当公开招标的工程没有公开招标,或者肢解发包工程,以及将工程发包给不具备相应资质条件的企业的,所确定的施工企业无效。

依法应当招标和公开招标的工程范围，详见本书 4.2 节有关内容。

5）有满足施工需要的资金安排、施工图纸及技术资料，建设单位应当提供建设资金已经落实承诺书，施工图设计文件已按规定审查合格

《建筑法》在 2019 年修订后，将原来的"建设资金已经落实"条件放宽至"有满足施工需要的资金安排"。《建筑工程施工许可管理办法》进一步采取承诺制，将该规定明确为建设单位应当提供建设资金已经落实承诺书。《保障农民工工资支付条例》规定，建设单位应当有满足施工所需要的资金安排。没有满足施工所需要的资金安排的，工程建设项目不得开工建设；依法需要办理施工许可证的，相关行业工程建设主管部门不予颁发施工许可证。

《建设工程勘察设计管理条例》规定，从事建设工程勘察、设计活动，应当坚持先勘察、后设计、再施工的原则。施工图设计文件是施工的直接依据，有满足施工需要的施工图纸及技术资料是取得施工许可证的先决条件。施工图审查，是指施工图审查机构按照有关法律、法规，对施工图涉及公共利益、公众安全和工程建设强制性标准的内容进行的审查。《房屋建筑和市政基础设施工程施工图设计文件审查管理办法》规定，施工图未经审查合格的，不得使用。从事房屋建筑工程、市政基础设施工程施工、监理等活动，以及实施对房屋建筑和市政基础设施工程质量安全监督管理，应当以审查合格的施工图为依据。施工图设计文件未按规定审查，或者审查不合格的，不得办理施工许可证。

6）有保证工程质量和安全的具体措施

《建筑工程施工许可管理办法》规定，施工企业编制的施工组织设计中有根据建筑工程特点制定的相应质量、安全技术措施。建立工程质量安全责任制并落实到人。专业性较强的工程项目编制了专项质量、安全施工组织设计，并按照规定办理了工程质量、安全监督手续。

县级以上地方人民政府住房城乡建设主管部门不得违反法律法规规定，增设办理施工许可证的其他条件。

3. 申请办理施工许可证的程序

《建筑工程施工许可管理办法》规定，申请办理施工许可证，应当按照下列程序进行：

1）建设单位领取申请表

建设单位向发证机关领取《建筑工程施工许可证申请表》。

2）建设单位提出申请

建设单位持加盖单位及法定代表人印鉴的《建筑工程施工许可证申请表》，并附规定的证明文件，向发证机关提出申请。

3）发证机关作出决定

发证机关在收到建设单位报送的《建筑工程施工许可证申请表》和所附证明文件后，对于符合条件的，应当自收到申请之日起 7 日内颁发施工许可证；对于证明文件不齐全或者失效的，应当当场或者 5 日内一次告知建设单位需要补正的全部内容，审批时间可以自证明文件补正齐全后作相应顺延；对于不符合条件的，应当自收到申请之日起 7 日内书面通知建设单位，并说明理由。

4）许可证管理

建筑工程在施工过程中，建设单位或者施工单位发生变更的，应当重新申请领取施工许可证。建设单位申请领取施工许可证的工程名称、地点、规模，应当符合依法签订的施工承包合同。施工许可证应当放置在施工现场备查，并按规定在施工现场公开。施工许可证不得伪造和涂改。

3.2.3 延期开工、核验和重新办理批准

1. 延期开工

《建筑法》规定，建设单位应当自领取施工许可证之日起 3 个月内开工。因故不能按期开工的，应当向发证机关申请延期；延期以两次为限，每次不超过 3 个月。既不开工又不申请延期或者超过延期时限的，施工许可证自行废止。

《建筑工程施工许可管理办法》进一步规定，申请延期应当在期满前提出，并说明理由；申请延期超过延期次数的，施工许可证自行废止。

2. 核验施工许可证

《建筑法》规定，在建的建筑工程因故中止施工的，建设单位应当自中止施工之日起 1 个月内，向发证机关报告，并按照规定做好建筑工程的维护管理工作。建筑工程恢复施工时，应当向发证机关报告；中止施工满 1 年的工程恢复施工前，建设单位应当报发证机关核验施工许可证。

《建筑工程施工许可管理办法》进一步规定，报告内容包括中止施工的时间、原因、在施部位、维修管理措施等，并按照规定做好建筑工程的维护管理工作。

3. 重新办理批准

《建筑法》规定，按照国务院有关规定批准开工报告的建筑工程，因故不能按期开工或者中止施工的，应当及时向批准机关报告情况。因故不能按期开工超过 6 个月的，应当重新办理开工报告的批准手续。

第4章 建设工程发承包法律制度

4.1 建设工程发承包的一般规定

第4章
看本章精讲课
配套章节自测

《建筑法》是国家对建筑活动进行监督管理的基本法，其对建筑工程的发包与承包作了一般规定。从程序看，建设工程发包可以分为招标发包和非招标方式发包两大类型。建筑工程依法实行招标发包，对不适于招标发包的可以直接发包；政府采购工程，按照招标投标法及其实施条例必须进行招标的工程建设项目以外的项目，应当采用法律法规规定的非招标采购方式。

4.1.1 建设工程总承包

1. 建设工程总承包的模式

《民法典》规定，发包人可以与总承包人订立建设工程合同，也可以分别与勘察人、设计人、施工人订立勘察、设计、施工承包合同；前者是工程总承包模式，后者称为平行发包模式。《建筑法》规定，提倡对建筑工程实行总承包。建设内容明确、技术方案成熟的项目，适宜采用工程总承包方式。

根据《房屋建筑和市政基础设施项目工程总承包管理办法》（建市规〔2019〕12号），所谓工程总承包，是指承包单位按照与建设单位签订的合同，对工程设计、采购、施工或者设计、施工等阶段实行总承包，并对工程的质量、安全、工期和造价等全面负责的工程建设组织实施方式。依据《建设部关于培育发展工程总承包和工程项目管理企业的指导意见》（建市〔2003〕30号），其具体模式如下：（1）设计采购施工（EPC）/交钥匙工程总承包。设计采购施工总承包是指工程总承包企业按照合同约定，承担工程项目的设计、采购、施工、试运行服务等工作，并对承包工程的质量、安全、工期、造价全面负责。交钥匙总承包是设计采购施工总承包业务和责任的延伸，最终是向业主提交一个满足使用功能、具备使用条件的工程项目。（2）设计—施工总承包（D-B），即工程总承包企业按照合同约定，承担工程项目设计和施工，并对承包工程的质量、安全、工期、造价全面负责。根据工程项目的不同规模、类型和项目发包人要求，工程总承包还可采用设计—采购总承包（E-P）和采购—施工总承包（P-C）等方式。

2. 建设工程总承包项目的发包

根据《房屋建筑和市政基础设施项目工程总承包管理办法》，建设单位依法采用招标或者直接发包等方式选择工程总承包单位。工程总承包项目范围内的设计、采购或者施工中，有任一项属于依法必须进行招标的项目范围且达到国家规定规模标准的，应当采用招标的方式选择工程总承包单位。

《房屋建筑和市政基础设施项目工程总承包管理办法》规定，工程总承包单位不得是工程总承包项目的代建单位、项目管理单位、监理单位、造价咨询单位、招标代理单位。政府投资项目的项目建议书、可行性研究报告、初步设计文件编制单位及其评估单位，一般不得成为该项目的工程总承包单位。政府投资项目招标人公开已经完成的项目建议书、可行性研究报告、初步设计文件的，上述单位可以参与该工程总承包项目的投标，经依法评标、定标，成为工程总承包单位。公平是招投标制度的基本原则，而公平原则的内涵之一是要求所有潜在投标人能够获取的信息或者能够获取信息的途径一致，即信息公平。项目建议书等的编制单位及其评估单位拥有其他潜在投标人无法比拟的信息优势，损害了公平竞争性；如相关文件已公开，则其信息优势丧失，可与其他潜在投标人同等竞争。

《房屋建筑和市政基础设施项目工程总承包管理办法》规定："工程总承包单位应当同时具有与工程规模相适应的工程设计资质和施工资质，或者由具有相应资质的设计单位和施工单位组成联合体。工程总承包单位应当具有相应的项目管理体系和项目管理能力、财务和风险承担能力，以及与发包工程相类似的设计、施工或者工程总承包业绩。"

设计单位和施工单位组成联合体的，应当根据项目的特点和复杂程度，合理确定牵头单位，并在联合体协议中明确联合体成员单位的责任和权利。联合体各方应当共同与建设单位签订工程总承包合同，就工程总承包项目承担连带责任。

鼓励设计单位申请取得施工资质，已取得工程设计综合资质、行业甲级资质、建筑工程专业甲级资质的单位，可以直接申请相应类别施工总承包一级资质。鼓励施工单位申请取得工程设计资质，具有一级及以上施工总承包资质的单位可以直接申请相应类别的工程设计甲级资质。完成的相应规模工程总承包业绩可以作为设计、施工业绩申报。

但是，发包人不得将应当由一个承包人完成的建设工程支解成若干部分发包给数个承包人。按照合同约定建筑材料、建筑构配件和设备由工程承包单位采购的，发包单位不得指定承包单位购入用于工程的建筑材料、建筑构配件和设备或者指定生产厂、供应商。

《建筑工程施工发包与承包违法行为认定查处管理办法》明确，违法发包，是指建设单位将工程发包给个人或不具有相应资质的单位、支解发包、违反法定程序发包及其他违反法律法规规定发包的行为。违法发包的具体情形包括：（1）建设单位将工程发包给个人的；（2）建设单位将工程发包给不具有相应资质的单位的；（3）依法应当招标未招标或未按照法定招标程序发包的；（4）建设单位设置不合理的招标投标条件，限制、排斥潜在投标人或者投标人的；（5）建设单位将一个单位工程的施工分解成若干部分发包给不同的施工总承包或专业承包单位的。

3. 建设工程总承包项目的风险分担

工程总承包项目中，由总承包单位负责设计、采购、施工等中的两项或者两项以上，其风险分配与一般的设计合同、施工合同有所不同。实践中，常有发承包一方利用自身优势地位、通过合同的方式将本应由己方承担的风险转移给对方的现象。建设单位和工程总承包单位应当加强风险管理，合理分担风险。《房屋建筑和市政基础设施项目工程总承包管理办法》规定，工程总承包项目中，由建设单位承担的风险主要包括：（1）主要工程材料、设备、人工价格与招标时基期价相比，波动幅度超过合同约定幅度的部分；（2）因国家法律法规政策变化引起的合同价格的变化；（3）不可预见的地质条件造成的工程费用和工期的变化;(4)因建设单位原因产生的工程费用和工期的变化;(5)不可抗力造成的工程费用和工期的变化。发承包双方应当在前述规定确定的原则和范围内,对风险分担的具体内容在合同中约定。

4. 建设工程总承包的法律责任

较之设计、施工单独发包模式,建设单位不再平行面对设计单位、施工单位等,建设单位与总承包单位缔结合同,对总承包单位进行履约管理,总承包单位就其分包单位的行为向建设单位负责。

1)质量责任

建设单位不得迫使工程总承包单位以低于成本的价格竞标,不得明示或者暗示工程总承包单位违反工程建设强制性标准、降低建设工程质量,不得明示或者暗示工程总承包单位使用不合格的建筑材料、建筑构配件和设备。

工程总承包单位应当对其承包的全部建设工程质量负责,分包单位对其分包工程的质量负责,分包不免除工程总承包单位对其承包的全部建设工程所负的质量责任。

工程总承包单位、工程总承包项目经理依法承担质量终身责任。工程总承包项目强调设计施工深度融合,旨在优化管理、提高效率、节约成本,项目管理难度大,对项目经理要求高。《房屋建筑和市政基础设施项目工程总承包管理办法》规定,工程总承包项目经理应当具备下列条件:(1)取得相应工程建设类注册执业资格,包括注册建筑师、勘察设计注册工程师、注册建造师或者注册监理工程师等,未实施注册执业资格的,取得高级专业技术职称;(2)担任过与拟建项目相类似的工程总承包项目经理、设计项目负责人、施工项目负责人或者项目总监理工程师;(3)熟悉工程技术和工程总承包项目管理知识以及相关法律法规、标准规范;(4)具有较强的组织协调能力和良好的职业道德。工程总承包项目经理不得同时在两个或者两个以上工程项目担任工程总承包项目经理、施工项目负责人。

2)安全责任

建设单位不得对工程总承包单位提出不符合建设工程安全生产法律、法规和强制性标准规定的要求,不得明示或者暗示工程总承包单位购买、租赁、使用不符合安全施工要求的安全防护用具、机械设备、施工机具及配件、消防设施和器材。

工程总承包单位对承包范围内工程的安全生产负总责。分包单位应当服从工程总承包单位的安全生产管理,分包单位不服从管理导致生产安全事故的,由分包单位承担主要责任,分包不免除工程总承包单位的安全责任。

4.1.2 建设工程共同承包

共同承包系由两个或两个承包单位临时组成联合体,以同一承包人身份共同承揽项目的行为,在组织上具有合意性和临时性,对外责任上具有连带性。《建筑法》《招标投标法》《政府采购法》中均有关于共同承包的规定。

《建筑法》规定,大型建筑工程或者结构复杂的建筑工程,可以由两个以上的承包单位联合共同承包。共同承包的各方对承包合同的履行承担连带责任。两个以上不同资质等级的单位实行联合共同承包的,应当按照资质等级低的单位的业务许可范围承揽工程。

如前所述，在工程总承包项目中，工程总承包单位应当同时具有与工程规模相适应的工程设计资质和施工资质，或者由具有相应资质的设计单位和施工单位组成联合体进行承包。

在采用招标投标方式缔结合同时，依据《招标投标法》，两个以上法人或者其他组织共同投标的，应当在投标阶段即组成联合体，签订共同投标协议，明确约定各方拟承担的工作和责任，并将共同投标协议连同投标文件一并提交招标人，以一个投标人的身份共同投标。共同投标协议，是明确联合体各方分工和责任的基础文件。联合体中标的，联合体各方应当共同与招标人签订合同，就中标项目向招标人承担连带责任；对内，共同投标协议是联合体成员责任确定的重要依据。

招标人不得强制投标人组成联合体共同投标，不得限制投标人之间的竞争。

4.1.3 建设工程分包

根据《民法典》，总承包人或者勘察、设计、施工承包人经发包人同意，可以将自己承包的部分工作交由第三人完成。该条是对建设工程分包的基本规定。

总承包人或者承包人进行分包时应符合以下条件：（1）承包人不得将其承包的全部建设工程转包给第三人或者将其承包的全部建设工程支解以后以分包的名义分别转包给第三人。（2）禁止承包人将工程分包给不具备相应资质条件的单位。分包单位应当符合建筑市场资质管理制度要求。（3）建设工程主体结构的施工必须由承包人自行完成。（4）禁止分包单位将其承包的工程再分包。（5）经发包人同意。除总承包合同中已有约定的分包外，必须经建设单位认可。《建筑法》与《民法典》前述规定保持一致。

关于分包合同的缔结方式，《房屋建筑和市政基础设施项目工程总承包管理办法》规定："工程总承包单位可以采用直接发包的方式进行分包。但以暂估价形式包括在总承包范围内的工程、货物、服务分包时，属于依法必须进行招标的项目范围且达到国家规定规模标准的，应当依法招标。"

《建筑工程施工发包与承包违法行为认定查处管理办法》第12条列举了以下违法分包的情形：（1）承包单位将其承包的工程分包给个人的；（2）施工总承包单位或专业承包单位将工程分包给不具备相应资质单位的；（3）施工总承包单位将施工总承包合同范围内工程主体结构的施工分包给其他单位的，钢结构工程除外；（4）专业分包单位将其承包的专业工程中非劳务作业部分再分包的；（5）专业作业承包人将其承包的劳务再分包的；（6）专业作业承包人除计取劳务作业费用外，还计取主要建筑材料款和大中型施工机械设备、主要周转材料费用的。

分包人就其完成的工作成果与总承包人或者勘察、设计、施工承包人向发包人承担连带责任。

实践中常有以分包之名行转包之实，或假借他人名义承揽工程的违法情形，转包、挂靠和违法分包，应依法予以行政处罚，也是建筑市场行政监管的重点。转包，是指承包单位承包工程后，不履行合同约定的责任和义务，将其承包的全部工程或者将其承包的全部工程支解后以分包的名义分别转给其他单位或个人施工的行为。挂靠，是指单位或个人以其他有资质的施工单位的名义承揽工程包括参与投标、订立合同、办理有关施工手续、从事施工等活动。

《建筑工程施工发包与承包违法行为认定查处管理办法》第 8 条列举了应当认定为转包的情形：（1）承包单位将其承包的全部工程转给其他单位（包括母公司承接建筑工程后将所承接工程交由具有独立法人资格的子公司施工的情形）或个人施工的；（2）承包单位将其承包的全部工程支解以后，以分包的名义分别转给其他单位或个人施工的；（3）施工总承包单位或专业承包单位未派驻项目负责人、技术负责人、质量管理负责人、安全管理负责人等主要管理人员，或派驻的项目负责人、技术负责人、质量管理负责人、安全管理负责人中一人及以上与施工单位没有订立劳动合同且没有建立劳动工资和社会养老保险关系，或派驻的项目负责人未对该工程的施工活动进行组织管理，又不能进行合理解释并提供相应证明的；（4）合同约定由承包单位负责采购的主要建筑材料、构配件及工程设备或租赁的施工机械设备，由其他单位或个人采购、租赁，或施工单位不能提供有关采购、租赁合同及发票等证明，又不能进行合理解释并提供相应证明的；（5）专业作业承包人承包的范围是承包单位承包的全部工程，专业作业承包人计取的是除上缴给承包单位"管理费"之外的全部工程价款的；（6）承包单位通过采取合作、联营、个人承包等形式或名义，直接或变相将其承包的全部工程转给其他单位或个人施工的；（7）专业工程的发包单位不是该工程的施工总承包或专业承包单位的，但建设单位依约作为发包单位的除外；（8）专业作业的发包单位不是该工程承包单位的；（9）施工合同主体之间没有工程款收付关系，或者承包单位收到款项后又将款项转拨给其他单位和个人，又不能进行合理解释并提供材料证明的。前述几种情形中有证据证明属于挂靠或者其他违法行为的则以挂靠或其他违法行为认定。

两个以上的单位组成联合体承包工程，在联合体分工协议中约定或者在项目实际实施过程中，联合体一方不进行施工也未对施工活动进行组织管理的，并且向联合体其他方收取管理费或者其他类似费用的，视为联合体一方将承包的工程转包给联合体其他方。

《建筑工程施工发包与承包违法行为认定查处管理办法》第 9 条列举了应当认定为挂靠的情形：（1）没有资质的单位或个人借用其他施工单位的资质承揽工程的；（2）有资质的施工单位相互借用资质承揽工程的，包括资质等级低的借用资质等级高的，资质等级高的借用资质等级低的，相同资质等级相互借用的；（3）前述第 8 条第（3）至（9）项规定的情形，有证据证明属于挂靠的。也即，前述第 8 条第（3）至（9）项的违法情形中，如有证据表明构成挂靠的，则以挂靠论处；如不足以认定为挂靠的，则以转包认定。

4.2 建设工程招标投标制度

招标投标是在市场经济条件下进行大宗货物的买卖、工程建设项目的发包与承包，以及服务项目的采购与提供时，采购人提出要求，供应方响应并提出自己的方案与报价，采购人选择条件最优者成为成交方的一种交易方式。招标投标是建设工程最主要的竞争性交易方式，全国人大常委会颁布有《招标投标法》，国务院则发布了《招标投标法实施条例》。

4.2.1 建设工程法定招标的范围、招标方式和交易场所

1. 建设工程法定招标的范围和规模标准
1）工程建设项目法定招标的范围

《招标投标法》规定，在我国境内进行下列工程建设项目，包括项目的勘察、设计、施工、监理以及与工程建设有关的重要设备、材料等的采购，必须进行招标：（1）大型基础设施、公用事业等关系社会公共利益、公众安全的项目；（2）全部或者部分使用国有资金投资或者国家融资的项目；（3）使用国际组织或者外国政府贷款、援助资金的项目。依法必须进行招标的工程建设项目的具体范围和规模标准，由国务院发展改革部门会同国务院有关部门制订，报国务院批准后公布施行。

2018年6月，国家发展和改革委员会印发的《必须招标的基础设施和公用事业项目范围规定》，大型基础设施、公用事业等关系社会公共利益、公众安全的项目，必须招标的具体范围包括：（1）煤炭、石油、天然气、电力、新能源等能源基础设施项目；（2）铁路、公路、管道、水运，以及公共航空和A1级通用机场等交通运输基础设施项目；（3）电信枢纽、通信信息网络等通信基础设施项目；（4）防洪、灌溉、排涝、引（供）水等水利基础设施项目；（5）城市轨道交通等城建项目。

2018年3月，国家发展和改革委员会公布《必须招标的工程项目规定》，规定了进行招标的工程建设项目的具体范围和规模标准。全部或者部分使用国有资金投资或者国家融资的项目包括：（1）使用预算资金200万元人民币以上，并且该资金占投资额10%以上的项目，预算资金是指《预算法》规定的预算资金，包括一般公共预算资金、政府性基金预算资金、国有资本经营预算资金、社会保险基金预算资金；（2）使用国有企业事业单位资金，并且该资金占控股或者主导地位的项目。使用国际组织或者外国政府贷款、援助资金的项目包括：（1）使用世界银行、亚洲开发银行等国际组织贷款、援助资金的项目；（2）使用外国政府及其机构贷款、援助资金的项目。

2）必须招标的工程建设项目的规模标准

必须进行招标的工程建设项目的具体范围的项目，其勘察、设计、施工、监理以及与工程建设有关的重要设备、材料等的采购达到下列标准之一的，必须招标：（1）施工单项合同估算价在400万元人民币以上；（2）重要设备、材料等货物的采购，单项合同估算价在200万元人民币以上；（3）勘察、设计、监理等服务的采购，单项合同估算价在100万元人民币以上。

3）可以不招标的特殊情况

对于必须招标的工程建设项目，在特殊情况下可以不招标。《招标投标法》规定：涉及国家安全、国家秘密、抢险救灾或者属于利用扶贫资金实行以工代赈、需要使用农民工等特殊情况，不适宜进行招标的项目，按照国家有关规定可以不进行招标。《招标投标法实施条例》《工程建设项目施工招标投标办法》在《招标投标法》的基础上对可以不招标的项目进行了补充：（1）需要采用不可替代的专利或者专有技术；（2）采购人依法能够自行建设、生产或者提供；（3）已通过招标方式选定的特许经营项目投资人依法能够自行建设、生产或者提供；（4）需要向原中标人采购工程、货物或者服务，否则将影响施工或者功能配套要求；（5）承包商、供应商或者服务提供者少于三家，不能形

成有效竞争；（6）国家规定的其他特殊情形。

2. 建设工程招标方式
建设工程招标方式分为公开招标和邀请招标两种。

1）公开招标
公开招标，是指招标人以招标公告的方式邀请不特定的法人或者其他组织投标。它是一种由招标人按照法定程序，在公开出版物上发布或者以其他公开方式发布招标公告，所有符合条件的承包商都可以平等参加投标竞争，从中择优选择中标者的招标方式。由于这种招标方式对竞争没有限制，因此，又被称为无限竞争性招标。公开招标最基本的含义是：（1）招标人以招标公告的方式邀请投标；（2）可以参加投标的法人或者其他组织是不特定的。从招标的本质来讲，这种招标方式是最符合招标的宗旨的。

2）邀请招标
邀请招标，是指招标人以投标邀请书的方式邀请特定的法人或者其他组织投标。邀请招标是由接到投标邀请书的法人或者其他组织才能参加投标的一种招标方式，其他潜在的投标人则被排除在投标竞争之外，因此，也被称为有限竞争性招标。邀请招标必须向三个以上的潜在投标人发出邀请。并且被邀请的法人或者其他组织必须具备以下条件：（1）具备承担招标项目的能力，如施工招标，被邀请的施工企业必须具备与招标项目相应的施工资质等级；（2）资信良好。

《招标投标法》规定，国务院发展计划部门确定的国家重点项目和省、自治区、直辖市人民政府确定的地方重点项目不适宜公开招标的，经国务院发展计划部门或者省、自治区、直辖市人民政府批准，可以进行邀请招标。《招标投标法实施条例》规定，国有资金占控股或者主导地位的依法必须进行招标的项目，应当公开招标；但有下列情形之一的，可以邀请招标：（1）技术复杂、有特殊要求或者受自然环境限制，只有少量潜在投标人可供选择；（2）采用公开招标方式的费用占项目合同金额的比例过大。

3. 建设工程交易场所
《招标投标法实施条例》规定，设区的市级以上地方人民政府可以根据实际需要，建立统一规范的招标投标交易场所，为招标投标活动提供服务。招标投标交易场所不得与行政监督部门存在隶属关系，不得以营利为目的。国家鼓励利用信息网络进行电子招标投标。

2015年8月，国务院办公厅印发《整合建立统一的公共资源交易平台工作方案》，要求整合分散设立的工程建设项目招标投标、土地使用权和矿业权出让、国有产权交易、政府采购等交易平台，在统一的平台体系上实现信息和资源共享，依法推进公共资源交易高效规范运行，积极有序推进其他公共资源交易纳入统一平台体系。民间投资的不属于依法必须招标的项目，由建设单位自主决定是否进入统一平台。2016年6月，国家发展和改革委员会等部门联合发布了《公共资源交易平台管理暂行办法》，对规范包括建设工程交易场所在内的公共资源交易平台起了重要作用。

4.2.2 建设工程招标和投标

1. 建设工程招标
1）建设工程招标的条件
招标人是依照规定提出招标项目、进行招标的法人或者其他组织。招标项目按照国家有关规定需要履行项目审批手续的，应当先履行审批手续，取得批准。按照国家有关规定需要履行项目审批、核准手续的依法必须进行招标的项目，其招标范围、招标方式、招标组织形式应当报项目审批、核准部门审批、核准。项目审批、核准部门应当及时将审批、核准确定的招标范围、招标方式、招标组织形式通报有关行政监督部门。

招标人应当有进行招标项目的相应资金或者资金来源已经落实，并应当在招标文件中如实载明。

2）对资格预审文件、招标文件的要求

招标人对投标人的资格进行审查的，可以分为资格预审和资格后审两种方式。招标人采用资格预审办法对潜在投标人进行资格审查的，应当发布资格预审公告、编制资格预审文件。招标人应当按照资格预审公告、招标公告或者投标邀请书规定的时间、地点发售资格预审文件或者招标文件。资格预审文件或者招标文件的发售期不得少于5日。招标人应当合理确定提交资格预审申请文件的时间。依法必须进行招标的项目提交资格预审申请文件的时间，自资格预审文件停止发售之日起不得少于5日。资格预审结束后，招标人应当及时向资格预审申请人发出资格预审结果通知书。未通过资格预审的申请人不具有投标资格。通过资格预审的申请人少于3个的，应当重新招标。招标人采用资格后审办法对投标人进行资格审查的，应当在开标后由评标委员会按照招标文件规定的标准和方法对投标人的资格进行审查。

招标人应当根据招标项目的特点和需要编制招标文件。招标文件应当包括招标项目的技术要求、对投标人资格审查的标准、投标报价要求和评标标准等所有实质性要求和条件以及拟签订合同的主要条款。国家对招标项目的技术、标准有规定的，招标人应当按照其规定在招标文件中提出相应要求。招标项目需要划分标段、确定工期的，招标人应当合理划分标段、确定工期，并在招标文件中载明。招标文件不得要求或者标明特定的生产供应者以及含有倾向或者排斥潜在投标人的其他内容。招标人设有最高投标限价的，应当在招标文件中明确最高投标限价或者最高投标限价的计算方法。招标人不得规定最低投标限价。

招标人发售资格预审文件、招标文件收取的费用应当限于补偿印刷、邮寄的成本支出，不得以营利为目的。

3）编制投标文件所需要的合理时间

招标人应当确定投标人编制投标文件所需要的合理时间。依法必须进行招标的项目，自招标文件开始发出之日起至投标人提交投标文件截止之日止，最短不得少于20日。

4）投标有效期和投标保证金

招标人应当在招标文件中载明投标有效期。投标有效期从提交投标文件的截止之日起算。招标人在招标文件中要求投标人提交投标保证金的，投标保证金不得超过招标项目估算价的2%。施工、货物招标的，投标保证金最高不得超过80万元人民币；勘察、设计等服务招标的，投标保证金最高不得超过10万元人民币。投标保证金有效期应当与投标有效期一致。依法必须进行招标的项目的境内投标单位，以现金或者支票形式提交的投标保证金应当从其基本账户转出。招标人不得挪用投标保证金。

5）两阶段招标

对技术复杂或者无法精确拟定技术规格的项目，招标人可以分两阶段进行招标。第一阶段，投标人按照招标公告或者投标邀请书的要求提交不带报价的技术建议，招标人根据投标人提交的技术建议确定技术标准和要求，编制招标文件。第二阶段，招标人向在第一阶段提交技术建议的投标人提供招标文件，投标人按照招标文件的要求提交包括最终技术方案和投标报价的投标文件。招标人要求投标人提交投标保证金的，应当在第二阶段提出。

6）对资格预审文件、招标文件的澄清或者修改

招标人可以对已发出的资格预审文件或者招标文件进行必要的澄清或者修改。澄清或者修改的内容可能影响资格预审申请文件或者投标文件编制的，招标人应当在提交资格预审申请文件截止时间至少3日前，或者投标截止时间至少15日前，以书面形式通知所有获取资格预审文件或者招标文件的潜在投标人；不足3日或者15日的，招标人应当顺延提交资格预审申请文件或者投标文件的截止时间。

7）招标人不得设定不合理的条件

招标人不得以不合理的条件限制、排斥潜在投标人或者投标人。招标人有下列行为之一的，属于以不合理条件限制、排斥潜在投标人或者投标人：（1）就同一招标项目向潜在投标人或者投标人提供有差别的项目信息；（2）设定的资格、技术、商务条件与招标项目的具体特点和实际需要不相适应或者与合同履行无关；（3）依法必须进行招标的项目以特定行政区域或者特定行业的业绩、奖项作为加分条件或者中标条件；（4）对潜在投标人或者投标人采取不同的资格审查或者评标标准；（5）限定或者指定特定的专利、商标、品牌、原产地或者供应商；（6）依法必须进行招标的项目非法限定潜在投标人或者投标人的所有制形式或者组织形式；（7）以其他不合理条件限制、排斥潜在投标人或者投标人。

8）招标人终止招标

招标人终止招标的，应当及时发布公告，或者以书面形式通知被邀请的或者已经获取资格预审文件、招标文件的潜在投标人。已经发售资格预审文件、招标文件或者已经收取投标保证金的，招标人应当及时退还所收取的资格预审文件、招标文件的费用，以及所收取的投标保证金及银行同期存款利息。

2. 建设工程投标

1）对投标人的要求

投标人是响应招标、参加投标竞争的法人或者其他组织。投标人应当具备承担招标项目的能力；国家有关规定对投标人资格条件或者招标文件对投标人资格条件有规定的，投标人应当具备规定的资格条件。投标人参加依法必须进行招标的项目的投标，不受地区或者部门的限制，任何单位和个人不得非法干涉。与招标人存在利害关系可能影响招标公正性的法人、其他组织或者个人，不得参加投标。单位负责人为同一人或者存在控股、管理关系的不同单位，不得参加同一标段投标或者未划分标段的同一招标项目投标。

2）对投标文件的要求

投标人应当按照招标文件的要求编制投标文件。投标文件应当对招标文件提出的

实质性要求和条件作出响应。招标项目属于建设施工的，投标文件的内容应当包括拟派出的项目负责人与主要技术人员的简历、业绩和拟用于完成招标项目的机械设备等。投标人在招标文件要求提交投标文件的截止时间前，可以补充、修改或者撤回已提交的投标文件，并书面通知招标人。补充、修改的内容为投标文件的组成部分。投标人根据招标文件载明的项目实际情况，拟在中标后将中标项目的部分非主体、非关键性工作进行分包的，应当在投标文件中载明。

3）投标文件的提交、修改、撤回和撤销

投标人应当在招标文件要求提交投标文件的截止时间前，将投标文件送达投标地点。招标人收到投标文件后，应当签收保存，不得开启。投标人少于三个的，招标人应当重新招标。未通过资格预审的申请人提交的投标文件，以及逾期送达或者不按照招标文件要求密封的投标文件，招标人应当拒收。招标人应当如实记载投标文件的送达时间和密封情况，并存档备查。

投标人在招标文件要求提交投标文件的截止时间前，可以补充、修改或者撤回已提交的投标文件，并书面通知招标人。补充、修改的内容为投标文件的组成部分。

投标人撤回已提交的投标文件，应当在投标截止时间前书面通知招标人。招标人已收取投标保证金的，应当自收到投标人书面撤回通知之日起 5 日内退还。

投标截止后投标人撤销投标文件的，招标人可以不退还投标保证金。

4）联合体投标

两个以上法人或者其他组织可以组成一个联合体，以一个投标人的身份共同投标。招标人应当在资格预审公告、招标公告或者投标邀请书中载明是否接受联合体投标。招标人接受联合体投标并进行资格预审的，联合体应当在提交资格预审申请文件前组成。资格预审后联合体增减、更换成员的，其投标无效。联合体各方均应当具备承担招标项目的相应能力；国家有关规定或者招标文件对投标人资格条件有规定的，联合体各方均应当具备规定的相应资格条件。由同一专业的单位组成的联合体，按照资质等级较低的单位确定资质等级。

联合体各方应当签订共同投标协议，明确约定各方拟承担的工作和责任，并将共同投标协议连同投标文件一并提交招标人。联合体中标的，联合体各方应当共同与招标人签订合同，就中标项目向招标人承担连带责任。招标人不得强制投标人组成联合体共同投标，不得限制投标人之间的竞争。联合体各方在同一招标项目中以自己名义单独投标或者参加其他联合体投标的，相关投标均无效。

5）禁止投标人相互串通投标

有下列情形之一的，属于投标人相互串通投标：（1）投标人之间协商投标报价等投标文件的实质性内容；（2）投标人之间约定中标人；（3）投标人之间约定部分投标人放弃投标或者中标；（4）属于同一集团、协会、商会等组织成员的投标人按照该组织要求协同投标；（5）投标人之间为谋取中标或者排斥特定投标人而采取的其他联合行动。

有下列情形之一的，视为投标人相互串通投标：（1）不同投标人的投标文件由同一单位或者个人编制；（2）不同投标人委托同一单位或者个人办理投标事宜；（3）不同投标人的投标文件载明的项目管理成员为同一人；（4）不同投标人的投标文件异常一致或者投标报价呈规律性差异；（5）不同投标人的投标文件相互混装；（6）不同投标人的

投标保证金从同一单位或者个人的账户转出。

6）禁止招标人与投标人串通投标

有下列情形之一的，属于招标人与投标人串通投标：（1）招标人在开标前开启投标文件并将有关信息泄露给其他投标人；（2）招标人直接或者间接向投标人泄露标底、评标委员会成员等信息；（3）招标人明示或者暗示投标人压低或者抬高投标报价；（4）招标人授意投标人撤换、修改投标文件；（5）招标人明示或者暗示投标人为特定投标人中标提供方便；（6）招标人与投标人为谋求特定投标人中标而采取的其他串通行为。

7）禁止投标人其他不正当竞争行为

投标人不得以低于成本的报价竞标，也不得以他人名义投标或者以其他方式弄虚作假，骗取中标。使用通过受让或者租借等方式获取的资格、资质证书投标的，属于以他人名义投标。投标人有下列情形之一的，属于以其他方式弄虚作假的行为：（1）使用伪造、变造的许可证件；（2）提供虚假的财务状况或者业绩；（3）提供虚假的项目负责人或者主要技术人员简历、劳动关系证明；（4）提供虚假的信用状况；（5）其他弄虚作假的行为。

4.2.3 建设工程开标、评标和中标

1. 建设工程开标

1）开标的时间和地点

开标应当在招标文件确定的提交投标文件截止时间的同一时间公开进行；开标地点应当为招标文件中预先确定的地点。

2）开标的参加人

开标由招标人主持，邀请所有投标人参加。

3）投标文件的拆封

开标时，由投标人或者其推选的代表检查投标文件的密封情况，也可以由招标人委托的公证机构检查并公证；经确认无误后，由工作人员当众拆封，宣读投标人名称、投标价格和投标文件的其他主要内容。招标人在招标文件要求提交投标文件的截止时间前收到的所有投标文件，开标时都应当当众予以拆封、宣读。开标过程应当记录，并存档备查。

2. 建设工程评标

1）评标委员会的组成

评标由招标人依法组建的评标委员会负责。依法必须进行招标的项目，其评标委员会由招标人的代表和有关技术、经济等方面的专家组成，成员人数为5人以上单数，其中技术、经济等方面的专家不得少于成员总数的三分之二。专家应当从事相关领域工作满8年并具有高级职称或者具有同等专业水平，由招标人从国务院有关部门或者省、自治区、直辖市人民政府有关部门提供的专家名册或者招标代理机构的专家库内的相关专业的专家名单中确定；一般招标项目可以采取随机抽取方式，特殊招标项目可以由招标人直接确定。与投标人有利害关系的人不得进入相关项目的评标委员会；已经进入的应当更换。有下列情形之一的，不得担任评标委员会成员：（1）投标人或者投标人主要负责人的近亲属；（2）项目主管部门或者行政监督部门的人员；（3）与投标人有经济利

益关系，可能影响对投标公正评审的；（4）曾因在招标、评标以及其他与招标投标有关活动中从事违法行为而受过行政处罚或刑事处罚的。

评标委员会成员的名单在中标结果确定前应当保密。

2）评标的准备与初步评审

招标人应当采取必要的措施，保证评标在严格保密的情况下进行。任何单位和个人不得非法干预、影响评标的过程和结果。招标人设有标底的，标底在开标前应当保密，并在评标时作为参考。

评标委员会成员应当编制供评标使用的相应表格，认真研究招标文件。招标人或者其委托的招标代理机构应当向评标委员会提供评标所需的重要信息和数据，但不得带有明示或者暗示倾向或者排斥特定投标人的信息。评标委员会可以书面方式要求投标人对投标文件中含义不明确、对同类问题表述不一致或者有明显文字和计算错误的内容作必要的澄清、说明或者补正，但是澄清或者说明不得超出投标文件的范围或者改变投标文件的实质性内容。投标文件中的大写金额和小写金额不一致的，以大写金额为准；总价金额与单价金额不一致的，以单价金额为准，但单价金额小数点有明显错误的除外；对不同文字文本投标文件的解释发生异议的，以中文文本为准。

评标委员会应当根据招标文件规定的评标标准和方法，对投标文件进行系统地评审和比较。招标文件中没有规定的标准和方法不得作为评标的依据。

评标委员会应当按照投标报价的高低或者招标文件规定的其他方法对投标文件排序。以多种货币报价的，应当按照中国银行在开标日公布的汇率中间价换算成人民币。招标文件应当对汇率标准和汇率风险作出规定。未作规定的，汇率风险由投标人承担。

评标委员会应当根据招标文件，审查并逐项列出投标文件的全部投标偏差。投标偏差分为重大偏差和细微偏差。重大偏差为未能对招标文件作出实质性响应，并应当作否决投标处理。细微偏差是指投标文件在实质上响应招标文件要求，但在个别地方存在漏项或者提供了不完整的技术信息和数据等情况，并且补正这些遗漏或者不完整不会对其他投标人造成不公平的结果。细微偏差不影响投标文件的有效性。

评标委员会应当书面要求存在细微偏差的投标人在评标结束前予以补正。拒不补正的，在详细评审时可以对细微偏差作不利于该投标人的量化，量化标准应当在招标文件中规定。

下列情况属于重大偏差：（1）没有按照招标文件要求提供投标担保或者所提供的投标担保有瑕疵；（2）投标文件没有投标人授权代表签字和加盖公章；（3）投标文件载明的招标项目完成期限超过招标文件规定的期限；（4）明显不符合技术规格、技术标准的要求；（5）投标文件载明的货物包装方式、检验标准和方法等不符合招标文件的要求；（6）投标文件附有招标人不能接受的条件；（7）不符合招标文件中规定的其他实质性要求。招标文件对重大偏差另有规定的，从其规定。

有下列情形之一的，评标委员会应当否决其投标：（1）投标文件未经投标单位盖章和单位负责人签字；（2）投标联合体没有提交共同投标协议；（3）投标人不符合国家或者招标文件规定的资格条件；（4）同一投标人提交两个以上不同的投标文件或者投标报价，但招标文件要求提交备选投标的除外；（5）投标报价低于成本或者高于招标文件设定的最高投标限价;(6)投标文件没有对招标文件的实质性要求和条件作出响应;(7)投标人有串通投标、弄虚作假、行贿等违法行为。

3)详细评审

经初步评审合格的投标文件,评标委员会应当根据招标文件确定的评标标准和方法,对其技术部分和商务部分作进一步评审、比较。评标方法包括经评审的最低投标价法、综合评估法或者法律、行政法规允许的其他评标方法。

经评审的最低投标价法一般适用于具有通用技术、性能标准或者招标人对其技术、性能没有特殊要求的招标项目。根据经评审的最低投标价法,能够满足招标文件的实质性要求,并且经评审的最低投标价的投标人,应当推荐为中标候选人。采用经评审的最低投标价法的,评标委员会应当根据招标文件中规定的评标价格调整方法,以所有投标人的投标报价以及投标文件的商务部分作必要的价格调整。采用经评审的最低投标价法的,中标人的投标应当符合招标文件规定的技术要求和标准,但评标委员会无需对投标文件的技术部分进行价格折算。根据经评审的最低投标价法完成详细评审后,评标委员会应当拟定一份"标价比较表",连同书面评标报告提交招标人。"标价比较表"应当载明投标人的投标报价、对商务偏差的价格调整和说明以及经评审的最终投标价。

不宜采用经评审的最低投标价法的招标项目,一般应当采取综合评估法进行评审。根据综合评估法,最大限度地满足招标文件中规定的各项综合评价标准的投标人,应当推荐为中标候选人。衡量投标文件是否最大限度地满足招标文件中规定的各项评价标准,可以采取折算为货币的方法、打分的方法或者其他方法。需量化的因素及其权重应当在招标文件中明确规定。评标委员会对各个评审因素进行量化时,应当将量化指标建立在同一基础或者同一标准上,使各投标文件具有可比性。对技术部分和商务部分进行量化后,评标委员会应当对这两部分的量化结果进行加权,计算出每一投标的综合评估价或者综合评估分。根据综合评估法完成评标后,评标委员会应当拟定一份"综合评估比较表",连同书面评标报告提交招标人。"综合评估比较表"应当载明投标人的投标报价、所作的任何修正、对商务偏差的调整、对技术偏差的调整、对各评审因素的评估以及对每一投标的最终评审结果。

3. 建设工程中标

评标委员会应当按照招标文件确定的评标标准和方法,对投标文件进行评审和比较;设有标底的,应当参考标底。评标委员会完成评标后,应当向招标人提出书面评标报告,并推荐合格的中标候选人。评标报告由评标委员会全体成员签字。对评标结论持有异议的评标委员会成员可以书面方式阐述其不同意见和理由。评标委员会成员拒绝在评标报告上签字且不陈述其不同意见和理由的,视为同意评标结论。评标委员会应当对此作出书面说明并记录在案。向招标人提交书面评标报告后,评标过程中使用的文件、表格以及其他资料应当即时归还招标人。

招标人根据评标委员会提出的书面评标报告和推荐的中标候选人确定中标人。招标人也可以授权评标委员会直接确定中标人。在确定中标人前,招标人不得与投标人就投标价格、投标方案等实质性内容进行谈判。

评标委员会推荐的中标候选人应当限定在1~3人,并标明排列顺序。国有资金占控股或者主导地位的项目,招标人应当确定排名第一的中标候选人为中标人。排名第一的中标候选人放弃中标、因不可抗力提出不能履行合同，或者招标文件规定应当提交履约保证金而在规定的期限内未能提交，或者被查实存在影响中标结果的违法行为等情形，不符合中标条件的，招标人可以按照评标委员会提出的中标候选人名单排序依次确定其他中标候选人为中标人。依次确定的其他中标候选人与招标人预期差距较大，或者对招标人明显不利的，招标人可以重新招标。

中标人确定后，招标人应当向中标人发出中标通知书，同时通知未中标人，并与中标人在投标有效期内以及中标通知书发出之日起 30 日之内，按照招标文件和中标人的投标文件签订合同。中标通知书对招标人和中标人具有法律约束力。中标通知书发出后，招标人改变中标结果或者中标人放弃中标的，应当承担法律责任。招标人应当与中标人按照招标文件和中标人的投标文件订立书面合同。招标人与中标人不得再行订立背离合同实质性内容的其他协议。招标人与中标人签订合同后 5 日内，应当向中标人和未中标的投标人退还投标保证金及银行同期存款利息。招标文件要求中标人提交履约保证金的，中标人应当按照招标文件的要求提交。履约保证金不得超过中标合同金额的 10%。

4.2.4 招标投标异议、投诉处理

1. 招标投标异议处理

投标人和其他利害关系人认为招标投标活动不符合规定的，有权向招标人提出异议。

潜在投标人或者其他利害关系人对资格预审文件有异议的，应当在提交资格预审申请文件截止时间 2 日前提出；对招标文件有异议的，应当在投标截止时间 10 日前提出。招标人应当自收到异议之日起 3 日内作出答复；作出答复前，应当暂停招标投标活动。

投标人对开标有异议的，应当在开标现场提出，招标人应当当场作出答复，并制作记录。

投标人或者其他利害关系人对依法必须进行招标的项目的评标结果有异议的，应当在中标候选人公示期间提出。招标人应当自收到异议之日起 3 日内作出答复；作出答复前，应当暂停招标投标活动。

2. 招标投标投诉处理

投标人或者其他利害关系人认为招标投标活动不符合法律、行政法规规定的，可以自知道或者应当知道之日起 10 日内向有关行政监督部门投诉。投诉应当有明确的请求和必要的证明材料。招标投标投诉受理人是招标投标的行政监督部门。各级发展改革、住房和城乡建设、水利、交通、铁道、民航、工业与信息产业（通信、电子）等招标投标活动行政监督部门，依照国务院和地方各级人民政府规定的职责分工，受理投诉并依法作出处理决定。对国家重大建设项目（含工业项目）招标投标活动的投诉，由国家发展改革委受理并依法做出处理决定。对国家重大建设项目招标投标活动的投诉，有关行业行政监督部门已经受理的，应当通报国家发展改革委，国家发展改革委不再受理。对资格预审文件、招标文件、招标过程和中标结果的异议，应当先向招标人提出异议。投诉人就同一事项向两个以上有权受理的行政监督部门投诉的，由最先收到投诉的

行政监督部门负责处理。

行政监督部门应当自收到投诉之日起 3 个工作日内决定是否受理投诉,并自受理投诉之日起 30 个工作日内作出书面处理决定;需要检验、检测、鉴定、专家评审的,所需时间不计算在内。投诉人捏造事实、伪造材料或者以非法手段取得证明材料进行投诉的,行政监督部门应当予以驳回。

行政监督部门处理投诉,有权查阅、复制有关文件、资料,调查有关情况,相关单位和人员应当予以配合。必要时,行政监督部门可以责令暂停招标投标活动。行政监督部门的工作人员对监督检查过程中知悉的国家秘密、商业秘密,应当依法予以保密。

4.3 非招标采购制度

政府采购货物、工程和服务,除招标方式外,还有非招标采购方式。所谓政府采购,是指各级国家机关、事业单位和团体组织,使用财政性资金采购依法制定的集中采购目录以内的或者采购限额标准以上的货物、工程和服务的行为。非招标采购方式旨在弥补招投标采购方式之不足。

根据《政府采购法》,政府采购采用以下方式:(1)公开招标;(2)邀请招标;(3)竞争性谈判;(4)单一来源采购;(5)询价;(6)国务院政府采购监督管理部门认定的其他采购方式。《政府采购非招标采购方式管理办法》对竞争性谈判、单一来源采购和询价采购等非招标采购方式做了细化规定。此外,《政府采购竞争性磋商采购方式管理暂行办法》还规定了竞争性磋商的采购方式。《政府采购框架协议采购方式管理暂行办法》对框架协议采购制度做了专门规定。

4.3.1 竞争性谈判

1. 竞争性谈判的适用范围

竞争性谈判是指谈判小组与符合资格条件的供应商就采购货物、工程和服务事宜进行谈判,供应商按照谈判文件的要求提交响应文件和最后报价,采购人从谈判小组提出的成交候选人中确定成交供应商的采购方式。

公开招标应作为政府采购的主要采购方式,竞争性谈判主要适用于不能或者不宜采用招标方式的采购项目,具体为:(1)招标后没有供应商投标或者没有合格标的或者重新招标未能成立的;(2)技术复杂或者性质特殊,不能确定详细规格或者具体要求的;(3)采用招标所需时间不能满足用户紧急需要的;(4)不能事先计算出价格总额的。

2. 竞争性谈判的采购程序

(1)成立谈判小组。谈判小组由采购人的代表和有关专家共 3 人以上的单数组成,其中专家的人数不得少于成员总数的三分之二。

(2)制定谈判文件。谈判文件应当明确谈判程序、谈判内容、合同草案的条款以及评定成交的标准等事项。

(3)确定邀请参加谈判的供应商名单。谈判小组从符合相应资格条件的供应商名单中确定不少于3家的供应商参加谈判，并向其提供谈判文件。公开招标的货物、服务采购项目，招标过程中提交投标文件或者经评审实质性响应招标文件要求的供应商只有两家时，采购人、采购代理机构依法经本级财政部门批准后可以与该两家供应商进行竞争性谈判采购。

（4）谈判。谈判小组所有成员集中与单一供应商分别进行谈判。在谈判中，谈判的任何一方不得透露与谈判有关的其他供应商的技术资料、价格和其他信息。谈判文件有实质性变动的，谈判小组应当以书面形式通知所有参加谈判的供应商。

（5）确定成交供应商。谈判结束后，谈判小组应当要求所有参加谈判的供应商在规定时间内进行最后报价，采购人从谈判小组提出的成交候选人中根据符合采购需求、质量和服务相等且报价最低的原则确定成交供应商，并将结果通知所有参加谈判的未成交的供应商。

《政府采购非招标采购方式管理办法》对《政府采购法》规定的上述程序作了细化。根据该办法，确定成交供应商之后，采购人与成交供应商应当在成交通知书发出之日起30日内，按照采购文件确定的合同文本以及采购标的、规格型号、采购金额、采购数量、技术和服务要求等事项签订政府采购合同。采购人不得向成交供应商提出超出采购文件以外的任何要求作为签订合同的条件，不得与成交供应商订立背离采购文件确定的合同文本以及采购标的、规格型号、采购金额、采购数量、技术和服务要求等实质性内容的协议。

3. 竞争性谈判与竞争性磋商

为了克服竞争性谈判"报价最低"原则确定供应商的不足，对于非价格因素对采购需求满足影响重大的采购项目，《政府采购竞争性磋商采购方式管理暂行办法》还规定了竞争性磋商的采购方式。该办法规定，符合下列情形的项目，可以采用竞争性磋商方式开展采购：（1）政府购买服务项目；（2）技术复杂或者性质特殊，不能确定详细规格或者具体要求的；（3）因艺术品采购、专利、专有技术或者服务的时间、数量事先不能确定等原因不能事先计算出价格总额的；（4）市场竞争不充分的科研项目，以及需要扶持的科技成果转化项目；（5）按照招标投标法及其实施条例必须进行招标的工程建设项目以外的工程建设项目。

竞争性磋商采购方式，经磋商确定最终采购需求和提交最后报价的供应商后，由磋商小组采用综合评分法对提交最后报价的供应商的响应文件和最后报价进行综合评分。综合评分法，是指响应文件满足磋商文件全部实质性要求且按评审因素的量化指标评审得分最高的供应商为成交候选供应商的评审方法。

综合评分法评审标准中的分值设置应当与评审因素的量化指标相对应。磋商文件中没有规定的评审标准不得作为评审依据。综合评分法货物项目的价格分值占总分值的比重（即权值）为30%至60%，服务项目的价格分值占总分值的比重（即权值）为10%至30%。采购项目中含不同采购对象的，以占项目资金比例最高的采购对象确定其项目属性。因艺术品采购、专利、专有技术或者服务的时间、数量事先不能确定等原因不能事先计算出价格总额的和执行统一价格标准的项目，其价格不列为评分因素。

有特殊情况需要在上述规定范围外设定价格分权重的，应当经本级人民政府财政部门审核同意。

4.3.2 询价

询价是指询价小组向符合资格条件的供应商发出采购货物询价通知书，要求供应商一次报出不得更改的价格，采购人从询价小组提出的成交候选人中确定成交供应商的采购方式。根据《政府采购法》，采购的货物规格、标准统一，现货货源充足且价格变化幅度小的政府采购项目，可以采用询价方式采购。

采取询价方式采购的，应当遵循下列程序：

（1）成立询价小组。询价小组由采购人的代表和有关专家共3人以上的单数组成，其中专家的人数不得少于成员总数的三分之二。询价小组应当对采购项目的价格构成和评定成交的标准等事项作出规定。

（2）确定被询价的供应商名单。询价小组根据采购需求，从符合相应资格条件的供应商名单中确定不少于3家的供应商，并向其发出询价通知书让其报价。

（3）询价。询价小组要求被询价的供应商一次报出不得更改的价格。

（4）确定成交供应商。采购人根据符合采购需求、质量和服务相等且报价最低的原则确定成交供应商，并将结果通知所有被询价的未成交的供应商。

4.3.3 单一来源采购

单一来源采购是指采购人从某一特定供应商处采购货物、工程和服务的采购方式。根据《政府采购法》，符合下列情形之一的货物或者服务，可以采用单一来源方式采购：（1）只能从唯一供应商处采购的；（2）发生了不可预见的紧急情况不能从其他供应商处采购的；（3）必须保证原有采购项目一致性或者服务配套的要求，需要继续从原供应商处添购，且添购资金总额不超过原合同采购金额10%的。根据《政府采购法实施条例》规定，政府采购工程依法不进行招标的，应当依照政府采购法和本条例规定的竞争性谈判或者单一来源采购方式采购。单一来源采购方式也适用于工程采购。

采取单一来源方式采购的，采购人与供应商应当遵循《政府采购法》规定的原则，在保证采购项目质量和双方商定合理价格的基础上进行采购。

4.3.4 框架协议采购

为了规范多频次、小额度采购活动，提高政府采购项目绩效，《政府采购框架协议采购方式管理暂行办法》确立了框架协议采购制度。

1. 框架协议采购的适用范围和分类

框架协议采购，是指集中采购机构或者主管预算单位对技术、服务等标准明确、统一，需要多次重复采购的货物和服务，通过公开征集程序，确定第一阶段入围供应商并订立框架协议，采购人或者服务对象按照框架协议约定规则，在入围供应商范围内确定第二阶段成交供应商并订立采购合同的采购方式。

1）框架协议采购的适用范围

根据《政府采购框架协议采购方式管理暂行办法》，符合下列情形之一的，可以采用框架协议采购方式采购：（1）集中采购目录以内品目，以及与之配套的必要耗材、配件等，属于小额零星采购的。（2）集中采购目录以外，采购限额标准以上，本部门、本系统行政管理所需的法律、评估、会计、审计等鉴证咨询服务，属于小额零星采购的；但主管预算单位能够归集需求形成单一项目进行采购，通过签订时间、地点、数量不确定的采购合同满足需求的，不得采用框架协议采购方式。(3)集中采购目录以外，采购限额标准以上，为本部门、本系统以外的服务对象提供服务的政府购买服务项目，需要确定 2 家以上供应商由服务对象自主选择的。(4)国务院财政部门规定的其他情形。采购限额标准以上，是指同一品目或者同一类别的货物、服务年度采购预算达到采购限额标准以上。

2) 框架协议采购的分类

框架协议采购分为封闭式框架协议采购和开放式框架协议采购两类。封闭式框架协议采购是指通过公开竞争订立框架协议后，除经过框架协议约定的补充征集程序外，不得增加协议供应商的框架协议采购。开放式框架协议采购是指明确采购需求和付费标准等框架协议条件，愿意接受协议条件的供应商可以随时申请加入的框架协议采购。

封闭式框架协议采购是框架协议采购的主要形式。除法律、行政法规或者《政府采购框架协议采购方式管理暂行办法》另有规定外，框架协议采购应当采用封闭式框架协议采购。符合下列情形之一的，可以采用开放式框架协议采购：(1)集中采购目录以内品目，以及与之配套的必要耗材、配件等，属于小额零星采购的，因执行政府采购政策不宜淘汰供应商的，或者受基础设施、行政许可、知识产权等限制，供应商数量在 3 家以下且不宜淘汰供应商的；(2)集中采购目录以外，采购限额标准以上，为本部门、本系统以外的服务对象提供服务的政府购买服务项目，需要确定 2 家以上供应商由服务对象自主选择的，能够确定统一付费标准，因地域等服务便利性要求，需要接纳所有愿意接受协议条件的供应商加入框架协议，以供服务对象自主选择的。

2. 框架协议订立的一般程序

1) 采购需求的制定

集中采购机构或者主管预算单位应当确定框架协议采购需求。框架协议采购需求在框架协议有效期内不得变动。确定框架协议采购需求应当开展需求调查，听取采购人、供应商和专家等意见。面向采购人和供应商开展需求调查时，应当选择具有代表性的调查对象，调查对象一般各不少于 3 个。

2) 最高限制单价的确定

征集人就采购项目发布征集公告，编制征集文件。集中采购机构或者主管预算单位应当在征集公告和征集文件中确定框架协议采购的最高限制单价。征集文件中可以明确量价关系折扣，即达到一定采购数量，价格应当按照征集文件中明确的折扣降低。在开放式框架协议中，付费标准即为最高限制单价。

最高限制单价是供应商第一阶段响应报价的最高限价。入围供应商第一阶段响应报价是采购人或者服务对象确定第二阶段成交供应商的最高限价。

确定最高限制单价时，有政府定价的，执行政府定价；没有政府定价的，应当通过需求调查，并根据需求标准科学确定。

货物项目单价按照台（套）等计量单位确定，其中包含售后服务等相关服务费用。服务项目单价按照单位采购标的价格或者人工单价等确定。服务项目所涉及的货物的费用，能够折算入服务项目单价的应当折入，需要按实结算的应当明确结算规则。

3）框架协议期限

集中采购机构或者主管预算单位应当根据工作需要和采购标的市场供应及价格变化情况，科学合理确定框架协议期限。货物项目框架协议有效期一般不超过 1 年，服务项目框架协议有效期一般不超过 2 年。

3. 封闭式框架协议的评审方法

封闭式框架协议采购程序，确定第一阶段入围供应商，其评审方法包括价格优先法和质量优先法。

1）价格优先法

价格优先法是指对满足采购需求且响应报价不超过最高限制单价的货物、服务，按照响应报价从低到高排序，根据征集文件规定的淘汰率或者入围供应商数量上限，确定入围供应商的评审方法。

2）质量优先法

质量优先法是指对满足采购需求且响应报价不超过最高限制单价的货物、服务进行质量综合评分，按照质量评分从高到低排序，根据征集文件规定的淘汰率或者入围供应商数量上限，确定入围供应商的评审方法。货物项目质量因素包括采购标的的技术水平、产品配置、售后服务等，服务项目质量因素包括服务内容、服务水平、供应商的履约能力、服务经验等。质量因素中的可量化指标应当划分等次，作为评分项；质量因素中的其他指标可以作为实质性要求，不得作为评分项。

3）评审方法的适用

有政府定价、政府指导价的项目，以及对质量有特别要求的检测、实验等仪器设备，可以采用质量优先法，其他项目应当采用价格优先法。

对耗材使用量大的复印、打印、实验、医疗等仪器设备进行框架协议采购的，应当要求供应商同时对 3 年以上约定期限内的专用耗材进行报价。评审时应当考虑约定期限的专用耗材使用成本，修正仪器设备的响应报价或者质量评分。

征集人应当在征集文件、框架协议和采购合同中规定，入围供应商在约定期限内，应当以不高于其报价的价格向适用框架协议的采购人供应专用耗材。

集中采购机构或者主管预算单位应当在入围通知书发出之日起 30 日内和入围供应商签订框架协议，并在框架协议签订后 7 个工作日内，将框架协议副本报本级财政部门备案。框架协议不得对征集文件确定的事项以及入围供应商的响应文件作实质性修改。

封闭式框架协议，除剩余入围供应商不足入围供应商总数 70% 且影响框架协议执行的情形外，框架协议有效期内，征集人不得补充征集供应商。征集人补充征集供应商的，补充征集规则应当在框架协议中约定，补充征集的条件、程序、评审方法和淘汰比例应当与初次征集相同。补充征集应当遵守原框架协议的有效期。补充征集期间，原框架协议继续履行。

4. 封闭式框架协议采购的合同授予

封闭式框架协议确定第二阶段成交供应商的方式包括直接选定、二次竞价和顺序轮候。

1）直接选定方式

直接选定方式是确定第二阶段成交供应商的主要方式。除征集人根据采购项目特点和提高绩效等要求，在征集文件中载明采用二次竞价或者顺序轮候方式外，确定第二阶段成交供应商应当由采购人或者服务对象依据入围产品价格、质量以及服务便利性、用户评价等因素，从第一阶段入围供应商中直接选定。

2）二次竞价方式

二次竞价方式是指以框架协议约定的入围产品、采购合同文本等为依据，以协议价格为最高限价，采购人明确第二阶段竞价需求，从入围供应商中选择所有符合竞价需求的供应商参与二次竞价，确定报价最低的为成交供应商的方式。进行二次竞价应当给予供应商必要的响应时间。二次竞价一般适用于采用价格优先法的采购项目。

3）顺序轮候方式

顺序轮候方式是指根据征集文件中确定的轮候顺序规则，对所有入围供应商依次授予采购合同的方式。每个入围供应商在一个顺序轮候期内，只有一次获得合同授予的机会。合同授予顺序确定后，应当书面告知所有入围供应商。除清退入围供应商和补充征集外，框架协议有效期内不得调整合同授予顺序。顺序轮候一般适用于服务项目。

以二次竞价或者顺序轮候方式确定成交供应商的，征集人应当在确定成交供应商后2个工作日内逐笔发布成交结果公告。成交结果单笔公告可以在省级以上财政部门指定的媒体上发布，也可以在开展框架协议采购的电子化采购系统发布，发布成交结果公告的渠道应当在征集文件或者框架协议中告知供应商。征集人应当在框架协议有效期满后10个工作日内发布成交结果汇总公告。汇总公告应当包括采购人的名称、地址和联系方式，框架协议采购项目名称、编号和所有成交供应商的名称、地址及其成交合同总数和总金额。

框架协议采购应当订立固定价格合同。根据实际采购数量和协议价格确定合同总价的，合同中应当列明实际采购数量或者计量方式，包括服务项目用于计算合同价的工日数、服务工作量等详细工作量清单。采购人应当要求供应商提供能证明其按照合同约定数量或者工作量清单履约的相关记录或者凭证，作为验收资料一并存档。

采购人证明能够以更低价格向非入围供应商采购相同货物，且入围供应商不同意将价格降至非入围供应商以下的，可以将合同授予非入围供应商。采购项目适用上述规定的，征集人应当在征集文件中载明并在框架协议中约定。采购人将合同授予非入围供应商的，应当在确定成交供应商后1个工作日内，将成交结果抄送征集人，由征集人按照单笔公告要求发布成交结果公告。采购人应当将相关证明材料和采购合同一并存档备查。

5. 开放式框架协议采购程序

订立开放式框架协议的，征集人应当发布征集公告，邀请供应商加入框架协议。征集公告发布后至框架协议期满前，供应商可以按照征集公告要求，随时提交加入框架协议的申请。征集人应当在收到供应商申请后7个工作日内完成审核，并将审核结果书面通知申请供应商。征集人应当在审核通过后2个工作日内，发布入围结果公告，公告入围供应商名称、地址、联系方式及付费标准，并动态更新入围供应商信息。征集人应当确保征集公告和入围结果公告在整个框架协议有效期内随时可供公众查阅。

征集人可以根据采购项目特点，在征集公告中申明是否与供应商另行签订书面框架协议。申明不再签订书面框架协议的，发布入围结果公告，视为签订框架协议。第二阶段成交供应商由采购人或者服务对象从第一阶段入围供应商中直接选定。

供应商履行合同后，依据框架协议约定的凭单、订单以及结算方式，与采购人进行费用结算。

6. 框架协议的解除

封闭式框架协议入围供应商无正当理由，不得主动放弃入围资格或者退出框架协议。开放式框架协议入围供应商可以随时申请退出框架协议。集中采购机构或者主管预算单位应当在收到退出申请2个工作日内，发布入围供应商退出公告。入围供应商有下列情形之一，尚未签订框架协议的，取消其入围资格；已经签订框架协议的，解除与其签订的框架协议：（1）恶意串通谋取入围或者合同成交的；（2）提供虚假材料谋取入围或者合同成交的；（3）无正当理由拒不接受合同授予的；（4）不履行合同义务或者履行合同义务不符合约定，经采购人请求履行后仍不履行或者仍未按约定履行的；（5）框架协议有效期内，因违法行为被禁止或限制参加政府采购活动的；（6）框架协议约定的其他情形。

被取消入围资格或者被解除框架协议的供应商不得参加同一封闭式框架协议补充征集，或者重新申请加入同一开放式框架协议。

第 5 章 建设工程合同法律制度

5.1 合同的基本规定

5.1.1 合同的订立和效力

第 5 章
看本章精讲课
配套章节自测

1. 合同的订立

1）合同订立的形式和内容

合同是平等民事主体之间设立、变更、终止民事法律关系的协议。《民法典》规定,当事人订立合同,可以采用书面形式、口头形式或者其他形式。书面形式是合同书、信件、电报、电传、传真等可以有形地表现所载内容的形式。以电子数据交换、电子邮件等方式能够有形地表现所载内容,并可以随时调取查用的数据电文,视为书面形式。

合同的内容由当事人约定,一般包括下列条款:(1)当事人的姓名或者名称和住所;(2)标的;(3)数量;(4)质量;(5)价款或者报酬;(6)履行期限、地点和方式;(7)违约责任;(8)解决争议的方法。当事人可以参照各类合同的示范文本订立合同。

2）要约与承诺

当事人订立合同,可以采取要约、承诺方式或者其他方式。

(1)要约

要约是希望与他人订立合同的意思表示,该意思表示应当符合下列条件:① 内容具体确定;② 表明经受要约人承诺,要约人即受该意思表示约束。要约可以对话方式或者非对话方式作出。以对话方式作出的要约,相对人知道其内容时生效。以非对话方式作出的要约,到达相对人时生效。以非对话方式作出的采用数据电文形式的要约,相对人指定特定系统接收数据电文的,该数据电文进入该特定系统时生效;未指定特定系统的,相对人知道或者应当知道该数据电文进入其系统时生效。当事人对采用数据电文形式的意思表示的生效时间另有约定的,按照其约定。

要约可以撤回。撤回要约的通知应当在要约到达相对人前或者与要约同时到达相对人。要约一旦被撤回,即对要约人失去约束力。

要约可以撤销,但是有下列情形之一的除外:① 要约人以确定承诺期限或者其他形式明示要约不可撤销;② 受要约人有理由认为要约是不可撤销的,并已经为履行合同做了合理准备工作。

《民法典》规定:有下列情形之一的,要约失效:① 要约被拒绝;② 要约被依法撤销;③ 承诺期限届满,受要约人未作出承诺;④ 受要约人对要约的内容作出实质性变更。

(2)承诺

承诺是受要约人同意要约的意思表示。一项有效的承诺应具备基本的构成要件:

一是承诺须由受领要约的相对人作出；二是承诺的内容须与要约的内容一致，承诺对要约内容进行实质性变更的，不构成承诺，而视为一项新要约或反要约；三是承诺须于承诺期限内作出，否则也应视为新的要约；四是承诺须向要约人或要约人的代理人作出。

承诺应当以通知的方式作出；但是，根据交易习惯或者要约表明可以通过行为作出承诺的除外。承诺应当在要约确定的期限内到达要约人。要约没有确定承诺期限的，承诺应当依照下列规定到达：① 要约以对话方式作出的，应当即时作出承诺；② 要约以非对话方式作出的，承诺应当在合理期限内到达。

承诺期限的起算：① 要约以信件或者电报作出的，承诺期限自信件载明的日期或者电报交发之日开始计算。信件未载明日期的，自投寄该信件的邮戳日期开始计算。② 要约以电话、传真、电子邮件等快速通讯方式作出的，承诺期限自要约到达受要约人时开始计算。

受要约人超过承诺期限发出承诺，或者在承诺期限内发出承诺，按照通常情形不能及时到达要约人的，为新要约；但是，要约人及时通知受要约人该承诺有效的除外。受要约人在承诺期限内发出承诺，按照通常情形能够及时到达要约人，但是因其他原因致使承诺到达要约人时超过承诺期限的，除要约人及时通知受要约人因承诺超过期限不接受该承诺外，该承诺有效。

承诺的内容应当与要约的内容一致。受要约人对要约的内容作出实质性变更的，为新要约。有关合同标的、数量、质量、价款或者报酬、履行期限、履行地点和方式、违约责任和解决争议方法等的变更，是对要约内容的实质性变更。承诺对要约的内容作出非实质性变更的，除要约人及时表示反对或者要约表明承诺不得对要约的内容作出任何变更外，该承诺有效，合同的内容以承诺的内容为准。

3）合同的成立

（1）承诺生效时合同成立，但是法律另有规定或者当事人另有约定的除外。

（2）当事人采用合同书形式订立合同的，自当事人均签名、盖章或者按指印时合同成立。

（3）在签名、盖章或者按指印之前，当事人一方已经履行主要义务，对方接受时，该合同成立。

（4）法律、行政法规规定或者当事人约定合同应当采用书面形式订立，当事人未采用书面形式但是一方已经履行主要义务，对方接受时，该合同成立。

（5）当事人采用信件、数据电文等形式订立合同要求签订确认书的，签订确认书时合同成立。

4）订立合同时的缔约过失责任

当事人在订立合同过程中有不当行为造成对方损失的，应当承担缔约过失责任。《民法典》规定，有下列情形之一，造成对方损失的，应当承担赔偿责任：（1）假借订立合同，恶意进行磋商；（2）故意隐瞒与订立合同有关的重要事实或者提供虚假情况；（3）有其他违背诚信原则的行为。当事人在订立合同过程中知悉的商业秘密或者其他应当保密的信息，无论合同是否成立，不得泄露或者不正当地使用；泄露、不正当地使用该商业秘密或者信息，造成对方损失的，应当承担赔偿责任。

2. 合同的效力

1）有效合同

《民法典》规定，依法成立的合同，自成立时生效，但是法律另有规定或者当事人另有约定的除外。合同生效，意味着法律允许合同按照当事人的意思产生其预设的法律后果。

依照法律、行政法规的规定，合同应当办理批准等手续的，依照其规定。未办理批准等手续影响合同生效的，不影响合同中履行报批等义务条款以及相关条款的效力。应当办理申请批准等手续的当事人未履行义务的，对方可以请求其承担违反该义务的责任。

依据《民法典》规定，具备下列条件的合同有效：

（1）行为人具有相应的民事行为能力。民事行为能力是指民事主体以自己独立的行为去取得民事权利、承担民事义务的能力。自然人的行为能力分为完全行为能力、限制行为能力、无民事行为能力三种。不满8周岁的未成年人、不能辨认自己行为的8周岁以上未成年人及成年人为无民事行为能力人，8周岁以上的未成年人以及不能完全辨认自己行为的成年人为限制民事行为能力人，18周岁以上成年人为完全民事行为能力人，16周岁以上、以自己的劳动收入为主要生活来源的未成年人可视为完全行为能力人。法人的民事权利能力和民事行为能力，从法人成立时产生，到法人终止时消灭。

无民事行为能力人实施的民事法律行为无效；限制民事行为能力人实施的纯获利益的民事法律行为或者与其年龄、智力、精神健康状况相适应的民事法律行为有效，实施的其他民事法律行为经法定代理人同意或者追认后有效。完全行为能力人可以独立实施民事法律行为。

（2）意思表示真实。行为人的意思表示须出于自愿，反映其真实的想法。如果行为人做出的意思表示是基于被欺诈、被胁迫、重大误解或者处于危困状态缺乏判断能力等情形，都可能导致其做出的意思表示不真实进而影响合同效力。

（3）不违反法律、行政法规的强制性规定，不违背公序良俗。首先，违反的对象限于法律、行政法规，法律是指全国人大及其常委会根据《宪法》和《立法法》的立法权制定的规范文件；行政法规是指国务院根据《宪法》《立法法》和有关法律授权制定的规范性文件。地方性法规、自治条例、单行条例、各级行政规章不属于上述法律、行政法规的范围。其次，限于法律、行政法规中的强制性规定，包括强行性规定和禁止性规定。最后，公序良俗是指公共秩序和善良风俗，公共秩序是人们长期生活中形成的公共生活秩序，善良风俗则主要指一般意义的社会道德和健康风俗。

2）无效合同

无效合同是指合同内容或者形式违反了法律、行政法规的强制性规定和社会公共利益，因而不能产生法律约束力、不受法律保护的合同。

根据《民法典》规定，以下合同为无效合同：

（1）无民事行为能力人订立的合同。无民事行为能力人实施的民事法律行为无效，应由其法定代理人代理实施民事法律行为。

（2）行为人与相对人以虚假的意思表示订立的合同。意思表示是指当事人把设立、变更、终止民事权利和义务的内在意思以一定方式表达于外部的行为。有效的民事法律行为要求意思表示必须是真实的。行为人与相对人以虚假的意思表示实施行为，旨在隐蔽其他行为或意思，则作为外观的行为并非行为人的真实意思，当然是无效的。

（3）违反法律、行政法规的强制性规定的合同无效，但是该强制性规定不导致该合同无效的除外。

（4）违背公序良俗的合同。

（5）行为人与相对人恶意串通，损害他人合法权益订立的合同。当事人恶意串通实施的行为，既包括双方行为如买卖合同，也包括单方行为如债务免除。恶意串通应造成损害他人合法权益的后果，行为方构成无效。

3）可撤销合同

可撤销合同是指因意思表示不真实，通过有撤销权的机构行使撤销权，使已经生效的意思表示归于无效的合同。

（1）可撤销合同的种类

根据《民法典》规定，可撤销合同的种类包括：

① 基于重大误解订立的合同，行为人有权请求人民法院或者仲裁机构予以撤销。重大误解是指误解者作出意思表示时，对涉及合同法律效果的重要事项存在着认识上的显著缺陷，其后果是使误解者的利益受到较大的损失，或者达不到误解者订立合同的目的。行为人形成误解是由于自己的疏忽大意、缺乏经验或者信息不通所导致，区别于行为人受到欺诈或者处于危困状态、缺乏判断能力等情形而导致的意思表示不真实。

② 一方以欺诈手段，使对方在违背真实意思的情况下订立的合同，受欺诈方有权请求人民法院或者仲裁机构予以撤销。第三人实施欺诈行为，使一方在违背真实意思的情况下实施的民事法律行为，对方知道或者应当知道该欺诈行为的，受欺诈方有权请求人民法院或者仲裁机构予以撤销。欺诈一般表现为积极的作为，明示或者暗示地对重要情况做出不符合事实的说明；特殊情况下也包括消极行为，如负有信息说明义务的一方故意隐瞒重要的事实。

③ 一方或者第三人以胁迫手段，使对方在违背真实意思的情况下订立的合同，受胁迫方有权请求人民法院或者仲裁机构予以撤销。胁迫是指以给自然人及其亲友的生命健康、荣誉、名誉、财产等造成损害或者以预告损害为要挟，迫使对方作出违背真意的意思表示。

④ 一方利用对方处于危困状态、缺乏判断能力等情形，致使合同成立时显失公平的，受损害方有权请求人民法院或者仲裁机构予以撤销。显失公平的合同中当事人间享有的权利和承担的义务严重不对等，如标的物的价值与价款过于悬殊，承担责任或风险显然不合理等。但是如果当事人签订显失公平合同时出于真实、自由的意思，并不具有重大误解、被欺诈、被胁迫或者处于危困状态被他人利用等情形，则之后不能请求撤销合同。

（2）撤销权的行使

撤销权应在行使期间内行使。有下列情形之一的，撤销权消灭：① 当事人自知道或者应当知道撤销事由之日起1年内、重大误解的当事人自知道或者应当知道撤销事由之日起 90 日内没有行使撤销权；② 当事人受胁迫，自胁迫行为终止之日起 1 年内没有行使撤销权；③ 当事人知道撤销事由后明确表示或者以自己的行为表明放弃撤销权。当事人自民事法律行为发生之日起 5 年内没有行使撤销权的，撤销权消灭。

4）效力待定合同

效力待定合同是指合同虽然已经成立，但因其不完全符合有关生效要件的规定，其合同效力能否发生尚未确定，须经法律规定的条件具备才能生效。

《民法典》规定的效力待定合同包括：

（1）限制行为能力人订立的纯获利益的合同或者与其年龄、智力、精神健康状况相适应的合同以外的其他合同。《民法典》规定，限制民事行为能力人实施的纯获利益的民事法律行为或者与其年龄、智力、精神健康状况相适应的民事法律行为有效；实施的其他民事法律行为经法定代理人同意或者追认后有效。相对人可以催告法定代理人自收到通知之日起 30 日内予以追认。法定代理人未作表示的，视为拒绝追认。民事法律行为被追认前，善意相对人有撤销的权利。撤销应当以通知的方式作出。

（2）无权代理订立的合同。行为人没有代理权、超越代理权或者代理权终止后，仍然实施代理行为，未经被代理人追认的，对被代理人不发生效力。相对人可以催告被代理人自收到通知之日起 30 日内予以追认。被代理人未作表示的，视为拒绝追认。行为人实施的行为被追认前，善意相对人有撤销的权利。撤销应当以通知的方式作出。行为人实施的行为未被追认的，善意相对人有权请求行为人履行债务或者就其受到的损害请求行为人赔偿。但是，赔偿的范围不得超过被代理人追认时相对人所能获得的利益。

5.1.2 合同的履行

1. 合同履行的基本要求

1）合同履行的概念和基本原则

合同履行，是当事人在实施合同过程中，全面、适当地完成合同义务的行为。合同履行是合同关系的核心。

合同履行应遵循三个基本原则：首先，全面履行原则，当事人应当按照约定全面履行自己的义务。全面履行原则要求当事人履行合同时，在履行主体、履行标的、履行地点、履行期限、履行方式、履行费用等各方面都要符合合同的约定。其次，诚信履行原则，当事人应当根据合同的性质、目的和交易习惯履行通知、协助、保密等义务。再次，绿色履行原则，当事人在履行合同过程中，应当避免浪费资源、污染环境和破坏生态。

2）合同履行的具体要求

合同生效后，当事人就质量、价款或者报酬、履行地点等内容没有约定或者约定不明确的，可以协议补充；不能达成补充协议的，按照合同相关条款或者交易习惯确定。

当事人就有关合同内容约定不明确，依据上述规定仍不能确定的，适用下列规定：

（1）质量要求不明确的，按照强制性国家标准履行；没有强制性国家标准的，按照推荐性国家标准履行；没有推荐性国家标准的，按照行业标准履行；没有国家标准、行业标准的,按照通常标准或者符合合同目的的特定标准履行。

(2)价款或者报酬不明确的,按照订立合同时履行地的市场价格履行;依法应当执行政府定价或者政府指导价的,依照规定履行。

(3)履行地点不明确,给付货币的,在接受货币一方所在地履行;交付不动产的,在不动产所在地履行;其他标的,在履行义务一方所在地履行。

(4)履行期限不明确的,债务人可以随时履行,债权人也可以随时请求履行,但是应当给对方必要的准备时间。

(5)履行方式不明确的,按照有利于实现合同目的的方式履行。

(6)履行费用的负担不明确的,由履行义务一方负担;因债权人原因增加的履行费用,由债权人负担。

2. 合同履行中的抗辩权

合同履行中的抗辩权,是指在符合法定条件时,债务人可以对抗债权人的履行请求权,暂时拒绝履行其债务的权利。抗辩权主要体现于双务合同中,即合同当事人双方互负履行义务。双务合同履行中的抗辩权发生原因在于出现了法律规定的"抗辩事由",抗辩权人可以暂时不履行自己的义务,但不能消灭对方的债权,在抗辩事由消失后,抗辩权人仍应履行其所负债务。

1)同时履行抗辩权

当事人互负债务,没有先后履行顺序的,应当同时履行。一方在对方履行之前有权拒绝其履行请求。一方在对方履行债务不符合约定时,有权拒绝其相应的履行请求。

2)先履行抗辩权

当事人互负债务,有先后履行顺序,应当先履行债务一方未履行的,后履行一方有权拒绝其履行请求。先履行一方履行债务不符合约定的,后履行一方有权拒绝其相应的履行请求。

3)不安抗辩权

应当先履行债务的当事人,有确切证据证明对方有下列情形之一的,可以中止履行:(1)经营状况严重恶化;(2)转移财产、抽逃资金,以逃避债务;(3)丧失商业信誉;(4)有丧失或者可能丧失履行债务能力的其他情形。当事人没有确切证据中止履行的,应当承担违约责任。

当事人依据法律规定的抗辩权中止履行的,应当及时通知对方。对方提供适当担保的,应当恢复履行。中止履行后,对方在合理期限内未恢复履行能力且未提供适当担保的,视为以自己的行为表明不履行主要债务,中止履行的一方可以解除合同并可以请求对方承担违约责任。

5.1.3 违约责任

1. 违约责任的概念和特征

违约责任是指合同当事人因违反合同义务所承担的责任。违约责任的特征包括:(1)违约责任的产生以合同当事人不履行或者不适当履行合同义务为前提;(2)违约责任具有相对性,由违约的当事人一方对非违约的一方承担;(3)违约责任是民事责任的一种,主要具有补偿性,目的在于弥补因违约行为造成的损害后果;(4)违约责任可以由合同当事人约定,但约定不符合法律规定的,会被宣告无效或被撤销。

承担违约责任应当具备的条件包括:(1)要求合同义务有效存在。合同义务的存在是违约责任产生的基本前提。(2)债务人不履行合同义务或者履行合同义务不符合约定;或者是当事人出现预期违约行为,如果当事人一方在履行期限届满前明确表示或者以自己的行为表明不履行合同义务的,对方可以在履行期限届满前请求其承担违约责任。(3)不存在法定或者约定的免责事由。法定免责事由如不可抗力,约定免责事由主要体现为合同中约定的免责条款。

2. 违约责任的种类

《民法典》规定,当事人一方不履行合同义务或者履行合同义务不符合约定的,应当承担继续履行、采取补救措施或者赔偿损失等违约责任。根据以上规定,承担违约责任的种类主要有继续履行、采取补救措施或者赔偿损失等方式。

1)继续履行

继续履行是指在违约方不履行合同时,强制违约方按照合同内容继续进行履行的违约责任承担方式。当事人一方未支付价款、报酬、租金、利息,或者不履行其他金钱债务的,对方可以请求其支付。当合同具备实际履行条件时,要求违约方按照合同约定内容继续履行,有利于实现合同订立的目的。

但是在某些情形下,继续履行无法实现或适用。《民法典》规定,当事人一方不履行非金钱债务或者履行非金钱债务不符合约定的,对方可以请求履行,但是有下列情形之一的除外:(1)法律上或者事实上不能履行。(2)债务的标的不适于强制履行或者履行费用过高。(3)债权人在合理期限内未请求履行。有前述规定的除外情形之一,致使不能实现合同目的的,人民法院或者仲裁机构可以根据当事人的请求终止合同权利义务关系,但是不影响违约责任的承担。

"法律上不能履行"的情形,即合同约定的履行内容本身是违法的,则履行行为本身是违法的,不能要求实际履行;"事实上不能履行"的情形如买卖合同中的标的物已经灭失,且该标的物为特定物不具有替代性,则无法继续履行。

"债务的标的不适于强制履行"的情形如下:债务标的的性质不适合强制履行,如不作为债务;具有人身属性的债务,如与歌唱家签订的演出合同,强制履行演出义务可能不具有积极意义,还会涉及对其人身权的侵犯。"履行费用过高"是指实际履行会导致不合理的高额费用,导致债务人承受不正常的经济负担。

要求债权人在合理的期限内请求履行,是为了保护债务人,使其免受因债权人迟迟不要求履行而遭受的不确定状态,合理期限的确定没有统一标准,要根据合同的具体情况来确定。

当事人一方不履行债务或者履行债务不符合约定,根据债务的性质不得强制履行的,对方可以请求其负担由第三人替代履行的费用。

2)采取补救措施

履行不符合约定的,应当按照当事人的约定承担违约责任。对违约责任没有约定或者约定不明确,依据其他法律规定仍不能确定的,受损害方根据标的的性质以及损失的大小,可以合理选择请求对方承担修理、重作、更换、退货、减少价款或者报酬等违约责任。

3）赔偿损失

赔偿损失是债务人不履行合同义务时，对债权人因违约行为受到的损失进行赔偿。赔偿损失通常采用金钱赔偿方式。

由于债务人不履行合同义务，往往会给债权人造成不同程度的损失。这种损失既包括财产上的损失，也包括非财产上的损失如精神损害。损失还分为积极损失与消极损失，前者是指因违约行为的发生导致权利人现有财产数额减少，后者是指因违约行为的发生导致权利人财产数额应增加而未增加。

《民法典》规定，当事人一方不履行合同义务或者履行合同义务不符合约定的，在履行义务或者采取补救措施后，对方还有其他损失的，应当赔偿损失。债务人承担赔偿损失责任与继续履行、采取补救措施等违约责任是可以并行适用的。债权人有权根据其需要选择要求债务人承担继续履行责任或赔偿损失责任。即使合同具备继续履行条件，债权人也可以仅要求其赔偿损失而不要求继续履行。但一旦债权人请求违约方继续履行，且债务人进行了继续履行，则债权人不能再要求全额的损害赔偿，而只能请求在履行范围之外的损害赔偿。如果债务人在继续履行及采取补救措施后，因履行时间的拖延、履行效果的差异等导致债权人受有损失的，债务人仍应进行赔偿。如果债务人进行实际履行之后不存在其他损害，那么债权人不再享有请求损害赔偿的权利。

引起"其他损失"的情形主要包括：一是进行履行或者采取补救措施之后，已经符合债务的要求，但在此过程中发生了其他的损失，包括延迟的损失、瑕疵履行造成的损失等；二是进行履行或者采取补救措施之后，仍无法符合债务的要求，此时发生的损失就比较复杂，需要进行具体的考量。

关于赔偿损失的范围，原则上应当使守约方处于如同合同已经完全履行的状态，但同时该种损失又应当是违约方可能或应当预见到的，即以"信赖利益"为限。《民法典》规定，当事人一方不履行合同义务或者履行合同义务不符合约定，造成对方损失的，损失赔偿额应当相当于因违约所造成的损失，包括合同履行后可以获得的利益；但是，不得超过违约一方订立合同时预见到或者应当预见到的因违约可能造成的损失。

4）违约金与定金

（1）违约金

《民法典》规定，当事人可以约定一方违约时应当根据违约情况向对方支付一定数额的违约金，也可以约定因违约产生的损失赔偿额的计算方法。当事人提前约定违约金，可以省却将来出现违约行为时，债权人要求债务人承担损失赔偿责任时举证和计算损失金额的麻烦，也可以更好地督促债务人按照约定履行债务，尤其是违约金数额较高时，对债务人会形成压力。因此立法规定当事人可以约定违约金，但同时也不能任由当事人无限制地对违约金进行约定，需对违约金数额进行一定的干预。《民法典》规定，约定的违约金低于造成的损失的，人民法院或者仲裁机构可以根据当事人的请求予以增加；约定的违约金过分高于造成的损失的，人民法院或者仲裁机构可以根据当事人的请求予以适当减少。当事人就迟延履行约定违约金的，违约方支付违约金后，还应当履行债务。

（2）定金

《民法典》规定，当事人可以约定一方向对方给付定金作为债权的担保。定金合同自实际交付定金时成立。定金的数额由当事人约定；但是，不得超过主合同标的额的20%，超过部分不产生定金的效力。实际交付的定金数额多于或者少于约定数额的，视为变更约定的定金数额。定金约定属于主合同的从属合同，是对于主合同债权的担保，具有从属性。定金合同的有效以主合同的有效成立为前提。定金合同以交付为成立要件，如果仅有约定未实际交付的，定金合同不成立。

债务人履行债务的，定金应当抵作价款或者收回。给付定金的一方不履行债务或者履行债务不符合约定，致使不能实现合同目的的，无权请求返还定金；收受定金的一方不履行债务或者履行债务不符合约定，致使不能实现合同目的的，应当双倍返还定金。可见，定金的交付是为了保证债务的履行，其适用后果具有法定性，定金罚则的效力不仅限于交付定金的一方，对收受定金的一方同样具有适用空间。

当事人既约定违约金，又约定定金的，一方违约时，对方可以选择适用违约金或者定金条款。定金不足以弥补一方违约造成的损失的，对方可以请求赔偿超过定金数额的损失。适用违约金或者定金条款的选择权归于非违约一方，违约一方不得选择，体现了对于违约一方的惩罚性。

3. 违约责任的免责条件

1）不可抗力

在合同履行过程中，如果违约方的违约行为是由于法定的或者合同约定的免责事由的出现，则违约方免于承担违约责任。《民法典》中规定的法定免责事由主要是不可抗力。当事人一方因不可抗力不能履行合同的，根据不可抗力的影响，部分或者全部免除责任，但是法律另有规定的除外。因不可抗力不能履行合同的，应当及时通知对方，以减轻可能给对方造成的损失，并应当在合理期限内提供证明。当事人迟延履行后发生不可抗力的，不免除其违约责任。

在合同履行过程中，双方都可能遭遇不可抗力，也可能仅是一方遭遇，任何一方当事人遇到不可抗力导致合同不能履行都可以主张该免责事由。但如果仅是发生了不可抗力，并未导致合同不能履行，则不可主张适用该免责事由。

2）违约责任的减轻

（1）当事人一方违约后，对方应当采取适当措施防止损失的扩大；没有采取适当措施致使损失扩大的，不得就扩大的损失请求赔偿。当事人因防止损失扩大而支出的合理费用，由违约方负担。当违约的相对方知晓违约情况，且能够采取一定措施防止损失扩大的，则其具有减少损失的义务，而不能任由损失扩大。

（2）当事人都违反合同的，应当各自承担相应的责任。当事人一方违约造成对方损失，对方对损失的发生有过错的，可以减少相应的损失赔偿额。

（3）当事人一方因第三人的原因造成违约的，应当依法向对方承担违约责任。当事人一方和第三人之间的纠纷，依照法律规定或者按约定处理。由于合同效力具有相对性，若当事人一方因第三人原因而违约，仍然要承担违约责任，第三人原因原则上不能成为免责事由，违约方在承担违约责任后可根据法律规定或者约定向第三人追偿或要求赔偿。

5.2 建设工程施工合同的规定

5.2.1 施工合同的效力

1. 施工合同的订立要求

施工合同是《民法典》规定的建设工程合同的一种。建设工程合同是承包人进行工程建设，发包人支付价款的合同，包括工程勘察、设计、施工合同。《民法典》关于建设工程合同的规定适用于施工合同。

从订立形式来看，《民法典》规定建设工程合同应当采用书面形式。基于工程建设项目的特殊性，部分工程建设项目的施工合同应当在依法招标投标之后订立。《民法典》规定，建设工程的招标投标活动，应当依照有关法律的规定公开、公平、公正进行。国家重大建设工程合同，应当按照国家规定的程序和国家批准的投资计划、可行性研究报告等文件订立。

根据《民法典》规定，发包人订立建设工程合同可以采用两种发包方式，一是与总承包人订立建设工程合同，将全部工作内容发包给总承包人；二是分别与勘察人、设计人、施工人订立勘察、设计、施工承包合同，将工作内容平行发包给勘察人、设计人、施工人。建设工程总承包有利于提高工程建设各阶段工作的深度融合，提高工程建设水平；有利于发挥工程总承包企业的技术和管理优势，是我国目前大力推行的工程建设方式。

2. 施工合同无效的情形

为了保护公共利益，建设工程合同的发包、承包、分包均受到强制性规范的严格规制。《民法典》禁止违法发包、转包、分包。（1）禁止支解发包。发包人不得将应当由一个承包人完成的建设工程支解成若干部分发包给数个承包人。（2）禁止转包。承包人不得将其承包的全部建设工程转包给第三人或者将其承包的全部建设工程支解以后以分包的名义分别转包给第三人。此种情形下，承包人承包工程后完全不履行合同约定义务，置建设工程质量于不顾，损害公共利益。（3）禁止违法分包。禁止承包人将工程分包给不具备相应资质条件的单位。禁止分包单位将其承包的工程再分包。建设工程主体结构的施工必须由承包人自行完成。

《最高人民法院关于审理建设工程施工合同纠纷案件适用法律问题的解释（一）》中对于施工合同无效的情形作出以下规定。建设工程施工合同具有下列情形之一的，应当依据《民法典》第153条第1款的规定，认定无效：（1）承包人未取得建筑业企业资质或者超越资质等级的；（2）没有资质的实际施工人借用有资质的建筑施工企业名义的；（3）建设工程必须进行招标而未招标或者中标无效的。承包人因转包、违法分包建设工程与他人签订的建设工程施工合同，应当依据《民法典》第153条第1款及第791条第2款、第3款的规定，认定无效。

《最高人民法院关于审理建设工程施工合同纠纷案件适用法律问题的解释（一）》中关于施工合同无效的相关规定还包括：

（1）招标人和中标人在中标合同之外就明显高于市场价格购买承建房产、无偿建设住房配套设施、让利、向建设单位捐赠财物等另行签订合同，变相降低工程价款，一方当事人以该合同背离中标合同实质性内容为由请求确认无效的，人民法院应予支持。

（2）当事人以发包人未取得建设工程规划许可证等规划审批手续为由，请求确认建设工程施工合同无效的，人民法院应予支持，但发包人在起诉前取得建设工程规划许可证等规划审批手续的除外。发包人能够办理审批手续而未办理，并以未办理审批手续为由请求确认建设工程施工合同无效的，人民法院不予支持。

（3）承包人超越资质等级许可的业务范围签订建设工程施工合同，在建设工程竣工前取得相应资质等级，当事人请求按照无效合同处理的，人民法院不予支持。

（4）具有劳务作业法定资质的承包人与总承包人、分包人签订的劳务分包合同，当事人请求确认无效的，人民法院依法不予支持。

3. 施工合同无效的法律后果

施工合同无效的法律后果适用《民法典》规定的民事法律行为无效的相关规定。《民法典》规定，无效的或者被撤销的民事法律行为自始没有法律约束力。民事法律行为部分无效，不影响其他部分效力的，其他部分仍然有效。合同不生效、无效、被撤销或者终止的，不影响合同中有关解决争议方法的条款的效力。民事法律行为无效、被撤销或者确定不发生效力后，行为人因该行为取得的财产，应当予以返还；不能返还或者没有必要返还的，应当折价补偿。有过错的一方应当赔偿对方由此所受到的损失；各方都有过错的，应当各自承担相应的责任。法律另有规定的，依照其规定。

关于建设工程施工合同无效后的工程款结算问题，《民法典》规定，建设工程施工合同无效，但是建设工程经验收合格的，可以参照合同关于工程价款的约定折价补偿承包人。虽然施工合同无效，但只要工程经竣工验收合格，承包人的工作已经物化为已完工的工程，发包人应按照建设工程价值折价补偿承包人。但建设工程价值如何确定是实务中的难点，因工程计价标准不具唯一性，按照何种计价标准进行计算存在争议。考虑到施工合同虽然无效，但当事人关于工程价款的约定能在很大程度上反映双方的真实意思，因此在建设工程竣工验收合格的前提下，参照合同约定解决承包人工程支出问题，有利于承包人按照法定和约定的质量要求完成工程建设，实现合同当事人之间的利益平衡。

建设工程施工合同无效，且建设工程经验收不合格的，按照以下情形处理：（1）修复后的建设工程经验收合格的，发包人可以请求承包人承担修复费用。此情形下，修复后的建设工程达到法定、约定质量标准，可以参照合同约定支付工程价款，但需由承包人承担修复费用。（2）修复后的建设工程经验收不合格的，承包人无权请求参照合同关于工程价款的约定折价补偿。发包人对因建设工程不合格造成的损失有过错的，应当承担相应的责任。

5.2.2 建设工程工期、质量和价款

《民法典》规定，施工合同的内容一般包括工程范围、建设工期、中间交工工程的开工和竣工时间、工程质量、工程造价、技术资料交付时间、材料和设备供应责任、拨款和结算、竣工验收、质量保修范围和质量保证期、相互协作等条款。其中工期、质量和价款是核心内容。

1. 建设工程工期

建设工期是指施工人完成施工任务的时间与期限。为保证工程质量，发包人与承包人应当在施工合同中确定合理的建设工期，承包人根据建设工期编制和实施施工进度计划。

1）开工日期

开工日期包括计划开工日期和实际开工日期。《最高人民法院关于审理建设工程施工合同纠纷案件适用法律问题的解释（一）》规定，当事人对建设工程开工日期有争议的，人民法院应当分别按照以下情形予以认定：（1）开工日期为发包人或者监理人发出的开工通知载明的开工日期；开工通知发出后，尚不具备开工条件的，以开工条件具备的日期为开工日期；因承包人原因导致开工时间推迟的，以开工通知载明的日期为开工日期。（2）承包人经发包人同意已经实际进场施工的，以实际进场施工时间为开工日期。（3）发包人或者监理人未发出开工通知，亦无相关证据证明实际开工日期的，应当综合考虑开工报告、合同、施工许可证、竣工验收报告或者竣工验收备案表等载明的时间，并结合是否具备开工条件的事实，认定开工日期。

2）工期顺延

发包人未按照约定的时间和要求提供原材料、设备、场地、资金、技术资料的，承包人可以顺延工程日期，并有权请求赔偿停工、窝工等损失。

《最高人民法院关于审理建设工程施工合同纠纷案件适用法律问题的解释（一）》规定，当事人约定顺延工期应当经发包人或者监理人签证等方式确认，承包人虽未取得工期顺延的确认，但能够证明在合同约定的期限内向发包人或者监理人申请过工期顺延且顺延事由符合合同约定，承包人以此为由主张工期顺延的，人民法院应予支持。

当事人约定承包人未在约定期限内提出工期顺延申请视为工期不顺延的，按照约定处理，但发包人在约定期限后同意工期顺延或者承包人提出合理抗辩的除外。

建设工程竣工前，当事人对工程质量发生争议，工程质量经鉴定合格的，鉴定期间为顺延工期期间。

隐蔽工程在隐蔽以前，承包人应当通知发包人检查。发包人没有及时检查的，承包人可以顺延工程日期，并有权请求赔偿停工、窝工等损失。

3）竣工日期

竣工日期包括计划竣工日期和实际竣工日期。由于工程建设周期长，实际竣工日期绝大多数与合同中约定的计划竣工日期偏离。《最高人民法院关于审理建设工程施工合同纠纷案件适用法律问题的解释（一）》规定，当事人对建设工程实际竣工日期有争议的，人民法院应当分别按照以下情形予以认定：（1）建设工程经竣工验收合格的，以竣工验收合格之日为竣工日期；（2）承包人已经提交竣工验收报告，发包人拖延验收的，以承包人提交验收报告之日为竣工日期；（3）建设工程未经竣工验收，发包人擅自使用的，以转移占有建设工程之日为竣工日期。

2. 建设工程质量

1）建设工程质量的基本要求

建设工程质量是当事人依据法律、法规、国家标准、合同约定，对工程的安全、适用、环保、美观等方面的综合要求。当事人在合同中约定建设工程质量条款，是明确施工人施工要求、确定施工人责任的依据。

《建设工程质量管理条例》规定，施工单位对建设工程的施工质量负责。施工人必须按照工程设计图纸和施工技术标准施工，不得擅自修改工程设计，不得偷工减料。发包人也不得明示或者暗示施工人违反工程建设强制性标准，降低建设工程质量。

《民法典》规定，发包人在不妨碍承包人正常作业的情况下，可以随时对作业进度、质量进行检查。建设工程竣工后，发包人应当根据施工图纸及说明书、国家颁发的施工验收规范和质量检验标准及时进行验收。验收合格的，发包人应当按照约定支付价款，并接收该建设工程。建设工程竣工经验收合格后，方可交付使用；未经验收或者验收不合格的，不得交付使用。

2）承包人的质量责任

因承包人的原因致使建设工程质量不符合约定的，发包人有权请求承包人在合理期限内无偿修理或者返工、改建。经过修理或者返工、改建后，造成逾期交付的，承包人应当承担违约责任。"合理期限"应根据施工合同确定，施工合同没有明确约定的，应当根据完成这一工作一般所需的合理时间确定，发包人和承包人也可以就修理、返工、改建等问题签订补充协议。

因承包人的原因致使建设工程在合理使用期限内造成人身损害和财产损失的，承包人应当承担赔偿责任。承包人应当对建设工程合理使用期间的质量安全承担责任。建设工程的总承包人应对整个工程质量承担保证责任，勘察人、设计人、施工人分别在其法定义务和工作职责范围内承担工程质量保证责任。出现工程质量问题后，应当区分具体原因，确定相应的责任主体。

3）发包人的质量责任

因发包人的原因致使工程中途停建、缓建的，发包人应当采取措施弥补或者减少损失，赔偿承包人因此造成的停工、窝工、倒运、机械设备调迁、材料和构件积压等损失和实际费用。"因发包人的原因"可能包括下列情形：发包人未对作业进度、质量进行检查；发包人未能及时进行中间工程和隐蔽工程条件的验收并办理确认手续；发包人未按照合同约定的时间和要求提供原材料、设备、资金、技术资料；发包人提供的主要建筑材料、建筑构配件和设备不符合强制性标准或者不履行协助义务致使施工人无法施工；发包人提供的资料不准确，或者未按照期限提供必需的勘察、设计工作条件而造成勘察、设计报告有误；发包人变更工程设计和工程量；发包人不能按照合同约定保障工程建设所需的工作条件致使工作无法正常进行等。

发包人具有下列情形之一，造成建设工程质量缺陷，应当承担过错责任：（1）提供的设计有缺陷；（2）提供或者指定购买的建筑材料、建筑构配件、设备不符合强制性标准；（3）直接指定分包人分包专业工程。承包人有过错的，也应当承担相应的过错责任。

3. 建设工程价款

1）建设工程价款的确定

住房和城乡建设部发布的《建筑工程施工发包与承包计价管理办法》规定，合同价款的有关事项由发承包双方约定，一般包括合同价款约定方式，预付工程款、工程进度款、工程竣工价款的支付和结算方式，以及合同价款的调整情形等。发承包双方在确定合同价款时，应当考虑市场环境和生产要素价格变化对合同价款的影响。实行工程量清单计价的建筑工程，鼓励发承包双方采用单价方式确定合同价款。建设规模较小、技术难度较低、工期较短的建筑工程，发承包双方可以采用总价方式确定合同价款。紧急抢险、救灾以及施工技术特别复杂的建筑工程，发承包双方可以采用成本加酬金方式确定合同价款。

对于实际签订和履行合同与中标合同不一致产生的纠纷，《最高人民法院关于审理建设工程施工合同纠纷案件适用法律问题的解释（一）》规定，招标人和中标人另行签订的建设工程施工合同约定的工程范围、建设工期、工程质量、工程价款等实质性内容，与中标合同不一致，一方当事人请求按照中标合同确定权利义务的，人民法院应予支持。

2）建设工程价款的支付和竣工结算

（1）建设工程价款的支付

按照施工合同约定的时间、金额和支付条件支付工程价款，是发包人的主要合同义务。

《民法典》规定，建设工程验收合格的，发包人应当按照约定支付价款，并接收该建设工程。

《建筑工程施工发包与承包计价管理办法》规定，预付工程款按照合同价款或者年度工程计划额度的一定比例确定和支付，并在工程进度款中予以抵扣。承包方应当按照合同约定向发包方提交已完成工程量报告。发包方收到工程量报告后，应当按照合同约定及时核对并确认。发承包双方应当按照合同约定，定期或者按照工程进度分段进行工程款结算和支付。

（2）建设工程价款的竣工结算

工程完工后，应当按照下列规定进行竣工结算：

① 承包方应当在工程完工后的约定期限内提交竣工结算文件。

② 国有资金投资建筑工程的发包方，应当委托具有相应资质的工程造价咨询企业对竣工结算文件进行审核，并在收到竣工结算文件后的约定期限内向承包方提出由工程造价咨询企业出具的竣工结算文件审核意见；逾期未答复的，按照合同约定处理，合同没有约定的，竣工结算文件视为已被认可。非国有资金投资的建筑工程发包方，应当在收到竣工结算文件后的约定期限内予以答复，逾期未答复的，按照合同约定处理，合同没有约定的，竣工结算文件视为已被认可；发包方对竣工结算文件有异议的，应当在答复期内向承包方提出，并可以在提出异议之日起的约定期限内与承包方协商；发包方在协商期内未与承包方协商或者经协商未能与承包方达成协议的，应当委托工程造价咨询企业进行竣工结算审核，并在协商期满后的约定期限内向承包方提出由工程造价咨询企业出具的竣工结算文件审核意见。

③ 承包方对发包方提出的工程造价咨询企业竣工结算审核意见有异议的，在接到该审核意见后1个月内，可以向有关工程造价管理机构或者有关行业组织申请调解，调解不成的，可以依法申请仲裁或者向人民法院提起诉讼。发承包双方在合同中对上述第①项、第②项的期限没有明确约定的，应当按照国家有关规定执行；国家没有规定的，可认为其约定期限均为28日。

3）建设工程价款结算纠纷争议解决

《最高人民法院关于审理建设工程施工合同纠纷案件适用法律问题的解释（一）》中对于工程价款结算纠纷相关问题做出一系列规定。

（1）当事人对建设工程的计价标准或者计价方法有约定的，按照约定结算工程价款。因设计变更导致建设工程的工程量或者质量标准发生变化，当事人对该部分工程价款不能协商一致的，可以参照签订建设工程施工合同时当地建设行政主管部门发布的计价方法或者计价标准结算工程价款。

（2）当事人对工程量有争议的，按照施工过程中形成的签证等书面文件确认。承包人能够证明发包人同意其施工，但未能提供签证文件证明工程量发生的，可以按照当事人提供的其他证据确认实际发生的工程量。

（3）当事人约定，发包人收到竣工结算文件后，在约定期限内不予答复，视为认可竣工结算文件的，按照约定处理。承包人请求按照竣工结算文件结算工程价款的，人民法院应予支持。

（4）当事人签订的建设工程施工合同与招标文件、投标文件、中标通知书载明的工程范围、建设工期、工程质量、工程价款不一致，一方当事人请求将招标文件、投标文件、中标通知书作为结算工程价款的依据的，人民法院应予支持。发包人将依法不属于必须招标的建设工程进行招标后，与承包人另行订立的建设工程施工合同背离中标合同的实质性内容，当事人请求以中标合同作为结算建设工程价款依据的，人民法院应予支持，但发包人与承包人因客观情况发生了在招标投标时难以预见的变化而另行订立建设工程施工合同的除外。

（5）当事人就同一建设工程订立的数份建设工程施工合同均无效，但建设工程质量合格，一方当事人请求参照实际履行的合同关于工程价款的约定折价补偿承包人的，人民法院应予支持。实际履行的合同难以确定，当事人请求参照最后签订的合同关于工程价款的约定折价补偿承包人的，人民法院应予支持。

4）工程垫资及利息

当事人对垫资和垫资利息有约定，承包人请求按照约定返还垫资及其利息的，人民法院应予支持，但是约定的利息计算标准高于垫资时的同类贷款利率或者同期贷款市场报价利率的部分除外。当事人对垫资没有约定的，按照工程欠款处理。当事人对垫资利息没有约定，承包人请求支付利息的，人民法院不予支持。当事人对欠付工程价款利息计付标准有约定的，按照约定处理。没有约定的，按照同期同类贷款利率或者同期贷款市场报价利率计息。利息从应付工程价款之日开始计付。当事人对付款时间没有约定或者约定不明的，下列时间视为应付款时间：（1）建设工程已实际交付的，为交付之日；（2）建设工程没有交付的，为提交竣工结算文件之日；（3）建设工程未交付，工程价款也未结算的，为当事人起诉之日。

5）建设工程价款优先受偿权

《民法典》规定，发包人未按照约定支付价款的，承包人可以催告发包人在合理期限内支付价款。发包人逾期不支付的，除根据建设工程的性质不宜折价、拍卖外，承包人可以与发包人协议将该工程折价，也可以请求人民法院将该工程依法拍卖。建设工程的价款就该工程折价或者拍卖的价款优先受偿。建设工程价款优先受偿权规定的原因在于，建设工程本身的产生与存在，是基于发包人的资金投入和承包人的事实建造行为，建设工程本体的一部分就来源于承包人的投入和工作，物化到了建设工程中，其折价或拍卖后转化成的资金，在工程价款的范围内，理应归承包人所有。建设工程价款优先受偿权，不仅有利于维护承包人的合法权益，而且对于化解社会矛盾、避免农民工欠薪等问题的产生、促进建设工程行业的良性发展都具有重要意义。

《最高人民法院关于审理建设工程施工合同纠纷案件适用法律问题的解释（一）》规定，与发包人订立建设工程施工合同的承包人，依据《民法典》第807条的规定请求其承建工程的价款就工程折价或者拍卖的价款优先受偿的，人民法院应予支持。

装饰装修工程具备折价或者拍卖条件，装饰装修工程的承包人请求工程价款就该装饰装修工程折价或者拍卖的价款优先受偿的，人民法院应予支持。建设工程质量合格，承包人请求其承建工程的价款就工程折价或者拍卖的价款优先受偿的，人民法院应予支持。未竣工的建设工程质量合格，承包人请求其承建工程的价款就其承建工程部分折价或者拍卖的价款优先受偿的，人民法院应予支持。

承包人享有的建设工程价款优先受偿权优于抵押权和其他债权。承包人建设工程价款优先受偿的范围依照国务院有关行政主管部门关于建设工程价款范围的规定确定。承包人就逾期支付建设工程价款的利息、违约金、损害赔偿金等主张优先受偿的，人民法院不予支持。

承包人应当在合理期限内行使建设工程价款优先受偿权，但最长不得超过18个月，自发包人应当给付建设工程价款之日起算。发包人与承包人约定放弃或者限制建设工程价款优先受偿权，损害建筑工人利益，发包人根据该约定主张承包人不享有建设工程价款优先受偿权的，人民法院不予支持。

5.2.3 施工合同的变更和权利义务终止

1. 施工合同的变更

施工合同的变更主要有内容变更和主体变更两种情况。

1）内容变更

施工合同当事人协商一致，可以变更合同。如果双方当事人就变更事项达成一致意见，则变更后的内容取代原合同内容，对当事人双方均有约束力，当事人应当按照变更后的内容履行合同。如前述工程价款的调整就属于对合同内容的变更，发包人应当按照双方同意的调整后的价款进行支付。

如果当事人对于合同变更的内容约定不明确的，则推定为未变更。

2）主体变更

合同主体的变更分为债权转让、债务转移、债权债务的概括转让。

（1）债权转让

债权人可以将债权的全部或者部分转让给第三人，但是有下列情形之一的除外：① 根据债权性质不得转让，如以特定身份关系为基础的债权不得转让，父母对子女的赡养请求权即属于此种情况；② 按照当事人约定不得转让；③ 依照法律规定不得转让。当事人约定非金钱债权不得转让的，不得对抗善意第三人。当事人约定金钱债权不得转让的，不得对抗第三人。

债权人转让债权无需得到债务人同意，但要通知债务人方能对债务人生效。未通知债务人的，该转让对债务人不发生效力。债权转让的通知不得撤销，但是经受让人同意的除外。因债权转让增加的履行费用，由债权人负担。

债务人接到债权转让通知后，债务人对让与人的抗辩可以向受让人主张。债权人转让债权的，受让人取得与债权有关的从权利，但是该从权利专属于债权人自身的除外。受让人取得从权利不因该从权利未办理转移登记手续或者未转移占有而受到影响。因债权转让增加的履行费用，由让与人负担。

（2）债务转移

债务人将债务的全部或者部分转移给第三人的，应当经债权人同意。债务人或者第三人可以催告债权人在合理期限内予以同意，债权人未作表示的，视为不同意。由于债务人的履行行为是合同目的能够得以实现的关键，新债务人是否有清偿能力和信用，对于债权人的债权实现影响很大，因此债务转移必须经债权人同意方可生效。

债务人转移债务的，新债务人可以主张原债务人对债权人的抗辩；原债务人对债权人享有债权的，新债务人不得向债权人主张抵销。债务人转移债务的，新债务人应当承担与主债务有关的从债务，但是该从债务专属于原债务人自身的除外。

（3）债权债务的概括转让

当事人一方经对方同意，可以将自己在合同中的权利和义务一并转让给第三人。合同的权利和义务一并转让的，适用债权转让、债务转移的有关规定。

2. 合同的权利义务终止

1）合同权利义务终止的情形

根据《民法典》规定，引起合同权利义务终止的情形包括：

（1）债务已经履行。指债务人按照约定的标的、质量、数量、价款或者报酬、履行期限、履行地点和方式全面履行。

（2）债务相互抵销。当事人互负债务，该债务的标的物种类、品质相同的，任何一方可以将自己的债务与对方的到期债务抵销；但是，根据债务性质、按照当事人约定或者依照法律规定不得抵销的除外。当事人主张抵销的，应当通知对方。通知自到达对方时生效。抵销不得附条件或者附期限。当事人互负债务，标的物种类、品质不相同的，经协商一致，也可以抵销。

（3）债务人依法将标的物提存。指由于债权人的原因，债务人无法向其交付合同标的物时，债务人将该标的物交给提存部门从而消灭债的制度。《民法典》规定的提存情形有：① 债权人无正当理由拒绝受领；② 债权人下落不明；③ 债权人死亡未确定继承人、遗产管理人，或者丧失民事行为能力未确定监护人；④ 法律规定的其他情形。标的物不适于提存或者提存费用过高的，债务人依法可以拍卖或者变卖标的物，提存所得的价款。

（4）债权人免除债务。指债权人放弃自己的债权。债权人可以免除债务的全部，也可以免除债务的部分。债权人免除债务人部分或者全部债务的，债权债务部分或者全部终止，但是债务人在合理期限内拒绝的除外。

（5）债权债务同归于一人。此种情形即混同，是指由于某种事实的发生，使原本由一方当事人享有的债权和另一方当事人负担的债务，同归于一方当事人，使得该当事人既是债权人又是债务人，此时法律规定债权债务因混同而消灭。但是如果债权债务消灭会损害第三人利益的，则不能因混同而消灭。

（6）法律规定或者当事人约定终止的其他情形。如出现了法律规定的终止的情形，在委托合同中，受托人死亡、丧失民事行为能力的，委托合同终止。合同解除也包含于此种情形之中，合同解除包括法定解除与约定解除。

2）合同的解除

（1）合同解除的特征

首先，合同解除的基本前提是合同合法有效，无效合同、可撤销合同不发生合同解除。其次，合同解除需具备法律规定的解除条件，或者符合当事人于合同中约定的条件。再次，合同解除须有解除的行为，无论是依据法律规定还是合同约定条件，当出现解除事由时，都需要享有解除合同权利的一方当事人向对方提出解除合同的意思表示，才能达到合同解除的法律后果。最后，合同解除的后果是使合同关系归于消灭。

（2）法定解除与约定解除

《民法典》第563条规定了法定解除。有下列情形之一的，当事人可以解除合同：① 因不可抗力致使不能实现合同目的；② 在履行期限届满前，当事人一方明确表示或者以自己的行为表明不履行主要债务；③ 当事人一方迟延履行主要债务，经催告后在合理期限内仍未履行；④ 当事人一方迟延履行债务或者有其他违约行为致使不能实现合同目的；⑤ 法律规定的其他情形。以持续履行的债务为内容的不定期合同，当事人可以随时解除合同，但是应当在合理期限之前通知对方。

《民法典》第562条规定了约定解除。当事人协商一致，可以解除合同。当事人可以约定一方解除合同的事由。解除合同的事由发生时，解除权人可以解除合同。

（3）解除权的行使期间和程序

法律规定或者当事人约定解除权行使期限，期限届满当事人不行使的，该权利消灭。法律没有规定或者当事人没有约定解除权行使期限，自解除权人知道或者应当知道解除事由之日起1年内不行使，或者经对方催告后在合理期限内不行使的，该权利消灭。

当事人一方依法主张解除合同的，应当通知对方。合同自通知到达对方时解除；通知载明债务人在一定期限内不履行债务则合同自动解除，债务人在该期限内未履行债务的，合同自通知载明的期限届满时解除。对方对解除合同有异议的，任何一方当事人均可以请求人民法院或者仲裁机构确认解除行为的效力。当事人一方未通知对方，直接以提起诉讼或者申请仲裁的方式依法主张解除合同，人民法院或者仲裁机构确认该主张的，合同自起诉状副本或者仲裁申请书副本送达对方时解除。

（4）合同解除的后果

合同解除后，尚未履行的，终止履行；已经履行的，根据履行情况和合同性质，当事人可以请求恢复原状或者采取其他补救措施，并有权请求赔偿损失。合同因违约解除的，解除权人可以请求违约方承担违约责任，但是当事人另有约定的除外。主合同解除后，担保人对债务人应当承担的民事责任仍应当承担担保责任，但是担保合同另有约定的除外。

合同的权利义务关系终止,不影响合同中结算和清理条款的效力。

3. 施工合同解除的特别规定

承包人将建设工程转包、违法分包的,发包人可以解除合同。

发包人提供的主要建筑材料、建筑构配件和设备不符合强制性标准或者不履行协助义务,致使承包人无法施工,经催告后在合理期限内仍未履行相应义务的,承包人可以解除合同。

合同解除后,已经完成的建设工程质量合格的,发包人应当按照约定支付相应的工程价款;已经完成的建设工程质量不合格的,参照建设工程施工合同无效的规定处理。

5.3 相关合同制度

《民法典》合同编就 19 种典型合同做出了规定。本节仅就与建设工程相关性较强的买卖、借款、保证、租赁、承揽和运输等 6 类典型合同进行介绍。

5.3.1 买卖合同

无论是生产还是生活领域,买卖合同是经济生活中最常见的合同。在建设工程领域,建筑材料、建筑构配件等的购买行为均须通过买卖合同实现。

1. 买卖合同的概念与特征

买卖合同是出卖人转移标的物的所有权于买受人,买受人支付价款的合同。出售标的物的一方当事人是出卖人,购买标的物的一方当事人是买受人。买卖合同的内容一般包括标的物的名称、数量、质量、价款、履行期限、履行地点和方式、包装方式、检验标准和方法、结算方式、合同使用的文字及其效力等条款。买卖合同具有下列特征:

(1)买卖合同是转移标的物所有权的合同。该特征是买卖合同最核心的特征,也使买卖合同区别于仅转移标的物使用权的租赁、借用等合同。

(2)买卖合同是双务、有偿合同。在买卖合同中,出卖人负有向买受人转移标的物所有权的义务,买受人负有向出卖人支付价款的义务。该特征区别于单务、无偿的赠与合同。

(3)买卖合同是诺成合同。买卖合同自双方当事人意思表示一致时成立,无须以交付合同约定的标的物作为成立要件。该特征区别于定金合同、借用合同等实践性合同。

(4)买卖合同一般为不要式合同。除当事人另有约定外,双方就合同的主要条款协商达成一致即可成立,无须以具备某种形式或完成某种手续为成立要件。但在建设工程领域,买卖合同所涉标的额一般较大,履行周期较长,为保障双方当事人的权益,尽量减少纠纷,同时也为纠纷发生后方便提供证据,合同以书面形式为好。

2. 买卖合同双方当事人的主要义务

1)出卖人的义务

(1)按照约定向买受人交付标的物或者提取标的物单证的义务。在买卖合同中,向买受人交付标的物是出卖人最基本的义务,也是买受人订立买卖合同的目的所在。出卖人交付标的物主要有两种模式:一是交付标的物本身,如购买钢筋的合同就交付钢筋,购买水泥的合同就交付水泥。此在物权法上称为现实交付。二是交付提取标的物的单证，如仓单、提单等。买受人取得单证后，可以通过向仓储人、承运人等提供单证获取标的物。此在物权法上称为拟制交付。

（2）转移标的物所有权的义务。买卖合同的特征是出卖人转移标的物的所有权于买受人，根据《民法典》，除当事人在合同中约定"所有权保留"条款外，自出卖人将标的物或提取标的物的单证交付于买受人时所有权转移于买受人。

① 出卖人应当按照约定的时间交付标的物。约定交付期限的，出卖人可以在该交付期限内的任何时间交付。没有约定或者约定不明确的，依约或依法也无法确定的，出卖人可以随时交付，买受人也可以随时请求交付，但是均应当给对方必要的准备时间。

② 出卖人应当按照约定的地点交付标的物。当事人没有约定或者约定不明确，依约或依法也无法确定的，适用下列规定：标的物需要运输的，出卖人应当将标的物交付给第一承运人以运交给买受人。标的物不需要运输，出卖人和买受人订立合同时知道标的物在某一地点的，出卖人应当在该地点交付标的物；不知道标的物在某一地点的，应当在出卖人订立合同时的营业地交付标的物。

（3）按照约定或者交易习惯向买受人交付提取标的物单证以外的有关单证和资料的义务。

"提取标的物单证以外的有关单证和资料"主要包括发票（增值税专用发票、普通发票）、产品合格证、质量保证书、质量鉴定书、品质检验证书、产品进出口检疫书、保险单、保修单、原产地证明书、使用说明书、装箱单等。

（4）标的物的品质瑕疵担保义务。品质瑕疵担保，是指出卖人就其所交付的标的物应保证其符合法定或者约定的品质。出卖人提供有关标的物质量说明的，交付的标的物应当符合该说明的质量要求。出卖人提供样品的，标的物的质量、外观应与样品一致。

（5）标的物的权利瑕疵担保义务。即除法律另有规定外，出卖人就交付的标的物，负有保证自己拥有完整权利，第三人对此不享有全部或部分所有权、担保物权、租赁权、知识产权等任何权利的义务。买受人订立合同时知道或者应当知道第三人对标的物享有权利的，如标的物已经抵押、出质、出租等，出卖人不承担上述义务。

2）买受人的义务

（1）支付价款的义务。买卖合同是有偿合同，支付价款是买受人的核心义务。① 买受人应当按照约定的数额、支付方式、时间、地点支付价款。没有约定或者约定不明确，依法仍不能确定的，价款的数额按照订立合同时履行地的市场价格履行，依法应当执行政府定价或者政府指导价的，依照规定履行。② 履行地点不明确，在接受货币（出卖人）一方所在地履行。③ 履行期限不明确的，买受人可以随时履行，出卖人也可以随时请求履行，但是应当给对方必要的准备时间。④ 履行方式不明确的，按照有利于实现合同目的的方式履行。⑤ 履行费用的负担不明确的，由履行义务一方（买受人）负担。⑥ 因债权人（出卖人）原因增加的履行费用，由债权人（出卖人）负担。

（2）受领标的物的义务。买受人对于出卖人按照约定交付的标的物及有关权利凭证负有及时受领的义务。买受人拒绝受领，应负违约责任。

（3）检验标的物的义务。① 买受人受领标的物后，应在约定的期限内及时检验标的物,发现标的物的质量、数量等不符合约定的,应立即通知出卖人;没有约定检验期限的,应当及时检验,在发现或者应当发现标的物不符合约定的合理期限内通知出卖人。② 买受人在合理期限内未通知或者自收到标的物之日起 2 年内未通知出卖人的,视为标的物的数量或者质量符合约定;但是,对标的物有质量保证期的,适用质量保证期,不适用该 2 年的规定。

3. 标的物毁损、灭失风险的承担

标的物毁损、灭失风险的承担,是指买卖合同订立后,尚未履行或尚未完全履行之前,标的物因不可归责于双方当事人的事由而发生毁损、灭失的损失由出卖人或买受人谁来承担的问题。

1)风险承担的基本规则

风险承担的基本规则为交付原则,即无论是动产还是不动产,标的物毁损、灭失的风险,在标的物交付之前由出卖人承担,交付之后由买受人承担,但法律另有规定或者当事人另有约定的除外。如一批建筑材料,交货前因火灾灭失,风险由出卖人承担,出卖人还负有另行组织货源继续履行合同的义务。但如果是交付后灭失,风险则由买受人承担,买受人负有继续向出卖人支付货款的义务,不得以标的物损毁灭失作为不支付货款的抗辩。

2)风险承担的特殊规则

实践中,因标的物交付情形的多样性、特殊性,《民法典》针对交付的具体情形规定了风险承担的特殊规则:

(1)因买受人的原因致使标的物未按照约定的期限交付的,买受人应当自违反约定时起承担标的物毁损、灭失的风险。

此是针对标的物因买受人原因致使交付迟延情形下风险承担的规则。如出卖人已经为标的物的交付做好了准备,标的物已处于可交付状态,而买受人违反了及时接收标的物的义务致使出卖人不能按约定时间交付,则自买受人违反约定时起风险转移至买受人。

(2)出卖人出卖交由承运人运输的在途标的物,除当事人另有约定外,毁损、灭失的风险自合同成立时起由买受人承担。

此是关于"路货买卖"中标的物风险转移的规定,也是"交付转移"一般规则的例外。

(3)出卖人按照约定将标的物运送至买受人指定地点并交付给承运人后,标的物毁损、灭失的风险由买受人承担。当事人没有约定交付地点或者约定不明确,标的物需要运输的,出卖人将标的物交付给第一承运人后,标的物毁损、灭失的风险由买受人承担。

此是关于出卖人将标的物交付给承运人即为履行交付义务情形下风险承担的规则,旨在解决标的物在运输中的风险由谁承担的问题。

(4)出卖人按照约定或者法律规定将标的物置于交付地点,买受人违反约定没有收取的,标的物毁损、灭失的风险自违反约定时起由买受人承担。

此是解决标的物在非运输途中的风险由谁承担的规则。如出卖人已按照约定将标的物放置于某仓库,或者将标的物按照买受人的要求重新包装,印刷上特有标志等,并

向买受人发出提货通知后,买受人违反合同约定没有接收标的物,此时风险转移至买受人。

(5)因标的物不符合质量要求,致使不能实现合同目的的,买受人可以拒绝接受标的物或者解除合同。买受人拒绝接受标的物或者解除合同的,标的物毁损、灭失的风险由出卖人承担。

此是关于出卖人根本违约情形下风险承担的规则。如出卖人向买受人交付了10吨水泥,但水泥不符合约定的质量标准,不能用于在建工程。买受人拒绝接受标的物或者解除合同,在与出卖人交涉沟通过程中,水泥尽管由买受人实际占有,但损毁灭失的风险由出卖人承担。

(6)出卖人按照约定未交付有关标的物的单证和资料的,不影响标的物毁损、灭失风险的转移。

此是关于出卖人交付有关标的物单证和资料的义务与标的物损毁、灭失风险承担的关系规则。出卖人交付标的物属于向买受人履行主给付义务,而交付与标的物有关的单证资料则属于履行从给付义务。只要出卖人将标的物交付给了买受人,即使没有履行交付单证资料的从给付义务,风险仍由买受人承担。

4. 买卖合同解除的规则

买卖合同的解除,除遵循合同通则规定的一般规则外,还应遵循《民法典》第631-633条规定的特殊规则。

(1)因标的物的主物不符合约定而解除合同的,解除合同的效力及于从物。因标的物的从物不符合约定被解除的,解除的效力不及于主物。

(2)标的物为数物,其中一物不符合约定的,买受人可以就该物解除,但该物与他物分离使标的物的价值显受损害的,当事人可以就数物解除合同。如,买受人向出卖人购买水泥100袋,其中20袋质量不符合约定,不能用于在建工程,买受人只能就该20袋水泥解除合同,另外80袋水泥的合同不能解除。但如果买受人购买的是拼花图案的瓷砖,其中一部分瓷砖不符合合同约定的质量要求且无法调换,剩余瓷砖质量虽无问题,但无法构成完整的拼花图案,则只能就所有的瓷砖解除合同。

(3)出卖人分批交付标的物的,出卖人对其中一批标的物不交付或者交付不符合约定,致使该批标的物不能实现合同目的的,买受人可以就该批标的物解除。此种情形一般发生在长期供货合同中,如,甲施工企业与乙水泥厂签订5年期的长期供货合同,约定在5年中甲施工企业承包的工程都由乙水泥厂供货。前三年乙水泥厂交付的水泥均无问题,第四年交付的某批水泥质量不符合约定,致使不能实现合同目的,则甲施工企业可就该批水泥解除合同。

(4)出卖人不交付其中一批标的物或者交付不符合约定,致使今后其他各批标的物的交付不能实现合同目的的,买受人可以就该批以及今后其他各批标的物解除。买受人如果就其中一批标的物解除,该批标的物与其他各批标的物相互依存的,可以就已经交付和未交付的各批标的物解除。如,买卖双方签订了成套的建筑施工设备买卖合同,分三批交货。出卖人交付的第一批设备符合质量要求,但在出卖人交付第二批设备后,买受人发现该批设备存在严重的质量问题,将导致成套机械设备无法正常使用。此时,买受人不仅有权就该批设备解除合同,还有权就已经交付的和尚未交付的设备解除合同。

（5）分期付款的买受人未支付到期价款的金额达到全部价款的五分之一，经催告后在合理期限内仍未支付到期价款的，出卖人有权要求买受人支付全部价款或者解除合同。出卖人解除合同的，可以向买受人要求支付该标的物的使用费。

此是"分期付款买卖合同"解除的特殊规则。分期付款买卖合同，是指买受人将应付的总价款，在一定期限内分次向出卖人支付的买卖合同，实践中，一般支付的次数为3次以上。"分期付款买卖合同"的解除标准仍是"致使不能实现合同目的"，而"致使不能实现合同目的"的标准则是"未支付到期价款的金额达到全部价款的五分之一"及"经催告后在合理期限内仍未支付"，两个标准缺一不可。当然出卖人也可以选择不解除合同，而是要求买受人支付全部剩余价款，不再给其分期付款的优惠条件。

5.3.2 借款合同

在建设工程领域，无论是发包人还是承包人，都有可能发生资金周转困难的情况而向银行等金融机构借款，或者向银行、金融机构以外的自然人、法人或非法人组织进行借贷。商业借贷是指由商业银行或者国家认可的其他金融机构作为贷款人的借款合同。民间借贷，是指自然人、法人和非法人组织之间进行资金融通的行为。民间借贷又具体分为一般的民间借贷和自然人之间的借贷。在建设工程领域，无论是发包方还是承包方，依法均需要是具备相应资质的法人或非法人组织，因此，本节介绍的借款合同如无特殊说明，仅指商业借款合同和除自然人之间借款合同以外的一般民间借贷合同。

1. 借款合同的定义和特征

借款合同是借款人向贷款人借款，到期返还借款并支付利息的合同。其主要特征包括：

（1）借款合同的标的是货币，包括可流通的各种货币。

（2）借款合同一般是要式合同。借款合同应当采用书面形式，但是自然人之间借款另有约定的除外。借款合同的内容一般包括借款种类、币种、用途、数额、利率、期限和还款方式等条款。

（3）借款合同多为有偿合同。商业借贷均为有偿合同（有息贷款），民间借贷可以是有偿合同（有息），也可以是无偿合同（无息）。

（4）借款合同一般是诺成合同。商业借贷以及除自然人之间借贷之外的民间借贷合同是诺成合同，自双方当事人协商一致时合同成立；自然人之间的借款合同是实践性合同，合同自贷款人提供借款之日成立。

2. 借款合同当事人的主要义务

1) 贷款人的义务

（1）按照约定的日期、数额提供借款的义务。未按照约定的日期、数额提供借款，造成借款人损失的，应当赔偿损失。

（2）不得预先在本金中扣除借款利息的义务。《民法典》规定，借款的利息不得预先在本金中扣除。利息预先在本金中扣除的，应当按照实际借款数额返还借款并计算利息。如当事人约定借款100万元、1年利息5万元，贷款人预先扣除利息，实际提供借款95万元，则还款时的本金按照实际借款的95万元计算。

2)借款人的义务

(1)提供真实情况的义务。借款人向贷款人提出借款申请后,应向贷款人提供与借款有关的业务活动和财产状况的真实情况,以便贷款人审查。

(2)按照约定的日期、数额收取借款的义务。借款人未按照约定的日期、数额收取借款的,应当按照约定的日期、数额支付利息。

(3)协助贷款人监督的义务。贷款人按照约定可以检查、监督借款的使用情况。借款人应当按照约定向贷款人定期提供有关财务会计报表或者其他资料。实践中,借款人向贷款人提供的资料主要包括:资产负债表、损益表、财务状况变动表、现金流量表、附表及会计报表附注和财务状况说明书等。

(4)按照约定用途使用借款的义务。借款用途与借款人能否按期偿还借款有很直接的关系,借款用途也是借款合同中的一项重要内容。借款人未按照约定的借款用途使用借款的,贷款人可以停止发放借款、提前收回借款或者解除合同。

(5)按期归还本金和利息的义务。借款人应当按照约定的期限返还借款。对借款期限没有约定或者约定不明确,依法仍不能确定的,借款人可以随时返还;贷款人可以催告借款人在合理期限内返还。借款人应当按照约定的期限支付利息。对支付利息的期限没有约定或者约定不明确,当事人不能达成补充协议,也无合同相关条款或者交易习惯的,借款期间不满1年的,应当在返还借款时一并支付;借款期间1年以上的,应当在每届满1年时支付,剩余期间不满1年的,应当在返还借款时一并支付。

3. 民间借款合同的无效

根据《最高人民法院关于审理民间借贷案件适用法律若干问题的规定》,具有下列情形之一的,人民法院应当认定民间借贷合同无效:

(1)套取金融机构贷款转贷的。如甲企业将自己从金融机构取得的贷款高息转借给乙企业。

(2)以向其他营利法人借贷、向本单位职工集资,或者以向公众非法吸收存款等方式取得的资金转贷的。本规定也是对非法转贷的规制,但与第一种情形不同的是,第一种情形用于转贷的资金来源于金融机构,而本规定针对的情形则是转贷的资金来源于金融机构以外的营利性法人、本单位职工或向公众非法吸收存款。

(3)未依法取得放贷资格的出借人,以营利为目的向社会不特定对象提供借款的。本规定针对的是没有取得发放贷款资质的出借人,长期、多次向不特定人员出借资金并收取较高利息,出借频率高、资金总量大,出借行为具有反复性、经常性、营利性,即属于职业放贷行为。

(4)出借人事先知道或者应当知道借款人借款用于违法犯罪活动仍然提供借款的。如出借人事先知道借款用于贩毒、赌博、走私等。

(5)违反法律、行政法规强制性规定的。理解本项规定,应当强调的是,全国人大和全国人大常委会颁布的法律中的强制性规范、国务院颁布的行政法规中强制性规范,是确认合同效力的依据。不得随意扩大到地方性法规、行政规章及其他规范性文件,不能以地方法规和规章作为否定合同效力的依据。

(6)违背公序良俗的。本项规定的情形通常发生在自然人之间的民间借贷中,如名为借贷实为包养的借贷合同、托人情找关系调动工作或升职等形成的债务关系等。

4. 民间借贷合同的利息和利率规则

《最高人民法院关于审理民间借贷案件适用法律若干问题的规定》对民间借贷的利息和利率作出了如下规定：

（1）借贷双方没有约定利息的，视为没有利息。

（2）自然人之间借贷对利息约定不明的，视为没有利息。自然人之间借贷之外的民间借贷对利息约定不明的，人民法院应当结合民间借贷合同的内容，并根据当地或者当事人的交易方式、交易习惯、市场报价利率等因素确定利息。

（3）禁止高利放贷。借贷双方约定的利率不得超过合同成立时一年期贷款市场报价利率的4倍，超过部分，人民法院不予支持。此处所称"一年期贷款市场报价利率"，是指中国人民银行授权全国银行间同业拆借中心自2019年8月20日起每月发布的一年期贷款市场报价利率。如2023年6月20日公布的一年期贷款市场报价利率为3.55%，那在6月20日～7月19日之间成立的民间借贷合同利率上限就应当是14.2%。

5.3.3 保证合同

保证是保证债权实现的典型担保的一种，是信用担保、意定担保。保证因保证合同而成立。

1. 保证合同的概念与特征

保证合同是为保障债权的实现，保证人和债权人约定，当债务人不履行到期债务或者发生当事人约定的情形时，保证人履行债务或者承担责任的合同。保证合同具有以下特征：

（1）保证合同是要式合同。保证人和债权人需要订立书面保证合同。

（2）保证合同是从合同。保证合同是主债权债务合同的从合同。主债权债务合同无效的，保证合同无效，但是法律另有规定的除外。保证合同被确认无效后，债务人、保证人、债权人有过错的，应当根据其过错各自承担相应的民事责任。

（3）保证合同是单务、无偿合同。债权人只享受权利，保证人仅承担义务，且债权人无须向保证人支付任何对价。

（4）保证合同是诺成合同。保证合同因保证人和债权人协商一致而成立，无须另外交付标的物。

2. 保证合同的当事人

保证合同中有三对法律关系。一是主债权债务关系，如借款合同、买卖合同、承揽合同等，当事人是债权人和债务人；二是债务人与保证人之间的法律关系，当事人是主债务人和保证人，双方之间可以基于委托关系，也可以基于无因管理；三是保证合同的法律关系，当事人是主债权人和保证人。根据《民法典》及《最高人民法院关于适用〈中华人民共和国民法典〉有关担保制度的解释》，以下主体不得作为保证人：

（1）机关法人不得为保证人，但是经国务院批准为使用外国政府或者国际经济组织贷款进行转贷的除外。

（2）以公益为目的的非营利法人、非法人组织不得为保证人。登记为营利法人的学校、幼儿园、医疗机构、养老机构等法人可以作为保证人。

（3）居民委员会、村民委员会不得为保证人，但是依法代行村集体经济组织职能的村民委员会，依照村民委员会组织法规定的讨论决定程序对外提供担保的除外。

3. 保证合同的形式

保证合同是要式合同，须采用书面形式。根据《民法典》规定，保证合同可表现为下列三种形式：（1）保证人与主债权人单独订立的书面合同；（2）主债权债务合同中的保证条款；（3）第三人单方以书面形式向债权人作出保证，债权人接受且未提出异议的。

应当注意的是，在实践中，保证合同的形式不仅仅局限于以上三种，只要满足保证合同书面形式的要求和第三方在债务人不能履行债务时愿意代为履行或承担保证责任的意思，如主债权债务合同中虽无保证条款，但是保证人在主债权债务合同中以保证人的身份签名或者盖章的，保证合同也成立。

4. 保证合同的内容

保证合同的内容即保证合同的条款，是确定保证合同当事人权利义务的根据以及判断保证合同是否合法、有效的要件。保证合同一般包括被保证的主债权的种类、数额，债务人履行债务的期限，保证的方式、范围和期间等条款。

1）被保证的主债权的种类、数额

被保证的主债权的种类、数额是保证合同中的核心条款，也是保证合同的必备条款，如借款合同中的还本付息债权、买卖合同中的应支付价款的债权等。没有此条款，保证合同不能成立。

2）债务人履行债务的期限

债务人履行债务的期限是衡量债务人逾期履约的时间节点，也是保证期间起算的时间点。债务人在合同约定的履行期限内不能履行或不履行债务时，保证人依据不同的保证方式承担保证责任。该项内容也是主合同的条款，故不是保证合同的必备条款，即使在保证合同中对此没有约定也不影响保证合同的成立。

3）保证的方式

保证的方式包括一般保证和连带责任保证。当事人在保证合同中对保证方式没有约定或者约定不明确的，按照一般保证承担保证责任。

（1）一般保证

一般保证是指当事人在保证合同中约定，债务人不能履行债务时，由保证人承担保证责任的保证。如保证合同中约定了"保证人在债务人不能履行债务或者无力偿还债务时才承担保证责任"等类似内容，具有债务人应当先承担责任的意思表示，为一般保证。

一般保证的保证人享有先诉抗辩权，保证人在没有法律特别规定情况下，承担保证责任的前提条件有：首先，主合同必须已经审判或者仲裁，即债权人在债务人不履行合同时，不能直接要求保证人承担保证责任，而必须先经过法定程序向债务人追偿。其次，对债务人的财产强制执行仍不能完全履行其债务，债务人财产被强制执行后仍不足清偿债务时，对于不足部分才能要求保证人承担清偿责任，如拍卖主债务人的财产无人应买，或拍卖所得价款仅能偿还一部分债务等。对于债权人不具备上述条件的请求，保证人有权拒绝，即行使先诉抗辩权。可见，一般保证的保证人承担的是补充责任。

根据《民法典》，具有下列情形之一的，一般保证中的保证人丧失先诉抗辩权：债

务人下落不明，且无财产可供执行；人民法院已经受理债务人破产案件；债权人有证据证明债务人的财产不足以履行全部债务或者丧失履行债务能力；保证人书面表示放弃先诉抗辩权。这里需注意，保证人放弃先诉抗辩权的意思必须以"书面"形式表示，仅仅"口头"放弃是无效的。

（2）连带责任保证

连带责任保证是指当事人在保证合同中约定保证人和债务人对债务承担连带责任的保证。连带责任保证的债务人不履行到期债务或者发生当事人约定的情形时，债权人可以请求债务人履行债务，也可以请求保证人在其保证范围内承担保证责任。连带责任保证的保证人不享有先诉抗辩权。

4）保证的范围

保证的范围是指保证人对哪些债务承担保证责任。当事人应当在保证合同中予以明确约定，当事人没有约定的，保证的范围包括主债权及其利息、违约金、损害赔偿金和实现债权的费用。主债权即合同所确立的债权，这是保证范围的主要部分；利息指主债权所产生的利息，当事人可以自行约定利息，但利率必须符合法律规定，超过法律规定部分的利息无效；违约金是指由当事人预先约定的，在一方当事人违约后向另一方支付的一定数额的金钱；损害赔偿金是指一方违约给对方造成损失时，应当向另一方承担的损害赔偿责任；实现债权的费用主要包括诉讼费、申请扣押、执行等强制措施的费用。

5）保证期间

保证期间是保证人承担保证责任的期间。在此期间一般保证的债权人未对债务人提起诉讼或申请仲裁的，连带责任保证的债权人未对保证人主张承担保证责任的，保证人不再承担保证责任。

保证期间在保证合同中应明确约定，没有约定或者约定不明确的，保证期间为主债务履行期限届满之日起6个月。债权人与债务人对主债务履行期限没有约定或者约定不明确的，保证期间自债权人请求债务人履行债务的宽限期届满之日起计算。

约定的保证期间早于主债务履行期限或者与主债务履行期限同时届满的，视为没有约定，约定了"保证人承担保证责任直至主债务本息还清时为止"等类似内容的，视为约定不明。

5. 主合同变更对保证合同的影响

基于保证合同的从属性，主合同的变更势必会对保证合同中保证人的保证责任产生影响。法律在构建保证制度时，在保障主债权人利益的同时，也对保证人的利益予以了统筹考量。对于主合同变更对保证合同的影响，《民法典》作出如下规定：

（1）债权人和债务人未经保证人书面同意，协商变更主债权债务合同内容，减轻债务的，保证人仍对变更后的债务承担保证责任；加重债务的，保证人对加重的部分不承担保证责任。

（2）债权人和债务人变更主债权债务合同的履行期限，未经保证人书面同意的，保证期间不受影响。

（3）债权人转让全部或者部分债权，未通知保证人的，该转让对保证人不发生效力。

（4）保证人与债权人约定禁止债权转让，债权人未经保证人书面同意转让债权的，保证人对受让人不再承担保证责任。

（5）债权人未经保证人书面同意，允许债务人转移全部或者部分债务，保证人对未经其同意转移的债务不再承担保证责任，但是债权人和保证人另有约定的除外。

（6）第三人加入债务的，保证人的保证责任不受影响。

5.3.4 租赁合同

在建设工程领域，施工中往往需要大量的施工机械和设备。对于一些规模较小、建设项目较少的企业，购买机械设备、完全实现施工机械设备的自有化既不现实也无必要。为减少资金占用和减轻企业资金负债，通过租赁解决大型机械设备的使用问题成为越来越多企业的选择。同时，在施工中，通过租赁土地进行施工物料存储、开辟临时道路用于施工通行等行为也很普遍。这些行为均需通过签订租赁合同实现。

1. 租赁合同的概念及特征

租赁合同是出租人将租赁物交付承租人使用、收益，承租人支付租金的合同。租赁合同的内容一般包括租赁物的名称、数量、用途、租赁期限、租金及其支付期限和方式、租赁物维修等条款。租赁合同具有下列特征：

（1）租赁合同的标的物是有体物、非消耗物。租赁物必须是有形的财产，如建筑施工中的挖掘机、混凝土搅拌车、塔吊等有形动产，也可以是土地、房屋等不动产。无论是动产还是不动产，都必须是能够多次使用而不改变其形态与基本价值的非消耗物，而钢筋、水泥等一次性使用的消耗物不能作为租赁合同的标的。

（2）租赁合同是转移财产使用权的合同。租赁合同是出租人将租赁物交给另一方当事人使用并获取收益的合同，在租赁期内，承租人获得的是租赁物的使用权，租赁物的所有权仍属于出租人。该特征使租赁合同区别于转移标的物所有权的买卖合同。

（3）租赁合同是标的物的使用收益权与租金对待移转的双务、有偿合同。承租人使用租赁物是为了满足自己的生产或生活需求，出租人出租租赁物是为了获得租金收益。出租人负有将租赁物交付承租人并保证租赁物符合合同约定的使用状态的义务，承租人负有妥善保管租赁物并按约定支付租金的义务。承租人支付租金是租赁合同的本质特征，该特征使租赁合同区别于单务、无偿的借用合同。

（4）租赁合同是诺成合同。租赁合同自双方当事人协商一致时成立，该特征区别于须交付标的物才能成立的借用合同。

（5）租赁合同具有期限性和持续性。租赁合同是出租人将租赁物交给另一方当事人在一定期限内使用并获取收益的合同。无论租赁合同中是否明确约定租赁期限，也无论约定租赁期限的长短，租赁总是有期限的。而且出租人的给付是持续的，即在租赁期内，负有持续为承租人提供符合合同约定使用状态的租赁物的义务。该特征区别于一次性给付和转移永久性所有权的买卖合同。

2. 租赁合同的类型与合同形式

根据合同中是否明确约定了租赁期限，租赁合同分为定期租赁合同和不定期租赁合同。

1）定期租赁合同

定期租赁合同是指在租赁合同中明确约定了租赁期限的合同。租赁期限关系到承租人使用租赁物和支付租金时间的长短，租赁期限的长短由双方当事人根据自己的生产或生活需求自行约定，但不得超过法律规定的最长期限。《民法典》规定租赁期限不得超过 20 年。超过 20 年的，超过部分无效。租赁期限届满，当事人可以续订租赁合同；但是，约定的租赁期限自续订之日起不得超过 20 年。

定期租赁中，租赁期限 6 个月以上的，合同应当采用书面形式。租赁期限低于 6 个月的，可以采用书面形式，也可以采用口头形式。

2）不定期租赁合同

不定期租赁合同是指双方当事人没有约定租赁期限或者租赁期限约定不明，而且事后也不能确定租赁期限的合同。

不定期租赁具体分为三种情况。（1）双方当事人没有约定租赁期限或约定不明的；（2）租赁期限届满，承租人继续使用租赁物，出租人没有提出异议的；（3）租赁期限 6 个月以上，当事人未采用书面形式，无法确定租赁期限的。对于第三种情况需要明确的是，并非所有的租赁期限 6 个月以上未采用书面形式的合同都视为不定期租赁，只有"无法确定租赁期限的"才如此处理。如甲施工企业向乙租赁公司租赁某施工机具一台，租赁期限 12 个月，但双方未签订书面合同，而建设工程施工合同的工期是 12 个月，该机具又是应当使用于整个施工期间的，此时，该租赁合同的期限可以确定为 12 个月，则不应当仅仅因为未采用书面形式而将其视为不定期租赁。

不定期租赁合同，当事人可以随时解除合同，但应当在合理期限之前通知对方。

3. 租赁合同双方当事人的权利义务

1）出租人的义务

（1）按约交付租赁物并保持其适租性的义务。出租人应当按照约定将租赁物交付承租人，并在租赁期限内保持租赁物符合约定的用途。此是出租人的"适租义务"，具体包含两项内容：一是按照合同约定租赁物的名称、数量、交付方式、时间、地点等将租赁物交付给承租人；二是在租赁物交付时保证交付的租赁物符合约定的用途，承租人能正常使用；在租赁期间内也应保持租赁物符合约定用途。租赁物如果出现"不适租"问题，出租人应当及时维修或承担其他不利后果。

（2）对租赁物承担权利瑕疵担保责任的义务。出租人应担保第三人不得对租赁物主张权利，因第三人主张权利，致使承租人不能对租赁物使用、收益的，承租人可以请求减少租金或者不支付租金。

（3）及时维修租赁物的义务。出租人应当履行租赁物的维修义务，但是当事人另有约定的除外。该义务是从"适租义务"中派生出来的。在租赁期间，在租赁物存在瑕疵或被毁损的情况下，维修义务原则上由出租人承担，但允许双方当事人在合同中作出相反的约定。具体包括以下几点：第一，除当事人另有约定外，在租赁物需要维修时，无论是由出租人主动作出，还是承租人提出请求，出租人均应在合理期限内维修；第二，出租人未履行维修义务的，承租人可以自行维修，维修费用由出租人负担；第三，因维修租赁物影响承租人使用的，应当相应减少租金或者延长租期；第四，因承租人的过错致使租赁物需要维修的，出租人不承担维修义务。

2）承租人的义务

（1）按约支付租金的义务。承租人应当按照约定的期限支付租金。对支付租金的期限没有约定或者约定不明确，依法仍不能确定的，租赁期限不满1年的，应当在租赁期限届满时支付；租赁期限1年以上的，应当在每届满1年时支付，剩余期限不满1年的，应当在租赁期限届满时支付。

（2）按约使用租赁物的义务。承租人应当按照约定的用途和方法使用租赁物，以避免租赁物的非正常损耗和折旧。如租赁的房屋约定用途是居住，承租人就不能用来商业经营。对租赁物的使用方法没有约定或者约定不明确，依法仍不能确定的，应当根据租赁物的性质使用。承租人按照约定的方法或者根据租赁物的性质使用租赁物，致使租赁物受到损耗的，不承担赔偿责任。承租人未按照约定的方法或者未根据租赁物的性质使用租赁物，致使租赁物受到损失的，出租人可以解除合同并请求赔偿损失。

（3）妥善保管租赁物的义务。妥善保管租赁物也是承租人的主要义务之一。承租人应按约定的方式或租赁物的性质保管租赁物，如租赁的机器设备，就应将其放置在厂房里，而不是露天摆放；同时还要按租赁物的使用情况进行正常的维护维修，如车辆应经常加油，设备应正常维护。承租人因保管不善造成租赁物毁损、灭失的，应当承担赔偿责任。

（4）第三人对租赁物主张权利时的通知义务。该义务是出租人权利瑕疵担保义务的延伸。因为租赁物被承租人所占有，第三人主张权利时可能承租人比出租人更早知情，故承租人应当及时通知出租人。

（5）返还租赁物的义务。租赁期限届满，承租人应当返还租赁物。返还的租赁物应当是原物，而且符合按照约定或者根据租赁物的性质使用后的状态。

3）承租人的权利

（1）租赁物的使用收益权。承租人订立租赁合同的目的就是获得租赁物的使用权，并通过使用租赁物获得收益。该权利是承租人最重要的权利。

（2）减少租金请求权。《民法典》赋予了承租人在特定情形下的减少租金请求权：因维修租赁物影响承租人使用的，承租人可以请求相应减少租金或者延长租期；因第三人主张权利，致使承租人不能对租赁物使用、收益的，承租人可以请求减少租金或者不支付租金；因不可归责于承租人的事由，致使租赁物部分或者全部毁损、灭失的，承租人可以请求减少租金或者不支付租金。

（3）经出租人同意后对租赁物的改造权。承租人经出租人同意，可以对租赁物进行改善或者增设他物。承租人未经出租人同意，对租赁物进行改善或者增设他物的，出租人可以请求承租人恢复原状或者赔偿损失。

（4）经出租人同意后的转租权。承租人经出租人同意，可以将租赁物转租给第三人；承租人转租的，承租人与出租人之间的租赁合同继续有效；第三人造成租赁物损失的，承租人应当赔偿损失。

需要注意的是：出租人知道或者应当知道承租人转租，但是在6个月内未提出异议的，视为出租人同意转租。

4. 租赁合同的解除权

除双方当事人协商可以解除租赁合同外，《民法典》还规定了特定情形下租赁合同双方当事人的单方合同解除权。

1）承租人的合同解除权

（1）租赁物非因承租人原因被司法机关或者行政机关依法查封、扣押，致使租赁物无法使用的。

（2）租赁物非因承租人原因发生权属争议，致使租赁物无法使用的。

（3）非因承租人原因租赁物具有违反法律、行政法规关于使用条件的强制性规定情形，致使租赁物无法使用的。

（4）因租赁物部分或者全部毁损、灭失，致使不能实现合同目的的。

（5）租赁物危及承租人的安全或者健康的。当租赁物的质量瑕疵达到危及承租人人身安全或健康的程度时，即使承租人订立合同时明知该租赁物质量不合格，承租人仍然可以随时解除合同。

2）出租人的合同解除权

（1）承租人未按照约定的方法或者未根据租赁物的性质使用租赁物，致使租赁物受到损失的，出租人可以解除合同并请求赔偿损失。

（2）承租人未经出租人同意转租的，出租人可以解除合同。

（3）承租人无正当理由未支付或者迟延支付租金的，出租人可以请求承租人在合理期限内支付；承租人逾期不支付的，出租人可以解除合同。

3）双方当事人的合同解除权

不定期租赁或视为不定期租赁的合同，双方当事人均享有随时解除合同的权利，但是应当在合理期限之前通知对方。

5.3.5 承揽合同

在建设工程领域，诸如钢筋、水泥等通用的、标准化的、批量生产的建筑材料通过签订买卖合同即可获取，但同时还会有一些非通用、非标准化、非批量生产的复杂设备或特殊的建筑构件需要量身定做，这就需要通过签订承揽合同来实现。

1. 承揽合同的概念与特征

承揽合同是承揽人按照定作人的要求完成工作，交付工作成果，定作人支付报酬的合同。其中，完成工作并将工作成果交付给对方的一方当事人是承揽人；接受工作成果并向对方给付报酬的一方当事人是定作人。承揽合同与买卖合同具有很多共同之处，都是双务、有偿、诺成、不要式合同，交付标的物的一方都负有瑕疵担保责任等。但二者也有很多不同，与买卖合同相比，承揽合同具有以下特征：

（1）承揽合同的标的是完成特定的工作。定作人订立承揽合同的目的是利用承揽人的技术等条件为其完成一定工作，承揽人必须按照定作人的要求完成一定的工作，而交付特定的物化工作成果是完成一定工作的必然结果。而买卖合同的标的是以有偿的方式转让标的物所有权的行为。

（2）承揽人向定作人交付的标的物是定作物。承揽人交付的定作物是为定作人"量身定做"的非通用、非标准化、非批量生产的特定物。而买卖合同的标的物是通用的、标准化的、可以批量生产的物，既可以是种类物，如 10 吨钢材，也可以是特定物，如一栋房屋。需要注意的是，实践中，有些造价高、需求量小的产品，如大型工程施工设备,生产厂家一般不会有现成的库存产品,企业有需求时,往往也需要通过以预定的方式与生产厂家签订合同后,厂家才开始生产,但只要该产品是有国家统一标准的成熟商品,不需要采购方提供特殊的需求,性质上就是买卖合同而非承揽合同。

(3)承揽合同具有一定的人身性质。定作人选择承揽人通常是基于对承揽人能力、设备、技术甚至以往的业绩口碑等方面的考虑并决定是否与其签订合同。买卖合同中的买受人一般只根据出卖人现有的标的物的性能、条件,衡量是否满足自己的需要等决定是否签订合同。

(4)承揽人向定作人交付的必须是以自己的设备、技术和劳力,完成主要工作的工作成果,非经定作人同意,承揽人不得将其承揽的主要工作交由第三人完成。而买卖合同中出卖人向买受人交付的标的物既可以是自产自销的,也可以是采购而来的,只要满足合同约定的质量、数量等要求即可。

2. 承揽的形式和承揽合同的内容

承揽包括加工、定作、修理、复制、测试、检验等工作。

承揽合同的内容一般包括承揽的标的、数量、质量、报酬,承揽方式,材料的提供,履行期限,验收标准和方法等条款。

3. 承揽合同中当事人的主要义务

1)承揽人的主要义务

(1)亲自完成合同约定的主要工作的义务。以自己的设备、技术和劳力完成主要工作,是承揽人的首要的基本义务,但是法律允许当事人之间另有约定。承揽人将其承揽的主要工作交由第三人完成的,应当就该第三人完成的工作成果向定作人负责;未经定作人同意的,定作人可以解除合同。承揽人可以将其承揽的辅助工作交由第三人完成,承揽人将其承揽的辅助工作交由第三人完成的,应当就该第三人完成的工作成果向定作人负责。

(2)按约向定作人交付工作成果的义务。承揽人应在约定的期限内完成工作,并向定作人交付工作成果,同时提交必要的技术资料和有关质量证明。

(3)工作成果的瑕疵担保义务。承揽人交付的工作成果应当符合合同约定或法定的质量要求,否则,定作人可以合理选择请求承揽人承担修理、重作、减少报酬、赔偿损失等违约责任。

(4)按约提供材料并接受定作人检验的义务。约定承揽人提供材料的,应当按照约定选用材料,并接受定作人检验。承揽合同中需要的材料由谁提供,取决于合同的约定。如果合同中约定材料由承揽人提供,即承揽人"包工包料"的,承揽人应当按照约定选用材料,并接受定作人检验,以保证材料与合同约定一致。

(5)对定作人提供材料及时检验并不得擅自更换的义务。如果合同中约定材料由定作人提供,即承揽人"包工不包料"的,承揽人对定作人提供的材料应当及时检验,发现不符合约定时,应当及时通知定作人更换、补齐或者采取其他补救措施。承揽人不得擅自更换定作人提供的材料,不得更换不需要修理的零部件。

(6)及时通知的义务。承揽人发现定作人提供的图纸或者技术要求不合理的,应当及时通知定作人。

(7)接受定作人必要监督检验的义务。承揽人在工作期间,应当接受定作人必要的监督检验。

（8）材料及工作成果的保管义务。承揽人应当妥善保管定作人提供的材料以及完成的工作成果，因保管不善造成毁损、灭失的，应当承担赔偿责任。

（9）保密义务。承揽人应当按照定作人的要求保守秘密，未经定作人许可，不得留存复制品或者技术资料。

（10）共同承揽人的连带责任义务。共同承揽人是指两个或两个以上的人共同完成承揽工作。共同承揽人对定作人承担连带责任，但是当事人另有约定的除外。

2）定作人的主要义务

（1）按约支付报酬及材料费等价款的义务。定作人应当按照约定的期限支付报酬。对支付报酬的期限没有约定或者约定不明确，依法仍不能确定的，定作人应当在承揽人交付工作成果时支付；工作成果部分交付的，定作人应当相应支付。合同约定材料由承揽人提供的，定作人还需向承揽人支付材料费。

定作人未向承揽人支付报酬或者材料费等价款的，承揽人对完成的工作成果享有留置权或者有权拒绝交付，但是当事人另有约定的除外。

（2）受领并验收工作成果的义务。对承揽人交付的工作成果，定作人应当及时验收并受领。定作人受领承揽物或工作成果的，不免除承揽人的瑕疵担保责任。

（3）按约提供材料的义务。如果合同中约定材料由定作人提供，定作人应当按照合同约定的品质标准、数量、时间和地点等向承揽人及其代理人交付材料。

（4）协助承揽人完成工作的义务。承揽工作需要定作人协助的，定作人有协助的义务。定作人不履行协助义务致使承揽工作不能完成的，承揽人可以催告定作人在合理期限内履行义务，并可以顺延履行期限；定作人逾期不履行的，承揽人可以解除合同。

（5）及时答复承揽人的义务。承揽人发现定作人提供的图纸或者技术要求不合理的，应当及时通知定作人。定作人应及时答复，因定作人怠于答复等原因造成承揽人损失的，应当赔偿损失。

（6）对中途变更承揽工作要求的损失赔偿义务。定作人中途变更承揽工作的要求，造成承揽人损失的，应当赔偿损失。

（7）不得滥用监督检验权利的义务。承揽人在工作期间，定作人有实施必要监督检验的权利。但定作人不得因监督检验妨碍承揽人的正常工作。

4. 承揽合同的解除权

除双方当事人协商可以解除承揽合同外，《民法典》还规定了特定情形下承揽合同双方当事人的单方合同解除权。

1）承揽人的合同解除权

定作人不履行协助义务的，承揽人可催告其在合理的期限内履行，定作人逾期仍不履行的，承揽人可以解除合同。

2）定作人的合同解除权

（1）定作人的法定解除权。承揽人未经定作人同意将主要承揽工作交由第三人完成的，定作人可以解除合同。

（2）定作人的任意解除权。定作人在承揽人完成工作前可以随时解除合同，造成承揽人损失的，应当赔偿损失。

5.3.6 运输合同

在建设工程领域,大量的建筑材料、建筑构配件、甚至建筑设备需要运输至建设工程所在地,施工中的某些土方也需运输至特定地点。施工单位需要与运输企业签订运输合同实现以上目的。

1. 运输合同的概念特征

运输合同分为客运合同和货运合同。基于建造师的执业特点,本知识点所介绍内容仅限于货运合同。

货运合同是承运人将货物从起运地点运输到约定地点,托运人或者收货人支付运输费用的合同。该合同具有以下特征:

(1)货运合同的当事人具有特殊性。货运合同的一方当事人是承运人,另一方是托运人。收货人有时和托运人是同一人,但大部分时候是承运人和托运人之外的第三人。如果收货人未参与合同的签订,就不是货运合同的当事人,只是合同的利害关系人。

(2)货运合同的客体是承运人的运送行为,不是运送的货物本身。

(3)货运合同为双务、有偿、诺成合同。

(4)货运合同多为定型化合同。

2. 运输合同当事人的主要权利和义务

1)托运人的权利和义务

(1)托运人的权利

① 任意变更、解除权。在承运人将货物交付收货人之前,托运人可以要求承运人中止运输、返还货物、变更到达地或者将货物交给其他收货人,但应当赔偿承运人因此受到的损失。

② 有条件的拒付运费权。货物在运输过程中因不可抗力灭失,未收取运费的,承运人不得请求支付运费;已经收取运费的,托运人可以请求返还。法律另有规定的,依照其规定。

③ 有条件的拒绝支付增加部分运费的权利。承运人未按照约定路线或者通常路线运输增加运输费用的,合同约定由托运人支付运费的,托运人可以拒绝支付增加部分的运输费用。

(2)托运人的义务

① 支付运费的义务。收货人与托运人可以是同一人,也可以是托运人和承运人以外的第三人。当二者是同一人或者运输合同中约定由托运人支付运费时,托运人应当支付运输费用。

② 如实告知义务。托运人办理货物运输,应当向承运人准确表明收货人的姓名、名称或者凭指示的收货人,货物的名称、性质、重量、数量,收货地点等有关货物运输的必要情况。

③ 提交审批文件义务。货物运输需要办理审批、检验等手续的,托运人应当将办理完有关手续的文件提交承运人。

④ 妥善包装货物义务。托运人应当按照约定或者法定的方式包装货物,否则,承

运人可以拒绝运输。

⑤ 托运危险物品时的特殊义务。托运人托运易燃、易爆、有毒、有腐蚀性、有放射性等危险物品的，应当按照国家有关危险物品运输的规定对危险物品妥善包装，做出危险物品标志和标签，并将有关危险物品的名称、性质和防范措施的书面材料提交承运人。

2）收货人的权利和义务

（1）收货人的权利

① 有条件的运输费用给付拒绝权。承运人未按照约定路线或者通常路线运输增加运输费用的，收货人可以拒绝支付增加部分的运输费用。

② 损害赔偿请求权。收货人对运输过程中货物发生的毁损、灭失有权请求承运人予以赔偿。但若货物的毁损、灭失是因不可抗力、货物本身的自然性质或者合理损耗以及托运人、收货人的过错造成的，则承运人免责。

（2）收货人的义务

① 及时提货义务。货物运输到达后，收货人应当及时提货。收货人逾期提货的，应当向承运人支付保管费等费用。

② 及时检验义务。收货人提货时应当按照约定的期限检验货物。对检验货物的期限没有约定或约定不明确，应当在合理期限内检验货物。

③ 合同有约定时的支付运费义务。收货人是托运人和承运人之外的第三人，且合同约定运费由收货人支付时，收货人应当按照合同约定支付运输费用。

3）承运人的权利和义务

（1）承运人的权利

① 特定条件下的拒绝运输权。托运人不按照约定或法定方式包装货物，承运人可以拒绝运输；托运人托运危险物品时，未按国家有关规定对托运物品妥善包装、做出危险物品标志标签，并将有关危险物品的名称、性质和防范措施的书面材料提交承运人的，承运人可以拒绝运输，也可以采取相应措施以避免损失的发生，因此产生的费用由托运人承担。

② 运送物的留置权。托运人或者收货人不支付运费、保管费或者其他费用的，承运人对相应的运输货物享有留置权，但是当事人另有约定的除外。

③ 货物的提存权。收货人不明或者收货人无正当理由拒绝受领货物的，承运人依法可以提存货物。

（2）承运人的义务

① 从事公共运输的承运人的强制缔约义务。从事公共运输的承运人不得拒绝托运人通常、合理的运输要求。公共运输是指面向社会公众的、由取得营运资格的营运人所从事的商业运输的行为。由于公共运输的特殊性，法律赋予了承运人不得拒绝托运人通常、合理的运输要求的强制缔约义务。

② 及时、安全的送达义务。承运人应当在约定期限或者合理期限内将货物安全运输到约定地点。

③ 按照约定或通常运输路线运输的义务。承运人应当按照约定的或者通常的运输路线将货物运输到约定地点。需要注意的是，有约定路线按照约定路线运输，即使舍近

求远也要遵守；没有约定路线则应按通常运输路线运输，不得无故绕行。

④ 通知义务。货物运输到达后，承运人知道收货人的，应当及时通知收货人。

3. 承运人的赔偿责任与托运人的运费风险

1）承运人的赔偿责任

承运人对运输过程中货物的毁损、灭失承担赔偿责任，但承运人证明货物的毁损、灭失是因不可抗力、货物本身的自然性质或者合理损耗以及托运人、收货人的过错造成的，不承担赔偿责任。

货物的毁损、灭失的赔偿额，当事人有约定的，按照其约定；没有约定或者约定不明确，依法仍不能确定的，按照交付或者应当交付时货物到达地的市场价格计算。法律、行政法规对赔偿额的计算方法和赔偿限额另有规定的，依照其规定。

2）托运人的运费风险

货物在运输过程中因不可抗力灭失，未收取运费的，承运人不得请求支付运费；已经收取运费的，托运人可以请求返还。法律另有规定的，依照其规定。

4. 单式联运与多式联运合同的特殊规则

1）单式联运与多式联运合同的概念

单式联运合同，也称为"相继运输合同"，是指两个以上承运人以同一运输方式将货物从起运点运输到约定地点的联运合同。如"铁路运输＋铁路运输""航空运输＋航空运输""公路运输＋公路运输"。多式联运合同是指两个以上承运人以不同的运输方式将货物从起运点运输到约定地点的联运合同。如"铁路运输＋航空运输""航空运输＋公路运输""公路运输＋铁路运输"等。多式联运合同的双方当事人为托运人与多式联运经营人（即第一承运人）。

2）责任承担

（1）单式联运合同

与托运人订立合同的承运人应当对全程运输承担责任；损失发生在某一运输区段的，与托运人订立合同的承运人和该区段的承运人承担连带责任。

（2）多式联运合同

多式联运经营人负责履行或者组织履行多式联运合同，对全程运输享有承运人的权利，承担承运人的义务。多式联运经营人可以与参加多式联运的各区段承运人就多式联运合同的各区段运输约定相互之间的责任，但该约定不影响多式联运经营人对全程运输承担的义务。货物的毁损、灭失发生于多式联运的某一运输区段的，多式联运经营人的赔偿责任和责任限额，适用调整该区段运输方式的有关法律规定。货物毁损、灭失发生的运输区段不能确定的，根据相关法律规定承担赔偿责任。

第 6 章 建设工程安全生产法律制度

建设工程安全生产事关人民福祉和经济社会发展大局，为保护人民生命和财产安全，作为建设法规体系的组成部分，建设工程安全生产相关的立法从部门法律、行政法规、部门规章到地方性法规等，已经具有一定的独立性和完整性，形成了专业安全法规体系。

《建筑法》《安全生产法》《建设工程安全生产管理条例》等法律法规明确了安全生产的基本制度。

第一，安全生产方针。《建筑法》规定，建筑工程安全生产管理必须坚持安全第一、预防为主的方针，建立健全安全生产的责任制度和群防群治制度。《安全生产法》规定，安全生产工作坚持中国共产党的领导。安全生产工作应当以人为本，坚持人民至上、生命至上，把保护人民生命安全摆在首位，树牢安全发展理念，坚持安全第一、预防为主、综合治理的方针，从源头上防范化解重大安全风险。

第二，"三管三必须"的原则。《安全生产法》规定，安全生产工作实行管行业必须管安全、管业务必须管安全、管生产经营必须管安全，强化和落实生产经营单位主体责任与政府监管责任，建立生产经营单位负责、职工参与、政府监管、行业自律和社会监督的机制。

第三，安全生产责任主体多元化机制。《建设工程安全生产管理条例》规定，建设单位、勘察单位、设计单位、施工单位、工程监理单位及其他与建设工程安全生产有关的单位，必须遵守安全生产法律、法规的规定，保证建设工程安全生产，依法承担建设工程安全生产责任。

上述方针、原则与机制应当贯彻于建设工程安全生产的全方位、全过程管理，贯穿于建设工程项目的全生命周期。

6.1 建设单位和相关单位的安全责任制度

作为工程建设项目的投资人、发包方，建设单位在工程建设中均处于核心和优势地位，对于建设工程的安全生产负有重要的责任。

6.1.1 建设单位的安全责任

《建设工程安全生产管理条例》规定，建设单位必须遵守安全生产法律、法规的规定，保证建设工程安全生产，依法承担建设工程安全生产责任。

1）依法办理有关批准手续

《建筑法》规定，有下列情形之一的，建设单位应当按照国家有关规定办理申请批准手续：（1）需要临时占用规划批准范围以外场地的；（2）可能损坏道路、管线、电力、邮电通信等公共设施的；（3）需要临时停水、停电、中断道路交通的；（4）需要进行爆破作业的；（5）法律、法规规定需要办理报批手续的其他情形。

2）申领施工许可证应当提供有关安全施工措施的资料

按照《建筑法》的规定，建设单位申请领取施工许可证应当具备的条件之一，就是"有保证工程质量和安全的具体措施"。

《建设工程安全生产管理条例》进一步规定，建设单位在领取施工许可证时，应当提供建设工程有关安全施工措施的资料。依法批准开工报告的建设工程，建设单位应当自开工报告批准之日起15日内，将保证安全施工的措施报送建设工程所在地的县级以上地方人民政府建设行政主管部门或者其他有关部门备案。

建设单位在申请领取施工许可证时，应当提供的建设工程有关安全施工措施资料一般包括：中标通知书，工程施工合同，施工现场总平面布置图，临时设施规划方案和已搭建情况，施工现场安全防护设施搭设（设置）计划、施工进度计划、安全措施费用计划，专项安全施工组织设计（方案、措施），拟进入施工现场使用的施工起重机械设备（塔式起重机、物料提升机、外用电梯）的型号、数量，工程项目负责人、安全管理人员及特种作业人员持证上岗情况，建设单位安全监督人员名册、工程监理单位人员名册，以及其他应提交的材料。

3）向施工单位提供真实、准确和完整的有关资料

《建筑法》规定，建设单位应当向建筑施工企业提供与施工现场相关的地下管线资料，建筑施工企业应当采取措施加以保护。

《建设工程安全生产管理条例》进一步规定，建设单位应当向施工单位提供施工现场及毗邻区域内供水、排水、供电、供气、供热、通信、广播电视等地下管线资料，气象和水文观测资料，相邻建筑物和构筑物、地下工程的有关资料，并保证资料的真实、准确、完整。

4）确定建设工程安全作业环境及安全施工措施费用

《建设工程安全生产管理条例》规定，建设单位在编制工程概算时，应当确定建设工程安全作业环境及安全施工措施所需费用。

工程概算是在初步设计阶段，根据初步设计的图纸、概算定额或概算指标、费用定额及其他有关文件，概略计算的拟建工程费用。要求建设单位在编制工程概算时，确定建设工程安全作业环境及安全施工措施所需费用是对劳动者生命安全和身体健康的基本尊重和物质保障。根据《劳动法》，劳动者有权获得劳动安全卫生保护的权利。建设单位虽然不是作业人员的用人单位，但是作为项目所有权人，有义务为对方提供满足安全施工的作业环境及安全施工措施所需费用。

5）不得提出违反安全法规的要求以及压缩合同工期

《建设工程安全生产管理条例》规定，建设单位不得对勘察、设计、施工、工程监理等单位提出不符合建设工程安全生产法律、法规和强制性标准规定的要求，不得压缩合同约定的工期。

本规定中合同约定的工期是指在合同协议书约定的承包人完成工程所需的期限，包括按照合同约定所作的期限变更，具体是指建设项目或一个单项工程从正式开工到全部建成投入生产或交付使用时所经历的时间，是从开工到竣工的全部日历天数。它是从

建设速度的视角反映投资效果的指标，工期的长短直接影响施工企业的经济效益，因此，是施工企业重要的核算指标之一。合同工期具有科学性和约定性。一方面，合同工期的确定是当事人双方基于工程发包时工程技术发展的主客观条件，依据工程建设的基本规律、惯例以及经验，综合平衡确定的时间。另一方面，合同工期是施工合同的实质性条款之一，作为合同当事人之间的重要约定，具有法律约束力，不得一厢情愿地压缩合同约定的工期。如果由于压缩工期造成安全事故，建设单位应当承担相应的法律责任。

6）不得要求购买、租赁和使用不符合安全施工要求的用具设备等

《建设工程安全生产管理条例》规定，建设单位不得明示或者暗示施工单位购买、租赁、使用不符合安全施工要求的安全防护用具、机械设备、施工机具及配件、消防设施和器材。

实践中，施工单位购买、租赁、使用的安全防护用具、机械设备、施工机具及配件等应该根据施工合同约定，按照设计要求和技术规范的规定去落实。在合同约定之外，建设单位不得再采用明示或者暗示的手段对施工单位施加影响。

7）落实安全设施"三同时"

根据《安全生产法》，建设项目的安全设施，必须与主体工程同时设计、同时施工、同时投入生产和使用。安全设施投资应当纳入建设项目概算。安全设备的设计、制造、安装、使用、检测、维修、改造和报废，应当符合国家标准或者行业标准。

8）装修工程和拆除工程的安全要求

《建筑法》规定，涉及建筑主体和承重结构变动的装修工程，建设单位应当在施工前委托原设计单位或者具有相应资质条件的设计单位提出设计方案；没有设计方案的，不得施工。同时还规定，房屋拆除应当由具备保证安全条件的建筑施工单位承担。

《建设工程安全生产管理条例》进一步规定，建设单位应当将拆除工程发包给具有相应资质等级的施工单位。建设单位应当在拆除工程施工 15 日前，将下列资料报送建设工程所在地的县级以上地方人民政府建设行政主管部门或者其他有关部门备案：（1）施工单位资质等级证明；（2）拟拆除建筑物、构筑物及可能危及毗邻建筑的说明；（3）拆除施工组织方案；（4）堆放、清除废弃物的措施。

实施爆破作业的，应当遵守国家有关民用爆炸物品管理的规定。

9）建设单位违法行为应承担的法律责任

《建设工程安全生产管理条例》规定，建设单位未提供建设工程安全生产作业环境及安全施工措施所需费用的，责令限期改正；逾期未改正的，责令该建设工程停止施工。

建设单位未将保证安全施工的措施或者拆除工程的有关资料报送有关部门备案的，责令限期改正，给予警告。

建设单位有下列行为之一的，责令限期改正，处 20 万元以上 50 万元以下的罚款；造成重大安全事故，构成犯罪的，对直接责任人员，依照刑法有关规定追究刑事责任；造成损失的，依法承担赔偿责任：（1）对勘察、设计、施工、工程监理等单位提出不符合安全生产法律、法规和强制性标准规定的要求的；（2）要求施工单位压缩合同约定的工期的；（3）将拆除工程发包给不具有相应资质等级的施工单位的。

6.1.2 勘察、设计单位的安全责任

工程勘察、设计是工程建设的先导和灵魂,对于工程项目建设的重要性不言而喻,因此,作为建设工程的主体之一,有其独立的安全责任。

1. 勘察单位的安全责任

根据《建设工程勘察设计管理条例》,建设工程勘察是指根据建设工程的要求,查明、分析、评价建设场地的地质地理环境特征和岩土工程条件,编制建设工程勘察文件的活动。

1)勘察文件满足建设工程安全生产的需要

《建设工程安全生产管理条例》规定,勘察单位应当按照法律、法规和工程建设强制性标准进行勘察,提供的勘察文件应当真实、准确,满足建设工程安全生产的需要。《建设工程勘察设计管理条例》规定,建设工程勘察、设计文件中规定采用的新技术、新材料,可能影响建设工程质量和安全,又没有国家技术标准的,应当由国家认可的检测机构进行试验、论证,出具检测报告,并经国务院有关部门或者省、自治区、直辖市人民政府有关部门组织的建设工程技术专家委员会审定后,方可使用。

2)勘察作业严格执行操作规程

《建设工程安全生产管理条例》规定,勘察单位在勘察作业时,应当严格执行操作规程,采取措施保证各类管线、设施和周边建筑物、构筑物的安全。

按照《建设工程勘察合同示范文本》GF—2016—0203,勘察人开展工程勘察活动时应遵守有关职业健康及安全生产方面的各项法律法规的规定,采取安全防护措施,确保人员、设备和设施的安全。在燃气管道、热力管道附近等风险性较大的地点,以及在易燃易爆地段及放射、有毒环境中进行工程勘察作业时,应编制安全防护方案并制定应急预案。

3)加强职工技术培训和职业道德教育

《建设工程勘察质量管理办法》规定,司钻员、描述员、土工试验员等人员应当按照有关规定接受安全生产、职业道德、理论知识和操作技能等方面的专业培训。

2. 设计单位的安全责任

根据《建设工程勘察设计管理条例》,建设工程设计是指根据建设工程的要求,对建设工程所需的技术、经济、资源、环境等条件进行综合分析、论证,编制建设工程设计文件的活动。

施工图设计文件审查机构应当对房屋建筑工程、市政基础设施工程施工图设计文件中涉及公共利益、公众安全、工程建设强制性标准的内容进行审查。

1)按照法律、法规和工程建设强制性标准进行设计

《建筑法》规定,建筑工程设计应当符合按照国家规定制定的建筑安全规程和技术规范,保证工程的安全性能。基于此《建设工程安全生产管理条例》进一步规定,设计单位应当按照法律、法规和工程建设强制性标准进行设计,防止因设计不合理导致生产安全事故的发生。

2)明确施工安全关键点并提出指导意见

《建设工程安全生产管理条例》规定,设计单位应当考虑施工安全操作和防护的需

要，对涉及施工安全的重点部位和环节在设计文件中注明，并对防范生产安全事故提出指导意见。

工程实践中，对于诸如地下管线的防护、外电防护和深基坑工程等都应当在设计文件中注明，施工单位作业前，设计单位应当就设计意图、设计文件向施工单位做出说明和技术交底，并对防范生产安全事故提出指导意见。

3）对"三新"等工程的施工安全提出措施建议

《建设工程安全生产管理条例》规定，采用新结构、新材料、新工艺的建设工程和特殊结构的建设工程，设计单位应当在设计中提出保障施工作业人员安全和预防生产安全事故的措施建议。

4）对工程设计成果负责

《安全生产法》规定，建设项目安全设施的设计人、设计单位应当对安全设施设计负责。《建设工程安全生产管理条例》规定，设计单位和注册建筑师等注册执业人员应当对其设计负责。

上述规定确定了单位责任和个人责任相结合的设计责任机制。设计单位作为独立法人，应对本单位的工作成果负责。同时，我国对设计行业已经实行了建筑师和结构工程师的个人执业注册制度，并规定注册建筑师、注册结构工程师必须在规定的执业范围内对本人负责的建设工程设计文件实行签字盖章制度，明确了注册执业人员的专业责任制度。

因此，诚如《建设工程设计合同示范文本（房屋建筑工程）》GF—2015—0209所述，工程设计文件必须保证工程质量和施工安全等方面的要求，也即"谁设计，谁负责"。

3. 勘察、设计单位违法行为应承担的法律责任

《建设工程安全生产管理条例》规定，勘察单位、设计单位有下列行为之一的，责令限期改正，处10万元以上30万元以下的罚款；情节严重的，责令停业整顿，降低资质等级，直至吊销资质证书；造成重大安全事故，构成犯罪的，对直接责任人员，依照刑法有关规定追究刑事责任；造成损失的，依法承担赔偿责任：（1）未按照法律、法规和工程建设强制性标准进行勘察、设计的；（2）采用新结构、新材料、新工艺的建设工程和特殊结构的建设工程，设计单位未在设计中提出保障施工作业人员安全和预防生产安全事故的措施建议的。

注册执业人员未执行法律、法规和工程建设强制性标准的，责令停止执业3个月以上1年以下；情节严重的，吊销执业资格证书，5年内不予注册；造成重大安全事故的，终身不予注册；构成犯罪的，依照刑法有关规定追究刑事责任。

6.1.3 工程监理单位的安全责任

工程监理单位作为建设工程安全责任主体之一，以独立第三方的形式履行安全监督职责。

1）对建设工程安全生产的总体监督

《建筑法》规定，工程监理人员认为工程施工不符合工程设计要求、施工技术标准和合同约定的，有权要求建筑施工企业改正。此规定中的不符合，主要是针对质量与安全而言。

根据《建设工程监理规范》GB/T 50319—2013，工程监理单位受建设单位委托，在监理过程中，应履行建设工程安全生产管理法定职责。当施工出现了安全隐患，总监理工程师认为有必要停工以消除隐患的，可签发工程暂停令。这明确了工程监理单位在建设工程安全生产中的监督职责。

2）审查安全技术措施或专项施工方案

《建设工程安全生产管理条例》规定，工程监理单位应当审查施工组织设计中的安全技术措施或者专项施工方案是否符合工程建设强制性标准。

施工组织设计是工程施工全过程的综合性技术经济文件，主要分部分项工程的施工方案和质量、安全保障体系与技术措施是其核心组成部分。而专项施工方案主要是针对危险性较大的分部分项工程编制的施工方案。工程监理单位对施工组织设计中安全技术措施或者专项施工方案进行审查是工程监理单位对建设工程安全生产中监督职责的具体落实，审查的重点在是否符合工程建设强制性标准，对于达不到强制性标准的，应当要求施工单位进行补充完善。

根据《危险性较大的分部分项工程安全管理规定》，危险性较大的分部分项工程是指房屋建筑和市政基础设施工程在施工过程中，容易导致人员群死群伤或者造成重大经济损失的分部分项工程。

3）依法处理施工安全事故隐患

《建设工程安全生产管理条例》规定，工程监理单位在实施监理过程中，发现存在安全事故隐患的，应当要求施工单位整改；情况严重的，应当要求施工单位暂时停止施工，并及时报告建设单位。施工单位拒不整改或者不停止施工的，工程监理单位应当及时向有关主管部门报告。

4）承担建设工程安全生产的监理责任

《建设工程安全生产管理条例》规定，工程监理单位和监理工程师应当按照法律、法规和工程建设强制性标准实施监理，并对建设工程安全生产承担监理责任。

工程监理单位有下列行为之一的，责令限期改正；逾期未改正的，责令停业整顿，并处10万元以上30万元以下的罚款；情节严重的，降低资质等级，直至吊销资质证书；造成重大安全事故，构成犯罪的，对直接责任人员，依照刑法有关规定追究刑事责任；造成损失的，依法承担赔偿责任：（1）未对施工组织设计中的安全技术措施或者专项施工方案进行审查的；（2）发现安全事故隐患未及时要求施工单位整改或者暂时停止施工的；（3）施工单位拒不整改或者不停止施工，未及时向有关主管部门报告的；（4）未依照法律、法规和工程建设强制性标准实施监理的。

6.1.4　机械设备、检验检测等单位的安全责任

1. 机械设备相关单位的安全责任

1）提供机械设备和配件单位的安全责任

《建设工程安全生产管理条例》规定，为建设工程提供机械设备和配件的单位，应当按照安全施工的要求配备齐全有效的保险、限位等安全设施和装置。

配备齐全并且安全有效是本规定的两个核心要点，缺一不可。作为施工机械设备和配件的提供单位，一方面要保障所提供施工机械设备的保险、限位等安全设施和装置

配备齐无缺失，另一方面，还要保障所有的安全设施和装置安全有效，符合国家和行业有关技术标准和规范的要求，即性能达标以及在有效期内，对其提供的施工机械设备和配件等产品的质量和安全性能负责。实践中不少严重事故源于安全设施超期服役。其实，这是对提供施工机械设备单位安全责任的基本要求。

2）出租机械设备和施工机具及配件单位的安全责任

《建设工程安全生产管理条例》规定，出租的机械设备和施工机具及配件，应当具有生产（制造）许可证、产品合格证。出租单位应当对出租的机械设备和施工机具及配件的安全性能进行检测，在签订租赁协议时，应当出具检测合格证明。禁止出租检测不合格的机械设备和施工机具及配件。

本条例明确了施工机械设备、机具及配件出租单位如下安全责任：

（1）采购质量性能合格的机械设备和施工机具及配件

建设工程施工过程中，诸多施工单位不是自己购买，而是通过租赁方式满足施工机械设备和施工机具及配件的需求，因此，出租单位采购性能合格的机械设备和施工机具及配件是其企业经营的基本诚信，是其安全责任的源头和基本保障。

（2）出租检测合格的机械设备和施工机具及配件

虽然出租单位采购了性能合格的产品，但是随着多次使用的磨损消耗和自身的自然折旧，原本质量性能合格的机械设备和施工机具及配件会逐渐发生变化。因此，制度化定期检测或者根据需求适时检测，具体掌握合格与否情况也是出租单位的重要安全责任之一。而且，不仅要认真履行检测义务，更要坚持只出租检测合格的机械设备和施工机具及配件。

（3）禁止出租的法定情形

《建筑起重机械安全监督管理规定》规定，出租单位应当在签订的建筑起重机械租赁合同中，明确租赁双方的安全责任，并出具建筑起重机械特种设备制造许可证、产品合格证、制造监督检验证明、备案证明和自检合格证明，提交安装使用说明书。

有下列情形之一的建筑起重机械，不得出租、使用：① 属国家明令淘汰或者禁止使用的；② 超过安全技术标准或者制造厂家规定的使用年限的；③ 经检验达不到安全技术标准规定的；④ 没有完整安全技术档案的；⑤ 没有齐全有效的安全保护装置的。建筑起重机械有以上第①、②、③项情形之一的，出租单位或者自购建筑起重机械的使用单位应当予以报废，并向原备案机关办理注销手续。

3）施工起重机械和自升式架设设施安装、拆卸单位的安全责任

施工起重机械，是指施工中用于垂直升降或者垂直升降并水平移动重物的机械设备，如塔式起重机、施工外用电梯、物料提升机等。自升式架设设施，是指通过自有装置可将自身升高的架设设施，如整体提升脚手架、模板等。

该机械和设施安装拆卸单位的安全责任分述如下：

（1）具备相应的企业资质和安全生产许可证

《建设工程安全生产管理条例》规定，在施工现场安装、拆卸施工起重机械和整体提升脚手架、模板等自升式架设设施，必须由具有相应资质的单位承担。

《建筑起重机械安全监督管理规定》进一步规定，从事建筑起重机械安装拆卸活动的单位，应当依法取得建设主管部门颁发的相应资质和建筑施工企业安全生产许可证，

并在其资质许可范围内承揽建筑起重机械安装、拆卸工程。

施工起重机械和自升式架设设施等的安装、拆卸，不仅专业性很强，还具有较高的危险性，与相关的施工活动关联很大，稍有不慎极易造成群死群伤的重大施工安全事故，因此必须纳入资质管理和安全生产许可管理。

（2）编制安装、拆卸方案和措施，并进行现场监督与定期巡查

《建设工程安全生产管理条例》规定，安装、拆卸施工起重机械和整体提升脚手架、模板等自升式架设设施，应当编制拆装方案、制定安全施工措施，并由专业技术人员现场监督。

《建筑起重机械安全监督管理规定》进一步规定，建筑起重机械使用单位和安装单位应当在签订的建筑起重机械安装、拆卸合同中明确双方的安全生产责任。实行施工总承包的，施工总承包单位应当与安装单位签订建筑起重机械安装、拆卸工程安全协议书。安装单位应当履行下列安全职责：① 按照安全技术标准及建筑起重机械性能要求，编制建筑起重机械安装、拆卸工程专项施工方案，并由本单位技术负责人签字；② 按照安全技术标准及安装使用说明书等检查建筑起重机械及现场施工条件；③ 组织安全施工技术交底并签字确认；④ 制定建筑起重机械安装、拆卸工程生产安全事故应急救援预案；⑤ 将建筑起重机械安装、拆卸工程专项施工方案，安装、拆卸人员名单，安装、拆卸时间等材料报施工总承包单位和监理单位审核后，告知工程所在地县级以上地方人民政府建设主管部门。

安装单位应当按照建筑起重机械安装、拆卸工程专项施工方案及安全操作规程组织安装、拆卸作业。安装单位的专业技术人员、专职安全生产管理人员应当进行现场监督，技术负责人应当定期巡查。

（3）自检、进行安全使用说明与验收签字

《建设工程安全生产管理条例》规定，施工起重机械和整体提升脚手架、模板等自升式架设设施安装完毕后，安装单位应当自检，出具自检合格证明，并向施工单位进行安全使用说明，办理验收手续并签字。

《建筑起重机械安全监督管理规定》进一步规定，建筑起重机械安装完毕后，安装单位应当按照安全技术标准及安装使用说明书的有关要求对建筑起重机械进行自检、调试和试运转。自检合格的，应当出具自检合格证明，并向使用单位进行安全使用说明。

（4）按期检测合格方可继续使用

《建设工程安全生产管理条例》规定，施工起重机械和整体提升脚手架、模板等自升式架设设施的使用达到国家规定的检验检测期限的，必须经具有专业资质的检验检测机构检测。经检测不合格的，不得继续使用。

4）机械设备等单位违法行为应承担的法律责任

《建设工程安全生产管理条例》规定，为建设工程提供机械设备和配件的单位，未按照安全施工的要求配备齐全有效的保险、限位等安全设施和装置的，责令限期改正，处合同价款1倍以上3倍以下的罚款；造成损失的，依法承担赔偿责任。

出租单位出租未经安全性能检测或者经检测不合格的机械设备和施工机具及配件的，责令停业整顿，并处5万元以上10万元以下的罚款；造成损失的，依法承担赔偿责任。

施工起重机械和整体提升脚手架、模板等自升式架设设施安装、拆卸单位有下列行为之一的，责令限期改正，处5万元以上10万元以下的罚款；情节严重的，责令停业整顿，降低资质等级，直至吊销资质证书；造成损失的，依法承担赔偿责任：（1）未编制拆装方案、制定安全施工措施的；（2）未由专业技术人员现场监督的；（3）未出具自检合格证明或者出具虚假证明的；（4）未向施工单位进行安全使用说明，办理移交手续的。

施工起重机械和整体提升脚手架、模板等自升式架设设施安装、拆卸单位有以上规定的第（1）项、第（3）项行为，经有关部门或者单位职工提出后，对事故隐患仍不采取措施，因而发生重大伤亡事故或者造成其他严重后果，构成犯罪的，对直接责任人员，依照刑法有关规定追究刑事责任。

2. 检验检测单位的安全责任

1）一般设备检验检测机构的安全责任

（1）出具安全合格证明文件，并对检测结果负责

《安全生产法》规定，承担安全评价、认证、检测、检验职责的机构应当具备国家规定的资质条件，并对其作出的安全评价、认证、检测、检验结果的合法性、真实性负责。资质条件由国务院应急管理部门会同国务院有关部门制定。

《建设工程安全生产管理条例》规定，检验检测机构对检测合格的施工起重机械和整体提升脚手架、模板等自升式架设设施，应当出具安全合格证明文件，并对检测结果负责。

《建筑起重机械安全监督管理规定》进一步规定，检验检测机构和检验检测人员对检验检测结果、鉴定结论依法承担法律责任。

显然，作为检验检测机构，其基本的工作成果形式为出具安全合格证明文件，作为专业机构必须对其检测结果负责。

（2）服务信息公开，诚信经营检测

《安全生产法》规定，承担安全评价、认证、检测、检验职责的机构应当建立并实施服务公开和报告公开制度，不得租借资质、挂靠、出具虚假报告。

（3）检验检测违法行为应承担的法律责任

① 报告失实，依法赔偿。《安全生产法》规定，承担安全评价、认证、检测、检验职责的机构出具失实报告的，责令停业整顿，并处3万元以上10万元以下的罚款；给他人造成损害的，依法承担赔偿责任。

② 诚信失守，罚款、赔偿甚至追究刑事责任。承担安全评价、认证、检测、检验职责的机构租借资质、挂靠、出具虚假报告的，没收违法所得；违法所得在10万元以上的，并处违法所得2倍以上5倍以下的罚款，没有违法所得或者违法所得不足10万元的，单处或者并处10万元以上20万元以下的罚款；对其直接负责的主管人员和其他直接责任人员处5万元以上10万元以下的罚款；给他人造成损害的，与生产经营单位承担连带赔偿责任；构成犯罪的，依照刑法有关规定追究刑事责任。

③ 终身行业和职业禁入。对有上述违法行为的机构及其直接责任人员，吊销其相应资质和资格，5年内不得从事安全评价、认证、检测、检验等工作；情节严重的，实行终身行业和职业禁入。

2）特种设备检验检测机构的安全责任

（1）检测人员考核合格且不得多处执业

《特种设备安全法》规定，特种设备检验、检测机构的检验、检测人员应当经考核，取得检验、检测人员资格，方可从事检验、检测工作。

特种设备检验、检测机构的检验、检测人员不得同时在两个以上检验、检测机构中执业；变更执业机构的，应当依法办理变更手续。

本规定是对特种设备检验检测机构从事检验检测人员的资格要求与执业限制，合格的工作人员与良好的制度约束是保证检验检测工作的前提基础。

（2）遵守法规和安全技术规范

《特种设备安全法》规定，特种设备检验、检测工作应当遵守法律、行政法规的规定，并按照安全技术规范的要求进行。

特种设备检验、检测机构及其检验、检测人员应当依法为特种设备生产、经营、使用单位提供安全、可靠、便捷、诚信的检验、检测服务。

本规定是对特种设备检验检测人员的工作依据与工作行为的规定，正确的工作行为是保证检验检测结果的科学、客观、公正的必要条件。

（3）公正检测，对检测结果负责

《特种设备安全法》规定，特种设备检验、检测机构及其检验、检测人员应当客观、公正、及时地出具检验、检测报告，并对检验、检测结果和鉴定结论负责。

（4）及时报告检测中的严重事故隐患

《特种设备安全法》规定，特种设备检验、检测机构及其检验、检测人员在检验、检测中发现特种设备存在严重事故隐患时，应当及时告知相关单位，并立即向负责特种设备安全监督管理的部门报告。

（5）保守商业秘密，不得从事特种设备经营等活动

《特种设备安全法》规定，特种设备检验、检测机构及其检验、检测人员对检验、检测过程中知悉的商业秘密，负有保密义务。

特种设备检验、检测机构及其检验、检测人员不得从事有关特种设备的生产、经营活动，不得推荐或者监制、监销特种设备。

6.2　施工安全生产许可证制度

《安全生产许可证条例》规定，国家对矿山企业、建筑施工企业和危险化学品等企业实行安全生产许可制度。企业未取得安全生产许可证的，不得从事生产活动。

《建筑施工企业安全生产许可证管理规定》规定，国家对建筑施工企业实行安全生产许可制度。建筑施工企业未取得安全生产许可证的，不得从事建筑施工活动。规定所称建筑施工企业，是指从事土木工程、建筑工程、线路管道和设备安装工程及装修工程的新建、扩建、改建和拆除等有关活动的企业。

《关于开展建筑施工企业安全生产许可证和建筑施工特种作业操作资格证书电子证照试运行的通知》（建办质〔2022〕34号）规定，在天津、山西、黑龙江、江西、广西、海南、四川、重庆、西藏等9个省（区、市）和新疆生产建设兵团开展建筑施工企业安全

生产许可证电子证照试运行，在河北、吉林、黑龙江、浙江、江西、湖南、广东、重庆等8个省（市）和新疆生产建设兵团开展建筑施工特种作业操作资格证书电子证照试运行。

6.2.1 申请领取安全生产许可证的程序和条件

1. 申请领取安全生产许可证的程序

1）申领机构

根据《建筑施工企业安全生产许可证管理规定》，国务院住房城乡建设主管部门负责对全国建筑施工企业安全生产许可证的颁发和管理工作进行监督指导。省、自治区、直辖市人民政府住房城乡建设主管部门负责本行政区域内建筑施工企业安全生产许可证的颁发和管理工作。

因此，建筑施工企业从事建筑施工活动前，应当依照规定向企业注册所在地省、自治区、直辖市人民政府住房城乡建设主管部门申请领取安全生产许可证。

2）需要提交的材料

根据《建筑施工企业安全生产许可证管理规定》，建筑施工企业申请安全生产许可证时，应当向住房城乡建设主管部门提供下列材料：（1）建筑施工企业安全生产许可证申请表；（2）企业法人营业执照；（3）证明符合安全生产条件的相关文件、材料。

建筑施工企业申请安全生产许可证，应当对申请材料实质内容的真实性负责，不得隐瞒有关情况或者提供虚假材料。

3）受理、审查与颁发许可证

根据《建筑施工企业安全生产许可证管理规定》，住房城乡建设主管部门应当自受理建筑施工企业的申请之日起45日内审查完毕；经审查符合安全生产条件的，颁发安全生产许可证；不符合安全生产条件的，不予颁发安全生产许可证，书面通知企业并说明理由。企业自接到通知之日起应当进行整改，整改合格后方可再次提出申请。

住房城乡建设主管部门审查建筑施工企业安全生产许可证申请，涉及铁路、交通、水利等有关专业工程时，可以征求铁路、交通、水利等有关部门的意见。

2. 申请领取安全生产许可证的条件

《安全生产许可证条例》规定了企业取得安全生产许可证应当具备13个方面的安全生产条件，《建筑施工企业安全生产许可证管理规定》针对建筑施工活动，明确规定建筑施工企业取得安全生产许可证，应当具备下列安全生产条件：（1）建立、健全安全生产责任制，制定完备的安全生产规章制度和操作规程；（2）保证本单位安全生产条件所需资金的投入；（3）设置安全生产管理机构，按照国家有关规定配备专职安全生产管理人员；（4）主要负责人、项目负责人、专职安全生产管理人员经建设主管部门或者其他有关部门考核合格；（5）特种作业人员经有关业务主管部门考核合格，取得特种作业操作资格证书；（6）管理人员和作业人员每年至少进行1次安全生产教育培训并考核合格；（7）依法参加工伤保险，依法为施工现场从事危险作业的人员办理意外伤害保险，为从业人员交纳保险费；（8）施工现场的办公、生活区及作业场所和安全防护用具、机械设备、施工机具及配件符合有关安全生产法律、法规、标准和规程的要求；（9）有职业危害防治措施，并为作业人员配备符合国家标准或者行业标准的安全防护用具和安全防护服装；（10）有对危险性较大的分部分项工程及施工现场易发生重大事故的部位、环节的预防、监控措施和应急预案;(11)有生产安全事故应急救援预案、应急救援组织或者应急救援人员,配备必要的应急救援器材、设备;(12)法律、法规规定的其他条件。

6.2.2 安全生产许可证的有效期和撤销

1. 安全生产许可证的有效期制度

《建筑施工企业安全生产许可证管理规定》明确规定了安全生产许可证的有效期、延期、变更以及注销等相关事项。

1)有效期与延期

《建筑施工企业安全生产许可证管理规定》规定,安全生产许可证的有效期为3年。

安全生产许可证有效期满需要延期的,企业应当于期满前3个月向原安全生产许可证颁发管理机关办理延期手续。企业在安全生产许可证有效期内,严格遵守有关安全生产的法律法规,未发生死亡事故的,安全生产许可证有效期届满时,经原安全生产许可证颁发管理机关同意,不再审查,安全生产许可证有效期延期3年。

2)变更与注销

《建筑施工企业安全生产许可证管理规定》规定,建筑施工企业变更名称、地址、法定代表人等,应当在变更后10日内,到原安全生产许可证颁发管理机关办理安全生产许可证变更手续。

建筑施工企业破产、倒闭、撤销的,应当将安全生产许可证交回原安全生产许可证颁发管理机关予以注销。

另外,住房和城乡建设部《关于取消部分部门规章和规范性文件设定的证明事项的决定》(建法规〔2019〕6号)规定,建筑施工企业安全生产许可证遗失补办,由申请人告知资质许可机关,由资质许可机关在官网发布信息。

2. 安全生产许可证的撤销

《建筑施工企业安全生产许可证管理规定》明确规定,建筑施工企业取得安全生产许可证后,不得降低安全生产条件,并应当加强日常安全生产管理,接受安全生产许可证颁发管理机关的监督检查。安全生产许可证颁发管理机关发现企业不再具备安全生产条件的,应当暂扣或者吊销安全生产许可证。企业不得转让、冒用安全生产许可证或者使用伪造的安全生产许可证。

而安全生产许可证的撤销是政府监管的重要内容,因此,安全生产许可证颁发管理机关或者其上级行政机关发现有下列情形之一的,可以撤销已经颁发的安全生产许可证:(1)安全生产许可证颁发管理机关工作人员滥用职权、玩忽职守颁发安全生产许可证的;(2)超越法定职权颁发安全生产许可证的;(3)违反法定程序颁发安全生产许可证的;(4)对不具备安全生产条件的建筑施工企业颁发安全生产许可证的;(5)依法可以撤销已经颁发的安全生产许可证的其他情形。

6.3 施工单位安全生产责任制度

6.3.1 施工单位的安全生产责任

《安全生产法》规定,生产经营单位必须遵守本法和其他有关安全生产的法律、法规,加强安全生产管理,建立健全全员安全生产责任制和安全生产规章制度,加大对安全生产资金、物资、技术、人员的投入保障力度,改善安全生产条件,加强安全生产标准化、信息化建设,构建安全风险分级管控和隐患排查治理双重预防机制,健全风险防范化解机制,提高安全生产水平,确保安全生产。

1. 建立健全全员安全生产责任制和安全生产规章制度

《安全生产法》规定,生产经营单位的全员安全生产责任制应当明确各岗位的责任人员、责任范围和考核标准等内容。生产经营单位应当建立相应的机制,加强对安全生产责任制落实情况的监督考核,保证安全生产责任制的落实。

《建筑法》规定,建筑施工企业必须依法加强对建筑安全生产的管理,执行安全生产责任制度,采取有效措施,防止伤亡和其他安全生产事故的发生。

1)施工单位主要负责人对安全生产工作全面负责

(1)施工单位主要负责人界定

《建筑法》规定,建筑施工企业的法定代表人对本企业的安全生产负责。

《建筑施工企业主要负责人、项目负责人和专职安全生产管理人员安全生产管理规定实施意见》(建质〔2015〕206号)中规定,企业主要负责人包括法定代表人、总经理(总裁)、分管安全生产的副总经理(副总裁)、分管生产经营的副总经理(副总裁)、技术负责人、安全总监等。

《关于加强安全生产监管执法的通知》(国办发〔2015〕20号)中进一步规定,国有大中型企业和规模以上企业要建立安全生产委员会,主任由董事长或总经理担任,董事长、党委书记、总经理对安全生产工作均负有领导责任,企业领导班子成员和管理人员实行安全生产"一岗双责"。

(2)施工单位主要负责人的安全生产职责

《安全生产法》规定,生产经营单位的主要负责人是本单位安全生产第一责任人,对本单位的安全生产工作全面负责。其他负责人对职责范围内的安全生产工作负责。

生产经营单位的主要负责人对本单位安全生产工作负有下列职责:① 建立健全并落实本单位全员安全生产责任制,加强安全生产标准化建设;② 组织制定并实施本单位安全生产规章制度和操作规程;③ 组织制定并实施本单位安全生产教育和培训计划;④ 保证本单位安全生产投入的有效实施;⑤ 组织建立并落实安全风险分级管控和隐患排查治理双重预防工作机制,督促、检查本单位的安全生产工作,及时消除生产安全事故隐患;⑥ 组织制定并实施本单位的生产安全事故应急救援预案;⑦ 及时、如实报告生产安全事故。

生产经营单位可以设置专职安全生产分管负责人,协助本单位主要负责人履行安全生产管理职责。

(3)施工单位主要负责人签订安全生产责任书

《建筑施工企业主要负责人、项目负责人和专职安全生产管理人员安全生产管理规定》中规定,主要负责人应当与项目负责人签订安全生产责任书,确定项目安全生产考核目标、奖惩措施,以及企业为项目提供的安全管理和技术保障措施。工程项目实行总承包的,总承包企业应当与分包企业签订安全生产协议,明确双方安全生产责任。

2）施工单位安全生产管理机构和专职安全生产管理人员的职责

《安全生产法》规定，矿山、金属冶炼、建筑施工、运输单位和危险物品的生产、经营、储存、装卸单位，应当设置安全生产管理机构或者配备专职安全生产管理人员。同时该法规定了生产经营单位的安全生产管理机构以及安全生产管理人员当履行的7项职责。

根据《安全生产法》等规定，《建筑施工企业安全生产管理机构设置及专职安全生产管理人员配备办法》（建质〔2008〕91号）进一步具体规定，建筑施工企业应当依法设置安全生产管理机构，在企业主要负责人的领导下开展本企业的安全生产管理工作。其具体职责如下：

（1）施工单位安全生产管理机构的职责

建筑施工企业安全生产管理机构具有以下职责：① 宣传和贯彻国家有关安全生产法律法规和标准；② 编制并适时更新安全生产管理制度并监督实施；③ 组织或参与企业生产安全事故应急救援预案的编制及演练；④ 组织开展安全教育培训与交流；⑤ 协调配备项目专职安全生产管理人员；⑥ 制订企业安全生产检查计划并组织实施；⑦ 监督在建项目安全生产费用的使用；⑧ 参与危险性较大工程安全专项施工方案专家论证会；⑨ 通报在建项目违规违章查处情况；⑩ 组织开展安全生产评优评先表彰工作；⑪ 建立企业在建项目安全生产管理档案；⑫ 考核评价分包企业安全生产业绩及项目安全生产管理情况；⑬ 参加生产安全事故的调查和处理工作；⑭ 企业明确的其他安全生产管理职责。

（2）施工单位专职安全生产管理人员的职责

建筑施工企业安全生产管理机构专职安全生产管理人员在施工现场检查过程中具有以下职责：① 查阅在建项目安全生产有关资料、核实有关情况；② 检查危险性较大工程安全专项施工方案落实情况；③ 监督项目专职安全生产管理人员履责情况；④ 监督作业人员安全防护用品的配备及使用情况；⑤ 对发现的安全生产违章违规行为或安全隐患，有权当场予以纠正或作出处理决定；⑥ 对不符合安全生产条件的设施、设备、器材，有权当场作出查封的处理决定；⑦ 对施工现场存在的重大安全隐患有权越级报告或直接向建设主管部门报告；⑧ 企业明确的其他安全生产管理职责。

（3）安全生产管理人员的施工现场检查职责

《安全生产法》规定，生产经营单位的安全生产管理人员应当根据本单位的生产经营特点，对安全生产状况进行经常性检查；对检查中发现的安全问题，应当立即处理；不能处理的，应当及时报告本单位有关负责人，有关负责人应当及时处理。检查及处理情况应当如实记录在案。

生产经营单位的安全生产管理人员在检查中发现重大事故隐患，依照以上规定向本单位有关负责人报告，有关负责人不及时处理的，安全生产管理人员可以向主管的负有安全生产监督管理职责的部门报告，接到报告的部门应当依法及时处理。

《建设工程安全生产管理条例》进一步规定，专职安全生产管理人员负责对安全生产进行现场监督检查。发现安全事故隐患，应当及时向项目负责人和安全生产管理机构报告；对违章指挥、违章操作的，应当立即制止。

（4）工程项目专职安全生产管理人员的职责

建筑施工企业应当实行建设工程项目专职安全生产管理人员委派制度。建设工程项目的专职安全生产管理人员应当定期将项目安全生产管理情况报告企业安全生产管理机构。

项目专职安全生产管理人员具有以下主要职责：① 负责施工现场安全生产日常检查并做好检查记录；② 现场监督危险性较大工程安全专项施工方案实施情况；③ 对作业人员违规违章行为有权予以纠正或查处；④ 对施工现场存在的安全隐患有权责令立即整改；⑤ 对于发现的重大安全隐患，有权向企业安全生产管理机构报告；⑥ 依法报告生产安全事故情况。

3）建设工程项目安全生产领导小组的职责

建筑施工企业应当在建设工程项目组建安全生产领导小组。建设工程实行施工总承包的，安全生产领导小组由总承包企业、专业承包企业和劳务分包企业项目经理、技术负责人和专职安全生产管理人员组成。

安全生产领导小组的主要职责有：① 贯彻落实国家有关安全生产法律法规和标准；② 组织制定项目安全生产管理制度并监督实施；③ 编制项目生产安全事故应急救援预案并组织演练；④ 保证项目安全生产费用的有效使用；⑤ 组织编制危险性较大工程安全专项施工方案；⑥ 开展项目安全教育培训；⑦ 组织实施项目安全检查和隐患排查；⑧ 建立项目安全生产管理档案；⑨ 及时、如实报告安全生产事故。

4）专职安全生产管理人员的配备要求

（1）施工企业安全生产管理机构专职安全生产管理人员的配备要求

建筑施工企业安全生产管理机构专职安全生产管理人员的配备应满足下列要求，并应根据企业经营规模、设备管理和生产需要予以增加。① 建筑施工总承包资质序列企业：特级资质不少于6人；一级资质不少于4人；二级和二级以下资质企业不少于3人。② 建筑施工专业承包资质序列企业：一级资质不少于3人；二级和二级以下资质企业不少于2人。③ 建筑施工劳务分包资质序列企业：不少于2人。④ 建筑施工企业的分公司、区域公司等较大的分支机构应依据实际生产情况配备不少于2人的专职安全生产管理人员。

（2）总承包单位配备项目专职安全生产管理人员的要求

总承包单位配备项目专职安全生产管理人员应当满足下列要求。

建筑工程、装修工程按照建筑面积配备。① 1万平方米以下的工程不少于1人；② 1万~5万平方米的工程不少于2人；③ 5万平方米及以上的工程不少于3人，且按专业配备专职安全生产管理人员。

土木工程、线路管道、设备安装工程按照工程合同价配备。① 5000万元以下的工程不少于1人；② 5000万~1亿元的工程不少于2人；③ 1亿元及以上的工程不少于3人，且按专业配备专职安全生产管理人员。

（3）分包单位配备项目专职安全生产管理人员的要求

分包单位配备项目专职安全生产管理人员应当满足下列要求。① 专业承包单位应当配置至少1人，并根据所承担的分部分项工程的工程量和施工危险程度增加。② 劳务分包单位施工人员在50人以下的，应当配备1名专职安全生产管理人员；50~200人的，应当配备2名专职安全生产管理人员；200人及以上的，应当配备3名及以上专职安全生产管理人员，并根据所承担的分部分项工程施工危险实际情况增加，不得少于工程施工人员总人数的5‰。

采用新技术、新工艺、新材料或致害因素多、施工作业难度大的工程项目，项目专职安全生产管理人员的数量应当根据施工实际情况，在以上规定的配备标准上增加。

施工作业班组可以设置兼职安全巡查员，对本班组的作业场所进行安全监督检查。建筑施工企业应当定期对兼职安全巡查员进行安全教育培训。

2. 风险分级管控与安全事故隐患排查治理制度

根据《安全生产法》规定的"安全第一、预防为主、综合治理的方针"，施工企业强化安全预防措施主要通过建立健全风险分级管控制度与生产安全事故隐患排查治理制度实现。

1）安全风险分级管控

《安全生产法》规定，生产经营单位应当建立安全风险分级管控制度，按照安全风险分级采取相应的管控措施。

《房屋市政工程生产安全重大隐患排查治理挂牌督办暂行办法》（建质〔2011〕158号）进一步规定，重大隐患是指在房屋建筑和市政工程施工过程中，存在的危害程度较大、可能导致群死群伤或造成重大经济损失的生产安全隐患。

企业及工程项目的主要负责人对重大隐患排查治理工作全面负责。建筑施工企业应当定期组织安全生产管理人员、工程技术人员和其他相关人员排查每一个工程项目的重大隐患，特别是对深基坑、高支模、地铁隧道等技术难度大、风险大的重要工程应重点定期排查。对排查出的重大隐患，应及时实施治理消除，并将相关情况进行登记存档。

住房和城乡建设部《关于印发〈房屋市政工程生产安全重大事故隐患判定标准（2022版）〉的通知》（建质规〔2022〕2号）规定，施工安全管理有下列情形之一的，应判定为重大事故隐患：① 建筑施工企业未取得安全生产许可证擅自从事建筑施工活动；② 施工单位的主要负责人、项目负责人、专职安全生产管理人员未取得安全生产考核合格证书从事相关工作；③ 建筑施工特种作业人员未取得特种作业人员操作资格证书上岗作业；④ 危险性较大的分部分项工程未编制、未审核专项施工方案，或未按规定组织专家对"超过一定规模的危险性较大的分部分项工程范围"的专项施工方案进行论证。

2）生产安全事故隐患排查治理制度

生产经营单位应当建立健全并落实生产安全事故隐患排查治理制度，采取技术、管理措施，及时发现并消除事故隐患。事故隐患排查治理情况应当如实记录，并通过职工大会或者职工代表大会、信息公示栏等方式向从业人员通报。其中，重大事故隐患排查治理情况应当及时向负有安全生产监督管理职责的部门和职工大会或者职工代表大会报告。

3. 加强对从业人员的人文关怀

《建筑法》规定，建筑施工企业应当依法为职工参加工伤保险缴纳工伤保险费。

《安全生产法》规定，生产经营单位应当关注从业人员的身体、心理状况和行为习惯，加强对从业人员的心理疏导、精神慰藉，严格落实岗位安全生产责任，防范从业人员行为异常导致事故发生。

属于国家规定的高危行业、领域的生产经营单位，应当投保安全生产责任保险。

4. 建立健全安全生产的群防群治制度

《建筑法》规定，建筑工程安全生产管理必须坚持安全第一、预防为主的方针，建立健全安全生产的责任制度和群防群治制度。

群防群治是指由广大职工群众共同参与的预防安全事故的发生、治理各种安全事故隐患的制度。该制度既是安全第一、预防为主方针的具体体现，也是群众路线在安全工作中的具体体现。

《安全生产法》规定，生产经营单位的全员安全生产责任制应当明确各岗位的责任人员、责任范围和考核标准等内容。生产经营单位应当建立相应的机制，加强对全员安全生产责任制落实情况的监督考核，保证全员安全生产责任制的落实。

同时，明确规定生产经营单位的主要负责人对本单位安全生产工作 7 项职责之首是建立健全并落实本单位全员安全生产责任制，加强安全生产标准化建设。

6.3.2　施工总承包和分包单位的安全生产责任

《安全生产法》规定，两个以上生产经营单位在同一作业区域内进行生产经营活动，可能危及对方生产安全的，应当签订安全生产管理协议，明确各自的安全生产管理职责和应当采取的安全措施，并指定专职安全生产管理人员进行安全检查与协调。

1. 施工总承包单位的安全生产责任

1）总承包单位对施工现场的安全生产负总责

《建筑法》规定，施工现场安全由建筑施工企业负责。实行施工总承包的，由总承包单位负责。《建设工程安全生产管理条例》规定，建设工程实行施工总承包的，由总承包单位对施工现场的安全生产负总责。

显然，施工总承包单位的性质和地位决定了其不仅要负责工程项目的施工质量、进度，还要对施工现场组织和安全生产进行统一协调管理并承担责任。

2）总分包单位的安全生产连带责任

《建设工程安全生产管理条例》规定，总承包单位依法将建设工程分包给其他单位的，分包合同中应当明确各自的安全生产方面的权利、义务。总承包单位和分包单位对分包工程的安全生产承担连带责任。

基于上述施工总承包单位对施工现场的安全生产负总责的总体规定，本规定进一步明确了总分包单位在工程分包合同法律关系中安全生产责任关系的性质为连带责任。

此处的"总、分包安全生产的连带责任"与《建设工程质量管理条例》规定的"总、分包施工质量的连带责任"，都具有典型性和相似性。总承包单位与分包单位双方本是平等的合同关系，由于安全、质量的重要性和工程建设的特殊性，法律、法规明确规定他们之间存在管理与被管理的关系，目的在于强调在安全、质量方面总包商与分包商的关系。

3）建筑起重机械安装使用的安全职责

根据《建筑起重机械安全监督管理规定》第 21 条，对于建筑起重机械安装使用，施工总承包单位应当履行下列安全职责：（1）向安装单位提供拟安装设备位置的基础施工资料，确保建筑起重机械进场安装、拆卸所需的施工条件；（2）审核建筑起重机械的特种设备制造许可证、产品合格证、制造监督检验证明、备案证明等文件；（3）审核安装单位、使用单位的资质证书、安全生产许可证和特种作业人员的特种作业操作资格证书；（4）审核安装单位制定的建筑起重机械安装、拆卸工程专项施工方案和生产安全事故应急救援预案；（5）审核使用单位制定的建筑起重机械生产安全事故应急救援预案；（6）指定专职安全生产管理人员监督检查建筑起重机械安装、拆卸、使用情况；（7）施工现场有多台塔式起重机作业时，应当组织制定并实施防止塔式起重机相互碰撞的安全措施。

违反规定，施工总承包单位未履行第21条第（1）、（3）、（4）、（5）、（7）项安全职责的，由县级以上地方人民政府建设主管部门责令限期改正，予以警告，并处以5000元以上3万元以下罚款。

4）统一组织编制建设工程生产安全应急救援预案

《建设工程安全生产管理条例》规定，施工单位应当根据建设工程施工的特点、范围，对施工现场易发生重大事故的部位、环节进行监控，制定施工现场生产安全事故应急救援预案。实行施工总承包的，由总承包单位统一组织编制建设工程生产安全事故应急救援预案，工程总承包单位和分包单位按照应急救援预案，各自建立应急救援组织或者配备应急救援人员，配备救援器材、设备，并定期组织演练。

5）负责上报施工生产安全事故

《建设工程安全生产管理条例》规定，实行施工总承包的建设工程，由总承包单位负责上报事故。

2. 分包单位应当承担的法定安全生产责任

《建筑法》规定，分包单位向总承包单位负责，服从总承包单位对施工现场的安全生产管理。《建设工程安全生产管理条例》进一步规定，分包单位应当服从总承包单位的安全生产管理，分包单位不服从管理导致生产安全事故的，由分包单位承担主要责任。

分包合同应当明确总分包单位双方的管理服从关系与各自的安全生产责任，分包单位作为工程分包合同的主体一方理应遵守履行，否则导致生产安全事故时就应该承担主要责任。

6.3.3 施工单位负责人和项目负责人施工现场带班制度

1. 施工单位负责人施工现场带班制度

1）施工单位负责人施工现场带班

《关于进一步加强企业安全生产工作的通知》（国发〔2010〕23号）规定，强化生产过程管理的领导责任。企业主要负责人和领导班子成员要轮流现场带班。

《建筑施工企业负责人及项目负责人施工现场带班暂行办法》（建质〔2011〕111号）进一步规定，企业负责人带班检查是指由建筑施工企业负责人带队实施对工程项目质量安全生产状况及项目负责人带班生产情况的检查。建筑施工企业负责人，是指企业的法定代表人、总经理、主管质量安全和生产工作的副总经理、总工程师和副总工程师。

2）施工现场带班时间与记录存档

建筑施工企业负责人要定期带班检查，每月检查时间不少于其工作日的25%。建筑施工企业负责人带班检查时，应认真做好检查记录，并分别在企业和工程项目存档备查。

3）施工现场带班的特定情形

工程项目进行超过一定规模的危险性较大的分部分项工程施工时，建筑施工企业负责人应到施工现场进行带班检查。工程项目出现险情或发现重大隐患时，建筑施工企业负责人应到施工现场带班检查，督促工程项目进行整改，及时消除险情和隐患。

对于有分公司（非独立法人）的企业集团，集团负责人因故不能到现场的，可书面委托工程所在地的分公司负责人对施工现场进行带班检查。

2. 项目负责人施工现场带班制度

《建筑施工企业负责人及项目负责人施工现场带班暂行办法》规定，项目负责人是工程项目质量安全管理的第一责任人，应对工程项目落实带班制度负责。项目负责人带班生产是指项目负责人在施工现场组织协调工程项目的质量安全生产活动。

项目负责人在同一时期只能承担一个工程项目的管理工作。项目负责人带班生产时，要全面掌握工程项目质量安全生产状况，加强对重点部位、关键环节的控制，及时消除隐患。要认真做好带班生产记录并签字存档备查。项目负责人每月带班生产时间不得少于本月施工时间的 80%。因其他事务需离开施工现场时，应向工程项目的建设单位请假，经批准后方可离开。离开期间应委托项目相关负责人负责其外出时的日常工作。

6.3.4 施工项目负责人和施工作业人员安全生产的权利和义务

1. 施工项目负责人安全生产的权利和义务

1）施工项目负责人的执业资格与任职

《建造师执业资格制度暂行规定》（人发〔2002〕111号）规定，建造师经注册后，有权以建造师名义担任建设工程项目施工的项目经理及从事其他施工活动的管理。

《建设工程安全生产管理条例》规定，施工单位的主要负责人、项目负责人、专职安全生产管理人员应当经建设行政主管部门或者其他有关部门考核合格后方可任职。

2）施工项目负责人的安全生产义务

《建设工程安全生产管理条例》规定，施工单位的项目负责人应当由取得相应执业资格的人员担任，对建设工程项目的安全施工负责，落实安全生产责任制度、安全生产规章制度和操作规程，确保安全生产费用的有效使用，并根据工程的特点组织制定安全施工措施，消除安全事故隐患，及时、如实报告生产安全事故。

根据《建筑施工企业主要负责人、项目负责人和专职安全生产管理人员安全生产管理规定》，项目负责人对本项目安全生产管理全面负责，应当建立项目安全生产管理体系，明确项目管理人员安全职责，落实安全生产管理制度，确保项目安全生产费用有效使用。项目负责人应当按规定实施项目安全生产管理，监控危险性较大分部分项工程，及时排查处理施工现场安全事故隐患，隐患排查处理情况应当记入项目安全管理档案；发生事故时，应当按规定及时报告并开展现场救援。

工程项目实行总承包的，总承包企业项目负责人应当定期考核分包企业安全生产管理情况。

2. 施工作业人员安全生产的权利和义务

《劳动法》规定，劳动者享有平等就业和选择职业的权利、取得劳动报酬的权利、休息休假的权利、获得劳动安全卫生保护的权利、接受职业技能培训的权利、享受社会保险和福利的权利、提请劳动争议处理的权利以及法律规定的其他劳动权利。

劳动者应当完成劳动任务，提高职业技能，执行劳动安全卫生规程，遵守劳动纪律和职业道德。

《安全生产法》规定，生产经营单位的从业人员有依法获得安全生产保障的权利，并应当依法履行安全生产方面的义务。

生产经营单位与从业人员订立的劳动合同，应当载明有关保障从业人员劳动安全、防止职业危害的事项，以及依法为从业人员办理工伤保险的事项。生产经营单位不得以任何形式与从业人员订立协议，免除或者减轻其对从业人员因生产安全事故伤亡依法应承担的责任。

《建筑法》规定，建筑施工企业和作业人员在施工过程中，应当遵守有关安全生产的法律、法规和建筑行业安全规章、规程，不得违背指挥或者违章作业。作业人员有权对影响人身健康的作业程序和作业条件提出改进意见，有权获得安全生产所需的防护用品。作业人员对危及生命安全和人身健康的行为有权提出批评、检举和控告。

1）施工作业人员的安全生产权利

根据《劳动法》《建筑法》《安全生产法》《建设工程安全生产管理条例》等法律、行政法规的规定，施工作业人员享有的主要安全生产权利如下：

（1）施工作业危险的知情权和建议权

《安全生产法》规定，生产经营单位的从业人员有权了解其作业场所和工作岗位存在的危险因素、防范措施及事故应急措施，有权对本单位的安全生产工作提出建议。

《建筑法》规定，作业人员有权对影响人身健康的作业程序和作业条件提出改进意见。《建设工程安全生产管理条例》进一步规定，施工单位应当向作业人员书面告知危险岗位的操作规程和违章操作的危害。

（2）施工安全防护用品的获得权

《安全生产法》规定，生产经营单位必须为从业人员提供符合国家标准或者行业标准的劳动防护用品，并监督、教育从业人员按照使用规则佩戴、使用。

《建设工程安全生产管理条例》进一步规定，施工单位应当向作业人员提供安全防护用具和安全防护服装。

（3）对危险行为的批评、检举、控告权和拒绝违章指挥权

《建筑法》规定，作业人员对危及生命安全和人身健康的行为有权提出批评、检举和控告。《建设工程安全生产管理条例》进一步规定，作业人员有权对施工现场的作业条件、作业程序和作业方式中存在的安全问题提出批评、检举和控告，有权拒绝违章指挥和强令冒险作业。

《安全生产法》还规定，生产经营单位不得因从业人员对本单位安全生产工作提出批评、检举、控告或者拒绝违章指挥、强令冒险作业而降低其工资、福利等待遇或者解除与其订立的劳动合同。

（4）紧急避险权

《民法典》规定，自然人的生命安全和生命尊严受法律保护。任何组织或者个人不得侵害他人的生命权。

《安全生产法》规定，从业人员发现直接危及人身安全的紧急情况时，有权停止作业或者在采取可能的应急措施后撤离作业场所。生产经营单位不得因从业人员在上述紧急情况下停止作业或者采取紧急撤离措施而降低其工资、福利等待遇或者解除与其订立的劳动合同。

安全生产工作应当坚持人民至上、生命至上，把保护人民生命安全摆在首位。建筑施工作为劳动密集型行业，施工作业人员的生命安全尤其重要。

（5）获得救治和请求民事赔偿权

《安全生产法》规定，生产经营单位发生生产安全事故后，应当及时采取措施救治有关人员。因生产安全事故受到损害的从业人员，除依法享有工伤保险外，依照有关民事法律尚有获得赔偿的权利的，有权提出赔偿要求。

（6）获得工伤保险、安全生产责任保险和意外伤害保险赔偿的权利

《建筑法》规定，建筑施工企业应当依法为职工参加工伤保险缴纳工伤保险费。鼓励企业为从事危险作业的职工办理意外伤害保险，支付保险费。

《安全生产法》规定，属于国家规定的高危行业、领域的生产经营单位，应当投保安全生产责任保险。

因此，作为高危行业之一的施工作业人员可以依法享有工伤保险、安全生产责任保险的各项权利，从事危险作业的施工人员还有可能享有意外伤害保险的权利。

（7）依靠工会维护合法权益

《安全生产法》规定，生产经营单位的工会依法组织职工参加本单位安全生产工作的民主管理和民主监督，维护职工在安全生产方面的合法权益。生产经营单位制定或者修改有关安全生产的规章制度，应当听取工会的意见。

工会对生产经营单位违反安全生产法律、法规，侵犯从业人员合法权益的行为，有权要求纠正；发现生产经营单位违章指挥、强令冒险作业或者发现事故隐患时，有权提出解决的建议，生产经营单位应当及时研究答复；发现危及从业人员生命安全的情况时，有权向生产经营单位建议组织从业人员撤离危险场所，生产经营单位必须立即作出处理。工会有权依法参加事故调查，向有关部门提出处理意见，并要求追究有关人员的责任。

2）施工作业人员的安全生产义务

根据《建筑法》《安全生产法》《建设工程安全生产管理条例》等法律、行政法规的规定，施工作业人员应当履行的主要安全生产义务如下：

（1）遵章守规和正确使用安全防护用具

《安全生产法》规定，从业人员在作业过程中，应当严格落实岗位安全责任，遵守本单位的安全生产规章制度和操作规程，服从管理，正确佩戴和使用劳动防护用品。

《建筑法》规定，建筑施工企业和作业人员在施工过程中，应当遵守有关安全生产的法律、法规和建筑行业安全规章、规程，不得违章指挥或者违章作业。《建设工程安全生产管理条例》进一步规定，作业人员应当遵守安全施工的强制性标准、规章制度和操作规程，正确使用安全防护用具、机械设备等。

（2）接受安全生产教育培训

《安全生产法》规定，从业人员应当接受安全生产教育和培训，掌握本职工作所需

的安全生产知识，提高安全生产技能，增强事故预防和应急处理能力。《建设工程安全生产管理条例》也规定，作业人员进入新的岗位或者新的施工现场前，应当接受安全生产教育培训。未经教育培训或者教育培训考核不合格的人员，不得上岗作业。

《关于进一步加强安全培训工作的决定》（安委〔2012〕10号）进一步规定，严格落实"三项岗位"人员持证上岗和从业人员先培训后上岗制度，健全安全培训档案。劳务派遣单位要加强劳务派遣工基本安全知识培训，劳务使用单位要确保劳务派遣工与本企业职工接受同等安全培训。

（3）及时报告安全事故隐患及其他危险

《安全生产法》规定，从业人员发现事故隐患或者其他不安全因素，应当立即向现场安全生产管理人员或者本单位负责人报告；接到报告的人员应当及时予以处理。

6.3.5 施工单位安全生产教育培训

《职业教育法》规定，企业应当根据本单位实际，有计划地对本单位的职工和准备招用的人员实施职业教育，并可以设置专职或者兼职实施职业教育的岗位。

1. 施工单位的全员安全生产教育培训

1）全员培训，合格上岗

《职业教育法》规定，企业应当按照国家有关规定实行培训上岗制度。企业招用的从事技术工种的劳动者，上岗前必须进行安全生产教育和技术培训；招用的从事涉及公共安全、人身健康、生命财产安全等特定职业（工种）的劳动者，必须经过培训并依法取得职业资格或者特种作业资格。企业开展职业教育的情况应当纳入企业社会责任报告。

《建筑法》规定，建筑施工企业应当建立健全劳动安全生产教育培训制度，加强对职工安全生产的教育培训；未经安全生产教育培训的人员，不得上岗作业。

《安全生产法》规定，生产经营单位应当对从业人员进行安全生产教育和培训，保证从业人员具备必要的安全生产知识，熟悉有关的安全生产规章制度和安全操作规程，掌握本岗位的安全操作技能，了解事故应急处理措施，知悉自身在安全生产方面的权利和义务。未经安全生产教育和培训合格的从业人员，不得上岗作业。

2）被派遣劳动者的教育和培训

生产经营单位使用被派遣劳动者的，应当将被派遣劳动者纳入本单位从业人员统一管理，对被派遣劳动者进行岗位安全操作规程和安全操作技能的教育和培训。劳务派遣单位应当对被派遣劳动者进行必要的安全生产教育和培训。

3）建立教育和培训档案

生产经营单位应当建立安全生产教育和培训档案，如实记录安全生产教育和培训的时间、内容、参加人员以及考核结果等情况。

《建设工程安全生产管理条例》还规定，施工单位应当对管理人员和作业人员每年至少进行一次安全生产教育培训，其教育培训情况记入个人工作档案。安全生产教育培训考核不合格的人员，不得上岗。

2. 施工单位"安管人员"的安全生产培训考核

1）"安管人员"及其资格

《建筑施工企业主要负责人、项目负责人和专职安全生产管理人员安全生产管理规定》规定，企业主要负责人、项目负责人和专职安全生产管理人员合称为"安管人员"。

其中，专职安全生产管理人员分为机械、土建、综合三类。机械类专职安全生产管理人员可以从事起重机械、土石方机械、桩工机械等安全生产管理工作。土建类专职安全生产管理人员可以从事除起重机械、土石方机械、桩工机械等安全生产管理工作以外的安全生产管理工作。综合类专职安全生产管理人员可以从事全部安全生产管理工作。

"安管人员"应当通过其受聘企业，向企业工商注册地的省、自治区、直辖市人民政府住房城乡建设主管部门申请安全生产考核，并取得安全生产考核合格证书。安全生产考核合格证书有效期为3年，证书在全国范围内有效。

2）"安管人员"的培训考核要求

《安全生产法》规定，生产经营单位的主要负责人和安全生产管理人员必须具备与本单位所从事的生产经营活动相应的安全生产知识和管理能力。建筑施工、运输等单位的主要负责人和安全生产管理人员，应当由主管的负有安全生产监督管理职责的部门对其安全生产知识和管理能力考核合格。考核不得收费。

《建设工程安全生产管理条例》规定，施工单位的主要负责人、项目负责人、专职安全生产管理人员应当经建设行政主管部门或者其他部门考核合格后方可任职。

建筑施工企业应当建立安全生产教育培训制度，制定年度培训计划，每年对"安管人员"进行培训和考核，考核不合格的，不得上岗。

3. 施工单位特种作业人员的安全生产培训考核

《关于坚持科学发展安全发展促进安全生产形势持续稳定好转的意见》（国发〔2011〕40号）规定，企业主要负责人、安全管理人员、特种作业人员一律经严格考核、持证上岗。

1）特种作业人员的范围

住房和城乡建设部《建筑施工特种作业人员管理规定》（建质〔2008〕75号）规定，建筑施工特种作业包括：（1）建筑电工；（2）建筑架子工；（3）建筑起重信号司索工；（4）建筑起重机械司机；（5）建筑起重机械安装拆卸工；（6）高处作业吊篮安装拆卸工；（7）经省级以上人民政府建设主管部门认定的其他特种作业。

2）特种作业人员的培训考核要求

《安全生产法》规定，生产经营单位的特种作业人员必须按照国家有关规定经专门的安全作业培训，取得相应资格，方可上岗作业。《建设工程安全生产管理条例》进一步规定，垂直运输机械作业人员、安装拆卸工、爆破作业人员、起重信号工、登高架设作业人员等特种作业人员，必须按照国家有关规定经过专门的安全作业培训，并取得特种作业操作资格证书后，方可上岗作业。

4. 进入新岗位或者新施工现场前的安全生产教育培训

1）"双新"培训，合格上岗

《建设工程安全生产管理条例》规定，作业人员进入新的岗位或者新的施工现场前，应当接受安全生产教育培训。未经教育培训或者教育培训考核不合格的人员，不得上岗作业。

《关于进一步加强安全培训工作的决定》要求，高危企业要严格班前安全培训制度，有针对性地讲述岗位安全生产与应急救援知识、安全隐患和注意事项等，使班前安全培训成为安全生产第一道防线。

2）培训学时要求

《关于进一步加强安全培训工作的决定》中指出，严格落实企业职工先培训后上岗制度。建筑企业要对新职工进行至少 32 学时的安全培训，每年进行至少 20 学时的再培训。

5. "四新"应用前的安全生产教育培训

《安全生产法》规定，生产经营单位采用新工艺、新技术、新材料或者使用新设备，必须了解、掌握其安全技术特性，采取有效的安全防护措施，并对从业人员进行专门的安全生产教育和培训。《建设工程安全生产管理条例》规定，施工单位在采用新技术、新工艺、新设备、新材料时，应当对作业人员进行相应的安全生产教育培训。

"四新"应用的确会给施工单位从业人员带来新的挑战和考验，所以，施工单位应当有计划或者根据实际需求对从业人员进行相应的新知识、新技术、新工艺、新理念等方面的教育培训，不仅让从业人员受到了安全生产教育培训，而且也了解了工程管理前沿与发展趋势，有利于专业素养的提高。

6. 安全生产教育培训方式

《职业教育法》规定，国家推行中国特色学徒制，引导企业按照岗位总量的一定比例设立学徒岗位。

《关于坚持科学发展安全发展促进安全生产形势持续稳定好转的意见》规定，安全教育培训可采取多种形式，包括安全形势报告会、事故案例分析会、安全法制教育、安全技术交流、安全竞赛、师傅带徒弟等。

国务院安委会《关于进一步加强安全培训工作的决定》中进一步指出，完善和落实师傅带徒弟制度。高危企业新职工安全培训合格后，要在经验丰富的工人师傅带领下，实习至少 2 个月后方可独立上岗。工人师傅一般应当具备中级工以上技能等级，3 年以上相应工作经历，成绩突出，善于"传、帮、带"，没有发生过"三违"行为等条件。要组织签订师徒协议，建立师傅带徒弟激励约束机制。

7. 安全生产教育培训经费

《职业教育法》规定，企业应当根据国务院规定的标准，按照职工工资总额一定比例提取和使用职工教育经费。职工教育经费可以用于举办职业教育机构、对本单位的职工和准备招用人员进行职业教育等合理用途，其中用于企业一线职工职业教育的经费应当达到国家规定的比例。用人单位安排职工到职业学校或者职业培训机构接受职业教育的，应当在其接受职业教育期间依法支付工资，保障相关待遇。

《关于进一步加强安全培训工作的决定》进一步强调，建立以企业投入为主、社会资金积极资助的安全培训投入机制。企业要在职工培训经费和安全费用中足额列支安全培训经费，实施技术改造和项目引进时要专门安排安全培训资金。

6.4 施工现场安全防护制度

6.4.1 编制和实施安全技术措施、专项施工方案

《建筑法》规定，建筑施工企业在编制施工组织设计时，应当根据建筑工程的特点

制定相应的安全技术措施；对专业性较强的工程项目，应当编制专项安全施工组织设计，并采取安全技术措施。施工组织设计须有安全技术措施，以保障职工安全、防止安全事故。

危险性较大的分部分项工程（以下简称危大工程），是指房屋建筑和市政基础设施工程在施工过程中，容易导致人员群死群伤或者造成重大经济损失的分部分项工程。对这部分工程在组织施工前编制专项施工方案是有效防范生产安全事故、保证安全生产的重要措施。

1. 需要编制专项施工方案的危大工程范围

《建设工程安全生产管理条例》规定，施工单位应当在施工组织设计中编制安全技术措施和施工现场临时用电方案，对下列达到一定规模的危险性较大的分部分项工程编制专项施工方案，并附具安全验算结果，经施工单位技术负责人、总监理工程师签字后实施，由专职安全生产管理人员进行现场监督：（1）基坑支护与降水工程；（2）土方开挖工程；（3）模板工程；（4）起重吊装工程；（5）脚手架工程；（6）拆除、爆破工程；（7）国务院建设行政主管部门或者其他有关部门规定的其他危险性较大的工程。

上述工程中涉及深基坑、地下暗挖工程、高大模板工程的专项施工方案，施工单位还应当组织专家进行论证、审查。

根据《危险性较大的分部分项工程安全管理规定》，危大工程范围包括两类，一类是危险性较大的分部分项工程，另一类是超过一定规模的危险性较大的分部分项工程。

危大工程及超过一定规模的危大工程范围由国务院住房城乡建设主管部门制定。省级住房城乡建设主管部门可以结合本地区实际情况，补充本地区危大工程范围。

2. 危大工程安全管理的前期保障

（1）建设单位应当组织勘察、设计等单位在施工招标文件中列出危大工程清单，要求施工单位在投标时补充完善危大工程清单并明确相应的安全管理措施。

建设单位在申请办理安全监督手续时，应当提交危大工程清单及其安全管理措施等资料。建设单位应当按照施工合同约定及时支付危大工程施工技术措施费以及相应的安全防护文明施工措施费，保障危大工程施工安全。

（2）勘察单位应当根据工程实际及工程周边环境资料，在勘察文件中说明地质条件可能造成的工程风险。

（3）设计单位应当在设计文件中注明涉及危大工程的重点部位和环节，提出保障工程周边环境安全和工程施工安全的意见，必要时进行专项设计。

3. 危大工程专项施工方案的编制及审查

为了保证作业人员的安全，编制的专项施工方案要有针对性，具体可行。如对模板工程施工中的安全技术措施应当包括：（1）工作前应戴好安全帽，检查使用的工具是否牢固，扳手等工具必须用绳索系挂在身上，防止掉落伤人。工作时应集中思想，避免钉子扎脚和空中滑落。（2）安装与拆除大型模板，应搭设脚手架，并设防护栏杆，防止在同一垂直面上下操作。高处作业要系牢安全带。（3）不得在脚手架上堆放大批模板等材料。（4）高处、复杂结构模板的安装与拆除，事先应有切实的安全措施。高处拆模时，应有专人指挥，并在下面标出工作区。组合钢模板装拆时，上下应有人接应，随装拆随运送，严禁从高处掷下。（5）支撑、牵杠等不得搭在门窗框和脚手架上。通路中间的斜撑、拉杆应设在高1.8米以上处。支模过程中，如需中途停歇，应将支撑、搭头、柱头板等钉牢。拆模间歇，应将已活动的模板、牵杠、支撑等运走或妥善堆放。（6）拆除模板一般用长撬棍。人不许站在正在拆除的模板上。在拆除模板时，应防止整块模板掉下，以免伤人。（7）模板上有预留洞者，应在安装后将洞口盖好。混凝土板上的预留洞，应在模板拆除后随即将洞口盖好。（8）在组合钢模板上架设电线和使用电动工具，应用36伏以下安全电压或采取其他有效的安全措施。

根据《危险性较大的分部分项工程安全管理规定》，危大工程及超过一定规模的危大工程应当在施工前由施工单位编制专项施工方案，专项施工方案依法经过审查合格后，方可组织施工。

（1）施工单位应当在危大工程施工前组织工程技术人员编制专项施工方案。实行施工总承包的，专项施工方案应当由施工总承包单位组织编制。危大工程实行分包的，专项施工方案可以由相关专业分包单位组织编制。

（2）专项施工方案应当由施工单位技术负责人审核签字、加盖单位公章，并由总监理工程师审查签字、加盖执业印章后方可实施。

危大工程实行分包并由分包单位编制专项施工方案的，专项施工方案应当由总承包单位技术负责人及分包单位技术负责人共同审核签字并加盖单位公章。

（3）对于超过一定规模的危大工程，施工单位应当组织召开专家论证会对专项施工方案进行论证。实行施工总承包的，由施工总承包单位组织召开专家论证会。专家论证前专项施工方案应当通过施工单位审核和总监理工程师审查。

专家应当从地方人民政府住房城乡建设主管部门建立的专家库中选取，符合专业要求且人数不得少于5名。与本工程有利害关系的人员不得以专家身份参加专家论证会。

专家论证会后，应当形成论证报告，对专项施工方案提出通过、修改后通过或者不通过的一致意见。专家对论证报告负责并签字确认。

专项施工方案经论证需修改后通过的，施工单位应当根据论证报告修改完善后，专项施工方案应当由施工单位技术负责人审核签字、加盖单位公章，并由总监理工程师审查签字、加盖执业印章后方可实施。专项施工方案经论证不通过的，施工单位修改后应当按照规定的要求重新组织专家论证。

4. 危大工程专项施工方案的实施

（1）危大工程现场公告及两级技术交底

施工单位应当在施工现场显著位置公告危大工程名称、施工时间和具体责任人员，并在危险区域设置安全警示标志。

专项施工方案实施前，编制人员或者项目技术负责人应当向施工现场管理人员进行方案交底。施工现场管理人员应当向作业人员进行安全技术交底，并由双方和项目专职安全生产管理人员共同签字确认。

施工单位应当严格按照专项施工方案组织施工，不得擅自修改专项施工方案。因规划调整、设计变更等原因确需调整的，修改后的专项施工方案应当按照规定重新审核和论证。涉及资金或者工期调整的，建设单位应当按照约定予以调整。

(2)企业负责人、项目负责人及专职安全管理人员现场监管

工程项目进行超过一定规模的危险性较大的分部分项工程施工时,建筑施工企业负责人应到施工现场进行带班检查。

施工单位应当对危大工程施工作业人员进行登记,项目负责人应当在施工现场履职。项目专职安全生产管理人员应当对专项施工方案实施情况进行现场监督,对未按照专项施工方案施工的,应当要求立即整改,并及时报告项目负责人,项目负责人应当及时组织限期整改。

施工单位应当按照规定对危大工程进行施工监测和安全巡视,发现危及人身安全的紧急情况,应当立即组织作业人员撤离危险区域。

(3)监理单位履行监督责任

监理单位应当结合危大工程专项施工方案编制监理实施细则,并对危大工程施工实施专项巡视检查。监理单位发现施工单位未按照专项施工方案施工的,应当要求其进行整改;情节严重的,应当要求其暂停施工,并及时报告建设单位。施工单位拒不整改或者不停止施工的,监理单位应当及时报告建设单位和工程所在地住房城乡建设主管部门。

对于按照规定需要验收的危大工程,施工单位、监理单位应当组织相关人员进行验收。验收合格的,经施工单位项目技术负责人及总监理工程师签字确认后,方可进入下一道工序。

危大工程验收合格后,施工单位应当在施工现场明显位置设置验收标识牌,公示验收时间及责任人员。

(4)监测单位履行监督责任

对于按照规定需要进行第三方监测的危大工程,建设单位应当委托具有相应勘察资质的单位进行监测。监测单位应当编制监测方案。监测方案由监测单位技术负责人审核签字并加盖单位公章,报送监理单位后方可实施。

监测单位应当按照监测方案开展监测,及时向建设单位报送监测成果,并对监测成果负责;发现异常时,及时向建设、设计、施工、监理单位报告,建设单位应当立即组织相关单位采取处置措施。

(5)危大工程发生险情或事故的处理

危大工程发生险情或者事故时,施工单位应当立即采取应急处置措施,并报告工程所在地住房城乡建设主管部门。建设、勘察、设计、监理等单位应当配合施工单位开展应急抢险工作。危大工程应急抢险结束后,建设单位应当组织勘察、设计、施工、监理等单位制定工程恢复方案,并对应急抢险工作进行后评估。

施工、监理单位应当建立危大工程安全管理档案。施工单位应当将专项施工方案及审核、专家论证、交底、现场检查、验收及整改等相关资料纳入档案管理。监理单位应当将监理实施细则、专项施工方案审查、专项巡视检查、验收及整改等相关资料纳入档案管理。

5. 安全施工技术交底

安全施工技术交底是指生产负责人在生产作业前对直接生产作业人员进行的该作业的安全操作规程和注意事项的培训,并通过书面文件方式予以确认。安全施工技术交

底的目的就是让所有的安全生产从业人员都对安全生产有所了解，最大限度避免安全事故的发生。《建设工程安全生产管理条例》规定，建设工程施工前，施工单位负责项目管理的技术人员应当对有关安全施工的技术要求向施工作业班组、作业人员作出详细说明，并由双方签字确认。施工前的详细说明制度，就是我们通常说的交底制度。如果安全施工技术交底不到位，将为建筑工程埋下安全隐患。

1）安全施工技术交底的类别

安全施工技术措施的交底包括：施工工种安全技术交底，分部分项工程施工的安全技术交底（如房屋工程包括地基与地基工程，主体结构工程，屋面防水工程，楼地面、装饰及门窗、水、暖、电气安装工程等），大型特殊工程单项安全技术交底，设备安装工程技术交底，使用新工艺、新技术、新材料施工的安全技术交底。

2）安全施工技术交底的具体要求

对于安全施工技术交底，应当做到：（1）项目经理部必须实行逐级安全技术交底制度，纵向延伸到班组全体作业人员；（2）技术交底必须具体、明确、针对性强；（3）技术交底的内容应针对分部分项工程施工中给作业人员带来的潜在隐含危险因素和存在问题；（4）应优先采用新的安全技术措施；（5）应将工程概况、施工方法、施工程序、安全技术措施等向工长、班组长进行详细交底；（6）保持书面安全技术交底签字记录。具体内容包括：准备施工项目的作业特点和危险点、针对危险点的具体预防措施、应注意的安全事项、相应的安全操作规程和标准、发生事故后应及时采取的避难和急救措施等。

施工单位负责项目管理的技术人员与作业班组和作业人员进行安全技术交底后，应当由双方确认。确认的方式是填写安全技术措施交底单，主要内容应当包括工程名称、分部分项工程名称、安全技术措施交底内容、交底时间、施工单位负责项目管理的技术人员签字、接受任务负责人签字等。由双方确定的交底制度，有利于明确双方的安全责任，因此，施工单位应当将安全技术措施的交底制度落到实处，使之真正起到保障安全施工的作用。

6.4.2 施工现场安全防范措施和安全生产费用

1. 施工现场安全防范措施

1）危险部位设置安全警示标志

《安全生产法》规定，生产经营单位应当在有较大危险因素的生产经营场所和有关设施、设备上，设置明显的安全警示标志。安全警示标志应当设置在生产经营场所和有关设施、设备的醒目位置，让每一个在该场所从事生产经营活动的劳动者或者该设施、设备的使用者，都能够清楚地看到。而且警示标识不能模糊不清，必须易于辨认。

《建设工程安全生产管理条例》进一步规定，施工单位应当在施工现场入口处、施工起重机械、临时用电设施、脚手架、出入通道口、楼梯口、电梯井口、孔洞口、桥梁口、隧道口、基坑边沿、爆破物及有害危险气体和液体存放处等危险部位，设置明显的安全警示标志。该规定列举了针对施工现场容易出现生产安全事故的危险部位，施工单位应当根据建设工程的实际情况，使用的设施设备和材料的情况，存储物品的情况等，具体确定本施工现场的危险部位，并设置明显的安全警示标志。安全警示标志必须符合国家标准，如《安全标志及其使用导则》GB 2894—2008、《用人单位职业病危害告知与警示标识管理规范》（安监总厅安健〔2014〕111号）等。

2）不同施工阶段和暂停施工应采取的安全施工措施

《建设工程安全生产管理条例》规定，施工单位应当根据不同施工阶段和周围环境及季节、气候的变化，在施工现场采取相应的安全施工措施。施工现场暂时停止施工的，施工单位应当做好现场防护，所需费用由责任方承担，或者按照合同约定执行。由于施工有一定的时间，且露天的较多，因此，需要根据地下施工、高空施工等不同的施工阶段，采取不同的安全措施。同时，还应当根据环境和季节、气候变化，加强季节性劳动保护工作。

针对一些有较大危险的工程，在施工时更应注意。如土方工程在雨季施工时，应全面检查原有排水系统，进行疏浚或加固，必要时要增加排水措施，保证水流畅通，傍山沿河地区应制定防汛措施；在开挖基坑（槽）或管沟时，应四周垒填土埂，防止雨水流入，并要特别注意边坡和直立壁的稳定；必要时可放缓边坡或增设支撑，并加强对边坡和支撑的检查；雨期施工不宜靠房屋墙壁和围墙堆土，防止倒塌事故。大风、大雨期间应暂停施工。

3）施工现场的安全要求

《安全生产法》规定，生产、经营、储存、使用危险物品的车间、商店、仓库不得与员工宿舍在同一座建筑物内，并应当与员工宿舍保持安全距离。生产经营场所和员工宿舍应当设有符合紧急疏散要求、标志明显、保持畅通的出口、疏散通道。禁止占用、锁闭、封堵生产经营场所或者员工宿舍的出口、疏散通道。这一规定的主要目的是保障单位员工的生命财产安全。

针对房屋质量，国务院办公厅专门印发《全国自建房安全专项整治工作方案》（国办发明电〔2022〕10号），扎实推进全国自建房安全专项整治工作，全面消除自建房安全隐患，切实保障人民群众生命财产安全和社会大局稳定。其中规定，各地要全面摸清自建房基本情况，重点排查结构安全性（设计、施工、使用等情况）。对存在设计施工缺陷的，通过除险加固、限制用途等方式处理；对一般性隐患要立查立改，落实整改责任和措施。3层及以上城乡新建房屋，以及经营性自建房必须依法依规经过专业设计和专业施工，严格执行房屋质量安全强制性标准。住房和城乡建设部、财政部、自然资源部等11部门于2022年底印发《农房质量安全提升工程专项推进方案》（建村〔2022〕81号），提出了继续实施农村危房改造、深入推进农村房屋安全隐患排查整治等7个方面重点任务。为全面加强经营性自建房安全管理，推动建立经营性自建房安全管理长效机制，切实维护人民群众生命安全，住房和城乡建设部等15部门还印发了《关于加强经营性自建房安全管理的通知》（建村〔2023〕18号），加强既有经营性自建房安全管理，严格新增经营性自建房监管，健全房屋安全管理体制机制。

4）施工现场的卫生要求

食堂的管理直接关系到就餐人员的基本权益。餐饮服务提供者应符合以下要求，包括：（1）依法取得许可。《食品安全法》规定，国家对食品生产经营实行许可制度。从事食品生产、食品销售、餐饮服务，应当依法取得许可。未取得许可不能从事生产经营。（2）《食品安全法》规定，食品生产经营应当符合食品安全标准和一定的要求，如相应的经营场所、设备和设施、餐具饮具的卫生要求，从业人员的卫生要求，用水的要求，洗涤剂和消毒剂的要求等。（3）《食品安全法》规定，食品经营者应当建立健全食品安全管理制度，原料验收、索票索证、食品贮存、餐饮用具清洗消毒、健康管理、人员培训管理制度等一系列制度要求。（4）对生产经营食品的禁止性规定。（5）其他要求。

《食品安全法实施条例》规定，建筑工地等集中用餐单位的食堂应当执行原料控制、餐具饮具清洗消毒、食品留样等制度，并依照食品安全法的规定定期开展食堂食品安全自查。承包经营集中用餐单位食堂的，应当依法取得食品经营许可，并对食堂的食品安全负责。集中用餐单位应当督促承包方落实食品安全管理制度，承担管理责任。

5）对施工现场周边的安全防护措施

《建设工程安全生产管理条例》规定，施工单位对因建设工程施工可能造成损害的毗邻建筑物、构筑物和地下管线等，应当采取专项防护措施。施工单位应当遵守有关环境保护法律、法规的规定，在施工现场采取措施，防止或者减少粉尘、废气、废水、固体废物、噪声、振动和施工照明对人和环境的危害和污染。在城市市区内的建设工程，施工单位应当对施工现场实行封闭围挡。

另外，一般来说，高度危险活动区域或者高度危险物存放区域都同社会大众的活动场所相隔绝。如果在管理人已经采取足够安全措施并且尽到充分警示义务的情况下，受害人未经许可进入该高度危险区域这一行为本身就说明受害人对于损害的发生具有过错。对于这类情况，高度危险活动区域或者高度危险物存放区域的管理人可以减轻或者不承担责任。

6）危险作业的施工现场安全管理

《安全生产法》规定，生产经营单位进行爆破、吊装、动火、临时用电以及国务院应急管理部门会同国务院有关部门规定的其他危险作业，应当安排专门人员进行现场安全管理，确保操作规程的遵守和安全措施的落实。进行危险作业时，作业人员必须严格按照操作规程进行操作，同时生产经营单位应当采取必要的事故防范措施，以防止生产安全事故的发生。在事故防范措施中，有必要安排专门的人员进行作业现场的安全管理。

另外，《危险化学品安全管理条例》规定，进行可能危及危险化学品管道安全的施工作业，施工单位应当在开工的7日前书面通知管道所属单位，并与管道所属单位共同制定应急预案，采取相应的安全防护措施。管道所属单位应当指派专门人员到现场进行管道安全保护指导。而住房和城乡建设部安全生产管理委员会办公室《关于印发起重机械、基坑工程等五项危险性较大的分部分项工程施工安全要点的通知》（建安办函〔2017〕12号）对基坑工程施工安全要点、脚手架施工安全要点、模板支架施工安全要点等内容亦有更为详细的规定。

7）安全设备、机械设备、防护用具等管理要求

《安全生产法》规定，安全设备的设计、制造、安装、使用、检测、维修、改造和报废，应当符合国家标准或者行业标准。生产经营单位必须对安全设备进行经常性维护、保养，并定期检测，保证正常运转。维护、保养、检测应当作好记录，并由有关人员签字。生产经营单位不得关闭、破坏直接关系生产安全的监控、报警、防护、救生设备、设施，或者篡改、隐瞒、销毁其相关数据、信息。安全设备安装后，还必须进行经

常性的检查、维护、保养，以保证其处于正常运转的状态。

《建设工程安全生产管理条例》亦规定，施工单位采购、租赁的安全防护用具、机械设备、施工机具及配件，应当具有生产（制造）许可证、产品合格证，并在进入施工现场前进行查验。施工现场的安全防护用具、机械设备、施工机具及配件必须由专人管理，定期进行检查、维修和保养，建立相应的资料档案，并按照国家有关规定及时报废。2022年，住房和城乡建设部发布了《房屋建筑和市政基础设施工程危及生产安全施工工艺、设备和材料淘汰目录（第一批）》，明确了禁止和限制危及生产安全施工工艺、设备和材料共计22项。

8）生物安全风险防控

《生物安全法》规定，有关单位和个人应当配合做好生物安全风险防控和应急处置等工作。任何单位和个人不得编造、散布虚假的生物安全信息。县级以上人民政府有关部门应当依法开展生物安全监督检查工作，被检查单位和个人应当配合，如实说明情况，提供资料，不得拒绝、阻挠。任何单位和个人发现传染病、动植物疫病的，应当及时向医疗机构、有关专业机构或者部门报告。依法应当报告的，任何单位和个人不得瞒报、谎报、缓报、漏报，不得授意他人瞒报、谎报、缓报，不得阻碍他人报告。结合住房和城乡建设部办公厅《关于全面加强房屋市政工程施工工地新冠肺炎疫情防控工作的通知》（建办质电〔2021〕45号），施工单位还需在施工现场注意针对生物安全提前采取防范措施。

2. 安全生产费用

施工单位安全生产费用（简称安全费用）即文明施工措施费用，指施工单位按照规定标准提取在成本中列支，专门用于完善和改进企业或者施工项目安全生产条件的资金。《建设工程安全生产管理条例》规定，施工单位对列入建设工程概算的按作业环境健全施工措施所需费用，应当用于施工安全防护用具设施的采购和更新、安全施工措施的落实、安全生产条件的改善，不得挪作他用。《建筑工程安全防护、文明施工措施费用及使用管理规定》（建办〔2005〕89号）规定，建筑工程安全防护、文明施工措施费用是由《建筑安装工程费用项目组成》中措施费所含的文明施工费、环境保护费、临时设施费、安全施工费组成。《国务院关于坚持科学发展安全发展促进安全生产形势持续稳定好转的意见》（国发〔2011〕40号）指出，企业在年度财务预算中必须确定必要的安全投入，提足用好安全生产费用。

1）施工单位安全费用的提取管理

（1）建设工程施工企业提取标准

建设工程施工企业以建筑安装工程造价为依据，于月末按工程进度计算提取企业安全生产费用。提取标准如下：① 矿山工程3.5%；② 铁路工程、房屋建筑工程、城市轨道交通工程3%；③ 水利水电工程、电力工程2.5%；④ 冶炼工程、机电安装工程、化工石油工程、通信工程2%；⑤ 市政公用工程、港口与航道工程、公路工程1.5%。建设工程施工企业编制投标报价应当包含并单列企业安全生产费用，竞标时不得删减。国家对基本建设投资概算另有规定的，从其规定。建设单位应当在合同中单独约定并于工程开工日1个月内向承包单位支付至少50%企业安全生产费用。总包单位应当在合同中单独约定并于分包工程开工日1个月内将至少50%企业安全生产费用直接支付给分包单位并监督使用，分包单位不再重复提取。工程竣工决算后结余的企业安全生产费用，应当退回建设单位。另外，自新冠疫情后，各地纷纷加强工地卫生防控工作，卫生防疫投入持续增加。2020年9月，住房和城乡建设部印发《房屋建筑和市政基础设施工程施工现场新冠肺炎疫情常态化防控工作指南》，明确施工现场疫情防控常态化，同时提出，因疫情常态化防控发生的防疫费用，可计入工程造价。

（2）提高标准的情形

《企业安全生产费用提取和使用管理办法》（财资〔2022〕136号）规定，企业在办法提出标准的基础上，根据安全生产实际需要，可适当提高安全费用提取标准。本办法公布前，各省级政府已制定下发企业安全费用提取使用办法的，其提取标准如果低于本办法规定的标准，应当按照本办法进行调整；如果高于本办法规定的标准，按照原标准执行。

2）施工单位安全费用的使用管理

《企业安全生产费用提取和使用管理办法》（财资〔2022〕136号）规定，建设工程施工企业安全生产费用应当用于以下支出：（1）完善、改造和维护安全防护设施设备支出（不含"三同时"要求初期投入的安全设施），包括施工现场临时用电系统、洞口或临边防护、高处作业或交叉作业防护、临时安全防护、支护及防治边坡滑坡、工程有害气体监测和通风、保障安全的机械设备、防火、防爆、防触电、防尘、防毒、防雷、防台风、防地质灾害等设施设备支出；（2）应急救援技术装备、设施配置及维护保养支出，事故逃生和紧急避难设施设备的配置和应急救援队伍建设、应急预案制修订与应急演练支出；（3）开展施工现场重大危险源检测、评估、监控支出，安全风险分级管控和事故隐患排查整改支出，工程项目安全生产信息化建设、运维和网络安全支出；（4）安全生产检查、评估评价（不含新建、改建、扩建项目安全评价）、咨询和标准化建设支出；（5）配备和更新现场作业人员安全防护用品支出；（6）安全生产宣传、教育、培训和从业人员发现并报告事故隐患的奖励支出；（7）安全生产适用的新技术、新标准、新工艺、新装备的推广应用支出；（8）安全设施及特种设备检测检验、检定校准支出；（9）安全生产责任保险支出；（10）与安全生产直接相关的其他支出。《建筑工程安全防护、文明施工措施费用及使用管理规定》中亦有详细规定。

6.4.3 施工现场消防安全责任

1. 单位的消防安全职责

国务院《关于加强和改进消防工作的意见》（国发〔2011〕46号）规定，机关、团体、企业事业单位法定代表人是本单位消防安全第一责任人。各单位要依法履行职责，保障必要的消防投入，切实提高检查消除火灾隐患、组织扑救初起火灾、组织人员疏散逃生和消防宣传教育培训的能力。《消防法》明确规定了关于机关、团体、企业、事业等单位应当履行的消防安全职责。消防安全重在预防，消防安全预防又重在各单位切实承担起本单位消防安全预防的职责。根据实际需求和总结消防安全的经验、教训，消防安全职责大体包括：落实消防安全责任制，制定消防安全制度、操作规程，制定预案；配置器材，设置标志；消防设施定期检测；保障消防通道畅通，保证防火防烟分区、防火间距符合消防技术标准；组织防火检查，消除火灾隐患；组织消防演练等。此外，

《消防法》还明确规定了单位的主要责任人是本单位的消防安全责任人,对本单位的消防安全工作全面负责。

2. 落实消防安全职责的具体要求

国务院办公厅《消防安全责任制实施办法》(国办发〔2017〕87号)规定,单位应当落实消防安全主体责任,履行下列职责:(1)明确各级、各岗位消防安全责任人及其职责,制定本单位的消防安全制度、消防安全操作规程、灭火和应急疏散预案。定期组织开展灭火和应急疏散演练,进行消防工作检查考核,保证各项规章制度落实。(2)保证防火检查巡查、消防设施器材维护保养、建筑消防设施检测、火灾隐患整改、专职或志愿消防队和微型消防站建设等消防工作所需资金的投入。生产经营单位安全费用应当保证适当比例用于消防工作。(3)按照相关标准配备消防设施、器材,设置消防安全标志,定期检验维修,对建筑消防设施每年至少进行一次全面检测,确保完好有效。设有消防控制室的,实行24小时值班制度,每班不少于2人,并持证上岗。(4)保障疏散通道、安全出口、消防车通道畅通,保证防火防烟分区、防火间距符合消防技术标准。人员密集场所的门窗不得设置影响逃生和灭火救援的障碍物。保证建筑构件、建筑材料和室内装修装饰材料等符合消防技术标准。(5)定期开展防火检查、巡查,及时消除火灾隐患。(6)根据需要建立专职或志愿消防队、微型消防站,加强队伍建设,定期组织训练演练,加强消防装备配备和灭火药剂储备,建立与公安消防队联勤联动机制,提高扑救初起火灾能力。(7)消防法律、法规、规章以及政策文件规定的其他职责。

3. 建立消防安全责任制度

《建设工程安全生产管理条例》规定,施工单位应当在施工现场建立消防安全责任制度,确定消防安全责任人,制定用火、用电、使用易燃易爆材料等各项消防安全管理制度和操作规程,设置消防通道、消防水源,配备消防设施和灭火器材,并在施工现场入口处设置明显标志。因此,施工单位必须制定消防安全制度、消防安全操作规程。如制定用火用电制度、易燃易爆危险物品管理制度、消防安全检查制度、消防设施维护保养制度、消防控制室值班制度、员工消防教育培训制度等。同时要结合本企业的实际,制定生产、经营、储运、科研过程中预防火灾的操作规程,确保消防安全。此外,施工单位还应当结合本单位防火工作的特点,有重点地进行消防安全知识的宣传教育,增强作业人员的消防安全意识,使作业人员了解本岗位的火灾特点,会使用灭火器材扑救初起火灾,会报火警,会自救逃生。

6.5 施工生产安全事故的应急救援和调查处理

6.5.1 生产安全事故的等级划分标准

《安全生产法》规定,本法规定的生产安全一般事故、较大事故、重大事故、特别重大事故的划分标准由国务院规定。国务院应急管理部门和其他负有安全生产监督管理职责的部门应当根据各自的职责分工,制定相关行业、领域重大危险源的辨识标准和重大事故隐患的判定标准。

1. 生产安全事故划分标准的规定

根据《生产安全事故报告和调查处理条例》规定,根据生产安全事故造成的人员伤亡或者直接经济损失,事故一般分为以下等级:(1)特别重大事故,是指造成30人以上死亡,或者100人以上重伤(包括急性工业中毒),或者1亿元以上直接经济损失的事故;(2)重大事故,是指造成10人以上30人以下死亡,或者50人以上100人以下重伤,或者5000万元以上1亿元以下直接经济损失的事故;(3)较大事故,是指造成3人以上10人以下死亡,或者10人以上50人以下重伤,或者1000万元以上5000万元以下直接经济损失的事故;(4)一般事故,是指造成3人以下死亡,或者10人以下重伤,或者1000万元以下直接经济损失的事故。国务院应急管理部门可以会同国务院有关部门,制定事故等级划分的补充性规定。上述所称的"以上"包括本数,所称的"以下"不包括本数。上述规定成为生产安全事故的划分标准。但上述规定只能适用于生产经营活动中发生的造成人身伤亡或者直接经济损失的生产安全事故,环境污染事故、核设施事故、国防科研生产事故的划分不适用上述规定。

2. 相关行业、领域重大危险源的辨识标准和重大事故隐患的判定标准的制定
1)重大危险源

《安全生产法》规定,重大危险源是指长期或者临时地生产、搬运、使用或者储存危险物品,且危险物品的数量等于或者超过临界量的单元(包括场所和设施)。根据《危险化学品重大危险源监督管理暂行规定》,危险化学品重大危险源(以下简称重大危险源)是指按照《危险化学品重大危险源辨识》GB 18218—2018标准辨识确定,生产、储存、使用或者搬运危险化学品的数量等于或者超过临界量的单元(包括场所和设施)。

2)安全生产相关行业、领域对重大事故隐患的界定

目前,安全生产相关行业、领域对重大事故隐患存在不同界定。根据国家安全生产监督管理总局公布的《安全生产事故隐患排查治理暂行规定》,安全生产事故隐患是指生产经营单位违反安全生产法律、法规、规章、标准、规程和安全生产管理制度的规定,或者因其他因素在生产经营活动中存在可能导致事故发生的物的危险状态、人的不安全行为和管理上的缺陷。事故隐患分为一般事故隐患和重大事故隐患。一般事故隐患是指危害和整改难度较小,发现后能够立即整改排除的隐患。重大事故隐患是指危害和整改难度较大,应当全部或者局部停产停业,并经过一定时间整改治理方能排除的隐患,或者因外部因素影响致使生产经营单位自身难以排除的隐患。

3)特殊行业对重大事故隐患的界定

特殊行业对重大事故隐患的界定因行业性质不同而有所差异。根据原国家安全生产监督管理总局、财政部制定的《安全生产领域举报奖励办法》和《煤矿重大事故隐患判定标准》,煤矿重大事故隐患的判定按照《煤矿重大事故隐患判定标准》的规定认定。《煤矿重大事故隐患判定标准》适用于判定各类煤矿重大事故隐患。其他行业和领域重大事故隐患的判定,按照负有安全监管职责的部门制定并向社会公布的判定标准认定。

3. 事故等级划分的补充性规定

按照条例的规定,事故一般分为特别重大事故、重大事故、较大事故和一般事故4个等级。由于生产经营活动涉及众多行业和领域,各个行业和领域事故的情况都有各自的特点,很难用一个标准来划分各个行业或者领域事故的等级,所以《生产安全事故报告和调查处理条例》规定,国务院安全生产监督管理部门可以会同国务院有关部门,制定事故等级划分的补充性规定。

6.5.2 生产安全事故应急救援预案

习近平总书记在中国共产党第二十次全国代表大会上强调要坚持安全第一、预防为主，建立大安全大应急框架，完善公共安全体系，推动公共安全治理模式向事前预防转型。把应急准备作为加强应急管理工作的主要任务，并从多方面搭建施工生产安全事故应急救援预案，依法、科学、高效、有序处置施工生产安全事故，可以最大程度减少生产安全事故带来的人员伤亡和财产损失，维护人民群众的生命财产安全和社会安全稳定。

1. 施工生产安全事故应急救援预案的编制

1）施工生产安全事故应急救援预案编制主体

《生产安全事故应急预案管理办法》规定，应急管理部负责全国应急预案的综合协调管理工作。国务院其他负有安全生产监督管理职责的部门在各自职责范围内，负责相关行业、领域应急预案的管理工作。

县级以上地方各级人民政府应急管理部门负责本行政区域内应急预案的综合协调管理工作。县级以上地方各级人民政府其他负有安全生产监督管理职责的部门按照各自的职责负责有关行业、领域应急预案的管理工作。

生产经营单位主要负责人负责组织编制和实施本单位的应急预案，并对应急预案的真实性和实用性负责；各分管负责人应当按照职责分工落实应急预案规定的职责。

《安全生产法》《生产安全事故应急条例》规定，县级以上地方各级人民政府应当组织有关部门制定本行政区域内生产安全事故应急救援预案，建立应急救援体系。乡镇人民政府和街道办事处，以及开发区、工业园区、港区、风景区等应当制定相应的生产安全事故应急救援预案，协助人民政府有关部门或者按照授权依法履行生产安全事故应急救援工作职责。

《建设工程安全生产管理条例》规定，施工单位应当制定本单位生产安全事故应急救援预案，建立应急救援组织或者配备应急救援人员，配备必要的应急救援器材、设备，并定期组织演练。施工单位应当根据建设工程施工的特点、范围，对施工现场易发生重大事故的部位、环节进行监控，制定施工现场生产安全事故应急救援预案。实行施工总承包的，由总承包单位统一组织编制建设工程生产安全事故应急救援预案，工程总承包单位和分包单位按照应急救援预案，各自建立应急救援组织或者配备应急救援人员，配备救援器材、设备，并定期组织演练。

2）施工生产安全事故应急救援预案的编制要求

《生产安全事故应急预案管理办法》规定，应急预案的编制应当遵循以人为本、依法依规、符合实际、注重实效的原则，以应急处置为核心，明确应急职责、规范应急程序、细化保障措施。应急预案的编制应当符合下列基本要求：（1）有关法律、法规、规章和标准的规定；（2）本地区、本部门、本单位的安全生产实际情况；（3）本地区、本部门、本单位的危险性分析情况；（4）应急组织和人员的职责分工明确，并有具体的落实措施；（5）有明确、具体的应急程序和处置措施，并与其应急能力相适应；（6）有明确的应急保障措施，满足本地区、本部门、本单位的应急工作需要；（7）应急预案基本要素齐全、完整，应急预案附件提供的信息准确；（8）应急预案内容与相关应急预案相互衔接。

生产经营单位组织应急预案编制过程中，应当根据法律、法规、规章的规定或者实际需要，征求相关应急救援队伍、公民、法人或其他组织的意见。

生产经营单位编制的各类应急预案之间应当相互衔接，并与相关人民政府及其部门、应急救援队伍和涉及的其他单位的应急预案相衔接。

3）生产安全事故应急救援预案的内容

《生产安全事故应急条例》第6条规定，生产安全事故应急救援预案应当符合有关法律、法规、规章和标准的规定，具有科学性、针对性和可操作性，明确规定应急组织体系、职责分工以及应急救援程序和措施。《生产安全事故应急预案管理办法》第16条规定，生产经营单位应急预案应当包括向上级应急管理机构报告的内容、应急组织机构和人员的联系方式、应急物资储备清单等附件信息。附件信息发生变化时，应当及时更新，确保准确有效。

生产经营单位应当在编制应急预案的基础上，针对工作场所、岗位的特点，编制简明、实用、有效的应急处置卡。应急处置卡应当规定重点岗位、人员的应急处置程序和措施，以及相关联络人员和联系方式，便于从业人员携带。

2. 生产安全事故应急救援预案的评审、公布和备案

1）生产安全事故应急救援预案的评审

《生产安全事故应急预案管理办法》规定，地方各级人民政府应急管理部门应当组织有关专家对本部门编制的部门应急预案进行审定。必要时，可以召开听证会，听取社会有关方面的意见。参加应急预案评审的人员应当包括有关安全生产及应急管理方面的专家。评审人员与所评审应急预案的生产经营单位有利害关系的，应当回避。应急预案的评审或者论证应当注重基本要素的完整性、组织体系的合理性、应急处置程序和措施的针对性、应急保障措施的可行性、应急预案的衔接性等内容。

2）生产安全事故应急救援预案的公布

地方各级人民政府应急管理部门的应急预案，应当报同级人民政府备案，同时抄送上一级人民政府应急管理部门，并依法向社会公布。

3）生产安全事故应急救援预案的备案

《生产安全事故应急预案管理办法》规定，地方各级人民政府应急管理部门的应急预案，应当报同级人民政府备案，同时抄送上一级人民政府应急管理部门，并依法向社会公布。地方各级人民政府其他负有安全生产监督管理职责的部门的应急预案，应当抄送同级人民政府应急管理部门。

《生产安全事故应急预案管理办法》规定，生产经营单位申报应急预案备案，应当提交下列材料：（1）应急预案备案申报表；（2）本办法第21条所列单位，应当提供应急预案评审意见；（3）应急预案电子文档；（4）风险评估结果和应急资源调查清单。

受理备案登记的负有安全生产监督管理职责的部门应当在5个工作日内对应急预案材料进行核对，材料齐全的，应当予以备案并出具应急预案备案登记表；材料不齐全的，不予备案并一次性告知需要补齐的材料。逾期不予备案又不说明理由的，视为已经备案。

对于实行安全生产许可的生产经营单位，已经进行应急预案备案的，在申请安全生产许可证时，可以不提供相应的应急预案，仅提供应急预案备案登记表。

各级人民政府负有安全生产监督管理职责的部门应当建立应急预案备案登记建档

制度，指导、督促生产经营单位做好应急预案的备案登记工作。

3. 生产安全事故应急预案的实施

1）生产安全事故应急救援预案演练

《生产安全事故应急条例》规定，县级以上地方人民政府以及县级以上人民政府负有安全生产监督管理职责的部门，乡、镇人民政府以及街道办事处等地方人民政府派出机关，应当至少每2年组织1次生产安全事故应急救援预案演练。易燃易爆物品、危险化学品等危险物品的生产、经营、储存、运输单位，矿山、金属冶炼、城市轨道交通运营、建筑施工单位，以及宾馆、商场、娱乐场所、旅游景区等人员密集场所经营单位，应当至少每半年组织1次生产安全事故应急救援预案演练，并将演练情况报送所在地县级以上地方人民政府负有安全生产监督管理职责的部门。县级以上地方人民政府负有安全生产监督管理职责的部门应当对本行政区域内前述规定的重点生产经营单位的生产安全事故应急救援预案演练进行抽查；发现演练不符合要求的，应当责令限期改正。

《生产安全事故应急预案管理办法》规定，县级以上地方人民政府负有安全生产监督管理职责的部门应当对本行政区域内前述规定的重点生产经营单位的生产安全事故应急救援预案演练进行抽查；发现演练不符合要求的，应当责令限期改正。

应急预案演练结束后，应急预案演练组织单位应当对应急预案演练效果进行评估，撰写应急预案演练评估报告，分析存在的问题，并对应急预案提出修订意见。

2）施工生产安全事故应急救援

《生产安全事故应急条例》规定，有关地方人民政府及其部门接到生产安全事故报告后，应当按照国家有关规定上报事故情况，启动相应的生产安全事故应急救援预案，并按照应急救援预案的规定采取下列一项或者多项应急救援措施：（1）组织抢救遇险人员，救治受伤人员，研判事故发展趋势以及可能造成的危害；（2）通知可能受到事故影响的单位和人员，隔离事故现场，划定警戒区域，疏散受到威胁的人员，实施交通管制；（3）采取必要措施，防止事故危害扩大和次生、衍生灾害发生，避免或者减少事故对环境造成的危害；（4）依法发布调用和征用应急资源的决定；（5）依法向应急救援队伍下达救援命令；（6）维护事故现场秩序，组织安抚遇险人员和遇险遇难人员亲属；（7）依法发布有关事故情况和应急救援工作的信息；（8）法律、法规规定的其他应急救援措施。有关地方人民政府不能有效控制生产安全事故的，应当及时向上级人民政府报告。上级人民政府应当及时采取措施，统一指挥应急救援。

应急救援队伍接到有关人民政府及其部门的救援命令或者签有应急救援协议的生产经营单位的救援请求后，应当立即参加生产安全事故应急救援。

应急救援队伍根据救援命令参加生产安全事故应急救援所耗费用，由事故责任单位承担；事故责任单位无力承担的，由有关人民政府协调解决。

发生生产安全事故后，有关人民政府认为有必要的，可以设立由本级人民政府及其有关部门负责人、应急救援专家、应急救援队伍负责人、事故发生单位负责人等人员组成的应急救援现场指挥部，并指定现场指挥部总指挥。现场指挥部实行总指挥负责制，按照本级人民政府的授权组织制定并实施生产安全事故现场应急救援方案，协调、指挥有关单位和个人参加现场应急救援。参加生产安全事故现场应急救援的单位和个人应当服从现场指挥部的统一指挥。在生产安全事故应急救援过程中，发现可能直接危及应急救援人员生命安全的紧急情况时，现场指挥部或者统一指挥应急救援的人民政府应当立即采取相应措施消除隐患，降低或者化解风险，必要时可以暂时撤离应急救援人员。

《生产安全事故应急条例》规定，生产安全事故发生地人民政府应当为应急救援人员提供必需的后勤保障，并组织通信、交通运输、医疗卫生、气象、水文、地质、电力、供水等单位协助应急救援。

3）生产安全事故应急预案实施情况总结评估

《生产安全事故应急预案管理办法》规定，生产经营单位发生事故时，应当第一时间启动应急响应，组织有关力量进行救援，并按照规定将事故信息及应急响应启动情况报告事故发生地县级以上人民政府应急管理部门和其他负有安全生产监督管理职责的部门。生产安全事故应急处置和应急救援结束后，事故发生单位应当对应急预案实施情况进行总结评估。

4. 施工生产安全事故应急保障措施

1）施工生产安全事故应急救援队伍

《安全生产法》规定，危险物品的生产、经营、储存单位以及矿山、金属冶炼、城市轨道交通运营、建筑施工单位应当建立应急组织；生产经营规模较小的，可以不建立应急救援组织，但应当指定兼职的应急救援人员。《生产安全事故应急条例》第9条规定，县级以上人民政府应当加强对生产安全事故应急救援队伍建设的统一规划、组织和指导。县级以上人民政府负有安全生产监督管理职责的部门根据生产安全事故应急工作的实际需要，在重点行业、领域单独建立或者依托有条件的生产经营单位、社会组织共同建立应急救援队伍。国家鼓励和支持生产经营单位和其他社会力量建立提供社会化应急救援服务的应急救援队伍。《生产安全事故应急条例》第11条规定，应急救援队伍的应急救援人员应当具备必要的专业知识、技能、身体素质和心理素质。应急救援队伍建立单位或者兼职应急救援人员所在单位应当按照国家有关规定对应急救援人员进行培训；应急救援人员经培训合格后，方可参加应急救援工作。

《生产安全事故应急条例》规定，生产经营单位应当及时将本单位应急救援队伍建立情况按照国家有关规定报送县级以上人民政府负有安全生产监督管理职责的部门，并依法向社会公布。县级以上人民政府负有安全生产监督管理职责的部门应当定期将本行业、本领域的应急救援队伍建立情况报送本级人民政府，并依法向社会公布。

2）施工生产安全事故应急救援物资储备

《生产安全事故应急条例》规定，县级以上地方人民政府应当根据本行政区域内可能发生的生产安全事故的特点和危害，储备必要的应急救援装备和物资，并及时更新和补充。易燃易爆物品、危险化学品等危险物品的生产、经营、储存、运输单位，矿山、金属冶炼、城市轨道交通运营、建筑施工单位，以及宾馆、商场、娱乐场所、旅游景区等人员密集场所经营单位，应当根据本单位可能发生的生产安全事故的特点和危害，配备必要的灭火、排水、通风以及危险物品稀释、掩埋、收集等应急救援器材、设备和物资，并进行经常性维护、保养，保证正常运转。

3）施工生产安全事故应急救援信息系统建设

《安全生产法》规定，国务院应急管理部门牵头建立全国统一的生产安全事故应急救援信息系统，国务院交通运输、住房和城乡建设、水利、民航等有关部门和县级以上地方人民政府建立健全相关行业、领域、地区的生产安全事故应急救援信息系统，实现互联互通、信息共享，通过推行网上安全信息采集、安全监管和监测预警，提升监管的精准化、智能化水平。

《生产安全事故应急条例》规定，生产经营单位可以通过生产安全事故应急救援信息系统办理生产安全事故应急救援预案备案手续，报送应急救援预案演练情况和应急救援队伍建设情况；但依法需要保密的除外。

6.5.3 生产安全事故报告、调查和处理

1. 施工生产安全事故报告制度
1）事故报告主体

《安全生产法》规定，生产经营单位发生生产安全事故后，事故现场有关人员应当立即报告本单位负责人。单位负责人接到事故报告后，应当迅速采取有效措施，组织抢救，防止事故扩大，减少人员伤亡和财产损失，并按照国家有关规定立即如实报告当地负有安全生产监督管理职责的部门，不得隐瞒不报、谎报或者迟报，不得故意破坏事故现场、毁灭有关证据。负有安全生产监督管理职责的部门接到事故报告后，应当立即按照国家有关规定上报事故情况。负有安全生产监督管理职责的部门和有关地方人民政府对事故情况不得隐瞒不报、谎报或者迟报。

《建设工程安全生产管理条例》规定，施工单位发生生产安全事故，应当按照国家有关伤亡事故报告和调查处理的规定，及时、如实地向负责安全生产监督管理的部门、建设行政主管部门或者其他有关部门报告；特种设备发生事故的，还应当同时向特种设备安全监督管理部门报告。接到报告的部门应当按照国家有关规定，如实上报。实行施工总承包的建设工程，由总承包单位负责上报事故。

2）事故报告内容

《房屋市政工程生产安全事故报告和查处工作规程》规定，事故报告主要应当包括以下内容：（1）事故的发生时间、地点和工程项目名称；（2）事故已经造成或者可能造成的伤亡人数（包括下落不明人数）；（3）事故工程项目的建设单位及项目负责人、施工单位及其法定代表人和项目经理、监理单位及其法定代表人和项目总监；（4）事故的简要经过和初步原因；（5）其他应当报告的情况。事故报告后出现新情况，以及事故发生之日起30日内伤亡人数发生变化的，应当及时补报。

3）事故报告流程

《房屋市政工程生产安全事故报告和查处工作规程》规定，事故发生地住房和城乡建设主管部门接到施工单位负责人或者事故现场有关人员的事故报告后，应当逐级上报事故情况。特别重大、重大、较大事故逐级上报至国务院住房和城乡建设主管部门，一般事故逐级上报至省级住房城乡建设主管部门。必要时，住房城乡建设主管部门可以越级上报事故情况。国务院住房和城乡建设主管部门应当在特别重大和重大事故发生后4小时内，向国务院上报事故情况。省级住房城乡建设主管部门应当在特别重大、重大事故或者可能演化为特别重大、重大的事故发生后3小时内，向国务院住房城乡建设主管部门上报事故情况。较大事故、一般事故发生后，住房城乡建设主管部门每级上报事故情况的时间不得超过2小时。

省级住房城乡建设主管部门应当通过传真向国务院住房城乡建设主管部门书面上报特别重大、重大、较大事故情况。特殊情形下确实不能按时书面上报的，可先电话报告，了解核实情况后及时书面上报。

2. 施工生产安全事故调查制度

1）事故调查主体

根据《房屋市政工程生产安全和质量事故查处督办暂行办法》，依照《关于做好房屋建筑和市政基础设施工程质量事故报告和调查处理工作的通知》（建质〔2010〕111号）的事故等级划分，住房和城乡建设部负责房屋市政工程生产安全和质量较大及以上事故的查处督办，省级住房城乡建设行政主管部门负责一般事故的查处督办。

《房屋市政工程生产安全事故报告和查处工作规程》规定，住房城乡建设主管部门应当按照有关人民政府的要求，依法组织或者参与事故调查工作。住房城乡建设主管部门应当积极参加事故调查工作，应当选派具有事故调查所需要的知识和专长，并与所调查的事故没有直接利害关系的人员参加事故调查工作。参加事故调查工作的人员应当诚信公正、恪尽职守，遵守事故调查组的纪律。

事故发生地住房城乡建设主管部门接到事故报告后，其负责人应立即赶赴事故现场，组织事故救援。发生一般及以上事故，或者领导有批示要求的，设区的市级住房城乡建设主管部门应派员赶赴现场了解事故有关情况。发生较大及以上事故，或者领导有批示要求的，省级住房和城乡建设主管部门应派员赶赴现场了解事故有关情况。发生重大及以上事故，或者领导有批示要求的，国务院住房和城乡建设主管部门应根据相关规定派员赶赴现场了解事故有关情况。

2）事故调查内容

《住房和城乡建设部关于做好房屋建筑和市政基础设施工程质量事故报告和调查处理工作的通知》规定，住房和城乡建设主管部门应当按照有关人民政府的授权或委托，组织或参与事故调查组对事故进行调查，并履行下列职责：（1）核实事故基本情况，包括事故发生的经过、人员伤亡情况及直接经济损失；（2）核查事故项目基本情况，包括项目履行法定建设程序情况、工程各参建单位履行职责的情况；（3）依据国家有关法律法规和工程建设标准分析事故的直接原因和间接原因，必要时组织对事故项目进行检测鉴定和专家技术论证；（4）认定事故的性质和事故责任；（5）依照国家有关法律法规提出对事故责任单位和责任人员的处理建议；（6）总结事故教训，提出防范和整改措施；（7）提交事故调查报告。

事故调查报告应当包括下列内容：（1）事故项目及各参建单位概况；（2）事故发生经过和事故救援情况；（3）事故造成的人员伤亡和直接经济损失；（4）事故项目有关质量检测报告和技术分析报告；（5）事故发生的原因和事故性质；（6）事故责任的认定和事故责任者的处理建议；（7）事故防范和整改措施。事故调查报告应当附具有关证据材料。事故调查组成员应当在事故调查报告上签名。

3）事故调查流程

《安全生产法》规定，有关地方人民政府和负有安全生产监督管理职责的部门的负责人接到生产安全事故报告后，应当按照生产安全事故应急救援预案的要求立即赶到事故现场，组织事故抢救。

参与事故抢救的部门和单位应当服从统一指挥，加强协同联动，采取有效的应急救援措施，并根据事故救援的需要采取警戒、疏散等措施，防止事故扩大和次生灾害的发生，减少人员伤亡和财产损失。

事故抢救过程中应当采取必要措施，避免或者减少对环境造成的危害。任何单位和个人都应当支持、配合事故抢救，并提供一切便利条件。

事故发生单位应当及时全面落实整改措施，负有安全生产监督管理职责的部门应当加强监督检查。

负责事故调查处理的国务院有关部门和地方人民政府应当在批复事故调查报告后一年内，组织有关部门对事故整改和防范措施落实情况进行评估，并及时向社会公开评估结果；对不履行职责导致事故整改和防范措施没有落实的有关单位和人员，应当按照有关规定追究责任。

《房屋市政工程生产安全事故报告和查处工作规程》规定，省级住房城乡建设主管部门应当按照规定，通过"全国房屋市政工程生产安全事故信息报送及统计分析系统"及时、全面、准确地报送事故简要信息、事故调查信息和事故处罚信息。

3. 施工生产安全事故处理

1）事故处理时限

重大事故、较大事故、一般事故，负责事故调查的人民政府应当自收到事故调查报告之日起 15 日内做出批复；特别重大事故，30 日内做出批复；特殊情况下，批复时间可以适当延长，但延长的时间最长不超过 30 日。

2）事故批复落实

有关机关应当按照人民政府的批复，依照法律、行政法规规定的权限和程序，对事故发生单位和有关人员进行行政处罚，对负有事故责任的国家工作人员进行处分。事故发生单位应当按照负责事故调查的人民政府的批复，对本单位负有事故责任的人员进行处理。

负有事故责任的人员涉嫌犯罪的，依法追究刑事责任。

3）事故发生单位的整改防范

事故发生单位应当认真吸取事故教训，落实防范和整改措施，防止事故再次发生。防范和整改措施的落实情况应当接受工会和职工的监督。

6.6 政府主管部门安全生产监督管理

6.6.1 建设工程安全生产的监督管理体制

根据《房屋建筑和市政基础设施工程施工安全监督规定》，施工安全监督是指住房城乡建设主管部门依据有关法律法规，对房屋建筑和市政基础设施工程的建设、勘察、设计、施工、监理等单位及人员（以下简称工程建设责任主体）履行安全生产职责，执行法律、法规、规章、制度及工程建设强制性标准等情况实施抽查并对违法违规行为进行处理的行政执法活动。

1. 监督主体

《建设工程安全生产管理条例》规定，国务院负责安全生产监督管理的部门依照

《安全生产法》的规定，对全国建设工程安全生产工作实施综合监督管理。县级以上地方人民政府负责安全生产监督管理的部门依照《安全生产法》的规定，对本行政区域内建设工程安全生产工作实施综合监督管理。

国务院建设行政主管部门对全国的建设工程安全生产实施监督管理。国务院铁路、交通、水利等有关部门按照国务院规定的职责分工，负责有关专业建设工程安全生产的监督管理。县级以上地方人民政府建设行政主管部门对本行政区域内的建设工程安全生产实施监督管理。县级以上地方人民政府交通、水利等有关部门在各自的职责范围内，负责本行政区域内的专业建设工程安全生产的监督管理。

根据《房屋建筑和市政基础设施工程施工安全监督规定》，国务院住房城乡建设主管部门负责指导全国房屋建筑和市政基础设施工程施工安全监督工作。县级以上地方人民政府住房城乡建设主管部门负责本行政区域内房屋建筑和市政基础设施工程施工安全监督工作。县级以上地方人民政府住房城乡建设主管部门可以将施工安全监督工作委托所属的施工安全监督机构具体实施。

施工安全监督机构应当具备以下条件：（1）具有完整的组织体系，岗位职责明确；（2）具有符合规定的施工安全监督人员，人员数量满足监督工作需要且专业结构合理，其中监督人员应当占监督机构总人数的75%以上；（3）具有固定的工作场所，配备满足监督工作需要的仪器、设备、工具及安全防护用品；（4）有健全的施工安全监督工作制度，具备与监督工作相适应的信息化管理条件。

施工安全监督人员应当具备下列条件：（1）具有工程类相关专业大专及以上学历或初级及以上专业技术职称；（2）具有两年及以上施工安全管理经验；（3）熟悉掌握相关法律法规和工程建设标准规范；（4）经业务培训考核合格，取得相关执法证书；（5）具有良好的职业道德。

2. 监督方式

建设行政主管部门和其他有关部门应当将申请领取施工许可证、拆除工程规定的有关资料的主要内容抄送同级负责安全生产监督管理的部门。

建设行政主管部门在审核发放施工许可证时，应当对建设工程是否有安全施工措施进行审查，对没有安全施工措施的，不得颁发施工许可证。建设行政主管部门或者其他有关部门对建设工程是否有安全施工措施进行审查时，不得收取费用。

3. 监督对象及内容

县级以上地方人民政府住房城乡建设主管部门或其所属的施工安全监督机构（以下合称监督机构）应当对本行政区域内已办理施工安全监督手续并取得施工许可证的工程项目实施施工安全监督。

施工安全监督主要包括以下内容：（1）抽查工程建设责任主体履行安全生产职责情况；（2）抽查工程建设责任主体执行法律、法规、规章、制度及工程建设强制性标准情况；（3）抽查建筑施工安全生产标准化开展情况；（4）组织或参与工程项目施工安全事故的调查处理；（5）依法对工程建设责任主体违法违规行为实施行政处罚；（6）依法处理与工程项目施工安全相关的投诉、举报。

4. 监督程序

监督机构实施工程项目的施工安全监督，应当依照下列程序进行：（1）受理建设单位申请并办理工程项目安全监督手续；（2）制定工程项目施工安全监督工作计划并组织实施；（3）实施工程项目施工安全监督抽查并形成监督记录；（4）评定工程项目安全生产标准化工作并办理终止施工安全监督手续；（5）整理工程项目施工安全监督资料并立卷归档。

5. 中止施工安全监督

《房屋建筑和市政基础设施工程施工安全监督规定》规定，工程项目因故中止施工的，监督机构对工程项目中止施工安全监督。

《房屋建筑和市政基础设施工程施工安全监督工作规程》规定，工程项目因故中止施工的，建设单位应当向监督机构申请办理中止施工安全监督手续，并提交中止施工的时间、原因、在施部位及安全保障措施等资料。

监督机构收到建设单位提交的资料后，经查验符合要求的，应当在5个工作日内向建设单位发放《中止施工安全监督告知书》。监督机构对工程项目中止施工期间不实施施工安全监督。

中止施工的工程项目恢复施工，建设单位应当向监督机构申请办理恢复施工安全监督手续，并提交经建设、监理、施工单位项目负责人签字并加盖单位公章的复工条件验收报告。

监督机构收到建设单位提交的复工条件验收报告后，经查验符合复工条件的，应当在5个工作日内向建设单位发放《恢复施工安全监督告知书》，对工程项目恢复实施施工安全监督。

6. 终止施工安全监督

工程项目经建设、监理、施工单位确认施工结束的，监督机构对工程项目终止施工安全监督。

工程项目完工办理竣工验收前，建设单位应当向监督机构申请办理终止施工安全监督手续，并提交经建设、监理、施工单位确认的工程施工结束证明，施工单位应当提交经建设、监理单位审核的项目安全生产标准化自评材料。

监督机构收到建设单位提交的资料后，经查验符合要求的，在5个工作日内向建设单位发放《终止施工安全监督告知书》，同时终止对工程项目的施工安全监督。

监督机构应当按照有关规定，对项目安全生产标准化作出评定，并向施工单位发放《项目安全生产标准化考评结果告知书》。

工程项目终止施工安全监督后，监督机构应当整理工程项目的施工安全监督资料，包括监督文书、抽查记录、项目安全生产标准化自评材料等，形成工程项目的施工安全监督档案。工程项目施工安全监督档案保存期限3年，自归档之日起计算。

6.6.2 政府主管部门对涉及安全生产事项的审查及执法职权

1. 政府主管部门对涉及安全生产事项的审查

《安全生产法》规定，负有安全生产监督管理职责的部门依照有关法律、法规的规定，对涉及安全生产的事项需要审查批准（包括批准、核准、许可、注册、认证、颁发证照等，下同）或者验收的，必须严格依照有关法律、法规和国家标准或者行业标准规定的安全生产条件和程序进行审查；不符合有关法律、法规和国家标准或者行业标准规定的安全生产条件的，不得批准或者验收通过。对未依法取得批准或者验收合格的单位擅自从事有关活动的，负责行政审批的部门发现或者接到举报后应当立即予以取缔，并依法予以处理。对已经依法取得批准的单位，负责行政审批的部门发现其不再具备安全生产条件的，应当撤销原批准。

2. 安全生产行政执法工作
1）执法职权

负有安全生产监督管理职责的部门对涉及安全生产的事项进行审查、验收，不得收取费用；不得要求接受审查、验收的单位购买其指定品牌或者指定生产、销售单位的安全设备、器材或者其他产品。

应急管理部门和其他负有安全生产监督管理职责的部门依法开展安全生产行政执法工作，对生产经营单位执行有关安全生产的法律、法规和国家标准或者行业标准的情况进行监督检查，行使以下职权：（1）进入生产经营单位进行检查，调阅有关资料，向有关单位和人员了解情况。（2）对检查中发现的安全生产违法行为，当场予以纠正或者要求限期改正；对依法应当给予行政处罚的行为，依照《安全生产法》和其他有关法律、行政法规的规定作出行政处罚决定。（3）对检查中发现的事故隐患，应当责令立即排除；重大事故隐患排除前或者排除过程中无法保证安全的，应当责令从危险区域内撤出作业人员，责令暂时停产停业或者停止使用相关设施、设备；重大事故隐患排除后，经审查同意，方可恢复生产经营和使用。（4）对有根据认为不符合保障安全生产的国家标准或者行业标准的设施、设备、器材以及违法生产、储存、使用、经营、运输的危险物品予以查封或者扣押，对违法生产、储存、使用、经营危险物品的作业场所予以查封，并依法作出处理决定。监督检查不得影响被检查单位的正常生产经营活动。

2）采取强制措施

《安全生产法》规定，负有安全生产监督管理职责的部门依法对存在重大事故隐患的生产经营单位作出停产停业、停止施工、停止使用相关设施或者设备的决定，生产经营单位应当依法执行，及时消除事故隐患。生产经营单位拒不执行，有发生生产安全事故的现实危险的，在保证安全的前提下，经本部门主要负责人批准，负有安全生产监督管理职责的部门可以采取通知有关单位停止供电、停止供应民用爆炸物品等措施，强制生产经营单位履行决定。通知应当采用书面形式，有关单位应当予以配合。负有安全生产监督管理职责的部门依照规定采取停止供电措施，除有危及生产安全的紧急情形外，应当提前24小时通知生产经营单位。生产经营单位依法履行行政决定、采取相应措施消除事故隐患的，负有安全生产监督管理职责的部门应当及时解除上述规定的措施。

6.6.3 安全生产举报处理、相关信息系统和工艺、设备、材料淘汰制度

1. 安全生产举报处理

《安全生产法》规定，负有安全生产监督管理职责的部门应当建立举报制度，公开举报电话、信箱或者电子邮件地址等网络举报平台，受理有关安全生产的举报；受理的举报事项经调查核实后，应当形成书面材料；需要落实整改措施的，报经有关负责人签字并督促落实。对不属于本部门职责，需要由其他有关部门进行调查处理的，转交其他有关部门处理。涉及人员死亡的举报事项，应当由县级以上人民政府组织核查处理。

任何单位或者个人对事故隐患或者安全生产违法行为，均有权向负有安全生产监督管理职责的部门报告或者举报。

2. 安全生产相关信息系统

《安全生产法》规定，负有安全生产监督管理职责的部门应当建立安全生产违法行为信息库，如实记录生产经营单位及其有关从业人员的安全生产违法行为信息；对违法行为情节严重的生产经营单位及其有关从业人员，应当及时向社会公告，并通报行业主管部门、投资主管部门、自然资源主管部门、生态环境主管部门、证券监督管理机构以及有关金融机构。有关部门和机构应当对存在失信行为的生产经营单位及其有关从业人员采取加大执法检查频次、暂停项目审批、上调有关保险费率、行业或者职业禁入等联合惩戒措施，并向社会公示。负有安全生产监督管理职责的部门应当加强对生产经营单位行政处罚信息的及时归集、共享、应用和公开，对生产经营单位作出处罚决定后 7 个工作日内在监督管理部门公示系统予以公开曝光，强化对违法失信生产经营单位及其有关从业人员的社会监督，提高全社会安全生产诚信水平。

3. 安全生产工艺、设备、材料淘汰制度

《建设工程安全生产管理条例》规定，建设行政主管部门或者其他有关部门可以将施工现场的监督检查委托给建设工程安全监督机构具体实施。

国家对严重危及施工安全的工艺、设备、材料实行淘汰制度。具体目录由国务院建设行政主管部门会同国务院其他有关部门制定并公布。

县级以上人民政府建设行政主管部门和其他有关部门应当及时受理对建设工程生产安全事故及安全事故隐患的检举、控告和投诉。

第 7 章 建设工程质量法律制度

百年大计，质量第一。工程质量是建设工程最重要的内在属性，关系到人民群众生命和财产安全、国民经济投资效益和建筑业可持续发展。建设工程质量水平也代表着一个国家的形象，反映着一个民族的素质。

第7章
看本章精讲课
配套章节自测

我国目前已经建立了以《建筑法》为核心，由《民法典》《标准化法》《产品质量法》《建设工程质量管理条例》《建设工程勘察质量管理办法》《建设工程质量检测管理办法》等相关法律、法规、部门规章、标准等规范性文件共同组成的建设工程质量法律制度体系。

2023 年 2 月中共中央、国务院印发的《质量强国建设纲要》中指出，建设质量强国是推动高质量发展、促进我国经济由大向强转变的重要举措，是满足人民美好生活需要的重要途径。党的十八大以来，我国质量事业实现跨越式发展，质量强国建设取得历史性成效。产品、工程、服务质量总体水平稳步提升，质量安全更有保障。进入新发展阶段，我国质量水平的提高仍然滞后于经济社会发展，质量发展基础还不够坚实。

7.1 工程建设标准

标准（含标准样品）是指农业、工业、服务业以及社会事业等领域需要统一的技术要求。工程建设标准是为在工程建设领域内获得最佳秩序，对工程建设活动及其结果作出共同使用的和重复使用的规范性文件。工程建设标准是对工程建设活动及其结果所作最低限度技术要求，是建设工程质量法律体系中的重要组成部分。

在标准体系框架下，规范、规程都符合标准的特征，只是在表现形式上存在差异。习惯上，将标准、规范、规程统称为标准。当针对产品、方法、符号、概念等基础标准时，一般采用"标准"，如《混凝土质量控制标准》《建筑抗震鉴定标准》等；当针对工程勘察、规划、设计、施工等通用的技术事项时，一般采用"规范"，如《混凝土结构工程施工规范》《建筑防火通用规范》等；当针对操作、工艺、管理等专用技术要求时，一般采用"规程"，如《建筑机械使用安全技术规程》《高层建筑混凝土结构技术规程》等。

7.1.1 工程建设标准的制定

《标准化法》规定，标准包括国家标准、行业标准、地方标准和团体标准、企业标准。因此，工程建设标准分为工程建设国家标准、工程建设行业标准、工程建设地方标准、工程建设团体标准、工程建设企业标准。

国家标准分为强制性标准、推荐性标准，行业标准、地方标准是推荐性标准。强制性标准必须执行。国家鼓励采用推荐性标准。

工程建设标准的制定是指标准制定相关单位对需要制定工程建设标准的项目，提出立项建议、编制计划、组织起草、征求意见、技术审查、报批和发布等一系列的活动。

《标准化法》规定，制定标准应当在科学技术研究成果和社会实践经验的基础上，深入调查论证，广泛征求意见，保证标准的科学性、规范性和时效性，提高标准质量。

1. 工程建设国家标准的制定

1）工程建设国家标准的范围和类型

工程建设国家标准分为强制性标准和推荐性标准。《标准化法》规定，对保障人身健康和生命财产安全、国家安全、生态环境安全以及满足经济社会管理基本需要的技术要求，应当制定强制性国家标准。推荐性国家标准、行业标准、地方标准、团体标准、企业标准的技术要求不得低于强制性国家标准的相关技术要求。《强制性国家标准管理办法》进一步规定，强制性国家标准的技术要求应当全部强制，并且可验证、可操作。

《标准化法》规定，对满足基础通用、与强制性国家标准配套、对各有关行业起引领作用等需要的技术要求，可以制定推荐性国家标准。

《工程建设国家标准管理办法》规定，对需要在全国范围内统一的下列技术要求，应当制定国家标准：① 工程建设勘察、规划、设计、施工（包括安装）及验收等通用的质量要求；② 工程建设通用的有关安全、卫生和环境保护的技术要求；③ 工程建设通用的术语、符号、代号、量与单位、建筑模数和制图方法；④ 工程建设通用的试验、检验和评定等方法；⑤ 工程建设通用的信息技术要求；⑥ 国家需要控制的其他工程建设通用的技术要求。法律另有规定的，依照法律的规定执行。

下列标准属于强制性标准：① 工程建设勘察、规划、设计、施工（包括安装）及验收等通用的综合标准和重要的通用的质量标准；② 工程建设通用的有关安全、卫生和环境保护的标准；③ 工程建设重要的通用的术语、符号、代号、量与单位、建筑模数和制图方法标准；④ 工程建设重要的通用的试验、检验和评定方法等标准；⑤ 工程建设重要的通用的信息技术标准；⑥ 国家需要控制的其他工程建设通用的标准。

2）工程建设国家标准制定的基本要求

《标准化法》规定，国务院有关行政主管部门依据职责负责强制性国家标准的项目提出、组织起草、征求意见和技术审查。国务院标准化行政主管部门负责强制性国家标准的立项、编号和对外通报。

省、自治区、直辖市人民政府标准化行政主管部门可以向国务院标准化行政主管部门提出强制性国家标准的立项建议，由国务院标准化行政主管部门会同国务院有关行政主管部门决定。社会团体、企业事业组织以及公民可以向国务院标准化行政主管部门提出强制性国家标准的立项建议，国务院标准化行政主管部门认为需要立项的，会同国务院有关行政主管部门决定。

《强制性国家标准管理办法》规定，强制性国家标准编写应当遵守国家有关规定，并在前言中载明组织起草部门信息，但不得涉及具体的起草单位和起草人信息。

《标准化法》规定，推荐性国家标准由国务院标准化行政主管部门制定。

制订国家标准的工作程序按准备、征求意见、送审和报批四个阶段进行。

3）工程建设国家标准的批准发布

《国家标准管理办法》规定，强制性国家标准由国务院批准发布或者授权批准发布。推荐性国家标准由国务院标准化行政主管部门统一批准、编号，以公告形式发布。强制性标准文本应当免费向社会公开。国家推动免费向社会公开推荐性标准文本。

《强制性国家标准管理办法》规定，国务院标准化行政主管部门应当自发布之日起20日内在全国标准信息公共服务平台上免费公开强制性国家标准文本。强制性国家标准的解释与标准具有同等效力。解释发布后，国务院标准化行政主管部门应当自发布之日起20日内在全国标准信息公共服务平台上免费公开解释文本。

4）工程建设国家标准的复审与修订

《标准化法》规定，国务院标准化行政主管部门和国务院有关行政主管部门、设区的市级以上地方人民政府标准化行政主管部门应当建立标准实施信息反馈和评估机制，根据反馈和评估情况对其制定的标准进行复审。标准的复审周期一般不超过5年。经过复审，对不适应经济社会发展需要和技术进步的应当及时修订或者废止。

《强制性国家标准管理办法》规定，强制性国家标准的修订，按照本办法规定的强制性国家标准制定程序执行；个别技术要求需要调整、补充或者删减，采用修改单方式予以修订的，无需经国务院标准化行政主管部门立项。

2. 工程建设行业标准的制定

《标准化法》规定，对没有推荐性国家标准、需要在全国某个行业范围内统一的技术要求，可以制定行业标准。行业标准由国务院有关行政主管部门制定，报国务院标准化行政主管部门备案。

1）工程建设行业标准的范围

《工程建设行业标准管理办法》规定，下列技术要求，可以制定行业标准：① 工程建设勘察、规划、设计、施工（包括安装）及验收等行业专用的质量要求；② 工程建设行业专用的有关安全、卫生和环境保护的技术要求；③ 工程建设行业专用的术语、符号、代号、量与单位和制图方法；④ 工程建设行业专用的试验、检验和评定等方法；⑤ 工程建设行业专用的信息技术要求；⑥ 其他工程建设行业专用的技术要求。

行业标准不得与国家标准相抵触。行业标准的某些规定与国家标准不一致时，必须有充分的科学依据和理由，并经国家标准的审批部门批准。行业标准在相应的国家标准实施后，应当及时修订或废止。

2）工程建设行业标准的制定、复审与修订程序

工程建设行业标准的制定、修订程序，可以按准备、征求意见、送审和报批四个阶段进行。工程建设行业标准实施后，根据科学技术的发展和工程建设的实际需要，该标准的批准部门应当适时进行复审，确认其继续有效或予以修订、废止。一般也是5年复审1次，复审结果报国务院工程建设行政主管部门备案。

3. 工程建设地方标准的制定

《标准化法》规定，为满足地方自然条件、风俗习惯等特殊技术要求，可以制定地方标准。

地方标准由省、自治区、直辖市人民政府标准化行政主管部门制定；设区的市级人民政府标准化行政主管部门根据本行政区域的特殊需要，经所在地省、自治区、直辖

市人民政府标准化行政主管部门批准，可以制定本行政区域的地方标准。

4. 工程建设团体标准的制定

《标准化法》规定，国家鼓励学会、协会、商会、联合会、产业技术联盟等社会团体协调相关市场主体共同制定满足市场和创新需要的团体标准，由本团体成员约定采用或者按照本团体的规定供社会自愿采用。

制定团体标准，应当遵循开放、透明、公平的原则，保证各参与主体获取相关信息，反映各参与主体的共同需求，并应当组织对标准相关事项进行调查分析、实验、论证。

国家支持在重要行业、战略性新兴产业、关键共性技术等领域利用自主创新技术制定团体标准、企业标准。国家鼓励社会团体、企业制定高于推荐性标准相关技术要求的团体标准、企业标准。

《团体标准管理规定》进一步规定，禁止利用团体标准实施妨碍商品、服务自由流通等排除、限制市场竞争的行为。团体标准应当符合相关法律法规的要求，不得与国家有关产业政策相抵触。团体标准的技术要求不得低于强制性标准的相关技术要求。

5. 工程建设企业标准的制定

《标准化法》规定，企业可以根据需要自行制定企业标准，或者与其他企业联合制定企业标准。

国家实行团体标准、企业标准自我声明公开和监督制度。企业应当公开其执行的强制性标准、推荐性标准、团体标准或者企业标准的编号和名称；企业执行自行制定的企业标准的，还应当公开产品、服务的功能指标和产品的性能指标。国家鼓励团体标准、企业标准通过标准信息公共服务平台向社会公开。

企业应当按照标准组织生产经营活动，其生产的产品、提供的服务应当符合企业公开标准的技术要求。

《国家标准化发展纲要》明确提出，有效实施企业标准自我声明公开和监督制度，将企业产品和服务符合标准情况纳入社会信用体系建设。建立标准实施举报、投诉机制，鼓励社会公众对标准实施情况进行监督。

7.1.2 工程建设强制性标准实施

《标准化法》规定，强制性标准必须执行。《建筑法》规定，建筑活动应当确保建筑工程质量和安全，符合国家的建设工程安全标准。因此，执行工程建设强制性标准是工程建设各方主体的法定义务，不予执行或违反工程建设强制性标准的行为属于违法行为。

1. 工程建设各方主体实施强制性标准的法律规定

《建筑法》规定，建设单位不得以任何理由，要求建筑设计单位或者建筑施工企业在工程设计或者施工作业中，违反法律、行政法规和建筑工程质量、安全标准，降低工程质量。

建筑工程设计应当符合按照国家规定制定的建筑安全规程和技术规范，保证工程的安全性能。勘察、设计文件应当符合有关法律、行政法规的规定和建筑工程质量、安全标准、建筑工程勘察、设计技术规范以及合同的约定。设计文件选用的建筑材料、建筑构配件和设备，应当注明其规格、型号、性能等技术指标，其质量要求必须符合国家规定的标准。

建筑工程监理应当依照法律、行政法规及有关的技术标准、设计文件和建筑工程承包合同，对承包单位在施工质量、建设工期和建设资金使用等方面，代表建设单位实施监督。工程监理人员认为工程施工不符合工程设计要求、施工技术标准和合同约定的，有权要求建筑施工企业改正。工程监理人员发现工程设计不符合建筑工程质量标准或者合同约定的质量要求的，应当报告建设单位要求设计单位改正。

《建设工程质量管理条例》进一步规定，建设单位不得明示或者暗示设计单位或者施工单位违反工程建设强制性标准，降低建设工程质量。建筑设计单位和建筑施工企业对建设单位违反规定提出的降低工程质量的要求，应当予以拒绝。勘察、设计单位必须按照工程建设强制性标准进行勘察、设计，并对其勘察、设计的质量负责。

施工单位必须按照工程设计图纸和施工技术标准施工，不得擅自修改工程设计，不得偷工减料。施工单位必须按照工程设计要求、施工技术标准和合同约定，对建筑材料、建筑构配件、设备和商品混凝土进行检验，检验应当有书面记录和专人签字；未经检验或者检验不合格的，不得使用。

2. 工程建设强制性标准的实施管理

《强制性国家标准管理办法》规定，强制性国家标准发布后实施前，企业可以选择执行原强制性国家标准或者新强制性国家标准。新强制性国家标准实施后，原强制性国家标准同时废止。

《实施工程建设强制性标准监督规定》规定，在中华人民共和国境内从事新建、扩建、改建等工程建设活动，必须执行工程建设强制性标准。

建设工程勘察、设计文件中规定采用的新技术、新材料，可能影响建设工程质量和安全，又没有国家技术标准的，应当由国家认可的检测机构进行试验、论证，出具检测报告，并经国务院有关主管部门或者省、自治区、直辖市人民政府有关主管部门组织的建设工程技术专家委员会审定后，方可使用。

1）监督管理机构及分工

国务院住房城乡建设主管部门负责全国实施工程建设强制性标准的监督管理工作。国务院有关主管部门按照国务院的职能分工负责实施工程建设强制性标准的监督管理工作。县级以上地方人民政府住房城乡建设主管部门负责本行政区域内实施工程建设强制性标准的监督管理工作。

建设项目规划审查机构应当对工程建设规划阶段执行强制性标准的情况实施监督。施工图设计文件审查单位应当对工程建设勘察、设计阶段执行强制性标准的情况实施监督。建筑安全监督管理机构应当对工程建设施工阶段执行施工安全强制性标准的情况实施监督。工程质量监督机构应当对工程建设施工、监理、验收等阶段执行强制性标准的情况实施监督。

建设项目规划审查机关、施工设计图设计文件审查单位、建筑安全监督管理机构、工程质量监督机构的技术人员必须熟悉、掌握工程建设强制性标准。

2）监督检查的内容和方式

强制性标准监督检查的内容包括：有关工程技术人员是否熟悉、掌握强制性标准；

工程项目的规划、勘察、设计、施工、验收等是否符合强制性标准的规定；工程项目采用的材料、设备是否符合强制性标准的规定；工程项目的安全、质量是否符合强制性标准的规定；工程中采用的导则、指南、手册、计算机软件的内容是否符合强制性标准的规定。

工程建设标准批准部门应当定期对建设项目规划审查机关、施工图设计文件审查单位、建筑安全监督管理机构、工程质量监督机构实施强制性标准的监督进行检查，对监督不力的单位和个人，给予通报批评，建议有关部门处理。

工程建设标准批准部门应当对工程项目执行强制性标准情况进行监督检查。监督检查可以采取重点检查、抽查和专项检查的方式。

工程建设标准批准部门应当将强制性标准监督检查结果在一定范围内公告。

7.1.3 建设工程抗震管理制度

我国是一个多地震的国家，地震灾害多发频发，破坏性地震时有发生。建设工程抗震工作直接关系人民群众生命和财产安全，事关经济发展和社会稳定。近年来，我国建设工程抗震防灾能力不断提高，在降低地震灾害风险、减少人员伤亡和财产损失、保障和改善民生等方面发挥了重要作用。

1. 建设工程抗震相关主体的责任和义务

1）勘察、设计和施工阶段的责任

《建设工程抗震管理条例》规定，建设单位应当对建设工程勘察、设计和施工全过程负责，在勘察、设计和施工合同中明确拟采用的抗震设防强制性标准，按照合同要求对勘察设计成果文件进行核验，组织工程验收，确保建设工程符合抗震设防强制性标准。

建设单位不得明示或者暗示勘察、设计、施工等单位和从业人员违反抗震设防强制性标准，降低工程抗震性能。

建设单位应当将建筑的设计使用年限、结构体系、抗震设防烈度、抗震设防类别等具体情况和使用维护要求记入使用说明书，并将使用说明书交付使用人或者买受人。

建设单位应当组织勘察、设计、施工、工程监理单位建立隔震减震工程质量可追溯制度，利用信息化手段对隔震减震装置采购、勘察、设计、进场检测、安装施工、竣工验收等全过程的信息资料进行采集和存储，并纳入建设项目档案。

工程总承包单位、施工单位及工程监理单位应当建立建设工程质量责任制度，加强对建设工程抗震设防措施施工质量的管理。

国家鼓励工程总承包单位、施工单位采用信息化手段采集、留存隐蔽工程施工质量信息。施工单位应当按照抗震设防强制性标准进行施工。

隔震减震装置用于建设工程前，施工单位应当在建设单位或者工程监理单位监督下进行取样，送建设单位委托的具有相应建设工程质量检测资质的机构进行检测。禁止使用不合格的隔震减震装置。

实行施工总承包的，隔震减震装置属于建设工程主体结构的施工，应当由总承包单位自行完成。

工程质量检测机构应当建立建设工程过程数据和结果数据、检测影像资料及检测

报告记录与留存制度，对检测数据和检测报告的真实性、准确性负责，不得出具虚假的检测数据和检测报告。

2）鉴定、加固和维护阶段的责任

《建设工程抗震管理条例》规定，建设工程所有权人应当对存在严重抗震安全隐患的建设工程进行安全监测，并在加固前采取停止或者限制使用等措施。

对抗震性能鉴定结果判定需要进行抗震加固且具备加固价值的已经建成的建设工程，所有权人应当进行抗震加固。

建设工程所有权人应当按照规定对建设工程抗震构件、隔震沟、隔震缝、隔震减震装置及隔震标识进行检查、修缮和维护，及时排除安全隐患。

任何单位和个人不得擅自变动、损坏或者拆除建设工程抗震构件、隔震沟、隔震缝、隔震减震装置及隔震标识。

任何单位和个人发现擅自变动、损坏或者拆除建设工程抗震构件、隔震沟、隔震缝、隔震减震装置及隔震标识的行为，有权予以制止，并向住房和城乡建设主管部门或者其他有关监督管理部门报告。

2. 建设工程抗震性能鉴定制度

《防震减灾法》规定，已经建成的下列建设工程，未采取抗震设防措施或者抗震设防措施未达到抗震设防要求的，应当按照国家有关规定进行抗震性能鉴定，并采取必要的抗震加固措施：（1）重大建设工程；（2）可能发生严重次生灾害的建设工程；（3）具有重大历史、科学、艺术价值或者重要纪念意义的建设工程；（4）学校、医院等人员密集场所的建设工程；（5）地震重点监视防御区内的建设工程。

《建设工程抗震管理条例》进一步规定，国家实行建设工程抗震性能鉴定制度。按照上述《防震减灾法》规定应当进行抗震性能鉴定的建设工程，由所有权人委托具有相应技术条件和技术能力的机构进行鉴定。

国家鼓励对除上述规定以外的未采取抗震设防措施或者未达到抗震设防强制性标准的已经建成的建设工程进行抗震性能鉴定。

抗震性能鉴定结果应当对建设工程是否存在严重抗震安全隐患以及是否需要进行抗震加固作出判定。抗震性能鉴定结果应当真实、客观、准确。

3. 政府主管部门建设工程抗震监督管理

1）建设工程抗震的监督管理体制

《建设工程抗震管理条例》规定，县级以上人民政府住房和城乡建设主管部门和其他有关监督管理部门应当按照职责分工，加强对建设工程抗震设防强制性标准执行情况的监督检查。

县级以上人民政府住房和城乡建设主管部门应当会同有关部门建立完善建设工程抗震设防数据信息库，并与应急管理、地震等部门实时共享数据。

县级以上人民政府住房和城乡建设主管部门或者其他有关监督管理部门开展监督检查时，可以委托专业机构进行抽样检测、抗震性能鉴定等技术支持工作。

县级以上人民政府住房和城乡建设主管部门或者其他有关监督管理部门应当建立建设工程抗震责任企业及从业人员信用记录制度，将相关信用记录纳入全国信用信息共享平台。

2）政府主管部门对超限高层建筑工程抗震设防的审批

《建设工程抗震管理条例》规定，对超限高层建筑工程，设计单位应当在设计文件中予以说明，建设单位应当在初步设计阶段将设计文件等材料报送省、自治区、直辖市人民政府住房和城乡建设主管部门进行抗震设防审批。住房和城乡建设主管部门应当组织专家审查，对采取的抗震设防措施合理可行的，予以批准。超限高层建筑工程抗震设防审批意见应当作为施工图设计和审查的依据。

3）政府主管部门实施建设工程抗震监督管理的法定职权

《建设工程抗震管理条例》规定，县级以上人民政府住房和城乡建设主管部门或者其他有关监督管理部门履行建设工程抗震监督管理职责时，有权采取以下措施：（1）对建设工程或者施工现场进行监督检查；（2）向有关单位和人员调查了解相关情况；（3）查阅、复制被检查单位有关建设工程抗震的文件和资料；（4）对抗震结构材料、构件和隔震减震装置实施抽样检测；（5）查封涉嫌违反抗震设防强制性标准的施工现场；（6）发现可能影响抗震质量的问题时，责令相关单位进行必要的检测、鉴定。

7.2 无障碍环境建设制度

残疾人、老年人平等、充分、便捷地参与和融入社会生活，是全体社会成员平等参与、平等发展权利的重要体现。残疾人、老年人在通行道路、出入建筑物以及使用其附属设施、搭乘公共交通运输工具的社会生活中，相较于其他人群具有较大困难。无障碍环境建设是解决这一特殊问题的重要制度。

在我国人口老龄化持续加深等社会发展背景下，无障碍环境建设已经上升为全体社会成员的普惠制度。我国无障碍环境建设已经形成了以《无障碍环境建设法》《残疾人保障法》《老年人权益保障法》等法律为基础，以《无障碍环境建设条例》《残疾人教育条例》《残疾预防和残疾人康复条例》等行政法规为主干，以相关部门规章、地方性法规、地方政府规章和规范性文件等为具体实施文件的法律体系。

7.2.1 无障碍设施建设

1. 无障碍设施、建设范围及其基本建设要求

1）无障碍设施的定义

根据《无障碍环境建设法》，无障碍设施是指为残疾人、老年人自主安全地通行道路、出入建筑物以及使用其附属设施、搭乘公共交通运输工具，获取、使用和交流信息，获得社会服务等提供便利的设施。残疾人、老年人之外的其他人有无障碍需求的，可以享受无障碍环境便利。

2）无障碍设施建设范围

无障碍环境建设范围包括道路、建筑物及其附属设施、公共交通运输工具、信息交流和社会服务等。与建造师密切相关的主要是交通和建筑领域，具体包括新建、改建、扩建的居住建筑、居住区、公共建筑、公共场所、交通运输设施、城乡道路，以及前述范围内既有建筑或设施的无障碍设施改造项目。其中，"公共场所"主要指广场、绿地、公园、户外停车场等缺少建筑物或者构筑物的开阔场所。

3）无障碍设施基本建设要求

《无障碍环境建设法》规定，新建、改建、扩建的居住建筑、居住区、公共建筑、公共场所、交通运输设施、城乡道路等，应当符合无障碍设施工程建设标准。

无障碍设施应当与主体工程同步规划、同步设计、同步施工、同步验收、同步交付使用，并与周边的无障碍设施有效衔接、实现贯通。无障碍设施应当设置符合标准的无障碍标识，并纳入周边环境或者建筑物内部的引导标识系统。

2. 各有关单位参与建设的要求

1）无障碍环境建设模式

无障碍环境建设不能仅依赖于政府投入，还需要全员参与。《无障碍环境建设法》规定，国家鼓励和支持企业事业单位、社会组织、个人等社会力量，通过捐赠、志愿服务等方式参与无障碍环境建设。

国家支持开展无障碍环境建设工作的国际交流与合作。

国家鼓励工程建设、设计、施工等单位采用先进的理念和技术，建设人性化、系统化、智能化并与周边环境相协调的无障碍设施。

2）各参建单位的无障碍环境建设义务

无障碍环境建设涉及的民事主体较多，按照基本建设程序，主要包括工程建设单位、设计单位、施工单位、监理单位以及施工图审查机构，还包括受邀参加意见征询和体验试用等活动的残疾人、老年人代表以及残疾人联合会、老龄协会等组织。前述主体应当按照各自的职责，履行无障碍环境建设法定义务。

《无障碍环境建设法》规定，工程建设单位应当将无障碍设施建设经费纳入工程建设项目概预算。工程建设单位不得明示或者暗示设计、施工单位违反无障碍设施工程建设标准；不得擅自将未经验收或者验收不合格的无障碍设施交付使用。

工程设计单位应当按照无障碍设施工程建设标准进行设计。依法需要进行施工图设计文件审查的，施工图审查机构应当按照法律、法规和无障碍设施工程建设标准，对无障碍设施设计内容进行审查；不符合有关规定的，不予审查通过。

工程施工、监理单位应当按照施工图设计文件以及相关标准进行无障碍设施施工和监理。

住房和城乡建设等主管部门对未按照法律、法规和无障碍设施工程建设标准开展无障碍设施验收或者验收不合格的，不予办理竣工验收备案手续。国家鼓励工程建设单位在新建、改建、扩建建设项目的规划、设计和竣工验收等环节，邀请残疾人、老年人代表以及残疾人联合会、老龄协会等组织，参加意见征询和体验试用等活动。

无障碍设施经验收交付后，所有权人或者管理人应当对无障碍设施履行维护和管理责任，保障无障碍设施功能正常和使用安全：（1）对损坏的无障碍设施和标识进行维修或者替换；（2）对需改造的无障碍设施进行改造；（3）纠正占用无障碍设施的行为；（4）进行其他必要的维护和保养。所有权人、管理人和使用人之间有约定的，由约定的责任人负责维护和管理。

3. 无障碍设施改造

1）无障碍设施改造的强制性规定

《残疾人保障法》规定，无障碍设施的建设和改造，应当符合残疾人的实际需要。

新建、改建和扩建建筑物、道路、交通设施等，应当符合国家有关无障碍设施工程建设标准。各级人民政府和有关部门应当按照国家无障碍设施工程建设规定，逐步推进已建成设施的改造，优先推进与残疾人日常工作、生活密切相关的公共服务设施的改造。对无障碍设施应当及时维修和保护。

《无障碍环境建设法》规定，县级以上人民政府应当支持、指导家庭无障碍设施改造。对符合条件的残疾人、老年人家庭应当给予适当补贴。居民委员会、村民委员会、居住区管理服务单位以及业主委员会应当支持并配合家庭无障碍设施改造。

2）无障碍设施改造的计划与实施主体

《无障碍环境建设法》规定，对既有的不符合无障碍设施工程建设标准的居住建筑、居住区、公共建筑、公共场所、交通运输设施、城乡道路等，县级以上人民政府应当根据实际情况，制定有针对性的无障碍设施改造计划并组织实施。

鉴于无障碍设施改造工作所需资金投入大，改造情形多种多样，社会关系复杂，实施难度大等情况，根据《民法典》"物权编""合同编"等规定的基本原则，《无障碍环境建设法》规定，该改造工作由所有权人或者管理人负责；所有权人、管理人和使用人之间约定改造责任的，由约定的责任人负责。不具备无障碍设施改造条件的，责任人应当采取必要的替代性措施。

3）家庭无障碍设施改造

家庭无障碍设施改造，是中国特色社会主义法治人文关怀的体现，是对残疾人、老年人家庭数量和无障碍改造需求的直接响应。《无障碍环境建设法》规定，县级以上人民政府应当支持、指导家庭无障碍设施改造。对符合条件的残疾人、老年人家庭应当给予适当补贴。

根据"十四五"规划，政府补贴110万户困难重度残疾人家庭无障碍设施改造，支持200万户特殊困难高龄、失能、残疾老年人家庭实施适老化改造。居民委员会、村民委员会、居住区管理服务单位以及业主委员会应当支持并配合家庭无障碍设施改造。

4）既有多层住宅加装电梯或者其他无障碍设施

国家支持城镇老旧小区既有多层住宅加装电梯或者其他无障碍设施，为残疾人、老年人提供便利。

《无障碍环境建设法》规定，县级以上人民政府及其有关部门应当采取措施、创造条件，并发挥社区基层组织作用，推动既有多层住宅加装电梯或者其他无障碍设施。房屋所有权人应当弘扬中华民族与邻为善、守望相助等传统美德，加强沟通协商，依法配合既有多层住宅加装电梯或者其他无障碍设施。

4. 特定场所无障碍设施的建设和改造

1）公共建筑、公共场所、交通运输设施以及居住区

《无障碍环境建设法》规定，新建、改建、扩建公共建筑、公共场所、交通运输设施以及居住区的公共服务设施，应当按照无障碍设施工程建设标准，配套建设无障碍设施；既有的上述建筑、场所和设施不符合无障碍设施工程建设标准的，应当进行必要的改造。

其中，居住区是广大人民群众生活的重心，是国家现有法律、政策保障的重点。《中共中央 国务院关于加强新时代老龄工作的意见》《"十四五"城乡社区服务体系建

设规划》《关于开展城市居住社区建设补短板行动的意见》《国务院办公厅关于全面推进城镇老旧小区改造工作的指导意见》等文件均对居住区适老化改造作出规定。

2）城市主干路、主要商业区和大型居住区的人行天桥和人行地下通道

道路是人民群众出行的保障，城市主干路、主要商业区和大型居住区的人行天桥和人行地下通道等通行设施的无障碍设施，直接影响无障碍需求群体的安全便利出行，无障碍设施建设或者改造的经济社会效果明显。

《无障碍环境建设法》规定，新建、改建、扩建和具备改造条件的城市主干路、主要商业区和大型居住区的人行天桥和人行地下通道，应当按照无障碍设施工程建设标准，建设或者改造无障碍设施。

城市主干路、主要商业区等无障碍需求比较集中的区域的人行道，应当按照标准设置盲道；城市中心区、残疾人集中就业单位和集中就读学校周边的人行横道的交通信号设施，应当按照标准安装过街音响提示装置。

3）停车场

《无障碍环境建设条例》规定，无障碍停车位为肢体残疾人驾驶或乘坐的机动车专用。《无障碍环境建设法》以该用途为基本原则，并有条件地进行了扩大适用。停车场应当按照无障碍设施工程建设标准，设置无障碍停车位，并设置显著标志标识。无障碍停车位优先供肢体残疾人驾驶或者乘坐的机动车使用。优先使用无障碍停车位的，应当在显著位置放置残疾人车辆专用标志或者提供残疾人证。在无障碍停车位充足的情况下，其他行动不便的残疾人、老年人、孕妇、婴幼儿等驾驶或者乘坐的机动车也可以使用。

4）公共交通运输工具

《无障碍环境建设条例》规定，新投入运营的民用航空器、客运列车、客运船舶、公共汽电车、城市轨道交通车辆等公共交通运输工具，应当确保一定比例符合无障碍标准。既有公共交通运输工具具备改造条件的，应当进行无障碍改造，逐步符合无障碍标准的要求；不具备改造条件的，公共交通运输工具的运营单位应当采取必要的替代性措施。县级以上地方人民政府根据当地情况，逐步建立城市无障碍公交导乘系统，规划配置适量的无障碍出租汽车。

5）临时无障碍设施

《无障碍环境建设条例》规定，因特殊情况设置的临时无障碍设施，应当符合无障碍设施工程建设标准。

任何单位和个人不得擅自改变无障碍设施的用途或者非法占用、损坏无障碍设施。

因特殊情况临时占用无障碍设施的，应当公告并设置护栏、警示标志或者信号设施，同时采取必要的替代性措施。临时占用期满，应当及时恢复原状。

7.2.2 无障碍环境建设保障措施

1. 经费落实

《无障碍环境建设法》规定，县级以上人民政府应当将无障碍环境建设纳入国民经济和社会发展规划，将所需经费纳入本级预算，建立稳定的经费保障机制。具体通过在城市更新、乡村振兴、国家综合立体交通网、数字中国、健康老龄化、基本公共服务等

相关规划中统筹纳入无障碍环境建设，落实经费保障。

国家通过经费支持、政府采购、税收优惠等方式，促进新科技成果在无障碍环境建设中的运用，鼓励无障碍技术、产品和服务的研发、生产、应用和推广，支持无障碍设施、信息和服务的融合发展。

2. 宣传教育

《无障碍环境建设法》规定，国家开展无障碍环境理念的宣传教育，普及无障碍环境知识，传播无障碍环境文化，提升全社会的无障碍环境意识；新闻媒体应当积极开展无障碍环境建设方面的公益宣传，形成全社会的无障碍环境建设意识的全面提升。

国家建立无障碍环境建设相关领域人才培养机制。充分发挥高校等机构作为人才培养的重要阵地的作用，国家鼓励高等学校、中等职业学校等开设无障碍环境建设相关专业和课程，开展无障碍环境建设理论研究、国际交流和实践活动。建筑、交通运输、计算机科学与技术等相关学科专业应当增加无障碍环境建设的教学和实践内容，相关领域职业资格、继续教育以及其他培训的考试内容应当包括无障碍环境建设知识。

国家鼓励机关、企业事业单位、社会团体以及其他社会组织，对工作人员进行无障碍服务知识与技能培训。通过多层次、多类型单位的共同参与培训机制，提高无障碍服务教育培训效果。

3. 标准与法律建设

无障碍环境建设相关标准是从专业技术层面落实无障碍环境建设法律的主要途径。在无障碍环境建设相关标准制定方面，国家推广通用设计理念，以满足残疾人、老年人使用无障碍设施需求为基础，兼顾其他有需求的人群，建立健全以《建筑与市政工程无障碍通用规范》GB 55019—2021 为代表的国家标准、行业标准、地方标准，鼓励发展具有引领性的团体标准、企业标准，加强标准之间的衔接配合，构建无障碍环境建设标准体系。通用地方结合本地实际制定的地方标准不得低于国家标准的相关技术要求。

《无障碍环境建设法》规定，制定或者修改涉及无障碍环境建设的法律、法规、规章、规划、其他规范性文件以及标准，应当征求残疾人、老年人代表以及残疾人联合会、老龄协会等组织的意见。残疾人联合会、老龄协会等组织可以依法提出制定或者修改无障碍环境建设标准的建议。

4. 认证和评测制度

国家建立健全无障碍设计、设施、产品、服务的认证和无障碍信息的评测制度，并推动结果采信应用，为完善标准体系和推广无障碍设计、设施、产品、服务的认证及无障碍信息的评测制度提供法律保障。根据国家市场监管总局、中国残联《关于推进无障碍环境认证工作的指导意见》，国家市场监管总局、中国残联组织开展互联网应用适老化及无障碍改造专项行动，通过对网站和移动互联网应用进行评测，推动无障碍信息化建设。

5. 创优与表彰

文明城市、文明村镇、文明单位、文明社区、文明校园等创建活动，应当将无障碍环境建设情况作为重要内容。对在无障碍环境建设工作中做出显著成绩的单位和个人，按照国家有关规定给予表彰和奖励。

7.2.3 无障碍环境建设监督管理

1. 全社会共建共治共享机制

《无障碍环境建设法》规定，无障碍环境建设应当坚持中国共产党的领导，发挥政府主导作用，调动市场主体积极性，引导社会组织和公众广泛参与，推动全社会共建共治共享。

2. 职责分工

《无障碍环境建设法》规定，县级以上人民政府应当统筹协调和督促指导有关部门在各自职责范围内做好无障碍环境建设工作。县级以上人民政府住房和城乡建设、民政、工业和信息化、交通运输、自然资源、文化和旅游、教育、卫生健康等部门应当在各自职责范围内，开展无障碍环境建设工作。乡镇人民政府、街道办事处应当协助有关部门做好无障碍环境建设工作。

残疾人联合会、老龄协会等组织依照法律、法规以及各自章程，协助各级人民政府及其有关部门做好无障碍环境建设工作。

3. 监督检查

《无障碍环境建设法》规定，县级以上人民政府及其有关主管部门依法对无障碍环境建设进行监督检查，根据工作需要开展联合监督检查。

县级以上地方人民政府有关主管部门定期委托第三方机构开展无障碍环境建设评估，并将评估结果向社会公布，接受社会监督。

县级以上人民政府建立无障碍环境建设信息公示制度，定期发布无障碍环境建设情况。

任何组织和个人有权向政府有关主管部门提出加强和改进无障碍环境建设的意见和建议，对违反《无障碍环境建设法》规定的行为进行投诉、举报。县级以上人民政府有关主管部门接到涉及无障碍环境建设的投诉和举报，应当及时处理并予以答复。新闻媒体可以对无障碍环境建设情况开展舆论监督。

残疾人联合会、老龄协会等组织根据需要，可以聘请残疾人、老年人代表以及具有相关专业知识的人员，对无障碍环境建设情况进行监督。

对违反《无障碍环境建设法》规定损害社会公共利益的行为，人民检察院可以提出检察建议或者提起公益诉讼。

4. 法律责任

工程建设、设计、施工、监理单位未按照《无障碍环境建设法》规定进行建设、设计、施工、监理的，由住房和城乡建设、民政、交通运输等相关主管部门责令限期改正；逾期未改正的，依照相关法律法规的规定进行处罚。

有下列情形之一的，由住房和城乡建设、民政、交通运输等相关主管部门责令限期改正；逾期未改正的，对单位处 1 万元以上 3 万元以下罚款，对个人处 100 元以上 500 元以下罚款：（1）无障碍设施责任人不履行维护和管理职责，无法保障无障碍设施功能正常和使用安全；（2）设置临时无障碍设施不符合相关规定；（3）擅自改变无障碍设施的用途或者非法占用、损坏无障碍设施。

无障碍环境建设相关主管部门、有关组织的工作人员滥用职权、玩忽职守、徇私舞弊的，依法给予处分。

违反《无障碍环境建设法》规定，造成人身损害、财产损失的，依法承担民事责任；构成犯罪的，依法追究刑事责任。

7.3 建设单位及相关单位的质量责任和义务

《住房和城乡建设部关于落实建设单位工程质量首要责任的通知》（建质规〔2020〕9号）规定，建设单位是工程质量第一责任人，依法对工程质量承担全面责任。对因工程质量给工程所有权人、使用人或第三方造成的损失，建设单位依法承担赔偿责任，有其他责任人的，可以向其他责任人追偿。建设单位要严格落实项目法人责任制，依法开工建设，全面履行管理职责，确保工程质量符合国家法律法规、工程建设强制性标准和合同约定。

7.3.1 建设单位的质量责任和义务

建设单位作为工程建设活动的总牵头单位，承担着重要的工程质量管理职责，对保障工程质量具有主导作用。建设单位有权选择承包单位，有权对建设过程进行检查、控制，对建设工程进行验收，在整个建设活动中居于主导地位。

1. 依法发包工程

《建设工程质量管理条例》规定，建设单位应当将工程发包给具有相应资质等级的单位。建设单位不得将建设工程肢解发包。建设单位应当依法对工程建设项目的勘察、设计、施工、监理以及与工程建设有关的重要设备、材料等的采购进行招标。《住房和城乡建设部关于落实建设单位工程质量首要责任的通知》进一步规定，建设单位应当严格执行工程发包承包法规制度，依法将工程发包给具备相应资质的勘察、设计、施工、监理等单位，不得肢解发包工程、违规指定分包单位，不得直接发包预拌混凝土等专业分包工程，不得指定按照合同约定应由施工单位购入用于工程的装配式建筑构配件、建筑材料和设备或者指定生产厂、供应商。

2. 依法向有关单位提供原始资料

《建设工程质量管理条例》规定，建设单位必须向有关的勘察、设计、施工、工程监理等单位提供与建设工程有关的原始资料。原始资料必须真实、准确、齐全。

所谓原始资料是勘察单位、设计单位、施工单位、工程监理单位赖以进行勘察作业、设计作业、施工作业、监理作业的基础性材料。建设单位作为建设活动的总负责人，向有关的勘察单位、设计单位、施工单位、工程监理单位提供原始资料，并保证这些资料的真实、准确、齐全，是其基本的责任和义务。

一般情况下，建设单位根据委托任务必须向勘察单位提供如勘察任务书、项目规划总平面图、地下管线、地下构筑物、地形地貌等在内的基础资料；向设计单位提供政府有关部门批准的项目建议书、可行性研究报告等立项文件，设计任务书，有关城市规划、专业规划设计条件，勘察成果及其他基础资料；向施工单位提供概算批准文件，建设项目正式列入国家、部门或地方的年度固定资产投资计划，建设用地的征收或征用资料，有能够满足施工需要的施工图纸及技术资料，建设资金和主要建筑材料、设备的来源落实资料，建设项目所在地规划部门批准文件，施工现场完成"三通一平"的平面图等资料。向工程监理单位提供的原始资料除包括给施工单位的资料外，还要有建设单位与施工单位签订的承包合同文本。

3. 建设单位的禁止性行为

《建筑法》规定，建设单位不得以任何理由，要求建筑设计单位或者建筑施工企业在工程设计或者施工作业中，违反法律、行政法规和建筑工程质量、安全标准，降低工程质量。《建设工程质量管理条例》进一步规定，建设工程发包单位，不得迫使承包方以低于成本的价格竞标，不得任意压缩合理工期。建设单位不得明示或者暗示设计单位或者施工单位违反工程建设强制性标准，降低建设工程质量。《政府投资条例》规定，政府投资项目应当按照国家有关规定合理确定并严格执行建设工期，任何单位和个人不得非法干预。《建设工程抗震管理条例》规定，建设单位应当对建设工程勘察、设计和施工全过程负责，在勘察、设计和施工合同中明确拟采用的抗震设防强制性标准，按照合同要求对勘察设计成果文件进行核验，组织工程验收，确保建设工程符合抗震设防强制性标准。建设单位不得明示或者暗示勘察、设计、施工等单位和从业人员违反抗震设防强制性标准，降低工程抗震性能。

4. 依法报审施工图设计文件

施工图设计文件是设计文件的重要内容，是编制施工图预算、安排材料、设备订货和非标准设备制作，进行施工、安装和工程验收等工作的依据。施工图设计文件一经完成，建设工程最终所要达到的质量，尤其是地基基础和结构的安全性就有了约束，因此施工图设计文件的质量直接影响建设工程的质量。施工图审查是政府主管部门对建筑工程勘察设计质量监督管理的重要环节，是基本建设必不可少的程序。《建设工程质量管理条例》第11条规定，施工图设计文件审查的具体办法，由国务院建设行政主管部门、国务院其他有关部门制定。施工图设计文件未经审查批准的，不得使用。

《房屋建筑和市政基础设施工程施工图设计文件审查管理办法》规定，国家实施施工图设计文件审查制度。施工图审查，是指施工图审查机构按照有关法律、法规，对施工图涉及公共利益、公众安全和工程建设强制性标准的内容进行的审查。审查机构应当对施工图审查下列内容：（1）是否符合工程建设强制性标准；（2）地基基础和主体结构的安全性；（3）是否符合民用建筑节能强制性标准，对执行绿色建筑标准的项目，还应当审查是否符合绿色建筑标准；（4）勘察设计企业和注册执业人员以及相关人员是否按规定在施工图上加盖相应的图章和签字；（5）法律、法规、规章规定必须审查的其他内容。

5. 依法实行工程监理

《建设工程质量管理条例》规定，实行监理的建设工程，建设单位应当委托具有相应资质等级的工程监理单位进行监理，也可以委托具有工程监理相应资质等级并与被监理工程的施工承包单位没有隶属关系或者其他利害关系的该工程的设计单位进行监理。下列建设工程必须实行监理：（1）国家重点建设工程；（2）大中型公用事业工程；（3）成片开发建设的住宅小区工程；（4）利用外国政府或者国际组织贷款、援助资金的工程；（5）国家规定必须实行监理的其他工程。

《建设工程监理范围和规模标准规定》进一步规定，国家重点建设工程，是指依据

《国家重点建设项目管理办法》所确定的对国民经济和社会发展有重大影响的骨干项目。大中型公用事业工程，是指项目总投资额在3000万元以上的下列工程项目：（1）供水、供电、供气、供热等市政工程项目；（2）科技、教育、文化等项目；（3）体育、旅游、商业等项目；（4）卫生、社会福利等项目；（5）其他公用事业项目。成片开发建设的住宅小区工程，建筑面积在5万平方米以上的住宅建设工程必须实行监理；5万平方米以下的住宅建设工程，可以实行监理，具体范围和规模标准，由省、自治区、直辖市人民政府建设行政主管部门规定。

利用外国政府或者国际组织贷款、援助资金的工程范围包括：（1）使用世界银行、亚洲开发银行等国际组织贷款资金的项目；（2）使用国外政府及其机构贷款资金的项目；（3）使用国际组织或者国外政府援助资金的项目。

国家规定必须实行监理的其他工程有以下两类。（1）项目总投资额在3000万元以上关系社会公共利益、公众安全的下列基础设施项目：① 煤炭、石油、化工、天然气、电力、新能源等项目。② 铁路、公路、管道、水运、民航以及其他交通运输业等项目。③ 邮政、电信枢纽、通信、信息网络等项目。④ 防洪、灌溉、排涝、发电、引（供）水、滩涂治理、水资源保护、水土保持等水利建设项目。⑤ 道路、桥梁、地铁和轻轨交通、污水排放及处理、垃圾处理、地下管道、公共停车场等城市基础设施项目。⑥ 生态环境保护项目。⑦ 其他基础设施项目。（2）学校、影剧院、体育场馆项目。

6. 依法办理工程质量监督手续

《建设工程质量管理条例》规定，建设单位在开工前，应当按照国家有关规定办理工程质量监督手续，工程质量监督手续可以与施工许可证或者开工报告合并办理。《建筑工程五方责任主体项目负责人质量终身责任追究暂行办法》规定，项目负责人应当在办理工程质量监督手续前签署工程质量终身责任承诺书，连同法定代表人授权书，报工程质量监督机构备案。项目负责人如有更换的，应当按规定办理变更程序，重新签署工程质量终身责任承诺书，连同法定代表人授权书，报工程质量监督机构备案。

一般来讲，办理建设工程质量安全监督手续需提交下列材料：（1）经规划部门审核的建设规划总平面图；（2）施工图审查合格书；（3）保证建设工程质量和施工安全措施的资料；（4）与勘察、设计、施工、监理等单位签订的合同；（5）勘察、设计、施工、监理等单位的资质证书；（6）施工单位的中标通知书和安全生产许可证等等。

7. 依法保证建筑材料等符合要求

《建设工程质量管理条例》规定，按照合同约定，由建设单位采购建筑材料、建筑构配件和设备的，建设单位应当保证建筑材料、建筑构配件和设备符合设计文件和合同要求。建设单位不得明示或者暗示施工单位使用不合格的建筑材料、建筑构配件和设备。

8. 依法进行装修工程

《建设工程质量管理条例》规定，涉及建筑主体和承重结构变动的装修工程，建设单位应当在施工前委托原设计单位或者具有相应资质等级的设计单位提出设计方案；没有设计方案的，不得施工。房屋建筑使用者在装修过程中，不得擅自变动房屋建筑主体和承重结构。

9. 组织竣工验收并移交建设项目档案

《建设工程质量管理条例》规定，建设单位收到建设工程竣工报告后，应当组织设计、施工、工程监理等有关单位进行竣工验收。

建设单位应当严格按照国家有关档案管理的规定，及时收集、整理建设项目各环节的文件资料，建立、健全建设项目档案，并在建设工程竣工验收后，及时向建设行政主管部门或者其他有关部门移交建设项目档案。

10. 建设单位的消防设计、施工质量责任与义务

《建设工程消防设计审查验收管理暂行规定》规定，建设单位应当履行下列消防设计、施工质量责任和义务：（1）不得明示或者暗示设计、施工、工程监理、技术服务等单位及其从业人员违反建设工程法律法规和国家工程建设消防技术标准，降低建设工程消防设计、施工质量；（2）依法申请建设工程消防设计审查、消防验收，办理备案并接受抽查；（3）实行工程监理的建设工程，依法将消防施工质量委托监理；（4）委托具有相应资质的设计、施工、工程监理单位；（5）按照工程消防设计要求和合同约定，选用合格的消防产品和满足防火性能要求的建筑材料、建筑构配件和设备；（6）组织有关单位进行建设工程竣工验收时，对建设工程是否符合消防要求进行查验；（7）依法及时向档案管理机构移交建设工程消防有关档案。

11. 建设单位质量违法行为应承担的法律责任

《建筑法》规定，建设单位违反本法规定，要求建筑设计单位或者建筑施工企业违反建筑工程质量、安全标准，降低工程质量的，责令改正，可以处以罚款；构成犯罪的，依法追究刑事责任。

《建设工程质量管理条例》规定，建设单位有下列行为之一的，责令改正，处20万元以上50万元以下的罚款：（1）迫使承包方以低于成本的价格竞标的；（2）任意压缩合理工期的；（3）明示或者暗示设计单位或者施工单位违反工程建设强制性标准，降低工程质量的；（4）施工图设计文件未经审查或者审查不合格，擅自施工的；（5）建设项目必须实行工程监理而未实行工程监理的；（6）未按照国家规定办理工程质量监督手续的；（7）明示或者暗示施工单位使用不合格的建筑材料、建筑构配件和设备的；（8）未按照国家规定将竣工验收报告、有关认可文件或者准许使用文件报送备案的。

《建筑工程五方责任主体项目负责人质量终身责任追究暂行办法》第6条规定，符合下列情形之一的，县级以上地方人民政府住房城乡建设主管部门应当依法追究五方责任主体项目负责人的质量终身责任：（1）发生工程质量事故；（2）发生投诉、举报、群体性事件、媒体报道并造成恶劣社会影响的严重工程质量问题；（3）由于勘察、设计或施工原因造成尚在设计使用年限内的建筑工程不能正常使用；（4）存在其他需追究责任的违法违规行为。

发生前述所列情形之一的，对建设单位项目负责人按以下方式进行责任追究：（1）项目负责人为国家公职人员的，将其违法违规行为告知其上级主管部门及纪检监察部门，并建议对项目负责人给予相应的行政、纪律处分；（2）构成犯罪的，移送司法机关依法追究刑事责任；（3）处单位罚款数额5%以上10%以下的罚款；（4）向社会公布曝光。

7.3.2 勘察、设计单位的质量责任和义务

《建筑法》规定，建筑工程的勘察、设计单位必须对其勘察、设计的质量负责。勘

察、设计文件应当符合有关法律、行政法规的规定和建筑工程质量、安全标准、建筑工程勘察、设计技术规范以及合同的约定。

1. 依法承揽工程的勘察、设计业务

《建设工程勘察设计管理条例》规定，国家对从事建设工程勘察、设计活动的单位，实行资质管理制度。国家对从事建设工程勘察、设计活动的专业技术人员，实行执业资格注册管理制度。未经注册的建设工程勘察、设计人员，不得以注册执业人员的名义从事建设工程勘察、设计活动。

《建设工程质量管理条例》规定，从事建设工程勘察、设计的单位应当依法取得相应等级的资质证书，并在其资质等级许可的范围内承揽工程。禁止勘察、设计单位超越其资质等级许可的范围或者以其他勘察、设计单位的名义承揽工程。禁止勘察、设计单位允许其他单位或者个人以本单位的名义承揽工程。勘察、设计单位不得转包或者违法分包所承揽的工程。

2. 勘察、设计必须执行强制性标准

《建设工程勘察设计管理条例》规定，编制建设工程勘察、设计文件，应当以下列规定为依据：（1）项目批准文件；（2）城乡规划；（3）工程建设强制性标准；（4）国家规定的建设工程勘察、设计深度要求。铁路、交通、水利等专业建设工程，还应当以专业规划的要求为依据。

《建设工程质量管理条例》规定，勘察、设计单位必须按照工程建设强制性标准进行勘察、设计，并对其勘察、设计的质量负责。注册建筑师、注册结构工程师等注册执业人员应当在设计文件上签字，对设计文件负责。《建筑工程五方责任主体项目负责人质量终身责任追究暂行办法》进一步规定，勘察、设计单位项目负责人应当保证勘察设计文件符合法律法规和工程建设强制性标准的要求，对因勘察、设计导致的工程质量事故或质量问题承担责任。

3. 勘察单位提供的勘察成果必须真实、准确

工程勘察工作是建设工程的基础工作，工程勘察成果文件是设计和施工的基础资料和重要依据，真实准确的勘察成果对设计和施工的安全性和是否保守浪费有直接的影响，因此工程勘察成果必须真实准确、安全可靠。《建设工程勘察设计管理条例》规定，编制建设工程勘察文件，应当真实、准确，满足建设工程规划、选址、设计、岩土治理和施工的需要。《建设工程质量管理条例》规定，勘察单位提供的地质、测量、水文等勘察成果必须真实、准确。

4. 设计依据和设计深度

勘察成果文件是设计的基础资料，是设计的依据。《建设工程质量管理条例》规定，设计单位应当根据勘察成果文件进行建设工程设计。设计文件应当符合国家规定的设计深度要求，注明工程合理使用年限。《建设工程勘察设计管理条例》规定，编制方案设计文件，应当满足编制初步设计文件和控制概算的需要。编制初步设计文件，应当满足编制施工招标文件、主要设备材料订货和编制施工图设计文件的需要。编制施工图设计文件，应当满足设备材料采购、非标准设备制作和施工的需要，并注明建设工程合理使用年限。

《建筑工程设计文件编制深度规定》是设计文件编制深度的基本要求。设计文件编

制在满足《建筑工程设计文件编制深度规定》的基础上，还应符合各类专项审查和工程所在地的相关要求。建筑工程一般应分为方案设计、初步设计和施工图设计三个阶段；对于技术要求相对简单的民用建筑工程，当有关主管部门在初步设计阶段没有审查要求，且合同中没有做初步设计的约定时，可在方案设计审批后直接进入施工图设计。

关于建设工程的设计合理使用年限，根据《关于设计单位执行有关建设工程合理使用年限问题的通知》（建设〔2000〕146号），凡在建设工程有关建设标准、规范中有合理使用年限规定的，设计单位必须在相关的设计文件中注明。目前建设工程标准、规范中尚未制定合理使用年限规定的，或建设单位对建设工程的合理使用年限有特殊要求的，须由建设单位与设计单位签订合同时予以明确，并由设计单位在设计文件中注明。

5. 依法规范设计对建筑材料等的选用

为施工组织和采购的需要，为使工程的建设准确满足设计意图，设计文件中必须注明所选用的建筑材料、建筑构配件和设备的规格、型号、性能等技术指标。《建筑法》《建设工程质量管理条例》均规定，设计单位在设计文件中选用的建筑材料、建筑构配件和设备，应当注明规格、型号、性能等技术指标，其质量要求必须符合国家规定的标准。除有特殊要求的建筑材料、专用设备、工艺生产线等外，设计单位不得指定生产厂、供应商。

6. 依法对设计文件进行设计交底

《建设工程勘察设计管理条例》规定，建设工程勘察、设计单位应当在建设工程施工前，向施工单位和监理单位说明建设工程勘察、设计意图，解释建设工程勘察、设计文件。建设工程勘察、设计单位应当及时解决施工中出现的勘察、设计问题。《建设工程质量管理条例》规定，设计单位应当就审查合格的施工图设计文件向施工单位作出详细说明。

施工图完成并经审查合格后，设计文件的编制工作已经完成，但并不是设计工作的完成，设计单位仍应就设计文件向施工单位作详细的说明，也就是通常所说的设计交底，这对施工正确贯彻设计意图，加深对设计文件难点、疑点的理解，确保工程质量有重要的意义。设计文件的设计交底，通常的做法是设计文件完成后，通过建设单位发给施工单位，再由设计单位将设计的意图、特殊的工艺要求，以及建筑、结构、设备等各专业在施工中的难点、疑点和容易发生的问题等向施工单位作详细说明，并负责解释施工单位对设计图纸的疑问。

7. 依法参与建设工程质量事故分析

《建设工程质量管理条例》规定，设计单位应当参与建设工程质量事故分析，并对因设计造成的质量事故，提出相应的技术处理方案。

事故发生后，工程的设计单位有义务参与质量事故分析，建设工程的功能、所要求达到的质量在设计阶段就已确定，可以说工程的好坏在一定程度上就是工程是否准确表达了设计的意图，因此在工程出现事故时，该工程的设计单位对事故的分析具有权威性。事故发生后，对因设计造成的质量事故，原设计单位必须提出相应的技术处理方案，这是设计单位的义务。

8. 设计单位的消防设计、施工质量责任与义务

《建设工程消防设计审查验收管理暂行规定》设计单位应当履行下列消防设计、施

工质量责任和义务：（1）按照建设工程法律法规和国家工程建设消防技术标准进行设计，编制符合要求的消防设计文件，不得违反国家工程建设消防技术标准强制性条文；（2）在设计文件中选用的消防产品和具有防火性能要求的建筑材料、建筑构配件和设备，应当注明规格、性能等技术指标，符合国家规定的标准；（3）参加建设单位组织的建设工程竣工验收，对建设工程消防设计实施情况签章确认，并对建设工程消防设计质量负责。

9. 勘察、设计单位质量违法行为应承担的法律责任

《建设法》规定，建筑设计单位不按照建筑工程质量、安全标准进行设计的，责令改正，处以罚款；造成工程质量事故的，责令停业整顿，降低资质等级或者吊销资质证书，没收违法所得，并处罚款；造成损失的，承担赔偿责任；构成犯罪的，依法追究刑事责任。

《建设工程质量管理条例》规定，有下列行为之一的，责令改正，处 10 万元以上 30 万元以下的罚款：（1）勘察单位未按照工程建设强制性标准进行勘察的；（2）设计单位未根据勘察成果文件进行工程设计的；（3）设计单位指定建筑材料、建筑构配件的生产厂、供应商的；（4）设计单位未按照工程建设强制性标准进行设计的。有以上所列行为，造成工程质量事故的，责令停业整顿，降低资质等级；情节严重的，吊销资质证书；造成损失的，依法承担赔偿责任。

《建筑工程五方责任主体项目负责人质量终身责任追究暂行办法》规定，发生前述本办法第 6 条所列情形之一的，对勘察单位项目负责人、设计单位项目负责人按以下方式进行责任追究：（1）项目负责人为注册建筑师、勘察设计注册工程师的，责令停止执业 1 年；造成重大质量事故的，吊销执业资格证书，5 年以内不予注册；情节特别恶劣的，终身不予注册。（2）构成犯罪的，移送司法机关依法追究刑事责任。（3）处单位罚款数额 5% 以上 10% 以下的罚款。（4）向社会公布曝光。

7.3.3　工程监理单位的质量责任和义务

工程监理单位接受建设单位的委托，代表建设单位，对建设工程进行管理。国家发展改革委《关于加强基础设施建设项目管理　确保工程安全质量的通知》（发改投资规〔2021〕910 号）规定，落实工程监理制，监理单位要认真履行监理职责，特别要加强对关键工序、重要部位和隐蔽工程的监督检查。

1. 依法承担工程监理业务

《建筑法》规定，工程监理单位应当在其资质等级许可的监理范围内，承担工程监理业务。工程监理单位不得转让工程监理业务。《建设工程质量管理条例》进一步规定，工程监理单位应当依法取得相应等级的资质证书，并在其资质等级许可的范围内承担工程监理业务。禁止工程监理单位超越本单位资质等级许可的范围或者以其他工程监理单位的名义承担工程监理业务。禁止工程监理单位允许其他单位或者个人以本单位的名义承担工程监理业务。工程监理单位不得转让工程监理业务。

2. 对有隶属关系或其他利害关系的回避

工程监理单位接受建设单位委托，对施工单位以及材料供应单位进行监督检查，因此，必须实事求是，遵循客观规律，按工程建设的科学要求进行监理活动，客观、公

正地对待各方当事人，认真地进行监督管理。由于工程监理单位与被监理工程的承包单位以及建筑材料、建筑构配件和设备供应单位之间是一种监督与被监督的关系，为了保证工程监理单位能客观、公正地执行监理任务，工程监理单位不得与被监理工程的承包单位以及建筑材料、建筑构配件和设备供应单位有隶属关系或者其他利害关系。《建筑法》《建设工程质量管理条例》均规定，工程监理单位与被监理工程的施工承包单位以及建筑材料、建筑构配件和设备供应单位有隶属关系或者其他利害关系的，不得承担该项建设工程的监理业务。

3. 监理工作的依据和监理责任

《建设工程质量管理条例》规定，工程监理单位应当依照法律、法规以及有关技术标准、设计文件和建设工程承包合同，代表建设单位对施工质量实施监理，并对施工质量承担监理责任。《建筑工程五方责任主体项目负责人质量终身责任追究暂行办法》进一步规定，监理单位总监理工程师应当按照法律法规、有关技术标准、设计文件和工程承包合同进行监理，对施工质量承担监理责任。

《建设工程监理规范》GB/T 50319—2013 规定，实施建设工程监理应遵循下列主要依据：（1）法律法规及工程建设标准；（2）建设工程勘察设计文件；（3）建设工程监理合同及其他合同文件。

监理的法律责任是指监理单位或监理工程师违反现行法律法规、合同条款等规定，没有履行或没有适当履行其所规定的义务，而应承担的法律规定的不利后果。根据建设监理行为的具体性质和危害程度的不同，建设监理的法律责任分为：（1）监理的民事责任，如《建筑法》规定，工程监理单位不按照委托监理合同的约定履行监理义务，对应当监督检查的项目不检查或者不按照规定检查，给建设单位造成损失的，应当承担相应的赔偿责任。工程监理单位与承包单位串通，为承包单位谋取非法利益，给建设单位造成损失的，应当与承包单位承担连带赔偿责任。（2）监理行政责任，如《建筑法》规定，工程监理单位转让监理业务的，责令改正，没收违法所得，可以责令停业整顿，降低资质等级；情节严重的，吊销资质证书。（3）监理刑事责任，如《建筑法》规定，工程监理单位与建设单位或施工企业串通，弄虚作假、降低工程质量的，……构成犯罪的，依法追究刑事责任。

4. 工程监理的职责和权限

监理单位应根据所承担的监理任务，组建驻工地监理机构。监理机构一般由总监理工程师、监理工程师和其他监理人员组成。总监理工程师是指监理单位派到施工现场全面履行监理合同的全权负责人，全面负责受委托的监理工作。

《建设工程质量管理条例》规定，工程监理单位应当选派具备相应资格的总监理工程师和监理工程师进驻施工现场。未经监理工程师签字，建筑材料、建筑构配件和设备不得在工程上使用或者安装，施工单位不得进行下一道工序的施工。未经总监理工程师签字，建设单位不拨付工程款，不进行竣工验收。

5. 工程监理的形式

《建设工程质量管理条例》规定，监理工程师应当按照工程监理规范的要求，采取旁站、巡视和平行检验等形式，对建设工程实施监理。旁站是指监理人员在建筑工程施工阶段，对关键部位和关键工序的施工质量进行现场旁站的全过程监督活动。巡视是指监理人员在施工部位或工序现场进行的定期或不定期的监督活动,是监督工作的日常程序。巡视主要是强调除了关键点的质量控制外,监理工程师还应对施工现场进行面上的巡查监理。

平行检验是指在施工单位自检的基础上,利用一定的检验或检测手段,由监理人员按一定比例独立进行的工程质量检验活动。平行检验体现了工程监理的独立性和工作的科学性,也是专业化管理的要求。平行检验主要是强调监理单位对施工单位已经检验的工程应及时进行检验。对于关键性、较大体量的工程实物,采取分段后平行检验的方式,有利于及时发现质量问题,及时采取措施予以纠正。

6. 工程监理单位的消防设计、施工质量责任与义务

《建设工程消防设计审查验收管理暂行规定》规定,工程监理单位应当履行下列消防设计、施工质量责任和义务:(1)按照建设工程法律法规、国家工程建设消防技术标准,以及经消防设计审查合格或者满足工程需要的消防设计文件实施工程监理;(2)在消防产品和具有防火性能要求的建筑材料、建筑构配件和设备使用、安装前,核查产品质量证明文件,不得同意使用或者安装不合格的消防产品和防火性能不符合要求的建筑材料、建筑构配件和设备;(3)参加建设单位组织的建设工程竣工验收,对建设工程消防施工质量签章确认,并对建设工程消防施工质量承担监理责任。

7. 工程监理单位质量违法行为应承担的法律责任

《建筑法》规定,工程监理单位与建设单位或者建筑施工企业串通,弄虚作假、降低工程质量的,责令改正,处以罚款,降低资质等级或者吊销资质证书;有违法所得的,予以没收;造成损失的,承担连带赔偿责任;构成犯罪的,依法追究刑事责任。

《建设工程质量管理条例》规定,工程监理单位有下列行为之一的,责令改正,处50万元以上100万元以下的罚款,降低资质等级或者吊销资质证书;有违法所得的,予以没收;造成损失的,承担连带赔偿责任:(1)与建设单位或者施工单位串通、弄虚作假、降低工程质量的;(2)将不合格的建设工程、建筑材料、建筑构配件和设备按照合格签字的。

《建筑工程五方责任主体项目负责人质量终身责任追究暂行办法》规定,发生前述本办法第6条所列情形之一的,对监理单位总监理工程师按以下方式进行责任追究:(1)责令停止注册监理工程师执业1年;造成重大质量事故的,吊销执业资格证书,5年以内不予注册;情节特别恶劣的,终身不予注册。(2)构成犯罪的,移送司法机关依法追究刑事责任。(3)处单位罚款数额5%以上10%以下的罚款。(4)向社会公布曝光。

7.4 施工单位的质量责任和义务

施工单位是工程建设的重要责任主体之一。《建筑法》规定,建筑施工企业对工程的施工质量负责。《国务院办公厅关于促进建筑业持续健康发展的意见》(国办发〔2017〕19号)中规定,全面落实各方主体的工程质量责任,特别要强化建设单位的首要责任和勘察、设计、施工单位的主体责任。严格执行工程质量终身责任制,在建筑物明显部位设置永久性标牌,公示质量责任主体和主要责任人。对违反有关规定、造成工程质量事故的,依法给予责任单位停业整顿、降低资质等级、吊销资质证书等行政处罚

并通过国家企业信用信息公示系统予以公示，给予注册执业人员暂停执业、吊销资格证书、一定时间直至终身不得进入行业等处罚。对发生工程质量事故造成损失的，要依法追究经济赔偿责任，情节严重的要追究有关单位和人员的法律责任。《建筑工程五方责任主体项目负责人质量终身责任追究暂行办法》（建质〔2014〕124号）规定，建筑工程五方责任主体项目负责人是指承担建筑工程项目建设的建设单位项目负责人、勘察单位项目负责人、设计单位项目负责人、施工单位项目经理、监理单位总监理工程师。

7.4.1 对施工质量负责和总分包单位的质量责任

1. 依法承揽工程的施工业务

施工单位的资质等级反映了该施工单位从事某项施工工作的资格和能力，是施工单位建设业绩、人员素质、管理水平、资金数量、技术装备等综合能力的体现。《建设工程质量管理条例》规定，施工单位应当依法取得相应等级的资质证书，并在其资质等级许可的范围内承揽工程。禁止施工单位超越本单位资质等级许可的业务范围或者以其他施工单位的名义承揽工程。禁止施工单位允许其他单位或者个人以本单位的名义承揽工程。施工单位不得转包或者违法分包工程。

2. 施工单位对施工质量负责

建设工程的施工是指根据工程的设计文件和施工图纸的要求，通过施工作业最终形成建设工程实体的建设活动。在建设勘察、设计的质量没有问题的情况下，整个建设工程的质量状况最终取决于施工质量。施工质量既包括各类工程中土建工程的质量，也包括与其配套的线路、管道和设备安装工程的质量。施工单位应对施工质量负责，是指施工单位应在其质量体系正常、有效运行的前提下，保证工程施工的全过程和工程的实物质量符合设计文件和相应技术标准的要求。

《建设工程质量管理条例》规定，施工单位对建设工程的施工质量负责。施工单位应当建立质量责任制，确定工程项目的项目经理、技术负责人和施工管理负责人。《建设工程抗震管理条例》规定，工程总承包单位、施工单位及工程监理单位应当建立建设工程质量责任制度，加强对建设工程抗震设防措施施工质量的管理。国家鼓励工程总承包单位、施工单位采用信息化手段采集、留存隐蔽工程施工质量信息。施工单位应当按照抗震设防强制性标准进行施工。《建筑工程五方责任主体项目负责人质量终身责任追究暂行办法》规定，施工单位项目经理应当按照经审查合格的施工图设计文件和施工技术标准进行施工，对因施工导致的工程质量事故或质量问题承担责任。

3. 总分包单位的质量责任

《民法典》规定，发包人可以与总承包人订立建设工程合同，也可以分别与勘察人、设计人、施工人订立勘察、设计、施工承包合同。总承包人或者勘察、设计、施工承包人经发包人同意，可以将自己承包的部分工作交由第三人完成。第三人就其完成的工作成果与总承包人或者勘察、设计、施工承包人向发包人承担连带责任。《建筑法》规定，建筑工程实行总承包的，工程质量由工程总承包单位负责，总承包单位将建筑工程分包给其他单位的，应当对分包工程的质量与分包单位承担连带责任。分包单位应当接受总承包单位的质量管理。《建设工程质量管理条例》进一步规定，建设工程实行总承包的，总承包单位应当对全部建设工程质量负责；建设工程勘察、设计、施工、设备采购的一项或者多项实行总承包的，总承包单位应当对其承包的建设工程或者采购的设备的质量负责。总承包单位依法将建设工程分包给其他单位的，分包单位应当按照分包合同的约定对其分包工程的质量向总承包单位负责，总承包单位与分包单位对分包工程的质量承担连带责任。《建设工程抗震管理条例》规定，实行施工总承包的，隔震减震装置属于建设工程主体结构的施工，应当由总承包单位自行完成。

关于总、分包单位的责任承担的规定，应注意两方面问题：一是对于实行工程施工总承包的，由总承包单位对建设工程的质量全面负责，这种责任的承担不论是由总包单位造成的还是由分包单位造成的。在总承包单位承担责任后，可以依法及工程分包合同的约定，向分包单位追偿。二是对于分包工程的责任承担，由总承包单位和分包单位向建设单位承担连带责任。《民法典》规定，二人以上依法承担连带责任的，权利人有权请求部分或者全部连带责任人承担责任。连带责任人的责任份额根据各自责任大小确定；难以确定责任大小的，平均承担责任。实际承担责任超过自己责任份额的连带责任人，有权向其他连带责任人追偿。

4. 施工单位的相关法律责任

《建设工程质量管理条例》规定，违反规定，施工单位超越本单位资质等级承揽工程的，责令停止违法行为，对施工单位处工程合同价款2%以上4%以下的罚款，可以责令停业整顿，降低资质等级；情节严重的，吊销资质证书；有违法所得的，予以没收。未取得资质证书承揽工程的，予以取缔，依照上述规定处以罚款；有违法所得的，予以没收。以欺骗手段取得资质证书承揽工程的，吊销资质证书，依照上述规定处以罚款；有违法所得的，予以没收。违反规定，施工单位允许其他单位或者个人以本单位名义承揽工程的，责令改正，没收违法所得，对施工单位处工程合同价款2%以上4%以下的罚款；可以责令停业整顿，降低资质等级；情节严重的，吊销资质证书。违反规定，承包单位将承包的工程转包或者违法分包的，责令改正，没收违法所得，对施工单位处工程合同价款0.5%以上1%以下的罚款；可以责令停业整顿，降低资质等级；情节严重的，吊销资质证书。

《建筑工程五方责任主体项目负责人质量终身责任追究暂行办法》规定，发生前述本办法第6条所列情形之一的，对施工单位项目经理按以下方式进行责任追究：① 项目经理为相关注册执业人员的，责令停止执业1年；造成重大质量事故的，吊销执业资格证书，5年以内不予注册；情节特别恶劣的，终身不予注册；② 构成犯罪的，移送司法机关依法追究刑事责任；③ 处单位罚款数额5%以上10%以下的罚款；④ 向社会公布曝光。

7.4.2 按照工程设计图纸和施工技术标准施工

1. 按照工程设计图纸施工

工程设计图纸是建设设计单位根据工程的功能、质量等方面的要求所完成的设计工作的最终成果，其中的施工图是对建设工程的建筑物、设备、管线等工程对象的尺寸、布置、选用材料、构造、相互关系、施工及安装质量要求的详细图纸和说明，是指导施工的直接依据。按工程设计图纸施工，是保证工程实现设计意图的前提，也是明确划分设计、施工单位质量责任的前提。施工过程中，如果施工单位不按图施工或不经原设计单位同意，就擅自修改工程设计，其直接的后果，往往违反了原设计的意图，影响工程质量，严重的将给工程结构安全留下隐患。间接后果是在原设计有缺陷或出现工程质量事故的情况下，由于施工单位擅自修改了设计，混淆了设计、施工单位各自应负的质量责任。所以按图施工、不擅自修改工程设计，是施工单位保证工程质量最基本要求。施工技术标准，是施工单位在施工中所必须遵循的，施工单位只有按施工技术标准、特别是强制性标准的要求组织施工，才能保证工程的施工质量。

《建筑法》规定，建筑施工企业必须按照工程设计图纸和施工技术标准施工，不得偷工减料。建筑施工企业不得擅自修改工程设计。《建设工程质量管理条例》进一步规定，施工单位必须按照工程设计图纸和施工技术标准施工，不得擅自修改工程设计，不得偷工减料。

2. 防止设计文件和图纸出现差错

《建设工程勘察设计管理条例》规定，建设单位、施工单位、监理单位不得修改建设工程勘察、设计文件；确需修改建设工程勘察、设计文件的，应当由原建设工程勘察、设计单位修改。经原建设工程勘察、设计单位书面同意，建设单位也可以委托其他具有相应资质的建设工程勘察、设计单位修改。修改单位对修改的勘察、设计文件承担相应责任。施工单位、监理单位发现建设工程勘察、设计文件不符合工程建设强制性标准、合同约定的质量要求的，应当报告建设单位，建设单位有权要求建设工程勘察、设计单位对建设工程勘察、设计文件进行补充、修改。建设工程勘察、设计文件内容需要作重大修改的，建设单位应当报经原审批机关批准后，方可修改。建设工程勘察、设计文件中规定采用的新技术、新材料，可能影响建设工程质量和安全，又没有国家技术标准的，应当由国家认可的检测机构进行试验、论证，出具检测报告，并经国务院有关部门或者省、自治区、直辖市人民政府有关部门组织的建设工程技术专家委员会审定后，方可使用。建设工程勘察、设计单位应当在建设工程施工前，向施工单位和监理单位说明建设工程勘察、设计意图，解释建设工程勘察、设计文件。建设工程勘察、设计单位应当及时解决施工中出现的勘察、设计问题。

工程建设项目的设计涉及多个专业，各专业间协调配合比较复杂，设计文件可能会有差错。这些差错通常会在图纸会审或施工过程中被逐步发现，对设计文件的差错，施工单位在发现后，有义务及时向设计单位提出，避免造成不必要的损失和质量问题。《建筑法》规定，工程设计的修改由原设计单位负责，建筑施工企业不得擅自修改工程设计。《建设工程质量管理条例》进一步规定，施工单位不得擅自修改工程设计。施工单位在施工过程中发现设计文件和图纸有差错的，应当及时提出意见和建议。

3. 相关法律责任

《建设工程质量管理条例》规定，施工单位在施工中偷工减料的，使用不合格的建筑材料、建筑构配件和设备的，或者有不按照工程设计图纸或者施工技术标准施工的其他行为的，责令改正，处工程合同价款2%以上4%以下的罚款；造成建设工程质量不符合规定的质量标准的，负责返工、修理，并赔偿因此造成的损失；情节严重的，责令停业整顿，降低资质等级或者吊销资质证书。

《建设工程质量管理条例》规定，施工单位违反国家规定，降低工程质量标准，造成重大安全事故,构成犯罪的,对直接责任人员依法追究刑事责任。施工单位的工作人员因调动工作、退休等原因离开该单位后,被发现在该单位工作期间违反国家有关建设工程质量管理规定,造成重大工程质量事故的,仍应当依法追究法律责任。《刑法》第137条规定,建设单位、设计单位、施工单位、工程监理单位违反国家规定,降低工程质量标准,造成重大安全事故的,对直接责任人员处5年以下有期徒刑或者拘役,并处罚金;后果特别严重的,处5年以上10年以下有期徒刑,并处罚金。

7.4.3 建筑材料、设备等的检验检测

《建筑法》规定,建筑施工企业必须按照工程设计要求、施工技术标准和合同的约定,对建筑材料、建筑构配件和设备进行检验,不合格的不得使用。《建设工程质量管理条例》进一步规定,施工单位必须按照工程设计要求、施工技术标准和合同约定,对建筑材料、建筑构配件、设备和商品混凝土进行检验,检验应当有书面记录和专人签字;未经检验或者检验不合格的,不得使用。施工人员对涉及结构安全的试块、试件以及有关材料,应当在建设单位或者工程监理单位监督下现场取样,并送具有相应资质等级的质量检测单位进行检测。《建设工程抗震管理条例》规定,隔震减震装置用于建设工程前,施工单位应当在建设单位或者工程监理单位监督下进行取样,送建设单位委托的具有相应建设工程质量检测资质的机构进行检测。禁止使用不合格的隔震减震装置。

1. 对建筑材料、设备等进行检验检测

施工单位对进入施工现场的材料、构配件、设备及商品混凝土检验制度,是施工单位质量保证体系的重要组成部分,是保障建筑工程质量的重要内容。施工中要按工程设计要求、强制性标准的规定和合同的约定,对工程上使用的建筑材料、建筑构配件、设备和商品混凝土等(包括建设单位供应的材料)进行检验,检验工作要按规定范围和要求进行,按现行的标准、规定的数量、频率、取样方法进行检验。检验的结果要按规定的格式形成书面记录,并由相关的专业人员签字。未经检验或检验不合格的,不得使用。合同若有其他约定,检验工作还应满足合同相应条款的要求。

1)建设工程质量检测的概念

建设工程质量检测,是指在新建、扩建、改建房屋建筑和市政基础设施工程活动中,建设工程质量检测机构(以下简称"检测机构")接受委托,依据国家有关法律、法规和标准,对建设工程涉及结构安全、主要使用功能的检测项目,进入施工现场的建筑材料、建筑构配件、设备,以及工程实体质量等进行的检测。

检测机构应当按照规定取得建设工程质量检测机构资质,并在资质许可的范围内从事建设工程质量检测活动。未取得相应资质证书的,不得承担规定的建设工程质量检测业务。

2)建设工程质量检测机构资质管理

《建设工程质量检测管理办法》规定,检测机构资质分为综合类资质、专项类资质。检测机构资质标准和业务范围,由国务院住房和城乡建设主管部门制定。申请检测机构资质的单位应当是具有独立法人资格的企业、事业单位,或者依法设立的合伙企业,并具备相应的人员、仪器设备、检测场所、质量保证体系等条件。省、自治区、直辖市人

民政府住房和城乡建设主管部门负责本行政区域内检测机构的资质许可。

申请检测机构资质应当向登记地所在省、自治区、直辖市人民政府住房和城乡建设主管部门提出，并提交下列材料：（1）检测机构资质申请表；（2）主要检测仪器、设备清单；（3）检测场所不动产权属证书或者租赁合同；（4）技术人员的职称证书；（5）检测机构管理制度以及质量控制措施。检测机构资质申请表由国务院住房和城乡建设主管部门制定格式。资质许可机关受理申请后，应当进行材料审查和专家评审，在20个工作日内完成审查并作出书面决定。对符合资质标准的，自作出决定之日起10个工作日内颁发检测机构资质证书，并报国务院住房和城乡建设主管部门备案。专家评审时间不计算在资质许可期限内。检测机构资质证书实行电子证照，由国务院住房和城乡建设主管部门制定格式。资质证书有效期为5年。检测机构需要延续资质证书有效期的，应当在资质证书有效期届满30个工作日前向资质许可机关提出资质延续申请。对符合资质标准且在资质证书有效期内无规定行为的检测机构，经资质许可机关同意，有效期延续5年。

检测机构在资质证书有效期内名称、地址、法定代表人等发生变更的，应当在办理营业执照或者法人证书变更手续后30个工作日内办理资质证书变更手续。资质许可机关应当在2个工作日内办理完毕。检测机构检测场所、技术人员、仪器设备等事项发生变更影响其符合资质标准的，应当在变更后30个工作日内向资质许可机关提出资质重新核定申请，资质许可机关应当在20个工作日内完成审查，并作出书面决定。

3）检测活动管理

《建设工程质量检测管理办法》规定，从事建设工程质量检测活动，应当遵守相关法律、法规和标准，相关人员应当具备相应的建设工程质量检测知识和专业能力。检测机构与所检测建设工程相关的建设、施工、监理单位，以及建筑材料、建筑构配件和设备供应单位不得有隶属关系或者其他利害关系。检测机构及其工作人员不得推荐或者监制建筑材料、建筑构配件和设备。委托方应当委托具有相应资质的检测机构开展建设工程质量检测业务。检测机构应当按照法律、法规和标准进行建设工程质量检测，并出具检测报告。

建设单位应当在编制工程概预算时合理核算建设工程质量检测费用，单独列支并按照合同约定及时支付。建设单位委托检测机构开展建设工程质量检测活动的，建设单位或者监理单位应当对建设工程质量检测活动实施见证。见证人员应当制作见证记录，记录取样、制样、标识、封志、送检以及现场检测等情况，并签字确认。提供检测试样的单位和个人，应当对检测试样的符合性、真实性及代表性负责。检测试样应当具有清晰的、不易脱落的唯一性标识、封志。建设单位委托检测机构开展建设工程质量检测活动的，施工人员应当在建设单位或者监理单位的见证人员监督下现场取样。

现场检测或者检测试样送检时，应当由检测内容提供单位、送检单位等填写委托单。委托单应当由送检人员、见证人员等签字确认。检测机构接收检测试样时，应当对试样状况、标识、封志等符合性进行检查，确认无误后方可进行检测。检测报告经检测人员、审核人员、检测机构法定代表人或者其授权的签字人等签署，并加盖检测专用章后方可生效。检测报告中应当包括检测项目代表数量（批次）、检测依据、检测场所地址、检测数据、检测结果、见证人员单位及姓名等相关信息。非建设单位委托的检测机构出具的检测报告不得作为工程质量验收资料。检测机构应当建立建设工程过程数据和结果数据、检测影像资料及检测报告记录与留存制度，对检测数据和检测报告的真实性、准确性负责。任何单位和个人不得明示或者暗示检测机构出具虚假检测报告，不得篡改或者伪造检测报告。

检测机构在检测过程中发现建设、施工、监理单位存在违反有关法律法规规定和工程建设强制性标准等行为，以及检测项目涉及结构安全、主要使用功能检测结果不合格的，应当及时报告建设工程所在地县级以上地方人民政府住房和城乡建设主管部门。检测结果利害关系人对检测结果存在争议的，可以委托共同认可的检测机构复检。检测机构应当建立档案管理制度。检测合同、委托单、检测数据原始记录、检测报告按照年度统一编号，编号应当连续，不得随意抽撤、涂改。检测机构应当单独建立检测结果不合格项目台账。

检测机构应当建立信息化管理系统，对检测业务受理、检测数据采集、检测信息上传、检测报告出具、检测档案管理等活动进行信息化管理，保证建设工程质量检测活动全过程可追溯。检测机构应当保持人员、仪器设备、检测场所、质量保证体系等方面符合建设工程质量检测资质标准，加强检测人员培训，按照有关规定对仪器设备进行定期检定或者校准，确保检测技术能力持续满足所开展建设工程质量检测活动的要求。检测机构跨省、自治区、直辖市承担检测业务的，应当向建设工程所在地的省、自治区、直辖市人民政府住房和城乡建设主管部门备案。检测机构在承担检测业务所在地的人员、仪器设备、检测场所、质量保证体系等应当满足开展相应建设工程质量检测活动的要求。

《建设工程质量检测管理办法》规定，检测机构不得有下列行为：（1）超出资质许可范围从事建设工程质量检测活动；（2）转包或者违法分包建设工程质量检测业务；（3）涂改、倒卖、出租、出借或者以其他形式非法转让资质证书；（4）违反工程建设强制性标准进行检测；（5）使用不能满足所开展建设工程质量检测活动要求的检测人员或者仪器设备；（6）出具虚假的检测数据或者检测报告。《建设工程质量检测管理办法》第31条规定，检测人员不得有下列行为：（1）同时受聘于两家或者两家以上检测机构；（2）违反工程建设强制性标准进行检测；（3）出具虚假的检测数据；（4）违反工程建设强制性标准进行结论判定或者出具虚假判定结论。

4）监督管理

《建设工程质量检测管理办法》规定，县级以上地方人民政府住房和城乡建设主管部门应当加强对建设工程质量检测活动的监督管理，建立建设工程质量检测监管信息系统，提高信息化监管水平。县级以上人民政府住房和城乡建设主管部门应当对检测机构实行动态监管，通过"双随机、一公开"等方式开展监督检查。实施监督检查时，有权采取下列措施：（1）进入建设工程施工现场或者检测机构的工作场地进行检查、抽测；（2）向检测机构、委托方、相关单位和人员询问、调查有关情况；（3）对检测人员的建设工程质量检测知识和专业能力进行检查；（4）查阅、复制有关检测数据、影像资料、报告、合同以及其他相关资料；（5）组织实施能力验证或者比对试验；（6）法律、法规规定的其他措施。县级以上地方人民政府住房和城乡建设主管部门应当加强建设工程质量监督抽测。建设工程质量监督抽测可以通过政府购买服务的方式实施。

2. 见证取样和送检

1）见证取样和送检的概念

《房屋建筑工程和市政基础设施工程实行见证取样和送检的规定》（建建〔2000〕211号）规定，见证取样和送检是指在建设单位或工程监理单位人员的见证下，由施工单位的现场试验人员对工程中涉及结构安全的试块、试件和材料在现场取样，并送至经过省级以上建设行政主管部门对其资质认可和质量技术监督部门对其计量认证的质量检测单位进行检测。国务院建设行政主管部门对全国房屋建筑工程和市政基础设施工程的见证取样和送检工作实施统一监督管理。县级以上地方人民政府建设行政主管部门对本行政区域内的房屋建筑工程和市政基础设施工程的见证取样和送检工作实施监督管理。

2）检测内容

《房屋建筑工程和市政基础设施工程实行见证取样和送检的规定》规定，涉及结构安全的试块、试件和材料见证取样和送检的比例不得低于有关技术标准中规定应取样数量的30%。下列试块、试件和材料必须实施见证取样和送检：（1）用于承重结构的混凝土试块；（2）用于承重墙体的砌筑砂浆试块；（3）用于承重结构的钢筋及连接接头试件；（4）用于承重墙的砖和混凝土小型砌块；（5）用于拌制混凝土和砌筑砂浆的水泥；（6）用于承重结构的混凝土中使用的掺加剂；（7）地下、屋面、厕浴间使用的防水材料；（8）国家规定必须实行见证取样和送检的其他试块、试件和材料。

见证人员应由建设单位或该工程的监理单位具备建筑施工试验知识的专业技术人员担任，并应由建设单位或该工程的监理单位书面通知施工单位、检测单位和负责该项工程的质量监督机构。在施工过程中，见证人员应按照见证取样和送检计划，对施工现场的取样和送检进行见证，取样人员应在试样或其包装上作出标识、封志。标识和封志应标明工程名称、取样部位、取样日期、样品名称和样品数量，并由见证人员和取样人员签字。见证人员应制作见证记录，并将见证记录归入施工技术档案。见证人员和取样人员应对试样的代表性和真实性负责。见证取样的试块、试件和材料送检时，应由送检单位填写委托单，委托单应有见证人员和送检人员签字。检测单位应检查委托单及试样上的标识和封志，确认无误后方可进行检测。检测单位应严格按照有关管理规定和技术标准进行检测，出具公正、真实、准确的检测报告。见证取样和送检的检测报告必须加盖见证取样检测的专用章。

3. 法律责任

《建设工程质量管理条例》规定，施工单位未对建筑材料、建筑构配件、设备和商品混凝土进行检验，或者未对涉及结构安全的试块、试件以及有关材料取样检测的，责令改正，处10万元以上20万元以下的罚款；情节严重的，责令停业整顿，降低资质等级或者吊销资质证书；造成损失的，依法承担赔偿责任。《建设工程抗震管理条例》规定，施工单位未对隔震减震装置取样送检或者使用不合格隔震减震装置的，责令改正，处10万元以上20万元以下的罚款；情节严重的，责令停业整顿，并处20万元以上50万元以下的罚款，降低资质等级或者吊销资质证书；造成损失的，依法承担赔偿责任。

《建设工程质量检测管理办法》规定，违反规定，未取得相应资质、资质证书已过有效期或者超出资质许可范围从事建设工程质量检测活动的,其检测报告无效,由县级以上地方人民政府住房和城乡建设主管部门处 5 万元以上 10 万元以下罚款;造成危害后果的,处 10 万元以上 20 万元以下罚款;构成犯罪的,依法追究刑事责任。

检测机构出具虚假检测报告、篡改或者伪造检测报告的,由县级以上地方人民政府住房和城乡建设主管部门责令改正,处 5 万元以上 10 万元以下罚款;造成危害后果的,处 10 万元以上 20 万元以下罚款;构成犯罪的,依法追究刑事责任。检测机构在建设工程抗震活动中有上述行为的,依照《建设工程抗震管理条例》有关规定给予处罚。《建设工程抗震管理条例》规定,施工单位未对隔震减震装置取样送检或者使用不合格隔震减震装置的,责令改正,处 10 万元以上 20 万元以下的罚款;情节严重的,责令停业整顿,并处 20 万元以上 50 万元以下的罚款,降低资质等级或者吊销资质证书;造成损失的,依法承担赔偿责任。

违反规定,建设、施工、监理等单位有下列行为之一的,由县级以上地方人民政府住房和城乡建设主管部门责令改正,处 3 万元以上 10 万元以下罚款;造成危害后果的,处 10 万元以上 20 万元以下罚款;构成犯罪的,依法追究刑事责任:(1)委托未取得相应资质的检测机构进行检测的;(2)未将建设工程质量检测费用列入工程概预算并单独列支的;(3)未按照规定实施见证的;(4)提供的检测试样不满足符合性、真实性、代表性要求的;(5)明示或者暗示检测机构出具虚假检测报告的;(6)篡改或者伪造检测报告的;(7)取样、制样和送检试样不符合规定和工程建设强制性标准的。

7.4.4 施工质量检验和返修

1. 施工质量检验制度

《建设工程质量管理条例》规定,施工单位必须建立、健全施工质量的检验制度,严格工序管理,作好隐蔽工程的质量检查和记录。隐蔽工程在隐蔽前,施工单位应当通知建设单位和建设工程质量监督机构。

施工质量检验,通常是指工程施工过程中工序质量检验(或称为过程检验),包括预检、自检、交接检、专职检、分部工程中间检验以及隐蔽工程检验等。施工工序也可以称为过程。各个过程之间横向和纵向的联系形成了(工序)过程网络。一项工程的施工,是通过一个庞大的、由许多过程组成的过程网络来实现的,网络上的关键过程(或工序)都有可能对工程最终的施工质量产生决定性的影响。施工单位要加强对施工过程(工序)的质量控制,特别是要加强影响结构安全的地基和结构等关键施工过程的质量控制。严格工序管理,不仅仅是对单一的工序加强管理,而是要对整个过程(工序)网络进行全面管理。用前一道或横向相关的工序保证后续工序的质量,从而使整个工程施工质量达到预期目标。完善的检验制度和严格的工序管理是保证工序过程质量的前提。

隐蔽工程,是指在施工过程中某一道工序所完成的工程实物,被后一工序形成的工程实物所隐蔽,而且不可以逆向作业的那部分工程。在大多数情况下,隐蔽工程施工,具有不可逆性。隐蔽工程被后续工序隐蔽后,其施工质量就很难检验及认定。隐蔽工程在隐蔽前,施工单位除了要做好检查、检验并做好记录之外,还要及时通知建设单位(实施监理的工程为监理单位)和建设工程质量监督机构,以接受政府监督和向建设单位提供质量保证。

2. 建设工程的返修

《建筑法》规定，对已发现的质量缺陷，建筑施工企业应当修复。《建设工程质量管理条例》进一步规定，施工单位对施工中出现质量问题的建设工程或者竣工验收不合格的建设工程，应当负责返修。《民法典》第801条规定，因施工人的原因致使建设工程质量不符合约定的，发包人有权请求施工人在合理期限内无偿修理或者返工、改建。经过修理或者返工、改建后，造成逾期交付的，施工人应当承担违约责任。

保障建设工程质量，是建筑施工企业的法定义务。如果系因施工人原因导致建设工程质量不符合约定，施工人应当承担违约责任。施工人承担责任的方式主要包括两个方面：一是施工人接到发包人的通知后在合理期限内无偿修理或者返工、改建。施工人不仅应当自行承担修理或者返工、改建的费用，还应当确保建设工程质量在其修理或者返工、改建后符合合同约定。二是如果在施工人修理或者返工、改建后，导致建设工程迟延交付，施工人还应当承担迟延交付的违约责任。实践中，迟延交付建设工程的责任主要表现为违约金责任或者赔偿损失责任。

7.4.5 建立健全职工教育培训制度

《建设工程质量管理条例》规定，施工单位应当建立、健全教育培训制度，加强对职工的教育培训；未经教育培训或者考核不合格的人员，不得上岗作业。

建筑产业工人是我国产业工人的重要组成部分，是建筑业发展的基础。《关于加快培育新时代建筑产业工人队伍的指导意见》（建市〔2020〕105号）规定，完善职业技能培训体系。完善建筑工人技能培训组织实施体系，制定建筑工人职业技能标准和评价规范，完善职业（工种）类别。强化企业技能培训主体作用，发挥设计、生产、施工等资源优势，大力推行现代学徒制和企业新型学徒制。鼓励企业采取建立培训基地、校企合作、购买社会培训服务等多种形式，解决建筑工人理论与实操脱节的问题，实现技能培训、实操训练、考核评价与现场施工有机结合。推行终身职业技能培训制度，加强建筑工人岗前培训和技能提升培训。鼓励各地加大实训基地建设资金支持力度，在技能劳动者供需缺口较大、产业集中度较高的地区建设公共实训基地，支持企业和院校共建产教融合实训基地。探索开展智能建造相关培训，加大对装配式建筑、建筑信息模型（BIM）等新兴职业（工种）建筑工人培养，增加高技能人才供给。

《住房和城乡建设部办公厅关于开展施工现场技能工人配备标准制定工作的通知》（建办市〔2021〕29号）规定，新建、改建、扩建房屋建筑与市政基础设施工程建设项目，均应制定相应的施工现场技能工人配备标准。技能工人包括一般技术工人和建筑施工特种作业人员。一般技术工人等级分为初级工、中级工、高级工、技师、高级技师；工种类别包括砌筑工、钢筋工、模板工、混凝土工等。建筑施工特种作业人员包括建筑电工、建筑架子工、建筑起重信号司索工、建筑起重机械司机、建筑起重机械安装拆卸工、高处作业吊篮安装拆卸工和经省级以上人民政府住房和城乡建设主管部门认定的其他特种作业人员等。对施工现场技能工人开展技能培训，完善本地区建筑工人技能培训组织实施体系。充分发挥企业技能培训主体作用，推动实现技能培训与现场施工相互促进，鼓励企业和行业协会积极举办各类技能竞赛，以赛促练、以赛促训。

7.5 建设工程竣工验收制度

建设工程竣工验收是建设投资成果转入生产或使用的标志，也是全面考核投资效益、检验设计和施工质量的重要环节。

《民法典》规定，建设工程竣工后，发包人应当根据施工图纸及说明书、国家颁发的施工验收规范和质量检验标准及时进行验收。验收合格的，发包人应当按照约定支付价款，并接收该建设工程。

《建筑法》规定，建筑工程竣工经验收合格后，方可交付使用；未经验收或者验收不合格的，不得交付使用。

7.5.1 竣工验收的主体和法定条件

1. 建设工程竣工验收的主体

《建设工程质量管理条例》规定，建设单位收到建设工程竣工报告后，应当组织设计、施工、工程监理等有关单位进行竣工验收。

对工程进行竣工检查和验收，是建设单位法定的权利和义务。在建设工程完工后，承包单位应当向建设单位提供完整的竣工资料和竣工验收报告，提请建设单位组织竣工验收。建设单位收到竣工验收报告后，应及时组织有设计、施工、工程监理等有关单位参加的竣工验收，检查整个工程项目是否已按照设计要求和合同约定全部建设完成，并符合竣工验收条件。

2. 竣工验收应当具备的法定条件

《建筑法》规定，交付竣工验收的建筑工程，必须符合规定的建筑工程质量标准，有完整的工程技术经济资料和经签署的工程保修书，并具备国家规定的其他竣工条件。

《建设工程质量管理条例》进一步规定，建设工程竣工验收应当具备下列条件：完成建设工程设计和合同约定的各项内容；有完整的技术档案和施工管理资料；有工程使用的主要建筑材料、建筑构配件和设备的进场试验报告；有勘察、设计、施工、工程监理等单位分别签署的质量合格文件；有施工单位签署的工程保修书。建设工程经验收合格的，方可交付使用。

1）完成建设工程设计和合同约定的各项内容

建设工程设计和合同约定的内容，主要是指设计文件所确定的以及承包合同"承包人承揽工程项目一览表"中载明的工作范围，也包括监理工程师签发的变更通知单中所确定的工作内容。

2）有完整的技术档案和施工管理资料

建设工程档案的验收应纳入建设工程竣工联合验收环节。工程技术档案和施工管理资料是工程竣工验收和质量保证的重要依据之一，主要包括以下档案和资料：① 工程项目竣工验收报告；② 分项、分部工程和单位工程技术人员名单；③ 图纸会审和技术交底记录；④ 设计变更通知单，技术变更核实单；⑤ 工程质量事故发生后调查和处理资料；⑥ 隐蔽工程验收记录及施工日志；⑦ 竣工图；⑧ 质量检验评定资料；⑨ 合同约定的其他资料。

3）有工程使用的主要建筑材料、建筑构配件和设备的进场试验报告

对建设工程使用的主要建筑材料、建筑构配件和设备，除须具有质量合格证明资料外，还应当有进场试验、检验报告，其质量要求必须符合国家规定的标准。

4）有勘察、设计、施工、工程监理等单位分别签署的质量合格文件

勘察、设计、施工、工程监理等有关单位要依据工程设计文件及承包合同所要求的质量标准，对竣工工程进行检查评定；符合规定的，应当签署合格文件。

5）有施工单位签署的工程保修书

施工单位同建设单位签署的工程保修书，也是交付竣工验收的条件之一。

凡是没有经过竣工验收或者经过竣工验收确定为不合格的建设工程，不得交付使用。如果建设单位为提前获得投资效益，在工程未经验收就提前投产或使用，由此而发生的质量等问题，建设单位要承担相应的质量责任。

7.5.2 规划、消防、节能和环保验收

1. 建设工程竣工规划验收

《城乡规划法》规定，县级以上地方人民政府城乡规划主管部门按照国务院规定对建设工程是否符合规划条件予以核实。未经核实或者经核实不符合规划条件的，建设单位不得组织竣工验收。建设单位应当在竣工验收后6个月内向城乡规划主管部门报送有关竣工验收资料。

建设工程竣工后，建设单位应当依法向城乡规划行政主管部门提出竣工规划验收申请，由城乡规划行政主管部门按照选址意见书、建设用地规划许可证、建设工程规划许可证、乡村建设规划许可证及其有关规划的要求，对建设工程进行规划验收，包括对建设用地范围内的各项工程建设情况，建筑物的使用性质、位置、间距、层数、标高、平面、立面、外墙装饰材料和色彩，各类配套服务设施、临时施工用房、施工场地等进行全面核查，并作出验收记录。对于验收合格的，由城乡规划行政主管部门出具规划认可文件或核发建设工程竣工规划验收合格证。

《城乡规划法》还规定，建设单位未在建设工程竣工验收后6个月内向城乡规划主管部门报送有关竣工验收资料的，由所在地城市、县人民政府城乡规划主管部门责令限期补报；逾期不补报的，处1万元以上5万元以下的罚款。

2. 建设工程竣工消防验收

《消防法》规定，国务院住房和城乡建设主管部门规定应当申请消防验收的建设工程竣工，建设单位应当向住房和城乡建设主管部门申请消防验收。

上述规定以外的其他建设工程，建设单位在验收后应当报住房和城乡建设主管部门备案，住房和城乡建设主管部门应当进行抽查。依法应当进行消防验收的建设工程，未经消防验收或者消防验收不合格的，禁止投入使用；其他建设工程经依法抽查不合格的，应当停止使用。

依法应当进行消防验收的建设工程，未经消防验收或者消防验收不合格，擅自投入使用的，《消防法》规定，由住房和城乡建设主管部门、消防救援机构按照各自职责责令停止施工、停止使用或者停产停业，并处3万元以上30万元以下罚款。

3. 建设工程竣工环保验收

《建设项目环境保护管理条例》规定，编制环境影响报告书、环境影响报告表的建设项目竣工后，建设单位应当按照国务院环境保护行政主管部门规定的标准和程序，对配套建设的环境保护设施进行验收，编制验收报告。建设单位在环境保护设施验收过程中，应当如实查验、监测、记载建设项目环境保护设施的建设和调试情况，不得弄虚作假。除按照国家规定需要保密的情形外，建设单位应当依法向社会公开验收报告。

分期建设、分期投入生产或者使用的建设项目，其相应的环境保护设施应当分期验收。

编制环境影响报告书、环境影响报告表的建设项目，其配套建设的环境保护设施经验收合格，方可投入生产或者使用；未经验收或者验收不合格的，不得投入生产或者使用。

4. 建筑工程节能验收

《节约能源法》规定，国家实行固定资产投资项目节能评估和审查制度。不符合强制性节能标准的项目，建设单位不得开工建设；已经建成的，不得投入生产、使用。政府投资项目不符合强制性节能标准的，依法负责项目审批的机关不得批准建设。

《民用建筑节能条例》进一步规定，建设单位组织竣工验收，应当对民用建筑是否符合民用建筑节能强制性标准进行查验；对不符合民用建筑节能强制性标准的，不得出具竣工验收合格报告。

建筑节能工程施工质量的验收，主要应按照国家标准《建筑节能工程施工质量验收标准》GB 50411—2019、《建筑与市政工程施工质量控制通用规范》GB 55032—2022以及《建筑工程施工质量验收统一标准》GB 50300—2013、各专业工程施工质量验收规范等执行。单位工程竣工验收应在建筑节能分部工程验收合格后进行。

建筑节能分部工程的质量验收，应在施工单位自检合格，且检验批、分项工程全部合格的基础上，进行外墙节能构造外窗气密性现场实体检测和设备系统节能性能检测，确认建筑节能工程质量达到验收的条件后方可进行。

《民用建筑节能条例》规定，建设单位对不符合民用建筑节能强制性标准的民用建筑项目出具竣工验收合格报告的，由县级以上地方人民政府建设主管部门责令改正，处民用建筑项目合同价款2%以上4%以下的罚款；造成损失的，依法承担赔偿责任。

7.5.3 竣工验收备案

《建设工程质量管理条例》规定，建设单位应当自建设工程竣工验收合格之日起15日内，将建设工程竣工验收报告和规划、公安消防、环保等部门出具的认可文件或者准许使用文件报建设行政主管部门或者其他有关部门备案。建设行政主管部门或者其他有关部门发现建设单位在竣工验收过程中有违反国家有关建设工程质量管理规定行为的，责令停止使用，重新组织竣工验收。

1. 竣工验收备案的时间及须提交的文件

《房屋建筑和市政基础设施工程竣工验收备案管理办法》规定，建设单位应当自工程竣工验收合格之日起15日内，依照本办法规定，向工程所在地的县级以上地方人民政府建设主管部门（以下简称备案机关）备案。

根据《房屋建筑和市政基础设施工程竣工验收备案管理办法》《住房和城乡建设部关于取消部分部门规章和规范性文件设定的证明事项（第二批）的决定》（建法规〔2020〕2号）的规定，建设单位办理工程竣工验收备案应当提交下列文件：（1）工程竣工验收备案表。（2）工程竣工验收报告。竣工验收报告应当包括工程报建日期，施工许可证号，施工图设计文件审查意见，勘察、设计、施工、工程监理等单位分别签署的质量合格文件及验收人员签署的竣工验收原始文件，市政基础设施的有关质量检测和功能性试验资料以及备案机关认为需要提供的有关资料。（3）法律、行政法规规定应当由规划等部门出具的认可文件或者准许使用文件。（4）法律规定应当由公安消防部门出具的对大型的人员密集场所和其他特殊建设工程验收合格的证明文件。（5）施工单位签署的工程质量保修书。（6）法规、规章规定必须提供的其他文件。住宅工程还应当提交《住宅质量保证书》《住宅使用说明书》。

《城市地下管线工程档案管理办法》还规定，建设单位在地下管线工程竣工验收备案前，应当向城建档案管理机构移交下列档案资料：① 地下管线工程项目准备阶段文件、监理文件、施工文件、竣工验收文件和竣工图；② 地下管线竣工测量成果；③ 其他应当归档的文件资料（电子文件、工程照片、录像等）。

2. 竣工验收备案文件的签收和处理

《房屋建筑和市政基础设施工程竣工验收备案管理办法》规定，备案机关收到建设单位报送的竣工验收备案文件，验证文件齐全后，应当在工程竣工验收备案表上签署文件收讫。工程竣工验收备案表一式两份，1份由建设单位保存，1份留备案机关存档。

工程质量监督机构应当在工程竣工验收之日起5日内，向备案机关提交工程质量监督报告。

备案机关发现建设单位在竣工验收过程中有违反国家有关建设工程质量管理规定行为的，应当在收讫竣工验收备案文件15日内，责令停止使用，重新组织竣工验收。

3. 竣工验收备案违反规定的处罚

《房屋建筑和市政基础设施工程竣工验收备案管理办法》规定，建设单位在工程竣工验收合格之日起15日内未办理工程竣工验收备案的，备案机关责令限期改正，处20万元以上50万元以下罚款。

建设单位将备案机关决定重新组织竣工验收的工程，在重新组织竣工验收前，擅自使用的，备案机关责令停止使用，处工程合同价款2%以上4%以下罚款。

建设单位采用虚假证明文件办理工程竣工验收备案的，工程竣工验收无效，备案机关责令停止使用，重新组织竣工验收，处20万元以上50万元以下罚款；构成犯罪的，依法追究刑事责任。

备案机关决定重新组织竣工验收并责令停止使用的工程，建设单位在备案之前已投入使用或者建设单位擅自继续使用造成使用人损失的，由建设单位依法承担赔偿责任。

《城市地下管线工程档案管理办法》规定，建设单位违反本办法规定，未移交地下管线工程档案的，由建设主管部门责令改正，处1万元以上10万元以下的罚款；对单位直接负责的主管人员和其他直接责任人员，处单位罚款数额 5% 以上 10% 以下的罚款；因建设单位未移交地下管线工程档案，造成施工单位在施工中损坏地下管线的，建设单位依法承担相应的责任。

7.5.4　应提交的档案资料

《建设工程质量管理条例》规定，建设单位应当严格按照国家有关档案管理的规定，及时收集、整理建设项目各环节的文件资料，建立健全建设项目档案，并在建设工程竣工验收后，及时向建设行政主管部门或者其他有关部门移交建设项目档案。

建设工程是百年大计。一般的建筑物设计年限都在 50~70 年，重要的建筑物达百年以上。在建设工程投入使用之后，还要进行检查、维修、管理，还可能会遇到改建、扩建或拆除活动，以及在其周围进行建设活动。这些都需要参考原始的勘察、设计、施工等资料。建设单位是工程建设活动的总负责方，应当在合同中明确要求勘察、设计、施工、监理等单位分别提供工程建设各环节的文件资料，及时收集整理，建立健全建设项目档案。

《城市建设档案管理规定》中规定，建设单位应当在工程竣工验收后 3 个月内，向城建档案馆报送一套符合规定的建设工程档案。凡建设工程档案不齐全的，应当限期补充。

对改建、扩建和重要部位维修的工程，建设单位应当组织设计、施工单位据实修改、补充和完善原建设工程档案。凡结构和平面布置等改变的，应当重新编制建设工程档案，并在工程竣工后 3 个月内向城建档案馆报送。

建设单位在组织工程竣工验收前，应按规范的要求将全部文件材料收集齐全并完成工程档案的立卷；在组织竣工验收时，应组织对工程档案进行验收，验收结论应在工程竣工验收报告、专家组竣工验收意见中明确。

对列入城建档案管理机构接收范围的工程，工程竣工验收备案前，应向当地城建档案管理机构移交一套符合规定的工程档案。

《建设工程文件归档规范（2019 年版）》GB/T 50328—2014 规定，勘察、设计、施工、监理等单位应将本单位形成的工程文件立卷后向建设单位移交。

建设工程项目实行总承包管理的，总包单位应负责收集、汇总各分包单位形成的工程档案，并应及时向建设单位移交；各分包单位应将本单位形成的工程文件整理、立卷后及时移交总包单位。建设工程项目由几个单位承包的，各承包单位应负责收集、整理立卷其承包项目的工程文件，并应及时向建设单位移交。

每项建设工程应编制一套电子档案，随纸质档案一并移交城建档案管理机构。电子档案签署了具有法律效力的电子印章或电子签名的，可不移交相应纸质档案。

7.6　建设工程质量保修制度

建设工程质量保修制度，是指建设工程竣工经验收合格后，建设工程进入保修期，在规定的保修期限内，因勘察、设计、施工、材料等原因造成的质量缺陷，应当由施工承包单位负责维修、返工或更换，由责任单位负责赔偿损失的法律制度。

7.6.1 质量保修书和最低保修期限

1. 建设工程质量保修书

《建设工程质量管理条例》规定,建设工程承包单位在向建设单位提交工程竣工验收报告时,应当向建设单位出具质量保修书。质量保修书中应当明确建设工程的保修范围、保修期限和保修责任等。

1)质量保修范围

《建筑法》规定,建筑工程的保修范围应当包括地基基础工程、主体结构工程、屋面防水工程和其他土建工程,以及电气管线、上下水管线的安装工程,供热、供冷系统工程等项目。

需要注意的是,不同类型的建设工程,其保修范围有所不同。

2)质量保修期限

《建筑法》规定,保修的期限应当按照保证建筑物合理寿命年限内正常使用,维护使用者合法权益的原则确定。

具体的保修范围和最低保修期限,由国务院规定。

3)质量保修责任

《建设工程质量管理条例》规定,建设工程在保修范围和保修期限内发生质量问题的,施工单位应当履行保修义务,并对造成的损失承担赔偿责任。

当工程在保修期内出现涉及结构安全或影响使用功能的严重质量缺陷时,应由原设计单位或相应资质等级的设计单位提出保修设计方案,施工单位实施保修。保修完成后,工程应符合原设计要求。

建设单位、施工单位或受委托的其他单位在保修期内应明确保修和质量投诉受理部门、人员及联系方式,并建立相关工作记录文件。

施工单位在质量保修书中,应当向建设单位承诺保修范围、保修期限和有关具体实施保修的措施,如保修的方法、人员及联络办法,保修答复和处理时限,不履行保修责任的罚则等。

需要注意的是,施工单位在建设工程质量保修书中,应当对建设单位合理使用建设工程有所提示。如果是因建设单位或者用户使用不当或擅自改动结构、设备位置以及不当装修等造成质量问题的,施工单位不承担保修责任;由此而造成的质量受损或者其他用户损失,应当由责任人承担相应的责任。

2. 建设工程质量的最低保修期限

《建设工程质量管理条例》规定,在正常使用条件下,建设工程的最低保修期限为:基础设施工程、房屋建筑的地基基础工程和主体结构工程,为设计文件规定的该工程的合理使用年限;屋面防水工程、有防水要求的卫生间、房间和外墙面的防渗漏,为5年;供热与供冷系统,为2个采暖期、供冷期;电气管线、给排水管道、设备安装和装修工程,为2年。其他项目的保修期限由发包方与承包方约定。

1)地基基础工程和主体结构的保修期

基础设施工程、房屋建筑的地基基础工程和主体结构工程的质量,直接关系到基础设施工程和房屋建筑的整体安全可靠,必须在该工程的合理使用年限内予以保修,即实行终身负责制。因此，工程合理使用年限就是该工程勘察、设计、施工等单位的质量责任年限。

2）屋面防水工程、供热与供冷系统等的最低保修期

《建设工程质量管理条例》对屋面防水工程、供热与供冷系统、电气管线、给排水管道、设备安装和装修工程等的最低保修期限分别作出了规定。如果建设单位与施工单位经平等协商另行签订保修合同的，其保修期限可以高于法定的最低保修期限，但不能低于最低保修期限，否则视作无效。

建设工程保修期的起始日是竣工验收合格之日。《建设工程质量管理条例》规定，建设行政主管部门或者其他有关部门发现建设单位在竣工验收过程中有违反国家有关建设工程质量管理规定行为的，责令停止使用，重新组织竣工验收。

3）建设工程超过合理使用年限后需要继续使用的规定

《建设工程质量管理条例》规定，建设工程在超过合理使用年限后需要继续使用的，产权所有人应当委托具有相应资质等级的勘察、设计单位鉴定，并根据鉴定结果采取加固、维修等措施，重新界定使用期。

7.6.2 工程质量保证金

《建设工程质量保证金管理办法》规定，建设工程质量保证金（以下简称"保证金"）是指发包人与承包人在建设工程承包合同中约定，从应付的工程款中预留，用以保证承包人在缺陷责任期内对建设工程出现的缺陷进行维修的资金。国务院办公厅《关于清理规范工程建设领域保证金的通知》（国办发〔2016〕49号）规定，转变保证金缴纳方式，推行银行保函制度；未按规定或合同约定返还保证金的，保证金收取方应向建筑业企业支付逾期返还违约金；在工程项目竣工前，已经缴纳履约保证金的，建设单位不得同时预留工程质量保证金。

1. 缺陷责任期的确定

《建设工程质量保证金管理办法》规定，缺陷是指建设工程质量不符合工程建设强制性标准、设计文件，以及承包合同的约定。缺陷责任期一般为1年，最长不超过2年，由发、承包双方在合同中约定。

缺陷责任期从工程通过竣工验收之日起计。由于承包人原因导致工程无法按规定期限进行竣工验收的，缺陷责任期从实际通过竣工验收之日起计。由于发包人原因导致工程无法按规定期限进行竣工验收的，在承包人提交竣工验收报告90天后，工程自动进入缺陷责任期。

2. 质量保证金的预留与使用管理

《建设工程质量保证金管理办法》规定，缺陷责任期内，实行国库集中支付的政府投资项目，保证金的管理应按国库集中支付的有关规定执行。其他政府投资项目，保证金可以预留在财政部门或发包方。缺陷责任期内，如发包方被撤销，保证金随交付使用资产一并移交使用单位管理，由使用单位代行发包人职责。

社会投资项目采用预留保证金方式的，发、承包双方可以约定将保证金交由第三方金融机构托管。

发包人应按照合同约定方式预留保证金，保证金总预留比例不得高于工程价款结

算总额的3%。合同约定由承包人以银行保函替代预留保证金的，保函金额不得高于工程价款结算总额的3%。

推行银行保函制度，承包人可以银行保函替代预留保证金。在工程项目竣工前，已经缴纳履约保证金的，发包人不得同时预留工程质量保证金。采用工程质量保证担保、工程质量保险等其他保证方式的，发包人不得再预留保证金。

缺陷责任期内，由承包人原因造成的缺陷，承包人应负责维修，并承担鉴定及维修费用。如承包人不维修也不承担费用，发包人可按合同约定从保证金或银行保函中扣除。费用超出保证金额的，发包人可按合同约定向承包人进行索赔。承包人维修并承担相应费用后，不免除对工程的损失赔偿责任。由他人原因造成的缺陷，发包人负责组织维修，承包人不承担费用，且发包人不得从保证金中扣除费用。

3. 质量保证金的返还

《建设工程质量保证金管理办法》规定，缺陷责任期内，承包人认真履行合同约定的责任，到期后，承包人向发包人申请返还保证金。

发包人在接到承包人返还保证金申请后，应于14天内会同承包人按照合同约定的内容进行核实。如无异议，发包人应当按照约定将保证金返还给承包人。对返还期限没有约定或者约定不明确的，发包人应当在核实后14天内将保证金返还承包人，逾期未返还的，依法承担违约责任。发包人在接到承包人返还保证金申请后14天内不予答复，经催告后14天内仍不予答复，视同认可承包人的返还保证金申请。

发包人和承包人对保证金预留、返还以及工程维修质量、费用有争议的，按承包合同约定的争议和纠纷解决程序处理。建设工程实行工程总承包的，总承包单位与分包单位有关保证金的权利与义务的约定，参照发包人与承包人相应权利与义务的约定执行。

《最高人民法院关于审理建设工程施工合同纠纷案件适用法律问题的解释（一）》规定，有下列情形之一，承包人请求发包人返还工程质量保证金的，人民法院应予支持：（1）当事人约定的工程质量保证金返还期限届满；（2）当事人未约定工程质量保证金返还期限的，自建设工程通过竣工验收之日起满2年；（3）因发包人原因建设工程未按约定期限进行竣工验收的，自承包人提交工程竣工验收报告90日后当事人约定的工程质量保证金返还期限届满；当事人未约定工程质量保证金返还期限的，自承包人提交工程竣工验收报告90日后起满2年。

发包人返还工程质量保证金后，不影响承包人根据合同约定或者法律规定履行工程保修义务。

第8章 建设工程环境保护和历史文化遗产保护法律制度

8.1 建设工程环境保护制度

环境是指影响人类生存和发展的各种天然的和经过人工改造的自然因素的总体，包括大气、水、海洋、土地、矿藏、森林、草原、湿地、野生生物、自然遗迹、人文遗迹、自然保护区、风景名胜区、城市和乡村等。根据《环境保护法》，保护环境是国家的基本国策。环境保护坚持保护优先、预防为主、综合治理、公众参与、损害担责的原则。

国家在倡导保护环境的同时，进一步加强了环境保护的立法工作，制定发布了多部环境保护方面的法律，如《环境保护法》《大气污染防治法》《水污染防治法》《固体废物污染环境防治法》《噪声污染防治法》等。

8.1.1 建设工程大气污染防治

1. 项目规划阶段大气污染防治

编制可能对国家大气污染防治重点区域的大气环境造成严重污染的有关工业园区、开发区、区域产业和发展等规划，应当依法进行环境影响评价。规划编制机关应当与重点区域内有关省、自治区、直辖市人民政府或者有关部门会商。重点区域内有关省、自治区、直辖市建设可能对相邻省、自治区、直辖市大气环境质量产生重大影响的项目，应当及时通报有关信息，进行会商。会商意见及其采纳情况作为环境影响评价文件审查或者审批的重要依据。

2. 建设项目大气污染防治

企业事业单位和其他生产经营者建设对大气环境有影响的项目，应当依法进行环境影响评价、公开环境影响评价文件；向大气排放污染物的，应当符合大气污染物排放标准，遵守重点大气污染物排放总量控制要求。国家大气污染防治重点区域内新建、改建、扩建用煤项目的，应当实行煤炭的等量或者减量替代。

3. 施工扬尘污染防治

1）建设单位扬尘污染防治责任。建设单位应当将防治扬尘污染的费用列入工程造价，并在施工承包合同中明确施工单位扬尘污染防治责任。暂时不能开工的建设用地，建设单位应当对裸露地面进行覆盖；超过三个月的，应当进行绿化、铺装或者遮盖。

2）施工单位扬尘污染防治责任。施工单位应当制定具体的施工扬尘污染防治实施方案。从事房屋建筑、市政基础设施建设、河道整治以及建筑物拆除等施工单位，应当向负责监督管理扬尘污染防治的主管部门备案。施工单位应当在施工工地设置硬质围挡，并采取覆盖、分段作业、择时施工、洒水抑尘、冲洗地面和车辆等有效防尘降尘措施。建筑土方、工程渣土、建筑垃圾应当及时清运；在场地内堆存的，应当采用密闭式防尘网遮盖。工程渣土、建筑垃圾应当进行资源化处理。施工单位应当在施工工地公示扬尘污染防治措施、负责人、扬尘监督管理主管部门等信息。

住房和城乡建设部办公厅于2019年发布了《关于进一步加强施工工地和道路扬尘管控工作的通知》（建办质〔2019〕23号），进一步细化明确了施工工地的扬尘污染防治管理：（1）对施工现场实行封闭管理。城市范围内主要路段的施工工地应设置高度不小于2.5米的封闭围挡，一般路段的施工工地应设置高度不小于1.8米的封闭围挡。施工工地的封闭围挡应坚固、稳定、整洁、美观。（2）加强物料管理。施工现场的建筑材料、构件、料具应按总平面布局进行码放。在规定区域内的施工现场应使用预拌混凝土及预拌砂浆；采用现场搅拌混凝土或砂浆的场所应采取封闭、降尘、降噪措施；水泥和其他易飞扬的细颗粒建筑材料应密闭存放或采取覆盖等措施。（3）注重降尘作业。施工现场土方作业应采取防止扬尘措施，主要道路应定期清扫、洒水。拆除建筑物或构筑物时，应采用隔离、洒水等降噪、降尘措施，并应及时清理废弃物。施工进行铣刨、切割等作业时，应采取有效防扬尘措施；灰土和无机料应采用预拌进场，碾压过程中应洒水降尘。（4）硬化路面和清洗车辆。施工现场的主要道路及材料加工区地面应进行硬化处理，道路应畅通，路面应平整坚实。裸露的场地和堆放的土方应采取覆盖、固化或绿化等措施。施工现场出入口应设置车辆冲洗设施，并对驶出车辆进行清洗。（5）清运建筑垃圾。土方和建筑垃圾的运输应采用封闭式运输车辆或采取覆盖措施。建筑物内施工垃圾的清运，应采用器具或管道运输，严禁随意抛掷。施工现场严禁焚烧各类废弃物。（6）加强监测监控。鼓励施工工地安装在线监测和视频监控设备，并与当地有关主管部门联网。当环境空气质量指数达到中度及以上污染时，施工现场应增加洒水频次，加强覆盖措施，减少易造成大气污染的施工作业。

3）施工运输、贮存阶段的扬尘防治责任。运输煤炭、垃圾、渣土、砂石、土方、灰浆等散装、流体物料的车辆应当采取密闭或者其他措施防止物料遗撒造成扬尘污染，并按照规定路线行驶。装卸物料应当采取密闭或者喷淋等方式防治扬尘污染。贮存煤炭、煤矸石、煤渣、煤灰、水泥、石灰、石膏、砂土等易产生扬尘的物料应当密闭；不能密闭的，应当设置不低于堆放物高度的严密围挡，并采取有效覆盖措施防治扬尘污染。码头、矿山、填埋场和消纳场应当实施分区作业，并采取有效措施防治扬尘污染。

4. 严重污染大气环境的工艺、设备和产品的防治

国家对严重污染大气环境的工艺、设备和产品实行淘汰制度。国务院经济综合主管部门会同国务院有关部门确定严重污染大气环境的工艺、设备和产品淘汰期限，并纳入国家综合性产业政策目录。生产者、进口者、销售者或者使用者应当在规定期限内停止生产、进口、销售或者使用列入上述规定目录中的设备和产品。工艺的采用者应当在规定期限内停止采用列入上述规定目录中的工艺。被淘汰的设备和产品，不得转让给他人使用。

5. 施工车辆、设备的大气污染防治

在用重型柴油车、非道路移动机械未安装污染控制装置或者污染控制装置不符合要求，不能达标排放的，应当加装或者更换符合要求的污染控制装置。在用机动车排放大气污染物超过标准的，应当进行维修；经维修或者采用污染控制技术后，大气污染物

排放仍不符合国家在用机动车排放标准的，应当强制报废。其所有人应当将机动车交售给报废机动车回收拆解企业，由报废机动车回收拆解企业按照国家有关规定进行登记、拆解、销毁等处理。国家鼓励和支持高排放机动车船、非道路移动机械提前报废。发动机油、氮氧化物还原剂、燃料和润滑油添加剂以及其他添加剂的有害物质含量和其他大气环境保护指标，应当符合有关标准的要求，不得损害机动车船污染控制装置效果和耐久性，不得增加新的大气污染物排放。

6. 向大气排放污染物防治

企业事业单位和其他生产经营者向大气排放污染物的，应当依照法律法规和国务院生态环境主管部门的规定设置大气污染物排放口。禁止通过偷排、篡改或者伪造监测数据、以逃避现场检查为目的的临时停产、非紧急情况下开启应急排放通道、不正常运行大气污染防治设施等逃避监管的方式排放大气污染物。

企业事业单位和其他生产经营者应当按照国家有关规定和监测规范，对其排放的工业废气和国家有关部门公布的有毒有害大气污染物名录中的有毒有害大气污染物进行监测，并保存原始监测记录。其中，重点排污单位应当安装、使用大气污染物排放自动监测设备，与生态环境主管部门的监控设备联网，保证监测设备正常运行并依法公开排放信息。

钢铁、建材、有色金属、石油、化工、制药、矿产开采等企业，应当加强精细化管理，采取集中收集处理等措施，严格控制粉尘和气态污染物的排放。工业生产企业应当采取密闭、围挡、遮盖、清扫、洒水等措施，减少内部物料的堆存、传输、装卸等环节产生的粉尘和气态污染物的排放。

7. 违法行为应承担的法律责任

1）拒绝监督检查或者在接受监督检查时弄虚作假的法律责任

违反《大气污染防治法》规定，以拒绝进入现场等方式拒不接受生态环境主管部门及其环境执法机构或者其他负有大气环境保护监督管理职责的部门的监督检查，或者在接受监督检查时弄虚作假的，由县级以上人民政府生态环境主管部门或者其他负有大气环境保护监督管理职责的部门责令改正，处 2 万元以上 20 万元以下的罚款；构成违反治安管理行为的，由公安机关依法予以处罚。

2）违反施工扬尘防治的法律责任

建设单位未对暂时不能开工的建设用地的裸露地面进行覆盖，或者未对超过 3 个月不能开工的建设用地的裸露地面进行绿化、铺装或者遮盖的，由县级以上人民政府住房城乡建设等主管部门依照上述规定予以处罚。

根据《大气污染防治法》，施工单位有下列行为之一的，由县级以上人民政府住房城乡建设等主管部门按照职责责令改正，处 1 万元以上 10 万元以下的罚款；拒不改正的，责令停工整治：（1）施工工地未设置硬质围挡，或者未采取覆盖、分段作业、择时施工、洒水抑尘、冲洗地面和车辆等有效防尘降尘措施的；（2）建筑土方、工程渣土、建筑垃圾未及时清运，或者未采用密闭式防尘网遮盖的。运输煤炭、垃圾、渣土、砂石、土方、灰浆等散装、流体物料的车辆，未采取密闭或者其他措施防止物料遗撒的，由县级以上地方人民政府确定的监督管理部门责令改正，处 2000 元以上 2 万元以下的罚款；拒不改正的，车辆不得上道路行驶。

违反法律规定,有下列行为之一的,由县级以上人民政府生态环境等主管部门按照职责责令改正,处1万元以上10万元以下的罚款;拒不改正的,责令停工整治或者停业整治:(1)未密闭煤炭、煤矸石、煤渣、煤灰、水泥、石灰、石膏、砂土等易产生扬尘的物料的;(2)对不能密闭的易产生扬尘的物料,未设置不低于堆放物高度的严密围挡,或者未采取有效覆盖措施防治扬尘污染的;(3)装卸物料未采取密闭或者喷淋等方式控制扬尘排放的;(4)存放煤炭、煤矸石、煤渣、煤灰等物料,未采取防燃措施的;(5)码头、矿山、填埋场和消纳场未采取有效措施防治扬尘污染的。

3）违反施工车辆、设备的大气污染防治的法律责任

使用排放不合格的非道路移动机械,或者在用重型柴油车、非道路移动机械未按照规定加装、更换污染控制装置的,由县级以上人民政府生态环境等主管部门按照职责责令改正,处5000元的罚款。在禁止使用高排放非道路移动机械的区域使用高排放非道路移动机械的,由城市人民政府生态环境等主管部门依法予以处罚。

4）造成大气污染事故的法律责任

违反法律规定,造成大气污染事故的,由县级以上人民政府生态环境主管部门依照规定处以罚款;对直接负责的主管人员和其他直接责任人员可以处上一年度从本企业事业单位取得收入50%以下的罚款。对造成一般或者较大大气污染事故的,按照污染事故造成直接损失的1倍以上3倍以下计算罚款;对造成重大或者特大大气污染事故的,按照污染事故造成的直接损失的3倍以上5倍以下计算罚款。

8.1.2 建设工程水污染防治

1. 排污许可

直接或者间接向水体排放工业废水和医疗污水以及其他按照规定应当取得排污许可证方可排放的废水、污水的企业事业单位和其他生产经营者,应当取得排污许可证;城镇污水集中处理设施的运营单位,也应当取得排污许可证。排污许可证应当明确排放水污染物的种类、浓度、总量和排放去向等要求。禁止企业事业单位和其他生产经营者无排污许可证或者违反排污许可证的规定向水体排放废水、污水。

2. 建设项目的水污染防治

新建、改建、扩建直接或者间接向水体排放污染物的建设项目和其他水上设施,应当依法进行环境影响评价。建设单位在江河、湖泊新建、改建、扩建排污口的,应当取得水行政主管部门或者流域管理机构同意;涉及通航、渔业水域的,环境保护主管部门在审批环境影响评价文件时,应当征求交通、渔业主管部门的意见。建设项目的水污染防治设施,应当与主体工程同时设计、同时施工、同时投入使用。水污染防治设施应当符合经批准或者备案的环境影响评价文件的要求。从事开发建设活动,应当采取有效措施,维护流域生态环境功能,严守生态保护红线。

禁止在饮用水水源一级保护区内新建、改建、扩建与供水设施和保护水源无关的建设项目。禁止在饮用水水源二级保护区内新建、改建、扩建排放污染物的建设项目。禁止在饮用水水源准保护区内新建、扩建对水体污染严重的建设项目;改建建设项目,不得增加排污量。

根据《城镇排水与污水处理条例》,新建、改建、扩建市政基础设施工程应当配套

建设雨水收集利用设施，增加绿地、砂石地面、可渗透路面和自然地面对雨水的滞渗能力，利用建筑物、停车场、广场、道路等建设雨水收集利用设施，削减雨水径流，提高城镇内涝防治能力。新区建设与旧城区改建，应当按照城镇排水与污水处理规划确定的雨水径流控制要求建设相关设施。

新建、改建、扩建建设工程，不得影响城镇排水与污水处理设施安全。建设工程开工前，建设单位应当查明工程建设范围内地下城镇排水与污水处理设施的相关情况。城镇排水主管部门及其他相关部门和单位应当及时提供相关资料。建设工程施工范围内有排水管网等城镇排水与污水处理设施的，建设单位应当与施工单位、设施维护运营单位共同制定设施保护方案，并采取相应的安全保护措施。因工程建设需要拆除、改动城镇排水与污水处理设施的，建设单位应当制定拆除、改动方案，报城镇排水主管部门审核，并承担重建、改建和采取临时措施的费用。

3. 施工水污染防治

1）禁止事项。禁止向水体排放油类、酸液、碱液或者剧毒废液。禁止在水体清洗装贮过油类或者有毒污染物的车辆和容器。禁止向水体排放、倾倒放射性固体废物或者含有高放射性和中放射性物质的废水。禁止向水体排放、倾倒工业废渣、城镇垃圾和其他废弃物。禁止将含有汞、镉、砷、铬、铅、氰化物、黄磷等的可溶性剧毒废渣向水体排放、倾倒或者直接埋入地下。禁止在江河、湖泊、运河、渠道、水库最高水位线以下的滩地和岸坡堆放、存贮固体废弃物和其他污染物。禁止利用渗井、渗坑、裂隙、溶洞，私设暗管，篡改、伪造监测数据，或者不正常运行水污染防治设施等逃避监管的方式排放水污染物。在饮用水水源保护区内，禁止设置排污口。

2）管理事项。向水体排放含低放射性物质的废水，应当符合国家有关放射性污染防治的规定和标准。向水体排放含热废水，应当采取措施，保证水体的水温符合水环境质量标准。存放可溶性剧毒废渣的场所，应当采取防水、防渗漏、防流失的措施。工业集聚区、矿山开采区、尾矿库、危险废物处置场、垃圾填埋场等的运营、管理单位，应当采取防渗漏等措施，并建设地下水水质监测井进行监测，防止地下水污染。多层地下水的含水层水质差异大的，应当分层开采；对已受污染的潜水和承压水，不得混合开采。兴建地下工程设施或者进行地下勘探、采矿等活动，应当采取防护性措施，防止地下水污染。报废矿井、钻井或者取水井等，应当实施封井或者回填。

根据《城镇排水与污水处理条例》，从事工业、建筑、餐饮、医疗等活动的企业事业单位、个体工商户（以下称排水户）向城镇排水设施排放污水的，应当向城镇排水主管部门申请领取污水排入排水管网许可证。城镇排水主管部门应当按照国家有关标准，重点对影响城镇排水与污水处理设施安全运行的事项进行审查。排水户应当按照污水排入排水管网许可证的要求排放污水。排水单位和个人应当按照国家有关规定缴纳污水处理费。向城镇污水处理设施排放污水、缴纳污水处理费的，不再缴纳排污费。

4. 严重污染水环境的工艺、设备的防治

国家对严重污染水环境的落后工艺和设备实行淘汰制度。国务院经济综合宏观调控部门会同国务院有关部门，公布限期禁止采用的严重污染水环境的工艺名录和限期禁止生产、销售、进口、使用的严重污染水环境的设备名录。生产者、销售者、进口者或者使用者应当在规定的期限内停止生产、销售、进口或者使用列入前述规定的设备名录

中的设备。工艺的采用者应当在规定的期限内停止采用列入上述规定的工艺名录中的工艺。依照上述规定被淘汰的设备，不得转让给他人使用。企业应当采用原材料利用效率高、污染物排放量少的清洁工艺，并加强管理，减少水污染物的产生。

5. 水污染事故处置

各级人民政府及其有关部门，可能发生水污染事故的企业事业单位，应当依照《突发事件应对法》的规定，做好突发水污染事故的应急准备、应急处置和事后恢复等工作。企业事业单位发生事故或者其他突发性事件，造成或者可能造成水污染事故的，应当立即启动本单位的应急方案，采取隔离等应急措施，防止水污染物进入水体，并向事故发生地的县级以上地方人民政府或者环境保护主管部门报告。环境保护主管部门接到报告后，应当及时向本级人民政府报告，并抄送有关部门。

6. 违法行为应承担的法律责任

1）违反排污许可管理的法律责任

《水污染防治法》规定，有下列行为之一的，由县级以上人民政府环境保护主管部门责令改正或者责令限制生产、停产整治，并处 10 万元以上 100 万元以下的罚款；情节严重的，报经有批准权的人民政府批准，责令停业、关闭：（1）未依法取得排污许可证排放水污染物的；（2）超过水污染物排放标准或者超过重点水污染物排放总量控制指标排放水污染物的；（3）利用渗井、渗坑、裂隙、溶洞，私设暗管，篡改、伪造监测数据，或者不正常运行水污染防治设施等逃避监管的方式排放水污染物的。

2）违反建设项目的水污染防治的法律责任

《水污染防治法》规定，有下列行为之一的，由县级以上地方人民政府环境保护主管部门责令停止违法行为，处 10 万元以上 50 万元以下的罚款；并报经有批准权的人民政府批准，责令拆除或者关闭：（1）在饮用水水源一级保护区内新建、改建、扩建与供水设施和保护水源无关的建设项目的；（2）在饮用水水源二级保护区内新建、改建、扩建排放污染物的建设项目的；（3）在饮用水水源准保护区内新建、扩建对水体污染严重的建设项目，或者改建建设项目增加排污量的。

3）违反水污染防治禁止事项和管理事项的法律责任

《水污染防治法》规定，有下列行为之一的，由县级以上地方人民政府环境保护主管部门责令停止违法行为，限期采取治理措施，消除污染，处以罚款；逾期不采取治理措施的，环境保护主管部门可以指定有治理能力的单位代为治理，所需费用由违法者承担：（1）向水体排放油类、酸液、碱液的；（2）向水体排放剧毒废液，或者将含有汞、镉、砷、铬、铅、氰化物、黄磷等的可溶性剧毒废渣向水体排放、倾倒或者直接埋入地下的；（3）在水体清洗装贮过油类、有毒污染物的车辆或者容器的；（4）向水体排放、倾倒工业废渣、城镇垃圾或者其他废弃物，或者在江河、湖泊、运河、渠道、水库最高水位线以下的滩地、岸坡堆放、存贮固体废弃物或者其他污染物的；（5）向水体排放、倾倒放射性固体废物或者含有高放射性、中放射性物质的废水的；（6）违反国家有关规定或者标准，向水体排放含低放射性物质的废水、热废水或者含病原体的污水的；（7）未采取防渗漏等措施，或者未建设地下水水质监测井进行监测的。

4）造成水污染事故的法律责任

企业事业单位违反法律规定，造成水污染事故的，除依法承担赔偿责任外，由县级以上人民政府环境保护主管部门依照规定处以罚款，责令限期采取治理措施，消除污染；未按照要求采取治理措施或者不具备治理能力的，由环境保护主管部门指定有治理能力的单位代为治理，所需费用由违法者承担；对造成重大或者特大水污染事故的，还可以报经有批准权的人民政府批准，责令关闭；对直接负责的主管人员和其他直接责任人员可以处上一年度从本单位取得的收入50%以下的罚款。

8.1.3 建设工程固体废物污染环境防治

1. 建设项目固体废物污染环境防治

建设产生、贮存、利用、处置固体废物的项目，应当依法进行环境影响评价，并遵守国家有关建设项目环境保护管理的规定。建设项目的环境影响评价文件确定需要配套建设的固体废物污染环境防治设施，应当与主体工程同时设计、同时施工、同时投入使用。建设项目的初步设计，应当按照环境保护设计规范的要求，将固体废物污染环境防治内容纳入环境影响评价文件，落实防治固体废物污染环境和破坏生态的措施以及固体废物污染环境防治设施投资概算。建设单位应当依照有关法律法规的规定，对配套建设的固体废物污染环境防治设施进行验收，编制验收报告，并向社会公开。

从事城市新区开发、旧区改建和住宅小区开发建设、村镇建设的单位，以及机场、码头、车站、公园、商场、体育场馆等公共设施、场所的经营管理单位，应当按照国家有关环境卫生的规定，配套建设生活垃圾收集设施。

在生态保护红线区域、永久基本农田集中区域和其他需要特别保护的区域内，禁止建设工业固体废物、危险废物集中贮存、利用、处置的设施、场所和生活垃圾填埋场。

2. 建筑垃圾污染防治

工程施工单位应当编制建筑垃圾处理方案，采取污染防治措施，并报县级以上地方人民政府环境卫生主管部门备案。工程施工单位应当及时清运工程施工过程中产生的建筑垃圾等固体废物，并按照环境卫生主管部门的规定进行利用或者处置。工程施工单位不得擅自倾倒、抛撒或者堆放工程施工过程中产生的建筑垃圾。县级以上地方人民政府环境卫生主管部门负责建筑垃圾污染环境防治工作，建立建筑垃圾全过程管理制度，规范建筑垃圾产生、收集、贮存、运输、利用、处置行为，推进综合利用，加强建筑垃圾处置设施、场所建设，保障处置安全，防止污染环境。

根据住房和城乡建设部《关于推进建筑垃圾减量化的指导意见》（建质〔2020〕46号），对于建筑垃圾污染防治进一步明确规定：（1）实行建筑垃圾分类管理。施工单位应建立建筑垃圾分类收集与存放管理制度，实行分类收集、分类存放、分类处置。鼓励以末端处置为导向对建筑垃圾进行细化分类。严禁将危险废物和生活垃圾混入建筑垃圾。（2）引导施工现场建筑垃圾再利用。施工单位应充分利用混凝土、钢筋、模板、珍珠岩保温材料等余料，在满足质量要求的前提下，根据实际需求加工制作成各类工程材料，实行循环利用。施工现场不具备就地利用条件的，应按规定及时转运到建筑垃圾处置场所进行资源化处置和再利用。（3）减少施工现场建筑垃圾排放。施工单位应实时统计并监控建筑垃圾产生量，及时采取针对性措施降低建筑垃圾排放量。鼓励采用现场泥沙分离、泥浆脱水预处理等工艺，减少工程渣土和工程泥浆排放。

3. 工业固体废物许可管理与污染防治

产生工业固体废物的单位应当取得排污许可证。产生工业固体废物的单位应当向所在地生态环境主管部门提供工业固体废物的种类、数量、流向、贮存、利用、处置等有关资料，以及减少工业固体废物产生、促进综合利用的具体措施，并执行排污许可管理制度的相关规定。产生工业固体废物的单位应当根据经济、技术条件对工业固体废物加以利用；对暂时不利用或者不能利用的，应当按照国务院生态环境等主管部门的规定建设贮存设施、场所，安全分类存放，或者采取无害化处置措施。贮存工业固体废物应当采取符合国家环境保护标准的防护措施。建设工业固体废物贮存、处置的设施、场所，应当符合国家环境保护标准。

矿山企业应当采取科学的开采方法和选矿工艺，减少尾矿、煤矸石、废石等矿业固体废物的产生量和贮存量。国家鼓励采取先进工艺对尾矿、煤矸石、废石等矿业固体废物进行综合利用。尾矿、煤矸石、废石等矿业固体废物贮存设施停止使用后，矿山企业应当按照国家有关环境保护等规定进行封场，防止造成环境污染和生态破坏。

4. 危险废物污染防治

1）设施、场所的建设规划。省、自治区、直辖市人民政府应当组织有关部门编制危险废物集中处置设施、场所的建设规划，科学评估危险废物处置需求，合理布局危险废物集中处置设施、场所，确保本行政区域的危险废物得到妥善处置。编制危险废物集中处置设施、场所的建设规划，应当征求有关行业协会、企业事业单位、专家和公众等方面的意见。

2）计划、台账管理与识别标志。产生危险废物的单位，应当按照国家有关规定制定危险废物管理计划；建立危险废物管理台账，如实记录有关信息，并通过国家危险废物信息管理系统向所在地生态环境主管部门申报危险废物的种类、产生量、流向、贮存、处置等有关资料。危险废物管理计划应当包括减少危险废物产生量和降低危险废物危害性的措施以及危险废物贮存、利用、处置措施。危险废物管理计划应当报产生危险废物的单位所在地生态环境主管部门备案。产生危险废物的单位已经取得排污许可证的，执行排污许可管理制度的规定。对危险废物的容器和包装物以及收集、贮存、运输、利用、处置危险废物的设施、场所，应当按照规定设置危险废物识别标志。

3）日常管理、运输及处置。收集、贮存危险废物，应当按照危险废物特性分类进行。禁止混合收集、贮存、运输、处置性质不相容而未经安全性处置的危险废物。贮存危险废物应当采取符合国家环境保护标准的防护措施。禁止将危险废物混入非危险废物中贮存。产生、收集、贮存、运输、利用、处置危险废物的单位，应当依法制定意外事故的防范措施和应急预案，并向所在地生态环境主管部门和其他负有固体废物污染环境防治监督管理职责的部门备案；生态环境主管部门和其他负有固体废物污染环境防治监督管理职责的部门应当进行检查。

4）事故与突发事件处理。因发生事故或者其他突发性事件，造成危险废物严重污染环境的单位，应当立即采取有效措施消除或者减轻对环境的污染危害，及时通报可能受到污染危害的单位和居民，并向所在地生态环境主管部门和有关部门报告，接受调查处理。

5. 违法行为应承担的法律责任
1）违反排污许可管理的法律责任

《固体废物污染环境防治法》规定，未依法取得排污许可证产生工业固体废物的，由生态环境主管部门责令改正或者限制生产、停产整治，处10万元以上100万元以下的罚款；情节严重的，报经有批准权的人民政府批准，责令停业或者关闭。

2）违反建筑垃圾污染防治的法律责任

工程施工单位未编制建筑垃圾处理方案报备案，或者未及时清运施工过程中产生的固体废物的，或者擅自倾倒、抛撒、堆放工程施工过程中产生的建筑垃圾，或者未按照规定对施工过程中产生的固体废物进行利用或者处置的，由县级以上地方人民政府环境卫生主管部门责令改正，处5万元以上50万元以下的罚款，没收违法所得。

3）违反一般固体废物、工业固体废物污染防治的法律责任

根据《固体废物污染环境防治法》，有下列行为之一，由生态环境主管部门责令改正，处以罚款，没收违法所得；情节严重的，报经有批准权的人民政府批准，可以责令停业或者关闭：（1）产生、收集、贮存、运输、利用、处置固体废物的单位未依法及时公开固体废物污染环境防治信息的；（2）生活垃圾处理单位未按照国家有关规定安装使用监测设备、实时监测污染物的排放情况并公开污染排放数据的；（3）将列入限期淘汰名录被淘汰的设备转让给他人使用的；（4）在生态保护红线区域、永久基本农田集中区域和其他需要特别保护的区域内，建设工业固体废物、危险废物集中贮存、利用、处置的设施、场所和生活垃圾填埋场的；（5）转移固体废物出省、自治区、直辖市行政区域贮存、处置未经批准的；（6）转移固体废物出省、自治区、直辖市行政区域利用未报备案的；（7）擅自倾倒、堆放、丢弃、遗撒工业固体废物，或者未采取相应防范措施，造成工业固体废物扬散、流失、渗漏或者其他环境污染的；（8）产生工业固体废物的单位未建立固体废物管理台账并如实记录的；（9）产生工业固体废物的单位违反本法规定委托他人运输、利用、处置工业固体废物的；（10）贮存工业固体废物未采取符合国家环境保护标准的防护措施的；（11）单位和其他生产经营者违反固体废物管理其他要求，污染环境、破坏生态的。

尾矿、煤矸石、废石等矿业固体废物贮存设施停止使用后，未按照国家有关环境保护规定进行封场的，由生态环境主管部门责令改正，处20万元以上100万元以下的罚款。

4）违反危险废物污染防治的法律责任

根据《固体废物污染环境防治法》规定，有下列行为之一，由生态环境主管部门责令改正，处以罚款，没收违法所得；情节严重的，报经有批准权的人民政府批准，可以责令停业或者关闭：（1）未按照规定设置危险废物识别标志的；（2）未按照国家有关规定制定危险废物管理计划或者申报危险废物有关资料的；（3）擅自倾倒、堆放危险废物的；（4）将危险废物提供或者委托给无许可证的单位或者其他生产经营者从事经营活动的；（5）未按照国家有关规定填写、运行危险废物转移联单或者未经批准擅自转移危险废物的；（6）未按照国家环境保护标准贮存、利用、处置危险废物或者将危险废物混入非危险废物中贮存的；（7）未经安全性处置，混合收集、贮存、运输、处置具有不相容性质的危险废物的；（8）将危险废物与旅客在同一运输工具上载运的；（9）未经消除污

染处理,将收集、贮存、运输、处置危险废物的场所、设施、设备和容器、包装物及其他物品转作他用的;(10)未采取相应防范措施,造成危险废物扬散、流失、渗漏或者其他环境污染的;(11)在运输过程中沿途丢弃、遗撒危险废物的;(12)未制定危险废物意外事故防范措施和应急预案的;(13)未按照国家有关规定建立危险废物管理台账并如实记录的。

5)造成污染环境事故的法律责任

违反《固体废物污染环境防治法》规定,造成固体废物污染环境事故的,除依法承担赔偿责任外,由生态环境主管部门依照规定处以罚款,责令限期采取治理措施;造成重大或者特大固体废物污染环境事故的,还可以报经有批准权的人民政府批准,责令关闭。

造成一般或者较大固体废物污染环境事故的,按照事故造成的直接经济损失的1倍以上3倍以下计算罚款;造成重大或者特大固体废物污染环境事故的,按照事故造成的直接经济损失的3倍以上5倍以下计算罚款,并对法定代表人、主要负责人、直接负责的主管人员和其他责任人员处上一年度从本单位取得的收入50%以下的罚款。

8.1.4 建设工程噪声污染防治

1. 声环境质量标准与噪声排放标准

国务院生态环境主管部门制定国家声环境质量标准。县级以上地方人民政府根据国家声环境质量标准和国土空间规划以及用地现状,划定本行政区域各类声环境质量标准的适用区域;将以用于居住、科学研究、医疗卫生、文化教育、机关团体办公、社会福利等的建筑物为主的区域,划定为噪声敏感建筑物集中区域,加强噪声污染防治。声环境质量标准适用区域范围和噪声敏感建筑物集中区域范围应当向社会公布。

国务院生态环境主管部门根据国家声环境质量标准和国家经济、技术条件,制定国家噪声排放标准以及相关的环境振动控制标准。省、自治区、直辖市人民政府对尚未制定国家噪声排放标准的,可以制定地方噪声排放标准;对已经制定国家噪声排放标准的,可以制定严于国家噪声排放标准的地方噪声排放标准。地方噪声排放标准应当报国务院生态环境主管部门备案。

2. 建设项目噪声污染防治

建设项目的噪声污染防治设施应当与主体工程同时设计、同时施工、同时投产使用。建设项目在投入生产或者使用之前,建设单位应当依照有关法律法规的规定,对配套建设的噪声污染防治设施进行验收,编制验收报告,并向社会公开。未经验收或者验收不合格的,该建设项目不得投入生产或者使用。

建设噪声敏感建筑物,应当符合民用建筑隔声设计相关标准要求,不符合标准要求的,不得通过验收、交付使用;在交通干线两侧、工业企业周边等地方建设噪声敏感建筑物,还应当按照规定间隔一定距离,并采取减少振动、降低噪声的措施。在噪声敏感建筑物集中区域,禁止新建排放噪声的工业企业,改建、扩建工业企业的,应当采取有效措施防止工业噪声污染。各级人民政府及其有关部门制定、修改国土空间规划和交通运输等相关规划,应当综合考虑公路、城市道路、铁路、城市轨道交通线路、水路、港口和民用机场及其起降航线对周围声环境的影响。新建公路、铁路线路选线设计,应当尽量避开噪声敏感建筑物集中区域。新建民用机场选址与噪声敏感建筑物集中区域的距离应当符合标准要求。民用机场所在地人民政府，应当根据环境影响评价以及监测结果确定的民用航空器噪声对机场周围生活环境产生影响的范围和程度，划定噪声敏感建筑物禁止建设区域和限制建设区域，并实施控制；在禁止建设区域禁止新建与航空无关的噪声敏感建筑物；在限制建设区域确需建设噪声敏感建筑物的，建设单位应当对噪声敏感建筑物进行建筑隔声设计，符合民用建筑隔声设计相关标准要求。

3. 建筑施工噪声污染防治

建筑施工噪声，是指在建筑施工过程中产生的干扰周围生活环境的声音。建设单位应当按照规定将噪声污染防治费用列入工程造价，在施工合同中明确施工单位的噪声污染防治责任。施工单位应当按照规定制定噪声污染防治实施方案，采取有效措施，减少振动、降低噪声。建设单位应当监督施工单位落实噪声污染防治实施方案。在噪声敏感建筑物集中区域施工作业，应当优先使用低噪声施工工艺和设备。国务院工业和信息化主管部门会同国务院生态环境、住房和城乡建设、市场监督管理等部门，公布低噪声施工设备指导名录并适时更新。

新建、改建、扩建经过噪声敏感建筑物集中区域的高速公路、城市高架、铁路和城市轨道交通线路等的，建设单位应当在可能造成噪声污染的重点路段设置声屏障或者采取其他减少振动、降低噪声的措施，符合有关交通基础设施工程技术规范以及标准要求。在噪声敏感建筑物集中区域施工作业，建设单位应当按照国家规定，设置噪声自动监测系统，与监督管理部门联网，保存原始监测记录，对监测数据的真实性和准确性负责。

在噪声敏感建筑物集中区域，禁止夜间进行产生噪声的建筑施工作业，但抢修、抢险施工作业，因生产工艺要求或者其他特殊需要必须连续施工作业的除外。因特殊需要必须连续施工作业的，应当取得地方人民政府住房和城乡建设、生态环境主管部门或者地方人民政府指定的部门的证明，并在施工现场显著位置公示或者以其他方式公告附近居民。对已竣工交付使用的住宅楼、商铺、办公楼等建筑物进行室内装修活动，应当按照规定限定作业时间，采取有效措施，防止、减轻噪声污染。

4. 交通运输噪声污染防治

交通运输噪声，是指机动车、铁路机车车辆、城市轨道交通车辆、机动船舶、航空器等交通运输工具在运行时产生的干扰周围生活环境的声音。机动车的消声器和喇叭应当符合国家规定。禁止驾驶拆除或者损坏消声器、加装排气管等擅自改装的机动车以轰鸣、疾驶等方式造成噪声污染。机动车应当加强维修和保养，保持性能良好，防止噪声污染。机动车、铁路机车车辆、城市轨道交通车辆、机动船舶等交通运输工具运行时，应当按照规定使用喇叭等声响装置。消防救援车、工程救险车等机动车安装、使用警报器，应当符合国务院公安等部门的规定；非执行紧急任务，不得使用警报器。

5. 违法行为应承担的法律责任

1）违反建设项目噪声污染防治的法律责任

根据《噪声污染防治法》规定，建设单位建设噪声敏感建筑物不符合民用建筑隔声设计相关标准要求的，由县级以上地方人民政府住房和城乡建设主管部门责令改正，处建设工程合同价款 2% 以上 4% 以下的罚款。建设单位在噪声敏感建筑物禁止建设区域新建与航空无关的噪声敏感建筑物的,由地方人民政府指定的部门责令停止违法行为,处建设工程合同价款2%以上10%以下的罚款,并报经有批准权的人民政府批准,责令拆除。在噪声敏感建筑物集中区域改建、扩建工业企业,未采取有效措施防止工业噪声污染的,由生态环境主管部门责令改正,处10万元以上50万元以下的罚款;拒不改正的,报经有批准权的人民政府批准,责令关闭。

2)违反建筑施工噪声污染防治的法律责任

根据《噪声污染防治法》,建设单位、施工单位有下列行为之一,由工程所在地人民政府指定的部门责令改正,处1万元以上10万元以下的罚款;拒不改正的,可以责令暂停施工:(1)超过噪声排放标准排放建筑施工噪声的;(2)未按照规定取得证明,在噪声敏感建筑物集中区域夜间进行产生噪声的建筑施工作业的。违反该法规定,有下列行为之一,由工程所在地人民政府指定的部门责令改正,处5000元以上5万元以下的罚款;拒不改正的,处5万元以上20万元以下的罚款:(1)建设单位未按照规定将噪声污染防治费用列入工程造价的;(2)施工单位未按照规定制定噪声污染防治实施方案,或者未采取有效措施减少振动、降低噪声的;(3)在噪声敏感建筑物集中区域施工作业的建设单位未按照国家规定设置噪声自动监测系统,未与监督管理部门联网,或者未保存原始监测记录的;(4)因特殊需要必须连续施工作业,建设单位未按照规定公告附近居民的。

3)违反交通运输噪声污染防治的法律责任

驾驶拆除或者损坏消声器、加装排气管等擅自改装的机动车轰鸣、疾驶,机动车运行时未按照规定使用声响装置,或者违反禁止机动车行驶和使用声响装置的路段和时间规定的,由县级以上地方人民政府公安机关交通管理部门依照有关道路交通安全的法律法规处罚。铁路机车车辆、城市轨道交通车辆、机动船舶等交通运输工具运行时未按照规定使用声响装置的,由交通运输、铁路监督管理、海事等部门或者地方人民政府指定的城市轨道交通有关部门按照职责责令改正,处5000元以上1万元以下的罚款。

4)噪声纠纷的处理

根据《噪声污染防治法》,受到噪声侵害的单位和个人,有权要求侵权人依法承担民事责任。对赔偿责任和赔偿金额纠纷,可以根据当事人的请求,由相应的负有噪声污染防治监督管理职责的部门、人民调解委员会调解处理。国家鼓励排放噪声的单位、个人和公共场所管理者与受到噪声侵害的单位和个人友好协商,通过调整生产经营时间、施工作业时间,采取减少振动、降低噪声措施,支付补偿金、异地安置等方式,妥善解决噪声纠纷。违反该法规定,产生社会生活噪声,经劝阻、调解和处理未能制止,持续干扰他人正常生活、工作和学习,或者有其他扰乱公共秩序、妨害社会管理等违反治安管理行为的,由公安机关依法给予治安管理处罚。构成犯罪的,依法追究刑事责任。

8.2 施工中历史文化遗产保护制度

我国历史悠久,丰富的历史文化遗产是中华民族和全人类的宝贵财富。我国重视历史文化遗产的保护，相继制定发布或修订了有关历史文化遗产保护的相关法律法规，如《文物保护法》《文物保护法实施条例》《水下文物保护管理条例》《历史文化名城名镇名村保护条例》等。

8.2.1 受法律保护的各类历史文化遗产范围

1. 文物的保护

1）受国家保护的文物。根据《文物保护法》第2条，在中华人民共和国境内，下列文物受国家保护：（1）具有历史、艺术、科学价值的古文化遗址、古墓葬、古建筑、石窟寺和石刻、壁画；（2）与重大历史事件、革命运动或者著名人物有关的以及具有重要纪念意义、教育意义或者史料价值的近代现代重要史迹、实物、代表性建筑；（3）历史上各时代珍贵的艺术品、工艺美术品；（4）历史上各时代重要的文献资料以及具有历史、艺术、科学价值的手稿和图书资料等；（5）反映历史上各时代、各民族社会制度、社会生产、社会生活的代表性实物。文物认定的标准和办法由国务院文物行政部门制定，并报国务院批准。具有科学价值的古脊椎动物化石和古人类化石同文物一样受国家保护。

2）国家所有的文物。根据《文物保护法》，中华人民共和国境内地下、内水和领海中遗存的一切文物，属于国家所有。古文化遗址、古墓葬、石窟寺属于国家所有。国家指定保护的纪念建筑物、古建筑、石刻、壁画、近代现代代表性建筑等不可移动文物，除国家另有规定的以外，属于国家所有。国有不可移动文物的所有权不因其所依附的土地所有权或者使用权的改变而改变。下列可移动文物，属于国家所有：（1）中国境内出土的文物，国家另有规定的除外；（2）国有文物收藏单位以及其他国家机关、部队和国有企业、事业组织等收藏、保管的文物；（3）国家征集、购买的文物；（4）公民、法人和其他组织捐赠给国家的文物；（5）法律规定属于国家所有的其他文物。属于国家所有的可移动文物的所有权不因其保管、收藏单位的终止或者变更而改变。国有文物所有权受法律保护，不容侵犯。

3）集体所有和私人所有的文物。属于集体所有和私人所有的纪念建筑物、古建筑和祖传文物以及依法取得的其他文物，其所有权受法律保护。文物的所有者必须遵守国家有关文物保护的法律、法规的规定。

2. 水下文物的保护

根据《水下文物保护管理条例》第2条，水下文物，是指遗存于下列水域的具有历史、艺术和科学价值的人类文化遗产：（1）遗存于中国内水、领海内的一切起源于中国的、起源国不明的和起源于外国的文物；（2）遗存于中国领海以外依照中国法律由中国管辖的其他海域内的起源于中国的和起源国不明的文物；（3）遗存于外国领海以外的其他管辖海域以及公海区域内的起源于中国的文物。前述规定内容不包括1911年以后的与重大历史事件、革命运动以及著名人物无关的水下遗存。

关于水下文物的所有权，上述第（1）项、第（2）项所规定的水下文物属于国家所有，国家对其行使管辖权。第（3）项所规定的水下文物，遗存于外国领海以外的其他管辖海域以及公海区域内的起源国不明的文物，国家享有辨认器物物主的权利。

3. 历史文化名城名镇名村的保护

根据《文物保护法》，保存文物特别丰富并且具有重大历史价值或者革命纪念意义的城市，由国务院核定公布为历史文化名城。保存文物特别丰富并且具有重大历史价值或者革命纪念意义的城镇、街道、村庄，由省、自治区、直辖市人民政府核定公布为历史文化街区、村镇，并报国务院备案。历史文化名城和历史文化街区、村镇所在地的县级以上地方人民政府应当组织编制专门的历史文化名城和历史文化街区、村镇保护规划，并纳入城市总体规划。

根据《历史文化名城名镇名村保护条例》，具备下列条件的城市、镇、村庄，可以申报历史文化名城、名镇、名村：（1）保存文物特别丰富；（2）历史建筑集中成片；（3）保留着传统格局和历史风貌；（4）历史上曾经作为政治、经济、文化、交通中心或者军事要地，或者发生过重要历史事件，或者其传统产业、历史上建设的重大工程对本地区的发展产生过重要影响，或者能够集中反映本地区建筑的文化特色、民族特色。

申报历史文化名城的，在所申报的历史文化名城保护范围内还应当有 2 个以上的历史文化街区。

8.2.2 在各类历史文化遗产保护范围和建设控制地带施工、施工发现文物报告和保护

1. 在文物保护单位保护范围内和建设控制地带内进行工程建设的要求

1）规划与选址

各级人民政府制定城乡建设规划，应当根据文物保护的需要，事先由城乡建设规划部门会同文物行政部门商定对本行政区域内各级文物保护单位的保护措施，并纳入规划。建设工程选址，应当尽可能避开不可移动文物；因特殊情况不能避开的，对文物保护单位应当尽可能实施原址保护。

2）在文物保护单位保护范围内进行建设工程的要求

文物保护单位的保护范围，是指对文物保护单位本体及周围一定范围实施重点保护的区域。文物保护单位的保护范围，应当根据文物保护单位的类别、规模、内容以及周围环境的历史和现实情况合理划定，并在文物保护单位本体之外保持一定的安全距离，确保文物保护单位的真实性和完整性。

文物保护单位的保护范围内不得进行其他建设工程或者爆破、钻探、挖掘等作业。但是，因特殊情况需要在文物保护单位的保护范围内进行其他建设工程或者爆破、钻探、挖掘等作业的，必须保证文物保护单位的安全，并经核定公布该文物保护单位的人民政府批准，在批准前应当征得上一级人民政府文物行政部门同意；在全国重点文物保护单位的保护范围内进行其他建设工程或者爆破、钻探、挖掘等作业的，必须经省、自治区、直辖市人民政府批准，在批准前应当征得国务院文物行政部门同意。

3）在文物保护单位的建设控制地带内进行建设工程的要求

文物保护单位的建设控制地带，是指在文物保护单位的保护范围外，为保护文物保护单位的安全、环境、历史风貌对建设项目加以限制的区域。文物保护单位的建设控制地带，应当根据文物保护单位的类别、规模、内容以及周围环境的历史和现实情况合理划定。

在文物保护单位的建设控制地带内进行建设工程，不得破坏文物保护单位的历史风貌；工程设计方案应当根据文物保护单位的级别，经相应的文物行政部门同意后，报城乡建设规划部门批准。

2. 在历史文化名城名镇名村保护范围内进行工程建设的要求

1）保护规划

历史文化名城批准公布后，历史文化名城人民政府应当组织编制历史文化名城保护规划。历史文化名镇、名村批准公布后，所在地县级人民政府应当组织编制历史文化名镇、名村保护规划。保护规划应当自历史文化名城、名镇、名村批准公布之日起1年内编制完成。历史文化名城、名镇保护规划的规划期限应当与城市、镇总体规划的规划期限相一致；历史文化名村保护规划的规划期限应当与村庄规划的规划期限相一致。在历史文化名城、名镇、名村保护范围内从事建设活动，应当符合保护规划的要求，不得损害历史文化遗产的真实性和完整性，不得对其传统格局和历史风貌构成破坏性影响。

2）保护范围内的禁止性规定

根据《历史文化名城名镇名村保护条例》，在历史文化名城、名镇、名村保护范围内禁止进行下列活动：（1）开山、采石、开矿等破坏传统格局和历史风貌的活动；（2）占用保护规划确定保留的园林绿地、河湖水系、道路等；（3）修建生产、储存爆炸性、易燃性、放射性、毒害性、腐蚀性物品的工厂、仓库等；（4）在历史建筑上刻划、涂污。

3）保护范围内从事工程建设等有关活动的要求

在历史文化名城、名镇、名村保护范围内进行下列活动，应当保护其传统格局、历史风貌和历史建筑；制订保护方案，并依照有关法律、法规的规定办理相关手续：（1）改变园林绿地、河湖水系等自然状态的活动；（2）在核心保护范围内进行影视摄制、举办大型群众性活动；（3）其他影响传统格局、历史风貌或者历史建筑的活动。

在历史文化街区、名镇、名村核心保护范围内，不得进行新建、扩建活动。但是，新建、扩建必要的基础设施和公共服务设施除外。在历史文化街区、名镇、名村核心保护范围内，新建、扩建必要的基础设施和公共服务设施的，城市、县人民政府城乡规划主管部门核发建设工程规划许可证、乡村建设规划许可证前，应当征求同级文物主管部门的意见。在历史文化街区、名镇、名村核心保护范围内，拆除历史建筑以外的建筑物、构筑物或者其他设施的，应当经城市、县人民政府城乡规划主管部门会同同级文物主管部门批准。

城市、县人民政府应当在历史文化街区、名镇、名村核心保护范围的主要出入口设置标志牌。任何单位和个人不得擅自设置、移动、涂改或者损毁标志牌。

4）对历史建筑的保护

城市、县人民政府应当对历史建筑设置保护标志，建立历史建筑档案。历史建筑档案应当包括下列内容：（1）建筑艺术特征、历史特征、建设年代及稀有程度；（2）建筑的有关技术资料；（3）建筑的使用现状和权属变化情况；（4）建筑的修缮、装饰装修过程中形成的文字、图纸、图片、影像等资料；（5）建筑的测绘信息记录和相关资料。

历史建筑的所有权人应当按照保护规划的要求，负责历史建筑的维护和修缮。县级以上地方人民政府可以从保护资金中对历史建筑的维护和修缮给予补助。历史建筑有损毁危险，所有权人不具备维护和修缮能力的，当地人民政府应当采取措施进行保护。任何单位或者个人不得损坏或者擅自迁移、拆除历史建筑。

3. 违法行为应承担的法律责任

1）盗掘、毁损、倒卖、走私、盗窃、哄抢、私分、侵占文物等违法犯罪行为承担的法律责任

根据《文物保护法》，有下列行为之一，构成犯罪的，依法追究刑事责任：（1）盗掘古文化遗址、古墓葬的；（2）故意或者过失损毁国家保护的珍贵文物的；（3）擅自将国有馆藏文物出售或者私自送给非国有单位或者个人的；（4）将国家禁止出境的珍贵文物私自出售或者送给外国人的；（5）以牟利为目的倒卖国家禁止经营的文物的；（6）走私文物的；（7）盗窃、哄抢、私分或者非法侵占国有文物的；（8）应当追究刑事责任的其他妨害文物管理行为。

违反《文物保护法》规定，造成文物灭失、损毁的，依法承担民事责任。构成违反治安管理行为的，由公安机关依法给予治安管理处罚。构成走私行为，尚不构成犯罪的，由海关依照有关法律、行政法规的规定给予处罚。

2）在文物保护单位的保护范围内或建设控制地带内进行建设工程违法行为承担的法律责任

根据《文物保护法》，有下列行为之一，尚不构成犯罪的，由县级以上人民政府文物主管部门责令改正，造成严重后果的，处5万元以上50万元以下的罚款；情节严重的，由原发证机关吊销资质证书：（1）擅自在文物保护单位的保护范围内进行建设工程或者爆破、钻探、挖掘等作业的；（2）在文物保护单位的建设控制地带内进行建设工程，其工程设计方案未经文物行政部门同意、报城乡建设规划部门批准，对文物保护单位的历史风貌造成破坏的；（3）擅自迁移、拆除不可移动文物的；（4）擅自修缮不可移动文物，明显改变文物原状的；（5）擅自在原址重建已全部毁坏的不可移动文物，造成文物破坏的；（6）施工单位未取得文物保护工程资质证书，擅自从事文物修缮、迁移、重建的。

刻划、涂污或者损坏文物尚不严重的，或者损毁依照《文物保护法》规定设立的文物保护单位标志的，由公安机关或者文物所在单位给予警告，可以并处罚款。

在文物保护单位的保护范围内或者建设控制地带内建设污染文物保护单位及其环境的设施的，或者对已有的污染文物保护单位及其环境的设施未在规定的期限内完成治理的，由环境保护行政部门依照有关法律、法规的规定给予处罚。

3）发现文物不报或拒不上交等违法行为承担的法律责任

根据《文物保护法》，有下列行为之一，尚不构成犯罪的，由县级以上人民政府文物主管部门会同公安机关追缴文物；情节严重的，处5000元以上5万元以下的罚款：（1）发现文物隐匿不报或者拒不上交的；（2）未按照规定移交拣选文物的。

4）违反水下文物保护应承担的法律责任

根据《水下文物保护管理条例》，有下列行为之一的，由县级以上人民政府文物主管部门或者海上执法机关按照职责分工责令改正，追缴有关文物，并给予警告；有违法

所得的，没收违法所得，违法经营额 10 万元以上的，并处违法经营额 5 倍以上 15 倍以下的罚款，违法经营额不足 10 万元的，并处 10 万元以上 100 万元以下的罚款；情节严重的，由原发证机关吊销资质证书，10 年内不受理其相应申请：（1）未经批准进行水下文物的考古调查、勘探、发掘活动；（2）考古调查、勘探、发掘活动结束后，不按照规定移交有关实物或者提交有关资料；（3）未事先报请有关主管部门组织进行考古调查、勘探，在中国管辖水域内进行大型基本建设工程；（4）发现水下文物后未及时报告。

5）违反历史文化名城名镇名村保护应承担的法律责任

根据《历史文化名城名镇名村保护条例》，在历史文化名城、名镇、名村保护范围内有下列行为之一的，由城市、县人民政府城乡规划主管部门责令停止违法行为、限期恢复原状或者采取其他补救措施；有违法所得的，没收违法所得；逾期不恢复原状或者不采取其他补救措施的，城乡规划主管部门可以指定有能力的单位代为恢复原状或者采取其他补救措施，所需费用由违法者承担；造成严重后果的，对单位并处 50 万元以上 100 万元以下的罚款，对个人并处 5 万元以上 10 万元以下的罚款；造成损失的，依法承担赔偿责任：（1）开山、采石、开矿等破坏传统格局和历史风貌的；（2）占用保护规划确定保留的园林绿地、河湖水系、道路等的；（3）修建生产、储存爆炸性、易燃性、放射性、毒害性、腐蚀性物品的工厂、仓库等的。

6）违反历史建筑保护应承担的法律责任

根据《历史文化名城名镇名村保护条例》，未经城乡规划主管部门会同同级文物主管部门批准，有下列行为之一的，由城市、县人民政府城乡规划主管部门责令停止违法行为、限期恢复原状或者采取其他补救措施；有违法所得的，没收违法所得；逾期不恢复原状或者不采取其他补救措施的，城乡规划主管部门可以指定有能力的单位代为恢复原状或者采取其他补救措施，所需费用由违法者承担；造成严重后果的，对单位并处 5 万元以上 10 万元以下的罚款，对个人并处 1 万元以上 5 万元以下的罚款；造成损失的，依法承担赔偿责任：（1）拆除历史建筑以外的建筑物、构筑物或者其他设施的；（2）对历史建筑进行外部修缮装饰、添加设施以及改变历史建筑的结构或者使用性质的。

损坏或者擅自迁移、拆除历史建筑的，由城市、县人民政府城乡规划主管部门责令停止违法行为、限期恢复原状或者采取其他补救措施；有违法所得的，没收违法所得；逾期不恢复原状或者不采取其他补救措施的，城乡规划主管部门可以指定有能力的单位代为恢复原状或者采取其他补救措施，所需费用由违法者承担；造成严重后果的，对单位并处 20 万元以上 50 万元以下的罚款，对个人并处 10 万元以上 20 万元以下的罚款；造成损失的，依法承担赔偿责任。

在历史建筑上刻划、涂污的，由城市、县人民政府城乡规划主管部门责令恢复原状或者采取其他补救措施，处 50 元的罚款。

第 9 章 建设工程劳动保障法律制度

9.1 劳动合同制度

第9章
看本章精讲课
配套章节自测

《劳动法》规定，劳动合同是劳动者与用人单位确立劳动关系、明确双方权利和义务的协议。建立劳动关系应当订立劳动合同。

为了完善劳动合同制度，明确劳动合同双方当事人的权利和义务，保护劳动者的合法权益，《劳动法》规定了劳动合同和集体合同，《劳动合同法》进一步规定了劳动合同的订立、履行和变更、解除和终止、特别规定以及监督检查等内容。

9.1.1 劳动合同订立

劳动合同订立是指用人单位和劳动者经过相互选择、平等协商，就劳动合同条款达成协议，从而确立劳动关系和明确双方相互权利义务的法律行为。

人力资源和社会保障部办公厅《电子劳动合同订立指引》（人社厅发〔2021〕54号）规定，依法订立的电子劳动合同具有法律效力，用人单位与劳动者应当按照电子劳动合同的约定，全面履行各自的义务。鼓励用人单位和劳动者使用政府发布的劳动合同示范文本订立电子劳动合同。

1. 劳动合同订立的原则

劳动合同主体的特定性、内容的法定性以及持续性的存续状态，使其具有独有的特征。但是，劳动合同仍然具有合同的一般特性，所以，劳动合同的订立也应当遵循合同订立的一般要求。

《劳动法》规定，订立和变更劳动合同，应当遵循平等自愿、协商一致的原则，不得违反法律、行政法规的规定。《劳动合同法》进一步规定，订立劳动合同，应当遵循合法、公平、平等自愿、协商一致、诚实信用的原则。其中合法的原则主要包括劳动合同的主体合法、形式合法和内容合法三个方面。

2. 劳动合同的分类

根据不同的分类标准可以把劳动合同分为不同的类型。常用的三种分类具体如下：

1）按照就业方式划分

按照就业方式的不同，劳动合同可以分为全日制劳动合同和非全日制劳动合同。

（1）全日制劳动合同

全日制劳动合同是劳动者依照国家法定工作时间，从事全日制劳动而订立的劳动合同，是传统就业的主要方式。现行《劳动合同法》的一般规定主要是以全日制劳动合同为对象。

（2）非全日制劳动合同

非全日制劳动合同是基于非全日制用工而订立的劳动合同。根据《劳动合同法》，集体合同、劳务派遣与非全日制用工是劳动用工的三种特别形式。

《劳动合同法》规定，非全日制用工，是指以小时计酬为主，劳动者在同一用人单位一般平均每日工作时间不超过4小时，每周工作时间累计不超过24小时的用工形式。

非全日制用工满足了灵活用工的客观需求，有利于用人单位得用工成本，也促进了下岗职工的再就业，从而缓解劳动力市场供求失衡的矛盾。

2）按照劳动合同的期限划分

劳动合同的期限是指劳动合同的有效时间，是劳动关系当事人双方享有权利和履行义务的时间，始于劳动合同的生效，终于劳动合同的终止。所以，是劳动关系有效存续的期限。

《劳动合同法》规定，劳动合同分为固定期限劳动合同、无固定期限劳动合同和以完成一定工作任务为期限的劳动合同。

（1）固定期限劳动合同

固定期限劳动合同，也称为定期劳动合同。《劳动合同法》规定，固定期限劳动合同，是指用人单位与劳动者约定合同终止时间的劳动合同。用人单位与劳动者协商一致，可以订立固定期限劳动合同。

固定期限劳动合同中用人单位与劳动者在合同中明确约定了劳动合同有效的起止日期，合同约定的期限届满，合同即告终止。实践中，固定期限劳动合同较为普遍，既能保持劳动关系相对稳定，又能促进劳动力的合理流动。

（2）无固定期限劳动合同

无固定期限劳动合同，也称不定期劳动合同。《劳动合同法》规定，无固定期限劳动合同，是指用人单位与劳动者约定无确定终止时间的劳动合同。用人单位与劳动者协商一致，可以订立无固定期限劳动合同。

无固定期限劳动合同中用人单位与劳动者没有确定终止时间，此类劳动合同适用于技术性较强且需要持续进行工作，长期保持人员稳定的工作岗位。

具有下列情形之一，劳动者提出或者同意续订、订立劳动合同的，除劳动者提出订立固定期限劳动合同外，应当订立无固定期限劳动合同：① 劳动者在该用人单位连续工作满10年的；② 用人单位初次实行劳动合同制度或者国有企业改制重新订立劳动合同时，劳动者在该用人单位连续工作满10年且距法定退休年龄不足10年的；③ 连续订立二次固定期限劳动合同，且劳动者没有《劳动合同法》第39条和第40条第1项、第2项规定的情形，续订劳动合同的。

用人单位自用工之日起满1年不与劳动者订立书面劳动合同的，视为用人单位与劳动者已订立无固定期限劳动合同。

（3）以完成一定工作任务为期限的劳动合同

《劳动合同法》规定，以完成一定工作任务为期限的劳动合同，是指用人单位与劳动者约定以某项工作的完成为合同期限的劳动合同。用人单位与劳动者协商一致，可以订立以完成一定工作任务为期限的劳动合同。

以完成一定工作任务为期限的劳动合同主要适用于完成单项工作任务、季节性等原因临时用工等不特定情形。

3)按照劳动合同主体的数量划分

按照劳动合同主体的数量,劳动合同可以分为个人劳动合同和集体劳动合同两类。

个人劳动合同,是指由单个的劳动者本人与用人单位依法订立的劳动合同,合同主体一方为单一或者唯一劳动主体,是劳动合同的主流形态。

集体劳动合同的主体一方为多个劳动者。《劳动法》规定,企业职工一方与企业可以就劳动报酬、工作时间、休息休假、劳动安全卫生、保险福利等事项,签订集体合同。《劳动合同法》规定,企业职工一方与用人单位通过平等协商,可以就劳动报酬、工作时间、休息休假、劳动安全卫生、保险福利等事项订立集体合同。

3. 劳动合同的形式和内容

1)劳动合同的形式

(1)订立书面劳动合同

劳动合同订立的形式是指劳动合同依法成立的外在表现方式。《劳动法》与《劳动合同法》明确规定,劳动合同应当以书面形式订立。

实践中,口头合同对于劳动者权益的确定和保护不利,所以法律规定要求书面形式。为了全面推行劳动合同书面形式,并确保维护劳动者的合法权益,《劳动合同法》对书面劳动合同的要求还规定了具体的处罚措施。

《劳动合同法》规定,用人单位自用工之日起即与劳动者建立劳动关系。已建立劳动关系,未同时订立书面劳动合同的,应当自用工之日起1个月内订立书面劳动合同。用人单位与劳动者在用工前订立劳动合同的,劳动关系自用工之日起建立。

在客观事实和时间上,劳动关系的存在与劳动合同的订立有时并不必然一致。劳动合同的签订与用工事实可能同时发生,也可能有时间差。上述规定也表明劳动关系的存在,并不以书面劳动合同的订立为条件,而是以客观存在的用工事实为条件。所以,如果只签订了书面劳动合同而没有用工事实,劳动关系也并未建立。

(2)例外情形的口头协议

《劳动合同法》规定,非全日制用工双方当事人可以订立口头协议。

口头合同表达便捷、成本低,考虑到非全日制用工临时性、灵活性的特点,其劳动关系存续时间短,或者劳动关系并不连续,如果勉强要求签订书面劳动合同,既不现实也无必要。因此,《劳动合同法》作出特别规定,允许非全日制用工"可以"订立口头劳动合同,并非必须是口头劳动合同。如果条件允许,应当鼓励用人单位订立书面劳动合同。

2)劳动合同的内容

劳动合同的内容是指劳动合同所包含的所有条款,也就是双方当事人之间的所有的权利义务,是双方当事人之间劳动法律关系的具体体现。

《劳动法》和《劳动合同法》先后分别规定了劳动合同的内容,总体来看,都由必备条款和约定条款两部分组成,这两部分也被称为法定内容和约定内容。

(1)劳动合同的必备条款

劳动合同的必备条款是指《劳动法》和《劳动合同法》要求劳动合同必须具备的条款。《劳动合同法》在总结《劳动法》实施以来利弊得失的基础上,对《劳动法》规定的必备条款进行补充和修正,体现了社会法的属性。

《劳动合同法》规定，劳动合同应当具备以下条款：① 用人单位的名称、住所和法定代表人或者主要负责人；② 劳动者的姓名、住址和居民身份证或者其他有效身份证件号码；③ 劳动合同期限；④ 工作内容和工作地点；⑤ 工作时间和休息休假；⑥ 劳动报酬；⑦ 社会保险；⑧ 劳动保护、劳动条件和职业危害防护；⑨ 法律、法规规定应当纳入劳动合同的其他事项。

（2）劳动合同的约定条款

《劳动合同法》规定，劳动合同除上述规定的必备条款外，用人单位与劳动者可以约定试用期、培训、保守秘密、补充保险和福利待遇等其他事项。

劳动合同的试用期是一个重要的约定条款。试用期是指用人单位与劳动者约定彼此互相衡量以确定是否继续履行劳动合同的期限。劳动者和用人单位双方在不违背劳动合同法的强制性规定的前提下可以在劳动合同中约定试用期的期限。

《劳动合同法》规定，劳动合同期限3个月以上不满1年的，试用期不得超过1个月；劳动合同期限1年以上不满3年的，试用期不得超过2个月；3年以上固定期限和无固定期限的劳动合同，试用期不得超过6个月。同一用人单位与同一劳动者只能约定一次试用期。

以完成一定工作任务为期限的劳动合同或者劳动合同期限不满3个月的，不得约定试用期。

试用期包含在劳动合同期限内。劳动合同仅约定试用期的，试用期不成立，该期限为劳动合同期限。非全日制用工双方当事人不得约定试用期。

4. 劳动合同订立时双方主体的义务

（1）如实告知的义务

为了劳动合同订立得适当可靠，以及合同订立后顺利履行，双方当事人都有义务如实告知对方自己的必要信息，即一方对另一方都享有一定的知情权。《劳动合同法》规定，用人单位招用劳动者时，应当如实告知劳动者工作内容、工作条件、工作地点、职业危害、安全生产状况、劳动报酬，以及劳动者要求了解的其他情况；用人单位有权了解劳动者与劳动合同直接相关的基本情况，劳动者应当如实说明。

双方当事人了解对方的必要信息不仅有利于劳动合同的具体实现，还关系劳动者在劳动中的生命健康以及劳动待遇等问题。

（2）用人单位不得扣押劳动者有效证件或要求劳动者提供担保的义务

实践中，时常发生用人单位要求劳动者提供金钱担保、提供担保人，甚至扣押劳动者身份证或者职业资格证书等现象，这也违反了平等自愿的原则。

《劳动合同法》规定，用人单位招用劳动者，不得扣押劳动者的居民身份证和其他证件，不得要求劳动者提供担保或者以其他名义向劳动者收取财物。

5. 劳动合同的效力

1）劳动合同的生效

《劳动合同法》规定，劳动合同由用人单位与劳动者协商一致，并经用人单位与劳动者在劳动合同文本上签字或者盖章生效。劳动合同文本由用人单位和劳动者各执一份。

确定劳动合同生效时间的重要意义是确认劳动法律关系的存在，确定劳动合同对双方当事人发生约束力的时间。

2）劳动合同的无效或者部分无效

（1）劳动合同无效或者部分无效的法定情形

《劳动合同法》第 26 条规定，下列劳动合同无效或者部分无效：① 以欺诈、胁迫的手段或者乘人之危，使对方在违背真实意思的情况下订立或者变更劳动合同的；② 用人单位免除自己的法定责任、排除劳动者权利的；③ 违反法律、行政法规强制性规定的。

（2）劳动合同无效或者部分无效的确认与法律后果

关于确认，《劳动合同法》规定，对劳动合同的无效或者部分无效有争议的，由劳动争议仲裁机构或者人民法院确认。劳动合同部分无效，不影响其他部分效力的，其他部分仍然有效。

关于法律后果，首先，劳动合同被确认无效，劳动者已付出劳动的，用人单位应当向劳动者支付劳动报酬。劳动报酬的数额，参照本单位相同或者相近岗位劳动者的劳动报酬确定。其次，劳动合同依照《劳动合同法》第 26 条规定被确认无效，给对方造成损害的，有过错的一方应当承担赔偿责任。

9.1.2　劳动合同的履行、变更、解除和终止

1. 劳动合同的履行

劳动合同的履行，是劳动合同的双方当事人依照劳动合同的约定，完成各自所应承担的义务，实现劳动合同约定的各自权利的行为。

1）劳动合同履行的原则

（1）全面履行原则

全面履行是所有合同履行的共同原则，是合同目的的完美体现。《劳动法》规定，劳动合同依法订立即具有法律约束力，当事人必须履行劳动合同规定的义务。用人单位与劳动者应当按照劳动合同的约定，全面履行各自的义务。

（2）亲自履行原则

亲自履行原则是劳动合同的双方当事人必须亲自完成合同约定的义务，未经对方同意，一方当事人不得让他人代替履行义务。由于劳动力具有人身属性，劳动关系就是具有人身性质的社会关系，该特点决定了劳动合同的亲自履行原则。

（3）禁止强迫劳动原则

劳动自愿是劳动的基本原则，也是劳动者的基本权利。禁止强迫劳动是保护劳动者人权的体现。《劳动合同法》规定，劳动者拒绝用人单位管理人员违章指挥、强令冒险作业的，不视为违反劳动合同。用人单位以暴力胁迫或者非法限制人身自由的手段，强迫劳动者劳动的，或者用人单位违章指挥强令冒险作业危及劳动者人身安全的，劳动者可以立即解除劳动合同，不需要事先告知用人单位。

2）用人单位的主要义务

（1）依法支付劳动报酬

《劳动合同法》规定，用人单位应当按照劳动合同约定和国家规定，向劳动者及时足额支付劳动报酬。用人单位拖欠或者未足额支付劳动报酬的，劳动者可以依法向当地

人民法院申请支付令，人民法院应当依法发出支付令。

（2）不得强迫或者变相强迫劳动者加班

用人单位应当严格执行劳动定额标准，不得强迫或者变相强迫劳动者加班。用人单位安排加班的，应当按照国家有关规定向劳动者支付加班费。

3）劳动者的重要权利

《劳动合同法》规定，劳动者拒绝用人单位管理人员违章指挥、强令冒险作业的，不视为违反劳动合同。劳动者对危害生命安全和身体健康的劳动条件，有权对用人单位提出批评、检举和控告。

2. 劳动合同的变更

劳动合同的变更，是指劳动合同依法签订后，在合同尚未履行或者尚未履行完毕以前，因订立劳动合同的主客观条件发生变化，劳动关系双方当事人协商一致，对原劳动合同内容作部分修改、补充或者删减的法律行为。劳动合同的变更既包括主体的变更，也包括合同内容的变更。

1）典型的变更情形

作为劳动合同主体一方的用人单位，常常因为各种因素的变化导致劳动合同变更。

（1）用人单位名称、法定代表人等变更后劳动合同的履行

《劳动合同法》规定，用人单位变更名称、法定代表人、主要负责人或者投资人等事项，不影响劳动合同的履行。

（2）用人单位合并或分立后劳动合同的履行

《劳动合同法》规定，用人单位发生合并或者分立等情况，原劳动合同继续有效，劳动合同由承继其权利和义务的用人单位继续履行。

上述两种情形就是劳动合同主体的发生了变更，但是不影响劳动合同的履行。实践中，也存在着劳动合同的具体内容因为劳动法律法规等的变化而发生相应的变更。

2）劳动合同变更的要求

《劳动合同法》规定，用人单位与劳动者协商一致，可以变更劳动合同约定的内容。变更劳动合同，应当采用书面形式。变更后的劳动合同文本由用人单位和劳动者各执一份。

3. 劳动合同的解除

劳动合同解除是指在劳动合同履行中，由于双方或单方的法律行为，在合同的有效期限届满或者履行完毕之前结束劳动合同效力的法律行为。劳动合同解除是劳动合同终止的情形之一。劳动合同解除一般可以分为双方协商解除、用人单位单方法定解除及劳动者单方法定解除三大类。

1）双方协商解除

双方协商解除是劳动合同解除的常态。《劳动合同法》规定，用人单位与劳动者协商一致，可以解除劳动合同。

根据《劳动合同法》，用人单位依照上述规定向劳动者提出解除劳动合同并与劳动者协商一致解除劳动合同的，用人单位应当向劳动者支付经济补偿。

2）用人单位单方法定解除

为了防止用人单位滥用解雇权，《劳动合同法》要求用人单位单方解除劳动合同必

须具有法定理由。用人单位单方法定解除具体分为以下三种情形。

（1）即时解除合同

即时解除合同也称为过错性解除合同，是指用人单位因劳动者的过错可以不必提前预告而解除劳动合同的行为。《劳动合同法》规定，劳动者有下列情形之一的，用人单位可以解除劳动合同：① 在试用期间被证明不符合录用条件的；② 严重违反用人单位的规章制度的；③ 严重失职，营私舞弊，给用人单位造成重大损害的；④ 劳动者同时与其他用人单位建立劳动关系，对完成本单位的工作任务造成严重影响，或者经用人单位提出，拒不改正的；⑤ 因《劳动合同法》第26条第1款第1项规定的情形（以欺诈、胁迫的手段或者乘人之危，使对方在违背真实意思的情况下订立或者变更劳动合同的）致使劳动合同无效的；⑥ 被依法追究刑事责任的。

上述情形是用人单位因劳动者的过错与劳动者解除合同的，所以用人单位也不需要向劳动者支付经济补偿金。

（2）预告解除合同

预告解除合同也称为非过错性解除合同，用人单位提前告知劳动者解除合同的情形。

《劳动合同法》规定，有下列情形之一的，用人单位提前30日以书面形式通知劳动者本人或者额外支付劳动者1个月工资后，可以解除劳动合同：① 劳动者患病或者非因工负伤，在规定的医疗期满后不能从事原工作，也不能从事由用人单位另行安排的工作的；② 劳动者不能胜任工作，经过培训或者调整工作岗位，仍不能胜任工作的；③ 劳动合同订立时所依据的客观情况发生重大变化，致使劳动合同无法履行，经用人单位与劳动者协商，未能就变更劳动合同内容达成协议的。

（3）经济性裁员

《劳动合同法》规定，有下列情形之一，需要裁减人员20人以上或者裁减不足20人但占企业职工总数10%以上的，用人单位提前30日向工会或者全体职工说明情况，听取工会或者职工的意见后，裁减人员方案经向劳动行政部门报告，可以裁减人员：① 依照企业破产法规定进行重整的；② 生产经营发生严重困难的；③ 转产、重大技术革新或者经营方式调整，经变更劳动合同后，仍需裁减人员的；④ 其他因劳动合同订立时所依据的客观经济情况发生重大变化，致使劳动合同无法履行的。

裁减人员时，应当优先留用下列人员：① 与本单位订立较长期限的固定期限劳动合同的；② 与本单位订立无固定期限劳动合同的；③ 家庭无其他就业人员，有需要扶养的老人或者未成年人的。

用人单位依照上述规定裁减人员，在6个月内重新招用人员的，应当通知被裁减的人员，并在同等条件下优先招用被裁减的人员。

3）劳动者单方法定解除

劳动者单方法定解除合同分为即时解除和预告解除两种情形。

（1）即时解除合同

《劳动合同法》规定，用人单位有下列情形之一的，劳动者可以解除劳动合同：① 未按照劳动合同约定提供劳动保护或者劳动条件的；② 未及时足额支付劳动报酬的；③ 未依法为劳动者缴纳社会保险费的；④ 单位的规章制度违反法律、法规的规定，损害劳动者权益的；⑤因《劳动合同法》第 26 条规定的情形致使劳动合同无效的；⑥法律、行政法规规定劳动者可以解除劳动合同的其他情形。

用人单位以暴力、威胁或者非法限制人身自由的手段强迫劳动者劳动的，或者用人单位违章指挥、强令冒险作业危及劳动者人身安全的，劳动者可以立即解除劳动合同，不需事先告知用人单位。

（2）预告解除合同

《劳动合同法》规定，劳动者提前 30 日以书面形式通知用人单位，可以解除劳动合同。劳动者在试用期内提前 3 日通知用人单位，可以解除劳动合同。

4. 劳动合同的终止

劳动合同终止，是指劳动合同因履行期限届满，或者合同主体消失等其他法律规定的终止情形，合同约定的权利义务不再履行，从而导致劳动合同法律关系的消灭。

1）劳动合同终止的情形

《劳动合同法》规定，有下列情形之一的，劳动合同终止：（1）劳动合同期满的；（2）劳动者开始依法享受基本养老保险待遇的；（3）劳动者死亡，或者被人民法院宣告死亡或者宣告失踪的；（4）用人单位被依法宣告破产的；（5）用人单位被吊销营业执照、责令关闭、撤销或者用人单位决定提前解散的；（6）法律、行政法规规定的其他情形。

2）劳动合同终止支付经济补偿的情形

根据《劳动合同法》，以下两种情形导致劳动合同终止的，用人单位要向劳动者支付经济补偿金。

第一，用人单位被依法宣告破产的。

第二，用人单位被吊销营业执照、责令关闭、撤销或者用人单位决定提前解散的。

应当注意，在劳动合同期限届满时，如果同时出现法律规定的用人单位不得解除劳动合同的情形，则劳动合同应当延续至相应的情形消失时终止。比如，如果女职工的劳动合同期满，发生在孕期、产期、哺乳期，则劳动合同应当延长至哺乳期结束。

9.2 劳动用工和工资支付保障

9.2.1 劳动用工管理

1. "包工队"用工模式

"包工队"用工模式特指"包工头"通过挂靠施工企业取得施工许可，再利用传统社会关系从农村募集劳动力，为建筑业提供施工生产一线的"农民工"劳动大军的模式。根据《保障农民工工资支付条例》，农民工是指为用人单位提供劳动的农村居民。

"包工队"用工模式在特殊的历史阶段契合中国建筑业发展特点，有其存在的合理性，在解决经济高速增长带来的建筑业施工力量不足的问题上，发挥了不可替代的作用，但这并不能掩盖其先天存在的隐患和硬伤，该模式已经暴露出一系列的矛盾和问题。进入新时代，在行业更高的质量标准和日益严格的监管下，构建科学高效的用工制度对行业至关重要。

2. 劳务派遣

1）主体关系特征

劳务派遣是指依法设立的劳务派遣机构（派遣单位）与接受派遣的单位（用工单位）订立劳务派遣协议，约定由派遣单位根据用工单位的用工需求招聘劳动者，并把劳动者派到用工单位去劳动的一种用工方式。

（1）劳务派遣关系涉及三方主体。劳务派遣是一种特殊的用工方式，与传统的双方当事人之间通过劳动合同建立的直接用工关系不同，劳务派遣涉及劳务派遣单位、用工单位和被派遣的劳动者三方主体，形成特殊的三方法律关系。在三方主体的法律关系中存在着两种合同关系，一种是劳务派遣单位与用工单位之间订立的劳务派遣协议，另一种是派遣单位与被派遣劳动者之间订立的劳动合同。可以简称为两种合同，三方主体。

（2）劳动关系与用工关系相分离。对于劳动者而言，劳动关系存在于劳动者与派遣单位之间订立的劳动合同中，劳务派遣单位是劳动者的用人单位，而接受派遣的单位才是用工单位，劳动者的劳动发生在用工单位。

（3）劳务派遣用工属于补充形式。只能在临时性、辅助性或者替代性的工作岗位上实施。

2）劳动合同与劳务派遣协议

（1）劳动合同

① 劳动合同的订立。在劳务派遣关系中，劳务派遣单位与被派遣劳动者订立劳动合同。《劳动合同法》规定，劳务派遣单位应当与被派遣劳动者订立2年以上的固定期限劳动合同，按月支付劳动报酬；被派遣劳动者在无工作期间，劳务派遣单位应当按照所在地人民政府规定的最低工资标准，向其按月支付报酬。

根据《劳务派遣暂行规定》，劳务派遣单位可以依法与被派遣劳动者约定试用期。劳务派遣单位与同一被派遣劳动者只能约定一次试用期。

② 劳动合同应当载明的内容。《劳动合同法》规定，劳务派遣单位与被派遣劳动者订立的劳动合同，除应当载明一般劳动合同应当具备的条款外，还应当载明被派遣劳动者的用工单位以及派遣期限、工作岗位等情况。

（2）劳务派遣协议

① 劳动派遣协议的订立。《劳动合同法》规定，劳务派遣单位派遣劳动者应当与接受以劳务派遣形式用工的单位订立劳务派遣协议。

② 劳务派遣协议应当载明的内容。《劳务派遣暂行规定》规定，劳务派遣协议应当载明下列内容：派遣的工作岗位名称和岗位性质；工作地点；派遣人员数量和派遣期限；按照同工同酬原则确定的劳动报酬数额和支付方式；社会保险费的数额和支付方式；工作时间和休息休假事项；被派遣劳动者工伤、生育或者患病期间的相关待遇；劳动安全卫生以及培训事项；经济补偿等费用；劳务派遣协议期限；劳务派遣服务费的支付方式和标准；违反劳务派遣协议的责任；法律、法规、规章规定应当纳入劳务派遣协议的其他事项。

3）劳务派遣单位的义务

《劳动合同法》规定，劳务派遣单位应当将劳务派遣协议的内容告知被派遣劳动者。劳务派遣单位不得克扣用工单位按照劳务派遣协议支付给被派遣劳动者的劳动报酬。劳务派遣单位和用工单位不得向被派遣劳动者收取费用。

同时,《劳务派遣暂行规定》具体规定了劳务派遣单位应当对被派遣劳动者履行的义务。

4)被派遣劳动者的权利

(1)同工同酬权利

《劳动合同法》规定,被派遣劳动者享有与用工单位的劳动者同工同酬的权利。用工单位应当按照同工同酬原则,对被派遣劳动者与本单位同类岗位的劳动者实行相同的劳动报酬分配办法。

(2)参加或者组织工会的权利

《劳动合同法》规定,被派遣劳动者有权在劳务派遣单位或者用工单位依法参加或者组织工会,维护自身的合法权益。

(3)依法解除劳动合同的权利

《劳动合同法》规定,被派遣劳动者可以依照《劳动合同法》第36条、第38条的规定与劳务派遣单位解除劳动合同。即被派遣劳动者与一般劳动者一样,也享有与用人单位(劳务派遣单位)协商一致解除合同和单方解除合同的权利。

5)用工单位的义务

(1)用工单位的一般义务

《劳动合同法》规定,用工单位应当履行下列义务:① 执行国家劳动标准,提供相应的劳动条件和劳动保护;② 告知被派遣劳动者的工作要求和劳动报酬;③ 支付加班费、绩效奖金,提供与工作岗位相关的福利待遇;④ 对在岗被派遣劳动者进行工作岗位所必需的培训;⑤ 连续用工的,实行正常的工资调整机制。用工单位不得将被派遣劳动者再派遣到其他用人单位。

(2)用工单位的特定义务

① 不得歧视被派遣劳动者。《劳务派遣暂行规定》规定,用工单位应当按照《劳动合同法》第62条规定,向被派遣劳动者提供与工作岗位相关的福利待遇,不得歧视被派遣劳动者。

② 协助工伤认定的调查核实工作。《劳务派遣暂行规定》规定,被派遣劳动者在用工单位因工作遭受事故伤害的,劳务派遣单位应当依法申请工伤认定,用工单位应当协助工伤认定的调查核实工作。

3. 建筑业劳动用工规范管理

《关于促进建筑业持续健康发展的意见》(国办发〔2017〕19号)规定,改革建筑用工制度。推动建筑业劳务企业转型,大力发展木工、电工、砌筑、钢筋制作等以作业为主的专业企业。以专业企业为建筑工人的主要载体,逐步实现建筑工人公司化、专业化管理。促进建筑业农民工向技术工人转型,着力稳定和扩大建筑业农民工就业创业。

《关于进一步加强和完善建筑劳务管理工作的指导意见》(建市〔2014〕112号)对于建筑劳务用工管理提出如下意见:

1)倡导多元化建筑用工方式,推行实名制管理

(1)建筑用工方式多元化。施工总承包、专业承包企业可通过自有劳务人员或劳务分包、劳务派遣等多种方式完成劳务作业。

（2）推行劳务人员实名制管理。施工总承包、专业承包和施工劳务等建筑施工企业要严格落实劳务人员实名制，在施工现场配备专职或兼职劳务用工管理人员，负责登记劳务人员的基本身份信息、技能状况、诚信信息、工资结算及支付等情况。

2）落实企业责任，保障劳务人员合法权益

（1）企业用工主体责任。建筑施工企业对自有劳务人员承担用工主体责任：对自有劳务人员的施工现场用工管理、持证上岗作业和工资发放承担直接责任；与自有劳务人员依法签订书面劳动合同，办理工伤、医疗或综合保险等社会保险等。

（2）劳务用工管理责任。施工总承包、专业承包企业承担相应的劳务用工管理责任。按照"谁承包、谁负责"的原则，施工总承包企业应对所承包工程的劳务管理全面负责。

（3）教育培训责任。建筑施工企业承担劳务人员的教育培训责任：对自有劳务人员、新进入建筑市场的劳务人员等，培训考核合格后方可上岗。

4. 改革工程建设领域用工方式

1）培育壮大产业工人队伍

《关于全面治理拖欠农民工工资问题的意见》规定，加快培育建筑产业工人队伍，推进农民工组织化进程。鼓励施工企业将一部分技能水平高的农民工招用为自有工人，不断扩大自有工人队伍。引导具备条件的劳务作业班组向专业企业发展。

2）鼓励群众参与、促进就业增收

《关于在重点工程项目中大力实施以工代赈促进当地群众就业增收的工作方案》（国办函〔2022〕58号）中提出，重点工程项目业主单位、施工单位要根据能够实施以工代赈建设任务和用工环节的劳务需求，明确项目所在县域内可提供的就业岗位、数量、时间及劳动技能要求，并向相关县级人民政府告知用工计划。

9.2.2 工资支付保障

根据《工资支付暂行规定》，工资是指用人单位依据劳动合同的规定，以各种形式支付给劳动者的工资报酬。

《劳动法》规定，工资分配应当遵循按劳分配原则，实行同工同酬。工资水平在经济发展的基础上逐步提高。国家对工资总量实行宏观调控。用人单位根据本单位的生产经营特点和经济效益，依法自主确定本单位的工资分配方式和工资水平。

1. 最低工资保障制度

最低工资标准，是指劳动者在法定工作时间或依法签订的劳动合同约定的工作时间内提供了正常劳动的前提下，用人单位依法应支付的最低劳动报酬。

《劳动法》规定，国家实行最低工资保障制度。最低工资的具体标准由省、自治区、直辖市人民政府规定，报国务院备案。用人单位支付劳动者的工资不得低于当地最低工资标准。

根据《最低工资规定》，在劳动者提供正常劳动的情况下，用人单位应支付给劳动者的工资在剔除下列各项以后，不得低于当地最低工资标准：（1）延长工作时间工资；（2）中班、夜班、高温、低温、井下、有毒有害等特殊工作环境、条件下的津贴；（3）法律、法规和国家规定的劳动者福利待遇等。

2. 工资支付保障制度

1)工资支付时间保障

根据《工资支付暂行规定》,工资必须在用人单位与劳动者约定的日期支付。如遇节假日或休息日,则应提前在最近的工作日支付。工资至少每月支付一次,实行周、日、小时工资制的可按周、日、小时支付工资。

2)特殊情况工资保障

根据《工资支付暂行规定》,不同情况的工资保障如下:

(1)假期工资保障。劳动者依法享受年休假、探亲假、婚假、丧假期间,用人单位应按劳动合同规定的标准支付劳动者工资。

(2)合同解除工资保障。劳动关系双方依法解除或终止劳动合同时,用人单位应在解除或终止劳动合同时一次付清劳动者工资。

(3)非因劳动者原因工资保障。非因劳动者原因造成单位停工、停产在一个工资支付周期内的,用人单位应按劳动合同规定的标准支付劳动者工资。

(4)参加社会活动工资保障。劳动者在法定工作时间内依法参加社会活动期间,用人单位应视同其提供了正常劳动而支付工资。

3)额外工作工资保障

根据《工资支付暂行规定》,用人单位在劳动者完成劳动定额或规定的工作任务后,根据实际需要安排劳动者在法定标准工作时间以外工作的,应按以下标准支付工资:

(1)用人单位依法安排劳动者在日法定标准工作时间以外延长工作时间的,按照不低于劳动合同规定的劳动者本人小时工资标准的150%支付劳动者工资。

(2)用人单位依法安排劳动者在休息日工作,而又不能安排补休的,按照不低于劳动合同规定的劳动者本人或小时工资标准的200%支付劳动者工资。

(3)用人单位依法安排劳动者在法定休假节日工作的,按照不低于劳动合同规定的劳动者本人日或小时工资标准的300%支付劳动者工资。

实行计件工资的劳动者,在完成计件定额任务后,由用人单位安排延长工作时间的,应根据上述规定的原则,分别按照不低于其本人法定工作时间计件单价的150%、200%、300%支付其工资。

3. 农民工工资支付保障制度

《保障农民工工资支付条例》规定,工资是指农民工为用人单位提供劳动后应当获得的劳动报酬。

1)农民工工资基本保障制度

《保障农民工工资支付条例》规定,用人单位应当按照与农民工书面约定或者依法制定的规章制度规定的工资支付周期和具体支付日期足额支付工资。实行月、周、日、小时工资制的,按照月、周、日、小时为周期支付工资;实行计件工资制的,工资支付周期由双方依法约定。

农民工有按时足额获得工资的权利。任何单位和个人不得拖欠农民工工资。用人单位拖欠农民工工资的,应当依法予以清偿。

2)农民工最低工资保障制度

《建设领域农民工工资支付管理暂行办法》规定,企业应当根据劳动合同约定的农民工工资标准等内容，按照依法签订的集体合同或劳动合同约定的日期按月支付工资，并不得低于当地最低工资标准。具体支付方式可由企业结合建筑行业特点在内部工资支付办法中规定。

3）农民工工资保证金制度

根据《工程建设领域农民工工资保证金规定》，工资保证金是指工程建设领域施工总承包单位（包括直接承包建设单位发包工程的专业承包企业）在银行设立账户并按照工程施工合同额的一定比例存储，专项用于支付为所承包工程提供劳动的农民工被拖欠工资的专项资金。

（1）存储比例。工资保证金按工程施工合同额（或年度合同额）的一定比例存储，原则上不低于1%，不超过3%，单个工程合同额较高的，可设定存储上限。施工总承包单位在同一工资保证金管理地区有多个在建工程，存储比例可适当下浮但不得低于施工合同额（或年度合同额）的0.5%。

（2）免存储情况。施工合同额低于300万元的工程，且该工程的施工总承包单位在签订施工合同前一年内承建的工程未发生工资拖欠的，各地区可结合行业保障农民工工资支付实际，免除该工程存储工资保证金。

（3）工资保证金的使用。施工总承包单位所承包工程发生拖欠农民工工资的，经办银行应在收到《支付通知书》5个工作日内，从工资保证金账户中将相应数额的款项以银行转账方式支付给属地人力资源社会保障行政部门指定的被拖欠工资农民工本人。施工总承包单位采用银行保函替代工资保证金，发生上述情形的，提供银行保函的经办银行应在收到《支付通知书》5个工作日内，依照银行保函约定支付农民工工资。工资保证金使用后，施工总承包单位应当自使用之日起10个工作日内将工资保证金补足。

（4）工资保证金的监管。工资保证金实行专款专用，除用于清偿或先行清偿施工总承包单位所承包工程拖欠农民工工资外，不得用于其他用途。除法律另有规定外，工资保证金不得因支付为本工程提供劳动的农民工工资之外的原因被查封、冻结或者划拨。

行业工程建设主管部门对未按规定执行工资保证金制度的施工单位，除依法给予行政处罚（处理）外，应按照有关规定计入其信用记录，依法实施信用惩戒。

4）农民工工资专用账户制度

《工程建设领域农民工工资专用账户管理暂行办法》规定，农民工工资专用账户是指施工总承包单位在工程建设项目所在地银行业金融机构开立的，专项用于支付农民工工资的专用存款账户。人工费用是指建设单位向总包单位专用账户拨付的专项用于支付农民工工资的工程款。

（1）专用账户准则。《保障农民工工资支付条例》规定，施工总承包单位应当按照有关规定开设农民工工资专用账户，专项用于支付该工程建设项目农民工工资。开设、使用农民工工资专用账户有关资料应当由施工总承包单位妥善保存备查。《关于全面治理拖欠农民工工资问题的意见》中规定，建立健全农民工工资（劳务费）专用账户管理制度。

（2）专用账户开立。《工程建设领域农民工工资专用账户管理暂行办法》规定，专用账户按工程建设项目开立。总包单位应当在工程施工合同签订之日起 30 日内开立专用账户，并与建设单位、开户银行签订资金管理三方协议。

（3）专用账户支付。总包单位应当按时将审核后的工资支付表等工资发放资料报送开户银行，开户银行应当及时将工资通过专用账户直接支付到农民工本人的银行账户，并由总包单位向分包单位提供代发工资凭证。

农民工工资卡实行一人一卡、本人持卡，用人单位或者其他人员不得以任何理由扣押或者变相扣押。

9.3 劳动安全卫生和保护

《劳动法》规定，用人单位必须建立、健全劳动安全卫生制度，严格执行国家劳动安全卫生规程和标准，对劳动者进行劳动安全卫生教育，防止劳动过程中的事故，减少职业危害。

《安全生产法》要求用人单位在劳动过程中应当将工作安全放在首要位置，与事后补救相比，预防才是实现目标的主要措施和根本途径，更需要用人单位的关注。

9.3.1 劳动安全卫生

1. 劳动安全卫生的概念

劳动安全卫生，也称劳动保护，是指直接保护劳动者在生产过程中的安全和健康的各种措施。国家为保护劳动者在生产过程中的安全和健康所制定的各种法律规范称劳动安全卫生制度，该制度包括劳动安全技术规程、劳动卫生规程、劳动安全卫生管理制度及国家安全监察等方面的法律规定。

2. 劳动安全卫生管理制度的内容

有关劳动卫生方面的相关规定和标准主要有：《职业病防治法》《关于防止厂、矿企业中矽尘危害的决定》《关于加强防尘防毒工作的决定》《尘肺病防治条例》《工业企业设计卫生标准》等。

（1）产生职业病危害的工作场所应当符合的职业卫生要求

《职业病防治法》规定，产生职业病危害的用人单位的设立除应当符合法律、行政法规规定的设立条件外，其工作场所还应当符合下列职业卫生要求：① 职业病危害因素的强度或者浓度符合国家职业卫生标准；② 有与职业病危害防护相适应的设施；③ 生产布局合理，符合有害与无害作业分开的原则；④ 有配套的更衣间、洗浴间、孕妇休息间等卫生设施；⑤ 设备、工具、用具等设施符合保护劳动者生理、心理健康的要求；⑥ 法律、行政法规和国务院卫生行政部门关于保护劳动者健康的其他要求。

（2）用人单位应当在劳动过程中采取的职业病防治管理措施

《职业病防治法》规定，用人单位应当采取下列职业病防治管理措施：① 设置或者指定职业卫生管理机构或者组织，配备专职或者兼职的职业卫生管理人员，负责本单位的职业病防治工作；② 制定职业病防治计划和实施方案；③ 建立、健全职业卫生管理制度和操作规程；④ 建立、健全职业卫生档案和劳动者健康监护档案；⑤ 建立、健全工作场所职业病危害因素监测及评价制度;⑥建立、健全职业病危害事故应急救援预案。

(3) 劳动者享有的职业卫生保护权利

《职业病防治法》规定,劳动者享有下列职业卫生保护权利:① 获得职业卫生教育、培训;② 获得职业健康检查、职业病诊疗、康复等职业病防治服务;③ 了解工作场所产生或者可能产生的职业病危害因素、危害后果和应当采取的职业病防护措施;④ 要求用人单位提供符合防治职业病要求的职业病防护设施和个人使用的职业病防护用品,改善工作条件;⑤ 对违反职业病防治法律、法规以及危及生命健康的行为提出批评、检举和控告;⑥ 拒绝违章指挥和强令进行没有职业病防护措施的作业;⑦ 参与用人单位职业卫生工作的民主管理,对职业病防治工作提出意见和建议。

用人单位应当保障劳动者行使职业卫生保护权利。因劳动者依法行使正当权利而降低其工资、福利等待遇或者解除、终止与其订立的劳动合同的,其行为无效。

9.3.2 劳动保护

1. 劳动保护管理制度内容

1) 劳动安全卫生监察制度

劳动安全卫生监察制度,是指对厂矿企业贯彻执行各项劳动安全卫生法规进行监督检查的制度。我国监察制度采取以国家监察机构为主体、专业监督与群众监督相结合的体系。我国有关劳动安全卫生监察法律法规主要有《安全生产法》《劳动保障监察条例》《特种设备安全监察条例》《劳动安全卫生监察员管理办法》等。劳动安全卫生监察制度包括三方面的内容:一是国家安全监察制度,即国家有关机关依法监督检查企业事业单位及其主管部门执行劳动安全卫生法律、法规情况并纠正和惩处违法行为的制度;二是专业劳动安全监察制度,即厂矿企业等单位的各级主管部门对其所属单位贯彻实施劳动安全卫生法规情况进行监督检查的制度,它属于内部监督的性质;三是群众劳动安全监察制度,即各级工会组织对厂矿企业贯彻实施劳动安全卫生法规进行监督检查的制度,它属于社会监督的性质。

除上述劳动安全卫生监察制度外,劳动安全卫生监察制度还包括劳动保护监察员资格的认定、劳动保护监察机构的职权及对安全监察机构及监察人员执行职务的奖惩规定。

2) 职业病防治管理制度

职业病是指企业、事业单位和个体经济组织等用人单位的劳动者在职业活动中,因接触粉尘、放射性物质和其他有毒、有害因素而引起的疾病。职业病主要包括尘肺、职业性放射性疾病等列入《职业病分类和目录》的疾病,职业病的危害因素也在《职业病危害因素分类目录》中列明。《职业病防治法》规定我国职业病防治工作应坚持预防为主、防治结合的方针,建立用人单位负责、行政机关监管、行业自律、职工参与和社会监督的机制,实行分类管理、综合治理。

(1) 职业病危害项目申报制度

为了规范职业病危害项目的申报工作,加强对用人单位职业卫生工作的监督管理,职业病危害项目申报制度应运而生。根据《职业病防治法》,用人单位工作场所存在职业病目录所列职业病的危害因素的，应当及时、如实向所在地安全生产监督管理部门申报危害项目，接受监督。中央企业、省属企业及其所属用人单位的职业病危害项目，向其所在地设区的市级人民政府安全生产监督管理部门申报；其他用人单位的职业病危害项目，向其所在地县级人民政府安全生产监督管理部门申报用人单位申报职业病危害项目时，应当提交《职业病危害项目申报表》和下列文件、资料：用人单位的基本情况；工作场所职业病危害因素种类、分布情况以及接触人数；法律、法规和规章规定的其他文件、资料。

（2）工作场所职业病危害因素监测及检测、评价制度

职业病危害因素监测是指由用人单位建立一套监测系统，及时获悉危害因素的状况，以便采取合理的防护措施。《职业病危害因素分类目录》已详细列出了工作场所中职业病的危害因素，用人单位应当实施由专人负责日常监测这些危害因素，并确保监测系统处于正常运行状态。用人单位应当按照国务院安全生产监督管理部门的规定，定期对工作场所进行职业病危害因素检测、评价，其结果存入用人单位职业卫生档案，定期向所在地安全生产监督管理部门报告并向劳动者公布。

职业病危害因素检测、评价则是由专业的具备一定资质的职业卫生技术服务机构对用人单位工作场所的危害因素进行采样、检测、分析、评估等，从而向用人单位提供采取合理防护措施的专业性依据。职业病危害因素检测、评价由依法设立的取得国务院安全生产监督管理部门或者设区的市级以上地方人民政府安全生产监督管理部门按照职责分工给予资质认可的职业卫生技术服务机构进行。职业卫生技术服务机构所做检测、评价应当客观、真实。发现工作场所职业病危害因素不符合国家职业卫生标准和卫生要求时，用人单位应当立即采取相应治理措施，仍然达不到国家职业卫生标准和卫生要求的，必须停止存在职业病危害因素的作业；职业病危害因素经治理后，符合国家职业卫生标准和卫生要求的，方可重新作业。

（3）职业危害的警示告知制度

劳动者作为劳动合同的一方当事人，在订立合同和履行合同时应享有知情权，使其充分了解其工作性质、工作环境及工作危害。

为了保障劳动者的知情权及人身健康，《职业病防治法》要求产生职业病危害的用人单位，应当在醒目位置设置公告栏，公布有关职业病防治的规章制度、操作规程、职业病危害事故应急救援措施和工作场所职业病危害因素检测结果。对产生严重职业病危害的作业岗位，应当在其醒目位置，设置警示标志和中文警示说明，警示说明应当载明产生职业病危害的种类、后果、预防以及应急救治措施等内容。用人单位对采用的技术、工艺、设备、材料，应当知悉其产生的职业病危害，对有职业病危害的技术、工艺、设备、材料隐瞒其危害而采用的，对所造成的职业病危害后果承担责任。

用人单位与劳动者订立劳动合同（含聘用合同）时，应当将工作过程中可能产生的职业病危害及其后果、职业病防护措施和待遇等如实告知劳动者，并在劳动合同中写明，不得隐瞒或者欺骗。劳动者在已订立劳动合同（含聘用合同）期间因工作岗位或者工作内容变更，从事与所订立劳动合同中未告知的存在职业病危害的作业时，用人单位应当依照上述规定，向劳动者履行如实告知的义务，并协商变更原劳动合同相关条款。用人单位违反规定的，劳动者有权拒绝从事存在职业病危害的作业，用人单位不得因此

解除与劳动者所订立的劳动合同。

（4）职业健康监护制度

① 职业健康检查。对从事接触职业病危害的作业的劳动者，用人单位应当按照国务院卫生行政部门的规定组织上岗前、在岗期间和离岗时的职业健康检查，并将检查结果书面告知劳动者。职业健康检查费用由用人单位承担。

② 建立职业健康监护档案。用人单位应当为劳动者建立职业健康监护档案，并按照规定的期限妥善保存。职业健康监护档案应当包括劳动者的职业史、职业病危害接触史、职业健康检查结果和职业病诊疗等有关个人健康资料。劳动者离开用人单位时，有权索取本人职业健康监护档案复印件，用人单位应当如实、无偿提供，并在所提供的复印件上签章。

3）职业病诊断、鉴定制度

用人单位应当如实提供职业病诊断、鉴定所需的劳动者职业史和职业病危害接触史、工作场所职业病危害因素检测结果等资料；卫生行政部门应当监督检查和督促用人单位提供上述资料；劳动者和有关机构也应当提供与职业病诊断、鉴定有关的资料。

2. 女职工的特殊保护

为了减少和解决女职工在劳动中因生理特点造成的特殊困难，保护女职工健康及其子女的健康发育和成长，提高民族素质，国家对女职工进行劳动作出了系列保护性规定，相关规定主要有《劳动法》《妇女权益保障法》《女职工劳动保护特别规定》等。

1）保障妇女就业权，实行男女同工同酬

（1）《劳动法》规定，妇女享有与男子平等的就业权利。在录用职工时，除国家规定的不适合妇女的工种或者岗位外，不得以性别为由拒绝录用妇女或者提高对妇女的录用标准。工资分配应当遵循按劳分配原则，实行同工同酬。

（2）《妇女权益保障法》规定，国家保障妇女享有与男子平等的劳动权利和社会保障权利。

（3）《女职工劳动保护特别规定》，用人单位不得因女职工怀孕、生育、哺乳降低其工资、予以辞退、与其解除劳动或者聘用合同。

2）禁止安排女职工从事繁重体力劳动及有毒有害工作

（1）女职工禁忌从事的劳动范围

根据《女职工劳动保护特别规定》，女职工禁忌从事的劳动范围有：① 矿山井下作业；② 体力劳动强度分级标准中规定的第四级体力劳动强度的作业；③ 每小时负重6次以上、每次负重超过20公斤的作业，或者间断负重、每次负重超过25公斤的作业。

用人单位应当遵守女职工禁忌从事的劳动范围的规定。用人单位应当将本单位属于女职工禁忌从事的劳动范围的岗位书面告知女职工。

（2）女职工在经期禁忌从事的劳动范围

根据《女职工劳动保护特别规定》，女职工在经期禁忌从事的劳动范围有：① 冷水作业分级标准中规定的第二级、第三级、第四级冷水作业；② 低温作业分级标准中规定的第二级、第三级、第四级低温作业；③ 体力劳动强度分级标准中规定的第三级、第四级体力劳动强度的作业；④ 高处作业分级标准中规定的第三级、第四级高处作业。

(3) 女职工孕期的特殊保护

根据《女职工劳动保护特别规定》，女职工在孕期不能适应原劳动的，用人单位应当根据医疗机构的证明，予以减轻劳动量或者安排其他能够适应的劳动。

对怀孕 7 个月以上的女职工，用人单位不得延长劳动时间或者安排夜班劳动，并应当在劳动时间内安排一定的休息时间。

怀孕女职工在劳动时间内进行产前检查，所需时间计入劳动时间。

(4) 女职工产期的特殊保护

根据《女职工劳动保护特别规定》，女职工生育享受 98 天产假，其中产前可以休假 15 天；难产的，增加产假 15 天；生育多胞胎的，每多生育 1 个婴儿，增加产假 15 天。女职工怀孕未满 4 个月流产的，享受 15 天产假；怀孕满 4 个月流产的，享受 42 天产假。

(5) 女职工哺乳期的特殊保护

对哺乳未满 1 周岁婴儿的女职工，用人单位不得延长劳动时间或者安排夜班劳动。用人单位应当在每天的劳动时间内为哺乳期女职工安排 1 小时哺乳时间；女职工生育多胞胎的，每多哺乳 1 个婴儿每天增加 1 小时哺乳时间。

3) 侵害女职工权益的法律责任

根据《女职工劳动保护特别规定》，用人单位违反本规定，侵害女职工合法权益，造成女职工损害的，依法给予赔偿；用人单位及其直接负责的主管人员和其他直接责任人员构成犯罪的，依法追究刑事责任。

3. 未成年工的特殊保护

为保护未成年工，国家制定了系列法律法规，主要有《未成年人保护法》《劳动法》《禁止使用童工规定》等。

1) 禁止使用童工

招用不满 16 周岁的未成年人，统称使用童工。《未成年人保护法》规定，任何组织或者个人不得招用未满 16 周岁未成年人，国家另有规定的除外。根据《禁止使用童工规定》，国家机关、社会团体、企业事业单位、民办非企业单位或者个体工商户（以下统称用人单位）均不得招用不满 16 周岁的未成年人，禁止任何单位或者个人为不满 16 周岁的未成年人介绍就业。禁止不满 16 周岁的未成年人开业从事个体经营活动。

用人单位招用人员时，必须核查被招用人员的身份证；对不满 16 周岁的未成年人，一律不得录用。用人单位录用人员的录用登记、核查材料应当妥善保管。

2) 对未成年工保护的基本规定

《劳动法》规定，未成年工是指年满 16 周岁未满 18 周岁的劳动者。

招用已满 16 周岁未成年人的单位和个人应当执行国家在工种、劳动时间、劳动强度和保护措施等方面的规定，不得安排其从事过重、有毒、有害等危害未成年人身心健康的劳动或者危险作业。

(1) 工作时间限制

未成年工的特殊保护是针对未成年工处于生长发育期的特点，一般情况下，对未成年工实行缩短工作时间，禁止安排未成年工从事夜班工作和加班加点工作。

（2）未成年工禁忌从事的劳动范围

根据《劳动法》，不得安排未成年工从事矿山井下、有毒有害、国家规定的第四级体力劳动强度的劳动和其他禁忌从事的劳动。

（3）进行定期身体健康检查

用人单位应按下列时间要求对未成年工定期进行健康检查：① 安排工作岗位之前；② 工作满一年；③ 年满十八周岁，距前一次的体检时间已超过半年。

（4）实施登记发证制度

根据《未成年工特殊保护规定》，对未成年工的使用和特殊保护实行登记制度。

① 用人单位招收使用未成年工，除符合一般用工要求外，还须向所在地的县级以上劳动行政部门办理登记，劳动行政部门根据《未成年工健康检查表》《未成年工登记表》，核发《未成年工登记证》；② 各级劳动行政部门应按照规定，审核体检情况和拟安排的劳动范围；③ 未成年工须持《未成年工登记证》上岗；④《未成年工登记证》由国务院劳动行政部门统一印制。

9.4 工伤保险制度

为了保障因工作遭受事故伤害或者患职业病的职工获得医疗救治和经济补偿，促进工伤预防和职业康复，分散用人单位的工伤风险，国家实行工伤保险制度。与工伤保险制度相关的法律法规主要有《社会保险法》《职业病防治法》《工伤保险条例》等。

9.4.1 工伤认定

1. 应当认定为工伤的情形

《工伤保险条例》规定，职工有下列情形之一的，应当认定为工伤：（1）在工作时间和工作场所内，因工作原因受到事故伤害的；（2）工作时间前后在工作场所内，从事与工作有关的预备性或者收尾性工作受到事故伤害的；（3）在工作时间和工作场所内，因履行工作职责受到暴力等意外伤害的；（4）患职业病的；（5）因工外出期间，由于工作原因受到伤害或者发生事故下落不明的；（6）在上下班途中，受到非本人主要责任的交通事故或者城市轨道交通、客运轮渡、火车事故伤害的；（7）法律、行政法规规定应当认定为工伤的其他情形。

2. 视同工伤的情形

《工伤保险条例》规定，职工有下列情形之一的，视同工伤：（1）在工作时间和工作岗位，突发疾病死亡或者在48小时之内经抢救无效死亡的；（2）在抢险救灾等维护国家利益、公共利益活动中受到伤害的；（3）职工原在军队服役，因战、因公负伤致残，已取得革命伤残军人证，到用人单位后旧伤复发的。

职工有上述第（1）项、第（2）项情形的，按照《工伤保险条例》的有关规定享受工伤保险待遇；职工有上述第（3）项情形的，按照规定享受除一次性伤残补助金以外的工伤保险待遇。

3. 不得认定为工伤或者视同工伤的情形

职工出现按照《工伤保险条例》规定应当认定为工伤或者视同工伤的情形，但是该情形是由于下列原因造成的，不得认定为工伤或者视同工伤：（1）故意犯罪的；（2）醉酒或者吸毒的；（3）自残或者自杀的。

4. 工伤认定申请的期限

1）用人单位一方的申请时限

《工伤保险条例》规定，职工发生事故伤害或者按照职业病防治法规定被诊断、鉴定为职业病，所在单位应当自事故伤害发生之日或者被诊断、鉴定为职业病之日起 30 日内，向统筹地区社会保险行政部门提出工伤认定申请。遇有特殊情况，经报社会保险行政部门同意，申请时限可以适当延长。

《工伤保险条例》规定，如果单位没有在上述 30 日内提交工伤认定申请的，在此期间发生的符合《工伤保险条例》规定的工伤待遇等有关费用由该用人单位负担。

2）劳动者一方的申请时限

根据《工伤保险条例》和《工伤认定办法》的相关规定，用人单位未在规定的时限内提出工伤认定申请的，受伤害职工或者其近亲属、工会组织在事故伤害发生之日或者被诊断、鉴定为职业病之日起 1 年内，可以向用人单位所在地统筹地区社会保险行政部门提出工伤认定申请。

工会组织也可以提出工伤认定申请。

3）超过 1 年申请期限的特别规定

根据《最高人民法院关于审理工伤保险行政案件若干问题的规定》规定，由于不属于职工或者其近亲属自身原因超过工伤认定申请期限的，被耽误的时间不计算在工伤认定申请期限内。

有下列情形之一耽误申请时间的，应当认定为不属于职工或者其近亲属自身原因：（1）不可抗力；（2）人身自由受到限制；（3）属于用人单位原因；（4）社会保险行政部门登记制度不完善；（5）当事人对是否存在劳动关系申请仲裁、提起民事诉讼。

5. 工伤认定程序

1）工伤认定申请的提出

《工伤保险条例》规定，提出工伤认定申请应当提交下列材料：（1）工伤认定申请表；（2）与用人单位存在劳动关系（包括事实劳动关系）的证明材料；（3）医疗诊断证明或者职业病诊断证明书（或者职业病诊断鉴定书）。

工伤认定申请表应当包括事故发生的时间、地点、原因以及职工伤害程度等基本情况。

工伤认定申请人提供材料不完整的，社会保险行政部门应当一次性书面告知工伤认定申请人需要补正的全部材料。申请人按照书面告知要求补正材料后，社会保险行政部门应当受理。

2）工伤认定申请的受理

社会保险行政部门受理工伤认定申请后，根据审核需要可以对事故伤害进行调查核实，用人单位、职工、工会组织、医疗机构以及有关部门应当予以协助。职业病诊断和诊断争议的鉴定，依照职业病防治法的有关规定执行。对依法取得职业病诊断证明书或者职业病诊断鉴定书的，社会保险行政部门不再进行调查核实。

《工伤认定办法》规定，社会保险行政部门收到工伤认定申请后，应当在 15 日内对申请人提交的材料进行审核，材料完整的，作出受理或者不予受理的决定。材料不完整的，应当以书面形式一次性告知申请人需要补正的全部材料。社会保险行政部门收到申请人提交的全部补正材料后，应当在 15 日内作出受理或者不予受理的决定。

社会保险行政部门决定受理的，应当出具《工伤认定申请受理决定书》；决定不予受理的，应当出具《工伤认定申请不予受理决定书》。

职工或者其近亲属认为是工伤，用人单位不认为是工伤的，由用人单位承担举证责任。

3）工伤认定决定书的作出

社会保险行政部门应当自受理工伤认定申请之日起 60 日内作出工伤认定的决定，并书面通知申请工伤认定的职工或者其近亲属和该职工所在单位。

社会保险行政部门对受理的事实清楚、权利义务明确的工伤认定申请，应当在 15 日内作出工伤认定的决定。

作出工伤认定决定需要以司法机关或者有关行政主管部门的结论为依据的，在司法机关或者有关行政主管部门尚未作出结论期间，作出工伤认定决定的时限中止。

社会保险行政部门工作人员与工伤认定申请人有利害关系的，应当回避。

《工伤认定办法》规定，社会保险行政部门应当自工伤认定决定作出之日起 20 日内，将《认定工伤决定书》或者《不予认定工伤决定书》送达受伤害职工（或者其近亲属）和用人单位，并抄送社会保险经办机构。

《工伤认定办法》规定，职工或者其近亲属、用人单位对不予受理决定不服或者对工伤认定决定不服的，可以依法申请行政复议或者提起行政诉讼。

9.4.2　工伤保险待遇

工伤保险，又称为职业伤害保险，指的是劳动者在工作过程中或法定的特殊情况下，由于意外事故负伤、致残、死亡，或者患职业病，造成本人及家庭收入中断，从工伤保险基金中获得必要的医疗费、康复费、生活费、经济补偿等必要费用，对其本人或由本人供养的亲属给予物质帮助和经济补偿的社会保险制度。工伤保险具有以下特征。

（1）工伤保险的投保人为用人单位，被保险人为与该用人单位建立劳动关系的职工。

（2）工伤保险所遭受的风险是职业伤害和危险，是在生产工作过程中发生的工伤事故和因职业原因对职工健康和生命造成的危险。这种危险具有客观性，危险的发生具有不确定性。

（3）工伤保险是一种强制性保险。法律规定职工应当参加工伤保险，由用人单位缴纳工伤保险费。

（4）工伤保险的权利和义务是不对应的。法律规定职工应当参加工伤保险，由用人单位缴纳工伤保险费，职工不缴纳工伤保险费。

（5）工伤保险实行无过错责任原则。只要发生工伤事故，不属于法律规定的免责情形，无论受伤的职工是否有过错，都应当享有工伤保险待遇。

工伤保险待遇是工伤保险制度的核心，工伤保险待遇包括工伤医疗待遇、工伤致残待遇和因工死亡待遇。

1. 工伤医疗待遇

《工伤保险条例》规定，职工因工作遭受事故伤害或者患职业病进行治疗，享受工伤医疗待遇。主要包括以下方面待遇：

（1）工伤治疗及康复过程中的医疗待遇

职工治疗工伤应当在签订服务协议的医疗机构就医，情况紧急时可以先到就近的医疗机构急救。治疗工伤所需费用符合工伤保险诊疗项目目录、工伤保险药品目录、工伤保险住院服务标准的，从工伤保险基金支付。工伤保险诊疗项目目录、工伤保险药品目录、工伤保险住院服务标准，由国务院社会保险行政部门会同国务院卫生行政部门、食品药品监督管理部门等部门规定。职工住院治疗工伤的伙食补助费，以及经医疗机构出具证明，报经办机构同意，工伤职工到统筹地区以外就医所需的交通、食宿费用从工伤保险基金支付，基金支付的具体标准由统筹地区人民政府规定。

工伤职工到签订服务协议的医疗机构进行工伤康复的费用，符合规定的，从工伤保险基金支付。

工伤职工因日常生活或者就业需要，经劳动能力鉴定委员会确认，可以安装假肢、矫形器、假眼、假牙和配置轮椅等辅助器具，所需费用按照国家规定的标准从工伤保险基金支付。

《工伤保险条例》规定，社会保险行政部门作出认定为工伤的决定后发生行政复议、行政诉讼的，行政复议和行政诉讼期间不停止支付工伤职工治疗工伤的医疗费用。

（2）因工伤停工留薪期内的医疗待遇

职工因工作遭受事故伤害或者患职业病需要暂停工作接受工伤医疗的，在停工留薪期内，原工资福利待遇不变，由所在单位按月支付。停工留薪期一般不超过12个月。伤情严重或者情况特殊，经设区的市级劳动能力鉴定委员会确认，可以适当延长，但延长不得超过12个月。工伤职工评定伤残等级后，停发原待遇，按照有关规定享受伤残待遇。工伤职工在停工留薪期满后仍需治疗的，继续享受工伤医疗待遇。生活不能自理的工伤职工在停工留薪期需要护理的，由所在单位负责。

工伤职工治疗非工伤引发的疾病，不享受工伤医疗待遇，按照基本医疗保险办法处理。

2. 工伤致残待遇

《工伤保险条例》规定，工伤职工已经评定伤残等级并经劳动能力鉴定委员会确认需要生活护理的，从工伤保险基金按月支付生活护理费。

生活护理费按照生活完全不能自理、生活大部分不能自理或者生活部分不能自理3个不同等级支付，其标准分别为统筹地区上年度职工月平均工资的50%、40%或者30%。

（1）职工因工致残被鉴定为一级至四级伤残的待遇

《工伤保险条例》规定，职工因工致残被鉴定为一级至四级伤残的，保留劳动关系，退出工作岗位，享受以下待遇。① 从工伤保险基金按伤残等级支付一次性伤残补助金，标准为：一级伤残为27个月的本人工资，二级伤残为25个月的本人工资，三级伤残为23个月的本人工资，四级伤残为21个月的本人工资；② 从工伤保险基金按月支付伤残津贴，标准为：一级伤残为本人工资的90%，二级伤残为本人工资的85%，三级伤残为本人工资的80%，四级伤残为本人工资的75%。伤残津贴实际金额低于当地最低工资标准的，由工伤保险基金补足差额；③ 工伤职工达到退休年龄并办理退休手续后，停发伤残津贴，按照国家有关规定享受基本养老保险待遇。基本养老保险待遇低于伤残津贴的，由工伤保险基金补足差额。

职工因工致残被鉴定为一级至四级伤残的，由用人单位和职工个人以伤残津贴为基数，缴纳基本医疗保险费。

（2）职工因工致残被鉴定为五级、六级伤残的待遇

《工伤保险条例》规定，职工因工致残被鉴定为五级、六级伤残的，享受以下待遇。① 从工伤保险基金按伤残等级支付一次性伤残补助金，标准为：五级伤残为18个月的本人工资，六级伤残为16个月的本人工资；② 保留与用人单位的劳动关系，由用人单位安排适当工作。难以安排工作的，由用人单位按月发给伤残津贴，标准为：五级伤残为本人工资的70%，六级伤残为本人工资的60%，并由用人单位按照规定为其缴纳应缴纳的各项社会保险费。伤残津贴实际金额低于当地最低工资标准的，由用人单位补足差额。

经工伤职工本人提出，该职工可以与用人单位解除或者终止劳动关系，由工伤保险基金支付一次性工伤医疗补助金，由用人单位支付一次性伤残就业补助金。一次性工伤医疗补助金和一次性伤残就业补助金的具体标准由省、自治区、直辖市人民政府规定。

（3）职工因工致残被鉴定为七级至十级伤残的待遇

《工伤保险条例》规定，职工因工致残被鉴定为七级至十级伤残的，享受以下待遇。① 从工伤保险基金按伤残等级支付一次性伤残补助金，标准为：七级伤残为13个月的本人工资，八级伤残为11个月的本人工资，九级伤残为9个月的本人工资，十级伤残为7个月的本人工资；② 劳动、聘用合同期满终止，或者职工本人提出解除劳动、聘用合同的，由工伤保险基金支付一次性工伤医疗补助金，由用人单位支付一次性伤残就业补助金。一次性工伤医疗补助金和一次性伤残就业补助金的具体标准由省、自治区、直辖市人民政府规定。

3. 因工死亡待遇

（1）职工因工死亡的待遇

《工伤保险条例》规定，职工因工死亡，其近亲属按照下列规定从工伤保险基金领取丧葬补助金、供养亲属抚恤金和一次性工亡补助金。① 丧葬补助金为6个月的统筹地区上年度职工月平均工资；② 供养亲属抚恤金按照职工本人工资的一定比例发给由因工死亡职工生前提供主要生活来源、无劳动能力的亲属。标准为：配偶每月40%，其他亲属每人每月30%，孤寡老人或者孤儿每人每月在上述标准的基础上增加10%。核定的各供养亲属的抚恤金之和不应高于因工死亡职工生前的工资。供养亲属的具体范围由国务院社会保险行政部门规定；③ 一次性工亡补助金标准为上一年度全国城镇居民人均可支配收入的20倍。

（2）伤残职工在停工留薪期内因工伤导致死亡的待遇

伤残职工在停工留薪期内因工伤导致死亡的，其近亲属享受上述规定（《工伤保险条例》第39条第1款）的待遇。

一级至四级伤残职工在停工留薪期满后死亡的，其近亲属可以享受上述规定第①项、②项的待遇。

（3）职工因工外出期间发生事故或者在抢险救灾中下落不明的待遇

《工伤保险条例》规定，职工因工外出期间发生事故或者在抢险救灾中下落不明的，从事故发生当月起3个月内照发工资，从第4个月起停发工资，由工伤保险基金向其供养亲属按月支付供养亲属抚恤金。生活有困难的，可以预支一次性工亡补助金的50%。职工被人民法院宣告死亡的，按照《工伤保险条例》第39条职工因工死亡的规定处理。

4. 停止享受工伤保险待遇的情形

《工伤保险条例》规定，工伤职工有下列情形之一的，停止享受工伤保险待遇：（1）丧失享受待遇条件的；（2）拒不接受劳动能力鉴定的；（3）拒绝治疗的。

9.5 劳动争议的解决

劳动争议又称劳动纠纷，在国外也称劳资纠纷或劳资争议，是指劳动关系双方当事人之间因实现劳动权利、履行劳动义务而发生的纠纷或争议。

1. 属于劳动争议纠纷的范围

根据《最高人民法院关于审理劳动争议案件适用法律问题的解释（一）》，劳动者与用人单位之间发生的下列纠纷，属于劳动争议，当事人不服劳动争议仲裁机构作出的裁决，依法提起诉讼的，人民法院应予受理：（1）劳动者与用人单位在履行劳动合同过程中发生的纠纷；（2）劳动者与用人单位之间没有订立书面劳动合同，但已形成劳动关系后发生的纠纷；（3）劳动者与用人单位因劳动关系是否已经解除或者终止，以及应否支付解除或者终止劳动关系经济补偿金发生的纠纷；（4）劳动者与用人单位解除或者终止劳动关系后，请求用人单位返还其收取的劳动合同定金、保证金、抵押金、抵押物发生的纠纷，或者办理劳动者的人事档案、社会保险关系等移转手续发生的纠纷；（5）劳动者以用人单位未为其办理社会保险手续，且社会保险经办机构不能补办导致其无法享受社会保险待遇为由，要求用人单位赔偿损失发生的纠纷；（6）劳动者退休后，与尚未参加社会保险统筹的原用人单位因追索养老金、医疗费、工伤保险待遇和其他社会保险待遇而发生的纠纷；（7）劳动者因为工伤、职业病，请求用人单位依法给予工伤保险待遇发生的纠纷；（8）劳动者依据劳动合同法第85条规定，要求用人单位支付加付赔偿金发生的纠纷；（9）因企业自主进行改制发生的纠纷。

2. 不属于劳动争议的纠纷

根据《最高人民法院关于审理劳动争议案件适用法律问题的解释（一）》，下列纠纷不属于劳动争议：（1）劳动者请求社会保险经办机构发放社会保险金的纠纷；（2）劳动者与用人单位因住房制度改革产生的公有住房转让纠纷；（3）劳动者对劳动能力鉴定委员会的伤残等级鉴定结论或者对职业病诊断鉴定委员会的职业病诊断鉴定结论的异议纠纷；（4）家庭或者个人与家政服务人员之间的纠纷；（5）个体工匠与帮工、学徒之间的纠纷；（6）农村承包经营户与受雇人之间的纠纷。

9.5.1 劳动争议调解

1. 《劳动争议调解仲裁法》的适用范围

我国境内的用人单位与劳动者发生的下列劳动争议，适用《劳动争议调解仲裁法》：（1）因确认劳动关系发生的争议；（2）因订立、履行、变更、解除和终止劳动合同发生的争议；（3）因除名、辞退和辞职、离职发生的争议；（4）因工作时间、休息休假、社会保险、福利、培训以及劳动保护发生的争议；（5）因劳动报酬、工伤医疗费、经济补偿或者赔偿金等发生的争议；（6）法律、法规规定的其他劳动争议。

2. 劳动争议处理的原则

《劳动争议调解仲裁法》规定，解决劳动争议，应当根据事实，遵循合法、公正、及时、着重调解的原则，依法保护当事人的合法权益。劳动争议处理原则包括三个方面：（1）坚持根据事实、实事求是，一切从具体实际出发；（2）坚持合法处理、维护公平，依法保护当事人的合法权益；（3）坚持高效便捷、及时调解，提高劳动争议处理的质效。

3. 调解组织的设立和构成

《劳动争议调解仲裁法》规定，劳动争议调解组织包括：（1）企业劳动争议调解委员会；（2）依法设立的基层人民调解组织；（3）在乡镇、街道设立的具有劳动争议调解职能的组织。

企业劳动争议调解委员会由职工代表和企业代表组成。职工代表由工会成员担任或者由全体职工推举产生，企业代表由企业负责人指定。企业劳动争议调解委员会主任由工会成员或者双方推举的人员担任。

4. 申请调解的程序

（1）调解程序的启动

劳动争议调解程序的启动有两种方式：一是当事人申请；二是调解委员会主动调解。

当事人申请是主要方式。劳动争议发生以后，如果当事人不愿协商、协商不成或者达成和解协议后，一方当事人在约定的期限内不履行和解协议的，就可以向劳动争议调解组织申请调解。当事人申请劳动争议调解可以书面申请也可以口头申请。申请内容应当包括申请人基本情况、调解请求、事实与理由；口头申请的，调解组织应当当场记录申请人基本情况、申请调解的争议事项、理由和时间。

当发生劳动争议且当事人没有提出调解申请时，调解委员会可以在征得双方当事人同意后主动调解。主动调解不以当事人申请为前提，但不得违背当事人意愿。

（2）调解的受理、调解并制作调解协议书

在当事人申请调解时，调解委员会接到调解申请后，对属于劳动争议受理范围且双方当事人同意调解的，应当在 3 个工作日内受理。对不属于劳动争议受理范围或者一方当事人不同意调解的，应当做好记录，并书面通知申请人。

受理之后进入正式调解程序。调解委员会根据案件情况指定调解员或者调解小组进行调解，在征得当事人同意后，也可以邀请有关单位和个人协助调解，调解员应当全面听取双方当事人的陈述，尽量帮助当事人自愿达成调解协议。

调解委员会调解劳动争议一般不公开进行，但双方当事人要求公开调解的除外。调解委员会调解劳动争议，应当自受理调解申请之日起 15 日内结束，但双方当事人同意延期的可以延长；在上述期限内未达成调解协议的，视为调解不成。

经调解达成调解协议的，由调解委员会制作调解协议书。调解协议书应写明双方当事人基本情况、调解请求事项、调解的结果和协议履行期限、履行方式等。调解协议书由双方当事人签名或者盖章，经调解员签名并加盖调解委员会印章后生效。调解协议书一式三份，双方当事人和调解委员会各执一份。

5. 调解协议书的效力

《劳动争议调解仲裁法》规定，调解协议生效后，对双方当事人具有约束力，当事人应当履行。此处的"约束力"，不是指调解协议具有强制执行的效果，而是指只能是劳动合同的约束力。达成调解协议后，如果一方当事人在协议约定期限内不履行调解协议，一方当事人一般不能请求人民法院强制对方执行，而只能依法申请仲裁。

9.5.2 劳动争议仲裁

1. 劳动争议仲裁委员会的设立、组成和职责

劳动争议仲裁委员会按照统筹规划、合理布局和适应实际需要的原则设立。省、自治区人民政府可以决定在市、县设立；直辖市人民政府可以决定在区、县设立。直辖市、设区的市也可以设立一个或者若干个劳动争议仲裁委员会。劳动争议仲裁委员会不按行政区划层层设立。

劳动争议仲裁委员会由劳动行政部门代表、工会代表和企业方面代表组成。劳动争议仲裁委员会组成人员应当是单数。

劳动争议仲裁委员会依法履行下列职责：① 聘任、解聘专职或者兼职仲裁员；② 受理劳动争议案件；③ 讨论重大或者疑难的劳动争议案件；④ 对仲裁活动进行监督。

劳动争议仲裁委员会下设办事机构，负责办理劳动争议仲裁委员会的日常工作。

2. 劳动争议仲裁的程序

1) 仲裁申请

《劳动争议调解仲裁法》规定，申请人申请仲裁应当提交书面仲裁申请，并按照被申请人人数提交副本。

仲裁申请书应当载明下列事项：① 劳动者的姓名、性别、年龄、职业、工作单位和住所，用人单位的名称、住所和法定代表人或者主要负责人的姓名、职务；② 仲裁请求和所根据的事实、理由；③ 证据和证据来源、证人姓名和住所。

书写仲裁申请确有困难的，可以口头申请，由劳动争议仲裁委员会记入笔录，并告知对方当事人。

2) 仲裁申请的受理

《劳动争议调解仲裁法》规定，劳动争议仲裁委员会收到仲裁申请之日起 5 日内，认为符合受理条件的，应当受理，并通知申请人；认为不符合受理条件的，应当书面通知申请人不予受理，并说明理由。对劳动争议仲裁委员会不予受理或者逾期未作出决定的，申请人可以就该劳动争议事项向人民法院提起诉讼。

3）开庭

（1）开庭通知与延期开庭。仲裁庭应当在开庭 5 日前，将开庭日期、地点书面通知双方当事人。当事人有正当理由的，可以在开庭 3 日前请求延期开庭。是否延期，由劳动争议仲裁委员会决定。

（2）视为撤回仲裁裁决和缺席裁决。申请人收到书面通知，无正当理由拒不到庭或者未经仲裁庭同意中途退庭的，可以视为撤回仲裁申请。被申请人收到书面通知，无正当理由拒不到庭或者未经仲裁庭同意中途退庭的，可以缺席裁决。

（3）鉴定。仲裁庭对专门性问题认为需要鉴定的，可以交由当事人约定的鉴定机构鉴定；当事人没有约定或者无法达成约定的，由仲裁庭指定的鉴定机构鉴定。根据当事人的请求或者仲裁庭的要求，鉴定机构应当派鉴定人参加开庭。当事人经仲裁庭许可，可以向鉴定人提问。

（4）质证、辩论、陈述最后意见。当事人在仲裁过程中有权进行质证和辩论。质证和辩论终结时，首席仲裁员或者独任仲裁员应当征询当事人的最后意见。

（5）证据及举证责任。当事人提供的证据经查证属实的，仲裁庭应当将其作为认定事实的根据。劳动者无法提供由用人单位掌握管理的与仲裁请求有关的证据，仲裁庭可以要求用人单位在指定期限内提供。用人单位在指定期限内不提供的，应当承担不利后果。

（6）仲裁庭审笔录。仲裁庭应当将开庭情况记入笔录。当事人和其他仲裁参加人认为对自己陈述的记录有遗漏或者差错的，有权申请补正。如果不予补正，应当记录该申请。笔录由仲裁员、记录人员、当事人和其他仲裁参加人签名或者盖章。

（7）当事人自行和解。当事人申请劳动争议仲裁后，可以自行和解。达成和解协议的，可以撤回仲裁申请。

（8）仲裁庭调解。仲裁庭在作出裁决前，应当先行调解。调解达成协议的，仲裁庭应当制作调解书。调解书应当写明仲裁请求和当事人协议的结果。调解书由仲裁员签名，加盖劳动争议仲裁委员会印章，送达双方当事人。调解书经双方当事人签收后，发生法律效力。调解不成或者调解书送达前，一方当事人反悔的，仲裁庭应当及时作出裁决。

4）裁决

（1）仲裁审理时限及先行裁决。仲裁庭裁决劳动争议案件，应当自劳动争议仲裁委员会受理仲裁申请之日起 45 日内结束。案情复杂需要延期的，经劳动争议仲裁委员会主任批准，可以延期并书面通知当事人，但是延长期限不得超过 15 日。逾期未作出仲裁裁决的，当事人可以就该劳动争议事项向人民法院提起诉讼。

仲裁庭裁决劳动争议案件时，其中一部分事实已经清楚，可以就该部分先行裁决。

（2）先予执行。仲裁庭对追索劳动报酬、工伤医疗费、经济补偿或者赔偿金的案件，根据当事人的申请，可以裁决先予执行，移送人民法院执行。仲裁庭裁决先予执行的，应当符合规定的条件：一是当事人之间权利义务关系明确；二是不先予执行将严重影响申请人的生活。

劳动者申请先予执行的，可以不提供担保。

（3）作出裁决。裁决应当按照多数仲裁员的意见作出，少数仲裁员的不同意见应当记入笔录。仲裁庭不能形成多数意见时，裁决应当按照首席仲裁员的意见作出。

裁决书应当载明仲裁请求、争议事实、裁决理由、裁决结果和裁决日期。裁决书由仲裁员签名，加盖劳动争议仲裁委员会印章。对裁决持不同意见的仲裁员，可以签名，也可以不签名。

下列劳动争议，除法律另有规定的外，仲裁裁决为终局裁决，裁决书自作出之日起发生法律效力：一是追索劳动报酬、工伤医疗费、经济补偿或者赔偿金，不超过当地月最低工资标准十二个月金额的争议；二是因执行国家的劳动标准在工作时间、休息休假、社会保险等方面发生的争议。

5）劳动争议的仲裁时效

《劳动争议调解仲裁法》规定，劳动争议申请仲裁的时效期间为 1 年。仲裁时效期间从当事人知道或者应当知道其权利被侵害之日起计算。

前述规定的仲裁时效，因当事人一方向对方当事人主张权利，或者向有关部门请求权利救济，或者对方当事人同意履行义务而中断，从中断时起，仲裁时效期间重新计算。

因不可抗力或者有其他正当理由，当事人不能在仲裁时效期间申请仲裁的，仲裁时效中止。从中止时效的原因消除之日起，仲裁时效期间继续计算。

劳动关系存续期间因拖欠劳动报酬发生争议的，劳动者申请仲裁不受规定的仲裁时效期间的限制；但是，劳动关系终止的，应当自劳动关系终止之日起 1 年内提出。

3. 劳动争议的多元化解决

坚持和完善共建共治共享的社会治理制度，充分发挥工会参与劳动争议协商调解职能作用，发挥人民法院在多元化纠纷解决机制改革中的引领、推动、保障作用，切实将非诉讼纠纷解决机制挺在前面的务实举措，有利于依法维护广大职工合法权益，积极预防和妥善化解劳动关系领域重大风险，优化法治营商环境，维护劳动关系和谐与社会稳定，最高人民法院、中华全国总工会出台了《最高人民法院、中华全国总工会关于在部分地区开展劳动争议多元化解试点工作的意见》。

第 10 章　建设工程争议解决法律制度

建设工程项目往往建设周期较长，参与主体众多，因此法律关系复杂。项目从前期准备、具体实施到验收、交付可能会产生各种争议，既包括施工企业、监理单位等平等民事主体之间有关财产、人身关系的民事争议，也包括各民事主体与行使国家行政权力的行政主体之间因行政许可、行政处罚等行政行为产生的行政争议。畅通纠纷解决渠道，深入推进矛盾多元化解机制，完善和解、调解、仲裁、复议、诉讼等有机衔接、相互协调的争议解决机制，是实现国家治理体系和治理能力现代化的重要内容。

第10章
看本章精讲课
配套章节自测

10.1　建设工程争议和解、调解制度

建设工程各方主体之间因人身、财产利益产生的民事争议，可以通过和解、调解、仲裁、诉讼等途径解决。和解和调解均是当事人自愿达成协议解决争议的方式。和解无需借助第三人的介入，而调解则是在第三人的主持、协调之下达成。

10.1.1　和解

纠纷发生后，当事人可以就关系自身财产、人身利益的事项作出让步、妥协，达成和解。和解是当事人对自身权利进行处分的表现。和解成本低、效率高，是自愿原则在民事纠纷解决中的体现。

民事诉讼的当事人可以在民事诉讼的任何阶段达成和解。《民事诉讼法》规定，双方当事人可以自行和解；在执行中，双方当事人可以自行和解达成协议，如义务人不履行和解协议的，人民法院可以根据当事人的申请，恢复对原生效法律文书的执行。

仲裁案件当事人可以在仲裁中达成和解。《仲裁法》规定，当事人达成和解协议的，可以请求仲裁庭根据和解协议作出裁决书，也可以撤回仲裁申请。当事人达成和解协议，撤回仲裁申请后反悔的，可以根据仲裁协议申请仲裁。

10.1.2　调解

1. 人民调解

《人民调解法》以法律的形式确立了人民调解制度。人民调解是指人民调解委员会通过说服、疏导等方法，促使当事人在平等协商基础上自愿达成调解协议，解决民间纠纷的活动。

人民调解委员会是依法设立的调解民间纠纷的群众性组织。人民调解应在当事人自愿、平等的基础上进行，不得违背法律、法规和国家政策；应当尊重当事人的权利，不得因调解而阻止当事人依法通过仲裁、行政、司法等途径维护自己的权利。人民调解

委员会调解民间纠纷，不收取任何费用。

经人民调解委员会调解达成调解协议的，可以制作调解协议书。当事人认为无需制作调解协议书的，可以采取口头协议方式，人民调解员应当记录协议内容。

经人民调解委员会调解达成的调解协议，具有法律约束力，当事人应当按照约定履行。经人民调解委员会调解达成调解协议后，当事人之间就调解协议的履行或者调解协议的内容发生争议的，一方当事人可以向人民法院提起诉讼。

经人民调解委员会调解达成调解协议后，双方当事人认为有必要的，可以自调解协议生效之日起30日内共同向人民法院申请司法确认，人民法院应当及时对调解协议进行审查，依法确认调解协议的效力。人民法院依法确认调解协议有效，一方当事人拒绝履行或者未全部履行的，对方当事人可以向人民法院申请强制执行。人民法院依法确认调解协议无效的，当事人可以通过人民调解方式变更原调解协议或者达成新的调解协议，也可以向人民法院提起诉讼。

综上，未经司法确认的人民调解协议对当事人有法律约束力，但不能作为司法强制执行的依据；经司法确认的人民调解协议，可以作为强制执行的依据。

2. 法院调解

法院调解，是指审判人员依据平等自愿原则，在事实清楚的基础上，分清是非，进行调解，促使双方当事人就诉争事项达成一致、解决纠纷的诉讼活动和结案方式。《民事诉讼法》第8章专章规定了调解制度。

1）法院调解的基本原则

人民法院调解案件，应当遵循自愿原则，当事人一方或者双方坚持不愿调解、调解未达成协议或者调解书送达前一方反悔的，人民法院应当及时判决。人民法院审理离婚案件，应当进行调解，但不应久调不决。

人民法院调解案件，应当遵循合法原则。调解协议的内容不得违反法律规定，不得损害第三人利益，需由无独立请求权的第三人承担责任的，应当经其同意。该第三人在调解书送达前反悔的，人民法院应当及时判决。当事人之间恶意串通，企图通过调解等方式侵害他人合法权益的，人民法院应当驳回其请求，并根据情节轻重予以罚款、拘留；构成犯罪的，依法追究刑事责任。

人民法院审理民事案件，除当事人同意公开的外，调解过程不公开；调解协议内容不公开，但为保护国家利益、社会公共利益、他人合法权益，人民法院认为确有必要公开的除外。主持调解以及参与调解的人员，对调解过程以及调解过程中获悉的国家秘密、商业秘密、个人隐私和其他不宜公开的信息，应当保守秘密，但为保护国家利益、社会公共利益、他人合法权益的除外。

2）调解协议

根据《民事诉讼法》及《最高人民法院关于适用〈中华人民共和国民事诉讼法〉的解释》（以下简称《民诉法解释》）规定，调解达成协议，人民法院应当制作调解书。调解书经双方当事人签收后，即具有法律效力。最后收到调解书的当事人签收的日期为调解书生效日期。

下列案件调解达成协议，人民法院可以不制作调解书：（1）调解和好的离婚案件；（2）调解维持收养关系的案件；（3）能够即时履行的案件；（4）其他不需要制作调解书的案件。对不需要制作调解书的协议,应当记入笔录,由双方当事人、审判人员、书记员签名或者盖章后,即具有法律效力。

当事人自行和解或者调解达成协议后,请求人民法院按照和解协议或者调解协议的内容制作判决书的,人民法院不予准许。

适用特别程序、督促程序、公示催告程序的案件,婚姻等身份关系确认案件以及其他根据案件性质不能进行调解的案件,不得调解。

3. 仲裁调解

根据《仲裁法》,仲裁庭在作出裁决前,可以先行调解。当事人自愿调解的,仲裁庭应当调解。调解不成的,应当及时作出裁决。

调解达成协议的,仲裁庭应当制作调解书或者根据协议的结果制作裁决书。调解书与裁决书具有同等法律效力。调解书经双方当事人签收后,即发生法律效力。在调解书签收前当事人反悔的,仲裁庭应当及时作出裁决。

10.2 仲裁制度

10.2.1 仲裁协议

仲裁协议是当事人将争议提交仲裁解决的前提和基础,既是取得仲裁管辖权并排斥司法管辖权的依据,也是仲裁裁决得以作出和执行的根据。

1. 仲裁协议的概念和特征

仲裁协议是当事人之间达成的,旨在将其间业已发生或将来可能产生于特定法律关系的争议提交仲裁解决的书面协议。仲裁协议包括合同中订立的仲裁条款和以其他书面方式在纠纷发生前或者纠纷发生后达成的请求仲裁的协议。合同中的仲裁条款和独立的仲裁协议这两种类型,都属于仲裁协议。仲裁协议的特征包括:

(1)仲裁协议必须以书面形式作出。仲裁协议应当采用书面形式,口头方式达成的仲裁意思表示无效。《最高人民法院关于适用〈中华人民共和国仲裁法〉若干问题的解释》规定,仲裁法规定的"其他书面形式"的仲裁协议,包括以合同书、信件和数据电文(包括电报、电传、传真、电子数据交换和电子邮件)等形式达成的请求仲裁的协议。

(2)仲裁协议具有自治性和合意性。仲裁协议与其他协议的共同之处,是当事人之间自愿就某一事项达成一致的意思表示。当事人采用仲裁方式解决纠纷,应当双方自愿,达成仲裁协议。没有仲裁协议,一方申请仲裁的,仲裁委员会不予受理。

(3)仲裁协议的内容是对纠纷解决途径的处分。仲裁协议所处分的是已经产生或将来可能产生的纠纷的解决途径,并不直接对民事权益产生影响。仲裁协议是当事人申请仲裁、排除法院管辖的依据。当事人达成仲裁协议,一方向人民法院起诉的,人民法院不予受理,但仲裁协议无效的除外。

(4)仲裁协议的主体具有缔约能力,仲裁协议只能由有利害关系的双方当事人或其合格的代理人订立,否则双方当事人不受该仲裁协议约束。无民事行为能力人或者限制民事行为能力人订立的仲裁协议无效。

(5)仲裁协议所处分的客体范围受一定程度的法律限制,并非所有的争议都能够提交仲裁解决。《仲裁法》规定，平等主体的公民、法人和其他组织之间发生的合同纠纷和其他财产权益纠纷，可以仲裁。下列纠纷不能仲裁：① 婚姻、收养、监护、扶养、继承纠纷；② 依法应当由行政机关处理的行政争议。

（6）仲裁协议具有相对独立性。仲裁协议独立存在，合同的变更、解除、终止或者无效，不影响仲裁协议的效力。

2. 仲裁协议的内容

仲裁协议应当具有下列内容：① 请求仲裁的意思表示；② 仲裁事项；③ 选定的仲裁委员会。这三项内容必须同时具备，仲裁协议才能有效。

1）请求仲裁的意思表示

仲裁是当事人协议选择的一种纠纷解决方式，因此当事人必须将该意思表示在仲裁协议中体现出来。请求仲裁的意思表示应当具备民事法律行为有效条件：首先，它必须是当事人双方共同的意思表示，而不是单方当事人的意思表示；其次，它应当是当事人双方真实的意思表示而不存在胁迫、欺诈、重大误解等情形。在仲裁实践中，为了避免对此问题发生争议，各仲裁机构的示范仲裁条款中通常都会对此作出规定。例如，中国国际经济贸易仲裁委员会的示范条款是，凡因本合同引起的或与本合同有关的任何争议，均应提交中国国际经济贸易仲裁委员会，按照申请仲裁时该会现行有效的仲裁规则进行仲裁，仲裁裁决是终局的，对双方均有约束力。

2）仲裁事项

仲裁事项，是指当事人在仲裁协议中约定的、通过仲裁解决的争议的内容。它直接决定了仲裁机构管辖权的范围，仲裁机构只能在仲裁协议约定的仲裁事项范围内进行裁决。超出此范围所作的仲裁裁决，经一方当事人申请，法院可以撤销或者不予执行。《仲裁法》规定，仲裁协议对仲裁事项没有约定或者约定不明确的，并非自然无效，此时当事人可以签订补充协议；达不成补充协议的，仲裁协议无效。

《最高人民法院关于适用〈中华人民共和国仲裁法〉若干问题的解释》规定，当事人概括约定仲裁事项为合同争议的，基于合同成立、效力、变更、转让、履行、违约责任、解释、解除等产生的纠纷都可以认定为仲裁事项。

3）选定的仲裁委员会

我国实行机构仲裁，选定仲裁委员会被仲裁法规定为仲裁协议的重要内容之一。仲裁协议中有关仲裁委员会的约定，原则上应当明确、具体，即根据仲裁协议的内容就能确定某一具体的仲裁委员会对仲裁事项具有管辖权。《仲裁法》第 18 条规定，仲裁协议对仲裁委员会没有约定或者约定不明确的，当事人可以签订补充协议；达不成补充协议的，仲裁协议无效。

根据《最高人民法院关于适用〈中华人民共和国仲裁法〉若干问题的解释》，仲裁协议约定的仲裁机构名称不准确，但能够确定具体的仲裁机构的，应当认定选定了仲裁机构。仲裁协议仅约定纠纷适用的仲裁规则的，视为未约定仲裁机构，但当事人达成补充协议或者按照约定的仲裁规则能够确定仲裁机构的除外。仲裁协议约定两个以上仲裁机构的，当事人可以协议选择其中的一个仲裁机构申请仲裁；当事人不能就仲裁机构选择达成一致的，仲裁协议无效。仲裁协议约定由某地的仲裁机构仲裁且该地仅有一个仲裁机构的，该仲裁机构视为约定的仲裁机构。该地有两个以上仲裁机构的，当事人可以协议选择其中的一个仲裁机构申请仲裁；当事人不能就仲裁机构选择达成一致的，仲裁协议无效。

4）仲裁地点

仲裁地点由当事人在仲裁协议中自行约定，或者依据仲裁所适用的仲裁规则确定。我国现行《仲裁法》中并没有将约定仲裁地点列为仲裁协议的基本内容，当事人选择常设的仲裁机构时，如果没有其他约定，就意味着由该仲裁委员会在其所在地进行仲裁，因此，仲裁地点就是仲裁委员会所在的地点。仲裁地点对于仲裁协议的重要意义在于，在涉外仲裁中它可能决定解决争议所适用的准据法，影响仲裁裁决的承认与执行。因此，在涉外仲裁实践中，当事人在仲裁协议中对仲裁地点作出约定尤为重要。

3. 仲裁协议的效力

1）仲裁协议对当事人的效力

由于仲裁协议以纠纷的解决方式为内容，对当事人的拘束力主要为当就仲裁事项发生争议时，任何一方均无权选择仲裁以外的救济途径，而只能向仲裁机构申请仲裁。仲裁协议对当事人的效力范围通常仅限于签订仲裁协议的当事人，而不及于第三人。

2）仲裁协议对仲裁机构的效力

仲裁协议是仲裁机构受理仲裁案件的基础，是仲裁庭审理和裁决的依据。《仲裁法》规定，当事人采用仲裁方式解决纠纷，应当双方自愿，达成仲裁协议。没有仲裁协议，一方申请仲裁的，仲裁委员会不予受理。同时，仲裁协议也限制仲裁的范围，仲裁庭只能对当事人在仲裁协议中约定的仲裁事项进行仲裁，对仲裁协议约定范围之外的其他争议无权仲裁。

3）仲裁协议对法院的效力

仲裁协议同样对法院具有拘束力，具体表现为排除法院对仲裁事项的诉讼管辖权。当事人将仲裁协议中约定的争议诉诸法院时，法院无权受理。《仲裁法》规定，当事人达成仲裁协议，一方向人民法院起诉的，人民法院不予受理，但仲裁协议无效的除外。当事人达成仲裁协议，一方向人民法院起诉未声明有仲裁协议，人民法院受理后，另一方在首次开庭前提交仲裁协议的，人民法院应当驳回起诉，但仲裁协议无效的除外；另一方在首次开庭前未对人民法院受理该案提出异议的，视为放弃仲裁协议，人民法院应当继续审理。《最高人民法院关于适用〈中华人民共和国仲裁法〉若干问题的解释》第13条进一步规定，当事人在仲裁庭首次开庭前没有对仲裁协议的效力提出异议，而后向人民法院申请确认仲裁协议无效的，人民法院不予受理。仲裁机构对仲裁协议的效力作出决定后，当事人向人民法院申请确认仲裁协议效力或者申请撤销仲裁机构的决定的，人民法院不予受理。此外，仲裁协议对法院管辖权的排除效力还表现在，仲裁实行一裁终局的制度。裁决作出后，当事人就同一纠纷再申请仲裁或者向人民法院起诉的，仲裁委员会或者人民法院不予受理。裁决被人民法院依法裁定撤销或者不予执行的，当事人就该纠纷可以根据双方重新达成的仲裁协议申请仲裁，也可以向人民法院起诉。

4）仲裁协议的独立性

仲裁协议独立存在，合同的变更、解除、终止或者无效，以及合同成立后未生效、被撤销等，均不影响仲裁协议的效力。有下列情形之一的，仲裁协议无效：① 约定的仲裁事项超出法律规定的仲裁范围的；② 无民事行为能力人或者限制民事行为能力人订立的仲裁协议；③一方采取胁迫手段，迫使对方订立仲裁协议的。

5）仲裁协议效力的确认

当事人对仲裁协议的效力有异议的，可以请求仲裁委员会作出决定或者请求人民法院作出裁定。一方请求仲裁委员会作出决定，另一方请求人民法院作出裁定的，由人民法院裁定。当事人对仲裁协议的效力有异议，应当在仲裁庭首次开庭前提出。

《最高人民法院关于适用〈中华人民共和国仲裁法〉若干问题的解释》规定，当事人向人民法院申请确认仲裁协议效力的案件，由仲裁协议约定的仲裁机构所在地的中级人民法院管辖；仲裁协议约定的仲裁机构不明确的，由仲裁协议签订地或者被申请人住所地的中级人民法院管辖。申请确认涉外仲裁协议效力的案件，由仲裁协议约定的仲裁机构所在地、仲裁协议签订地、申请人或者被申请人住所地的中级人民法院管辖。涉及海事海商纠纷仲裁协议效力的案件，由仲裁协议约定的仲裁机构所在地、仲裁协议签订地、申请人或者被申请人住所地的海事法院管辖；上述地点没有海事法院的，由就近的海事法院管辖。

10.2.2 仲裁的申请和受理

1. 仲裁的申请

当事人申请仲裁应当符合下列条件：（1）有仲裁协议；（2）有具体的仲裁请求和事实、理由；（3）属于仲裁委员会的受理范围。

当事人申请仲裁，应当向仲裁委员会递交仲裁协议、仲裁申请书及副本。仲裁申请书应当载明下列事项：（1）当事人的姓名、性别、年龄、职业、工作单位和住所，法人或者其他组织的名称、住所和法定代表人或者主要负责人的姓名、职务；（2）仲裁请求和所根据的事实、理由；（3）证据和证据来源、证人姓名和住所。

2. 仲裁的受理

仲裁委员会收到仲裁申请书之日起 5 日内，认为符合受理条件的，应当受理，并通知当事人；认为不符合受理条件的，应当书面通知当事人不予受理，并说明理由。仲裁委员会受理仲裁申请后，应当在仲裁规则规定的期限内将仲裁规则和仲裁员名册送达申请人，并将仲裁申请书副本和仲裁规则、仲裁员名册送达被申请人。被申请人收到仲裁申请书副本后，应当在仲裁规则规定的期限内向仲裁委员会提交答辩书。仲裁委员会收到答辩书后，应当在仲裁规则规定的期限内将答辩书副本送达申请人。被申请人未提交答辩书的，不影响仲裁程序的进行。

当事人、法定代理人可以委托律师和其他代理人进行仲裁活动。委托律师和其他代理人进行仲裁活动的，应当向仲裁委员会提交授权委托书。

10.2.3 仲裁庭的组成、开庭和裁决

1. 仲裁庭的组成

《仲裁法》规定，仲裁庭可以由 3 名仲裁员或者 1 名仲裁员组成。在我国，仲裁庭的组成形式有两种，即合议仲裁庭和独任仲裁庭。

1）合议仲裁庭

合议仲裁庭，是指由 3 名仲裁员组成的仲裁庭，即以集体合议的方式对当事人交

付仲裁的争议事项进行审理并作出裁决。由3名仲裁员组成的合议仲裁庭，设首席仲裁员。当事人约定由3名仲裁员组成仲裁庭的，应当各自选定或者各自委托仲裁委员会主任指定1名仲裁员，第3名仲裁员由当事人共同选定或者共同委托仲裁委员会主任指定。第3名仲裁员是首席仲裁员。

2) 独任仲裁庭

独任仲裁庭，是指由1名仲裁员组成的仲裁庭，即由1名仲裁员组成仲裁庭对当事人交付仲裁的争议事项进行审理并作出裁决。独任仲裁是仲裁协议及案件当事人依意思自治原则行使选择权的结果。当事人约定由一名仲裁员成立仲裁庭的，应当由当事人共同选定或者共同委托仲裁委员会主任指定仲裁员。当事人没有在仲裁规则规定的期限内约定仲裁庭的组成方式或者选定仲裁员的，由仲裁委员会主任指定。仲裁庭组成后，仲裁委员会应当将仲裁庭的组成情况书面通知当事人。

3) 仲裁员回避情形

仲裁员有下列情形之一的，必须回避，当事人也有权提出回避申请：① 是本案当事人或者当事人、代理人的近亲属；② 与本案有利害关系；③ 与本案当事人、代理人有其他关系，可能影响公正仲裁的；④ 私自会见当事人、代理人，或者接受当事人、代理人的请客送礼的。

当事人提出回避申请，应当说明理由，在首次开庭前提出。回避事由在首次开庭后知道的，可以在最后一次开庭终结前提出。仲裁员是否回避，由仲裁委员会主任决定；仲裁委员会主任担任仲裁员时，由仲裁委员会集体决定。仲裁员因回避或者其他原因不能履行职责的，应当依照规定重新选定或者指定仲裁员。因回避而重新选定或者指定仲裁员后，当事人可以请求已进行的仲裁程序重新进行，是否准许，由仲裁庭决定；仲裁庭也可以自行决定已进行的仲裁程序是否重新进行。

2. 开庭

仲裁应当开庭进行。当事人协议不开庭的，仲裁庭可以根据仲裁申请书、答辩书以及其他材料作出裁决。仲裁不公开进行。当事人协议公开的，可以公开进行，但涉及国家秘密的除外。

仲裁委员会应当在仲裁规则规定的期限内将开庭日期通知双方当事人。当事人有正当理由的，可以在仲裁规则规定的期限内请求延期开庭。是否延期，由仲裁庭决定。申请人经书面通知，无正当理由不到庭或者未经仲裁庭许可中途退庭的，可以视为撤回仲裁申请。被申请人经书面通知，无正当理由不到庭或者未经仲裁庭许可中途退庭的，可以缺席裁决。

当事人应当对自己的主张提供证据。仲裁庭认为有必要收集的证据，可以自行收集。仲裁庭对专门性问题认为需要鉴定的，可以交由当事人约定的鉴定部门鉴定，也可以由仲裁庭指定的鉴定部门鉴定。根据当事人的请求或者仲裁庭的要求，鉴定部门应当派鉴定人参加开庭。当事人经仲裁庭许可，可以向鉴定人提问。证据应当在开庭时出示，当事人可以质证。在证据可能灭失或者以后难以取得的情况下，当事人可以申请证据保全。当事人申请证据保全的，仲裁委员会应当将当事人的申请提交证据所在地的基层人民法院。

当事人在仲裁过程中有权进行辩论。辩论终结时，首席仲裁员或者独任仲裁员应当征询当事人的最后意见。仲裁庭应当将开庭情况记入笔录。当事人和其他仲裁参与人认为对自己陈述的记录有遗漏或者差错的,有权申请补正。如果不予补正,应当记录该申请。笔录由仲裁员、记录人员、当事人和其他仲裁参与人签名或者盖章。

3. 裁决

1) 仲裁和解与调解

当事人申请仲裁后,可以自行和解。达成和解协议的,可以请求仲裁庭根据和解协议作出裁决书,也可以撤回仲裁申请。当事人达成和解协议,撤回仲裁申请后反悔的,可以根据仲裁协议申请仲裁。

仲裁庭在作出裁决前,可以先行调解。当事人自愿调解的,仲裁庭应当调解。调解不成的,应当及时作出裁决。调解达成协议的,仲裁庭应当制作调解书或者根据协议的结果制作裁决书。调解书与裁决书具有同等法律效力。调解书应当写明仲裁请求和当事人协议的结果。调解书由仲裁员签名,加盖仲裁委员会印章,送达双方当事人。调解书经双方当事人签收后,即发生法律效力。在调解书签收前当事人反悔的,仲裁庭应当及时作出裁决。

2) 仲裁裁决

裁决应当按照多数仲裁员的意见作出,少数仲裁员的不同意见可以记入笔录。仲裁庭不能形成多数意见时,裁决应当按照首席仲裁员的意见作出。裁决书应当写明仲裁请求、争议事实、裁决理由、裁决结果、仲裁费用的负担和裁决日期。当事人协议不愿写明争议事实和裁决理由的,可以不写。裁决书由仲裁员签名,加盖仲裁委员会印章。对裁决持不同意见的仲裁员,可以签名,也可以不签名。

仲裁庭仲裁纠纷时,其中一部分事实已经清楚,可以就该部分先行裁决。对裁决书中的文字、计算错误或者仲裁庭已经裁决但在裁决书中遗漏的事项,仲裁庭应当补正;当事人自收到裁决书之日起 30 日内,可以请求仲裁庭补正。裁决书自作出之日起发生法律效力。

3) 申请撤销裁决

当事人提出证据证明裁决有下列情形之一的,可以向仲裁委员会所在地的中级人民法院申请撤销裁决:① 没有仲裁协议的;② 裁决的事项不属于仲裁协议的范围或者仲裁委员会无权仲裁的;③ 仲裁庭的组成或者仲裁的程序违反法定程序的;④ 裁决所根据的证据是伪造的;⑤ 对方当事人隐瞒了足以影响公正裁决的证据的;⑥ 仲裁员在仲裁该案时有索贿受贿,徇私舞弊,枉法裁决行为的。人民法院经组成合议庭审查核实裁决有上述规定情形之一的,应当裁定撤销。人民法院认定该裁决违背社会公共利益的,应当裁定撤销。

当事人申请撤销裁决的,应当自收到裁决书之日起 6 个月内提出。人民法院应当在受理撤销裁决申请之日起 2 个月内作出撤销裁决或者驳回申请的裁定。人民法院受理撤销裁决的申请后,认为可以由仲裁庭重新仲裁的,通知仲裁庭在一定期限内重新仲裁,并裁定中止撤销程序。仲裁庭拒绝重新仲裁的,人民法院应当裁定恢复撤销程序。

4) 仲裁裁决执行

对依法设立的仲裁机构的裁决,一方当事人不履行的,对方当事人可以向有管辖权的人民法院申请执行。受申请的人民法院应当执行。当事人申请执行仲裁裁决案件，由被执行人住所地或者被执行的财产所在地的中级人民法院管辖。

申请仲裁裁决强制执行必须在法律规定的期限内提出。《民事诉讼法》规定，申请执行的期间为2年。申请执行时效的中止、中断，适用法律有关诉讼时效中止、中断的规定。上述规定的期间，从法律文书规定履行期间的最后一日起计算；法律文书规定分期履行的，从最后一期履行期限届满之日起计算；法律文书未规定履行期间的，从法律文书生效之日起计算。

5）不予执行仲裁裁决

《民事诉讼法》规定，被申请人提出证据证明仲裁裁决有下列情形之一的，经人民法院组成合议庭审查核实，裁定不予执行：① 当事人在合同中没有订有仲裁条款或者事后没有达成书面仲裁协议的；② 裁决的事项不属于仲裁协议的范围或者仲裁机构无权仲裁的；③ 仲裁庭的组成或者仲裁的程序违反法定程序的；④ 裁决所根据的证据是伪造的；⑤ 对方当事人向仲裁机构隐瞒了足以影响公正裁决的证据的；⑥ 仲裁员在仲裁该案时有贪污受贿，徇私舞弊，枉法裁决行为的。

人民法院认定执行该裁决违背社会公共利益的，裁定不予执行。裁定书应当送达双方当事人和仲裁机构。仲裁裁决被人民法院裁定不予执行的，当事人可以根据双方达成的书面仲裁协议重新申请仲裁，也可以向人民法院起诉。一方当事人申请执行裁决，另一方当事人申请撤销裁决的，人民法院应当裁定中止执行。人民法院裁定撤销裁决的，应当裁定终结执行。撤销裁决的申请被裁定驳回的，人民法院应当裁定恢复执行。

10.3 民事诉讼制度

平等主体的公民之间、法人之间、其他组织之间以及他们相互之间因财产关系和人身关系提起的诉讼，为民事诉讼，适用《民事诉讼法》的规定。《民事诉讼法》旨在保护当事人行使诉讼权利，保证人民法院查明事实，分清是非，正确适用法律，及时审理民事案件，确认民事权利义务关系，制裁民事违法行为，保护当事人的合法权益，教育公民自觉遵守法律，维护社会秩序、经济秩序，保障社会主义建设事业顺利进行。

10.3.1 民事诉讼的法院管辖

我国设立最高人民法院、地方各级人民法院和军事法院等专门人民法院，是国家审判机关，行使审判权。最高人民法院是最高审判机关，地方各级人民法院分为高级人民法院、中级人民法院和基层人民法院。最高人民法院监督地方各级人民法院和专门人民法院的审判工作，上级人民法院监督下级人民法院的审判工作。

民事诉讼中的管辖是确定各级法院和同级法院受理第一审民事案件的分工和权限的制度，包括级别管辖、地域管辖、移送管辖和指定管辖等。确定管辖，既要充分考虑方便当事人进行诉讼，便于法院行使审判权，也要兼顾各级法院的职能和工作负担。

1. 级别管辖

级别管辖是确定各级人民法院之间审理第一审民事案件的分工和权限的管辖制度。

基层人民法院数量多，分布广，贴近人民群众，除法律另有规定外，第一审民事案件由基层人民法院管辖。基层人民法院根据地区、人口和案件情况，可以设立若干人民法庭。人民法庭是基层人民法院的组成部分。人民法庭的判决和裁定即基层人民法院的判决和裁定。

中级人民法院管辖下列第一审民事案件：（1）重大涉外案件；（2）在本辖区有重大影响的案件；（3）最高人民法院确定由中级人民法院管辖的案件。其中，重大涉外案件包括争议标的额大的案件、案情复杂的案件，或者一方当事人人数众多等具有重大影响的案件。

高级人民法院管辖在本辖区有重大影响的第一审民事案件。

最高人民法院管辖下列第一审民事案件：（1）在全国有重大影响的案件；（2）认为应当由本院审理的案件。

前述所谓"重大"案件，根据案件性质、争议金额、繁简程度、影响范围等因素确定。《最高人民法院关于调整高级人民法院和中级人民法院管辖第一审民事案件标准的通知》（法发〔2019〕14号）《最高人民法院关于调整中级人民法院管辖第一审民事案件标准的通知》（法发〔2021〕27号）对应由中级人民法院、高级人民法院管辖的第一审民事案件的具体标准做了规定。

2. 地域管辖

地域管辖是按照法院辖区来确定同级法院之间受理第一审民事案件的分工和权限的一种管辖制度。

1）一般地域管辖

一般地域管辖，是以当事人所在地确定管辖的制度，其基本原则为"原告就被告"。《民事诉讼法》第22条规定，对公民提起的民事诉讼，由被告住所地人民法院管辖；被告住所地与经常居住地不一致的，由经常居住地人民法院管辖。对法人或者其他组织提起的民事诉讼，由被告住所地人民法院管辖。同一诉讼的几个被告住所地、经常居住地在两个以上人民法院辖区的，各该人民法院都有管辖权。

根据《民诉法解释》规定，公民住所地是指公民的户籍所在地，公民的经常居住地是指公民离开住所地至起诉时已连续居住1年以上的地方，但公民住院就医的地方除外；法人或者非法人组织的住所地是指法人或者非法人组织的主要办事机构所在地，法人或者非法人组织的主要办事机构所在地不能确定的，法人或者非法人组织的注册地或者登记地为住所。

对被告住所地不易确定或不宜进行管辖的案件，作为一般地域管辖的例外情形，可由原告住所地法院管辖。《民事诉讼法》规定，下列民事诉讼，由原告住所地人民法院管辖；原告住所地与经常居住地不一致的，由原告经常居住地人民法院管辖：（1）对不在中华人民共和国领域内居住的人提起的有关身份关系的诉讼；（2）对下落不明或者宣告失踪的人提起的有关身份关系的诉讼；（3）对被采取强制性教育措施的人提起的诉讼；（4）对被监禁的人提起的诉讼。

2）特殊地域管辖

（1）合同诉讼的管辖

因合同纠纷提起的诉讼，由被告住所地或合同履行地人民法院管辖。合同履行地的确定，常常成为管辖争议的焦点。《民诉法解释》对以下几种情形的合同履行地的确定做了解释。合同约定履行地点的，以约定的履行地点为合同履行地。合同对履行地点没有约定或者约定不明确，争议标的为给付货币的，接收货币一方所在地为合同履行地；交付不动产的，不动产所在地为合同履行地；其他标的，履行义务一方所在地为合同履行地。即时结清的合同，交易行为地为合同履行地。合同没有实际履行，当事人双方住所地都不在合同约定的履行地的，由被告住所地人民法院管辖。

财产租赁合同、融资租赁合同以租赁物使用地为合同履行地。合同对履行地有约定的，从其约定。以信息网络方式订立的买卖合同，通过信息网络交付标的的，以买受人住所地为合同履行地；通过其他方式交付标的的，收货地为合同履行地。合同对履行地有约定的，从其约定。

《民事诉讼法》规定，因保险合同纠纷提起的诉讼，由被告住所地或者保险标的物所在地人民法院管辖。《民诉法解释》进一步解释，因财产保险合同纠纷提起的诉讼，如果保险标的物是运输工具或者运输中的货物，可以由运输工具登记注册地、运输目的地、保险事故发生地人民法院管辖。

因人身保险合同纠纷提起的诉讼，可以由被保险人住所地人民法院管辖。

（2）专属管辖

根据《民事诉讼法》及《民诉法司法解释》，下列案件由人民法院专属管辖：

① 因不动产纠纷提起的诉讼，由不动产所在地人民法院管辖；农村土地承包经营合同纠纷、房屋租赁合同纠纷、建设工程施工合同纠纷、政策性房屋买卖合同纠纷，按照不动产纠纷确定管辖。不动产已登记的，以不动产登记簿记载的所在地为不动产所在地；不动产未登记的，以不动产实际所在地为不动产所在地。② 因港口作业中发生纠纷提起的诉讼，由港口所在地人民法院管辖。③ 因继承遗产纠纷提起的诉讼，由被继承人死亡时住所地或者主要遗产所在地人民法院管辖。

（3）侵权行为诉讼的管辖

因侵权行为提起的诉讼，由侵权行为地或者被告住所地人民法院管辖。

3. 协议管辖

根据《民事诉讼法》，合同或者其他财产权益纠纷的当事人可以书面协议选择被告住所地、合同履行地、合同签订地、原告住所地、标的物所在地等与争议有实际联系的地点的人民法院管辖，但不得违反《民事诉讼法》对级别管辖和专属管辖的规定。协议管辖是意思自治在民事诉讼中的体现。需要注意的是，当事人约定的管辖法院仅限于列明的法定范围的法院。前述列明的5个法院，均为与争议有实际联系的地点的法院，旨在方便当事人诉讼，方便人民法院查明案件。协议管辖应采用书面形式，仅适用于第一审程序。

4. 多个管辖权法院并存时的管辖确定

根据《民事诉讼法》，两个以上人民法院都有管辖权的诉讼，原告可以向其中一个人民法院起诉；原告向两个以上有管辖权的人民法院起诉的，由最先立案的人民法院管辖。

5. 移送管辖和指定管辖

根据《民事诉讼法》，人民法院发现受理的案件不属于本院管辖的，应当移送有管辖权的人民法院，受移送的人民法院应当受理。受移送的人民法院认为受移送的案件依照规定不属于本院管辖的，应当报请上级人民法院指定管辖，不得再自行移送。受移送的人民法院不得再行移送，旨在避免各法院之间相互推诿，损害当事人诉权。

《民事诉讼法》规定，有管辖权的人民法院由于特殊原因，不能行使管辖权的，由上级人民法院指定管辖。人民法院之间因管辖权发生争议，由争议双方协商解决；协商解决不了的，报请它们的共同上级人民法院指定管辖。前述特殊原因，是指该院全体法官均需回避，或者该院辖区发生了不可抗力等情形无法审理案件等。

《民事诉讼法》规定，上级人民法院有权审理下级人民法院管辖的第一审民事案件；确有必要将本院管辖的第一审民事案件交下级人民法院审理的，应当报请其上级人民法院批准。

下级人民法院对它所管辖的第一审民事案件，认为需要由上级人民法院审理的，可以报请上级人民法院审理。

6. 管辖权的异议

《民事诉讼法》规定，人民法院受理案件后，当事人对管辖权有异议的，应当在提交答辩状期间提出。人民法院对当事人提出的异议，应当审查。异议成立的，裁定将案件移送有管辖权的人民法院；异议不成立的，裁定驳回。当事人未提出管辖异议，并应诉答辩或者提出反诉的，视为受诉人民法院有管辖权，但违反级别管辖和专属管辖规定的除外，该规定被称为"应诉答辩"，即虽然受诉法院对案件无管辖权，但被告以实体答辩的方式应诉或者提出反诉，则视为当事人以行为的方式就管辖事项达成了一致。

当事人不服地方人民法院管辖异议裁定的，有权在裁定书送达之日起 10 日内向上一级人民法院提起上诉。

10.3.2 民事审判组织、诉讼参加人

1. 民事审判组织

《民事诉讼法》第 10 条规定："人民法院审理民事案件，依照法律规定实行合议、回避、公开审判和两审终审制度。"

1）合议制度

人民法院审理案件的组织形式分合议制和独任制两种。合议制是由审判员、人民陪审员共同组成合议庭或者由审判员组成合议庭进行审理的审判组织形式。独任制是由审判员一人独任审理的审判组织形式。合议制是人民法院审理案件的基本组织形式，除了法律规定应当适用或可以适用独任制审判案件的特定情形外，均应组成合议庭对案件进行审判。

依据《民事诉讼法》，独任制主要适用于以下情形：（1）依简易程序审理的民事案件。（2）基层法院审理的基本事实清楚、权利义务关系明确的第一审民事案件。（3）中级人民法院对第一审适用简易程序审结或者不服裁定提起上诉的，事实清楚、权利义务关系明确，经双方当事人同意的第二审民事案件。

下列民事案件，不得由审判员一人独任审理：（1）涉及国家利益、社会公共利益的案件；（2）涉及群体性纠纷，可能影响社会稳定的案件；（3）人民群众广泛关注或者其他社会影响较大的案件；（4）属于新类型或者疑难复杂的案件；（5）法律规定应当组

成合议庭审理的案件；（6）其他不宜由审判员一人独任审理的案件。

合议庭评议案件，实行少数服从多数的原则。评议应当制作笔录，由合议庭成员签名。评议中的不同意见，必须如实记入笔录。

2）回避制度

回避制度，是指在民事诉讼活动中，审判人员及其他有关人员与正在审理的案件有利害关系时，应当依法退出案件审理的制度。回避制度是保证案件公正审理、消除人民群众顾虑、增加司法公信力的重要制度。《民事诉讼法》《民诉法解释》对依法应当回避的人员、情形和程序做了规定。

（1）自行回避

根据《民诉法解释》，审判人员有下列情形之一的，应当自行回避，当事人有权申请其回避：① 是本案当事人或者当事人近亲属的；② 本人或者其近亲属与本案有利害关系的；③ 担任过本案的证人、鉴定人、辩护人、诉讼代理人、翻译人员的；④ 是本案诉讼代理人近亲属的；⑤ 本人或者其近亲属持有本案非上市公司当事人的股份或者股权的；⑥ 与本案当事人或者诉讼代理人有其他利害关系，可能影响公正审理的。

（2）申请回避

当事人有权对前述《民诉法解释》规定的情形申请回避。此外，根据《民诉法解释》，审判人员有下列情形之一的，当事人有权申请其回避：① 接受本案当事人及其受托人宴请，或者参加由其支付费用的活动的；② 索取、接受本案当事人及其受托人财物或者其他利益的；③ 违反规定会见本案当事人、诉讼代理人的；④ 为本案当事人推荐、介绍诉讼代理人，或者为律师、其他人员介绍代理本案的；⑤ 向本案当事人及其受托人借用款物的；⑥ 有其他不正当行为，可能影响公正审理的。

审判人员，包括参与本案审理的人民法院院长、副院长、审判委员会委员、庭长、副庭长、审判员和人民陪审员。依据《民事诉讼法》规定，法官助理、书记员、司法技术人员、翻译人员、鉴定人、勘验人适用审判人员回避的有关规定。

审判人员有应当回避的情形，没有自行回避，当事人也没有申请其回避的，由院长或者审判委员会决定其回避。

院长担任审判长或者独任审判员时的回避，由审判委员会决定；审判人员的回避，由院长决定；其他人员的回避，由审判长或者独任审判员决定。

人民法院对当事人提出的回避申请，应当在申请提出的三日内，以口头或者书面形式作出决定。申请人对决定不服的，可以在接到决定时申请复议一次。复议期间，被申请回避的人员，不停止参与本案的工作。人民法院对复议申请，应当在3日内作出复议决定，并通知复议申请人。

3）公开审判制度

公开审判，是指人民法院审理民事案件的过程和结果依法向社会公开。公开审判，有助于提高司法水平，树立司法权威，增强司法公信力，发挥法制宣传和教育作用，是人民群众行使监督权的重要途径，是司法民主的要求和表现。公开审判具体表现为如下内容：

（1）人民法院审理民事案件，应当在开庭3日前通知当事人和其他诉讼参与人。公开审理的，应当公告当事人姓名、案由和开庭的时间、地点。

（2）开庭审理案件的过程向群众公开。根据《人民法院法庭规则》，公开的庭审活动，公民可以旁听。人民法院应当通过官方网站、电子显示屏、公告栏等向公众公开各法庭的编号、具体位置以及旁听席位数量等信息。有新闻媒体旁听或报道庭审活动时，旁听区可以设置专门的媒体记者席。

（3）宣判公开。人民法院对公开审理或者不公开审理的案件，一律公开宣告判决。当庭宣判的，应当在10日内发送判决书；定期宣判的，宣判后立即发给判决书。宣告判决时，必须告知当事人上诉权利、上诉期限和上诉的法院。宣告离婚判决，必须告知当事人在判决发生法律效力前不得另行结婚。

（4）公众查阅裁判书。公众可以查阅发生法律效力的判决书、裁定书，但涉及国家秘密、商业秘密和个人隐私的内容除外。

《民事诉讼法》对公开审判的例外情形作了规定。根据《民事诉讼法》，人民法院审理民事案件，除涉及国家秘密、个人隐私或者法律另有规定的以外，应当公开进行。离婚案件，涉及商业秘密的案件，当事人申请不公开审理的，可以不公开审理。

4) 两审终审制度

我国民事诉讼实行两审终审制度，即民事案件经两级法院审判即宣告终结。

首先，当事人不服地方人民法院第一审判决的，有权在判决书送达之日起15日内向上一级人民法院提起上诉。当事人对人民法院作出不予受理、对管辖权有异议的和驳回起诉的裁定不服的，有权在裁定书送达之日起10日内向上一级人民法院提起上诉。超过上诉期没有上诉的判决、裁定，是发生法律效力的判决、裁定。第二审人民法院的判决、裁定，是终审的判决、裁定。

两审终审的例外情况：（1）最高人民法院的判决、裁定，是发生法律效力的判决、裁定；（2）选民资格案件、宣告失踪或者宣告死亡案件、认定公民无民事行为能力或者限制民事行为能力案件、认定财产无主案件、确认调解协议案件和实现担保物权案件等适用特别程序的案件，实行一审终审；（3）小额诉讼案件，实行一审终审。

2. 诉讼参加人

1) 当事人

《民事诉讼法》规定，公民、法人和其他组织可以作为民事诉讼的当事人。法人由其法定代表人进行诉讼。其他组织由其主要负责人进行诉讼。所谓"其他组织"是指合法成立、有一定的组织机构和财产，但又不具备法人资格的组织，包括：（1）依法登记领取营业执照的个人独资企业；（2）依法登记领取营业执照的合伙企业；（3）依法登记领取我国营业执照的中外合作经营企业、外资企业；（4）依法成立的社会团体的分支机构、代表机构；（5）依法设立并领取营业执照的法人的分支机构，如施工企业设在异地的分公司；（6）依法设立并领取营业执照的商业银行、政策性银行和非银行金融机构的分支机构；（7）经依法登记领取营业执照的乡镇企业、街道企业；（8）其他符合本条规定条件的组织。

《民事诉讼法》规定，当事人一方或者双方为二人以上，其诉讼标的是共同的，或者诉讼标的是同一种类、人民法院认为可以合并审理并经当事人同意的，为共同诉讼。前者称为"必要的共同诉讼"，即共同诉讼人对诉讼标的有共同的权利义务，如在继承遗产的诉讼中，部分继承人起诉的，人民法院应通知其他继承人作为共同原告参加诉讼；共有财产权受到他人侵害，部分共有权人起诉的，其他共有权人为共同诉讼人。在必要的共同诉讼中,其中一人的诉讼行为经其他共同诉讼人承认,对其他共同诉讼人发生效力。后者称为"普通的共同诉讼",如同一交通事故中的多个受害者分别就同一侵权人提起的损害赔偿诉讼,人民法院经当事人同意可以合并审理。在这类案件中,法院主要出于同案同判和提高效率考虑将案件合并审理,当事人对诉讼标的没有共同权利义务,故其中一人的诉讼行为对其他共同诉讼人不发生效力。

依据《民事诉讼法》,当事人一方人数众多的共同诉讼,可以由当事人推选代表人进行诉讼。代表人的诉讼行为对其所代表的当事人发生效力,但代表人变更、放弃诉讼请求或者承认对方当事人的诉讼请求,进行和解,必须经被代表的当事人同意。该条规定的人数众多,一般指10人以上,如众多受害人因环境污染侵权提起的民事赔偿诉讼。

《民事诉讼法》规定,对污染环境、侵害众多消费者合法权益等损害社会公共利益的行为,法律规定的机关和有关组织可以向人民法院提起诉讼。

人民检察院在履行职责中发现破坏生态环境和资源保护、食品药品安全领域侵害众多消费者合法权益等损害社会公共利益的行为,在没有上述规定的机关和组织或者前款规定的机关和组织不提起诉讼的情况下,可以向人民法院提起诉讼。上述规定的机关或者组织提起诉讼的,人民检察院可以支持起诉。

2)第三人

《民事诉讼法》规定,对当事人双方的诉讼标的,第三人认为有独立请求权的,有权提起诉讼。如第三人认为原被告之间正在进行的返还原物诉讼中的标的物归其所有,有权要求参加诉讼。此时形成了两个独立之诉的合并,一是原被告返还原物的本诉;二是该第三人与本诉原告与被告之间的参加之诉。

对当事人双方的诉讼标的,第三人虽然没有独立请求权,但案件处理结果同他有法律上的利害关系的,可以申请参加诉讼,或者由人民法院通知他参加诉讼。人民法院判决承担民事责任的第三人,有当事人的诉讼权利义务。

3)诉讼代理人

诉讼代理人,是在依照法律规定或者当事人委托,代当事人进行诉讼活动的人。《民事诉讼法》规定,无诉讼行为能力人由他的监护人作为法定代理人代为诉讼。法定代理人之间互相推诿代理责任的,由人民法院指定其中1人代为诉讼。

《民事诉讼法》规定,当事人、法定代理人可以委托1至2人作为诉讼代理人。下列人员可以被委托为诉讼代理人:(1)律师、基层法律服务工作者;(2)当事人的近亲属或者工作人员;(3)当事人所在社区、单位以及有关社会团体推荐的公民。

委托他人代为诉讼,必须向人民法院提交由委托人签名或者盖章的授权委托书。授权委托书必须记明委托事项和权限。诉讼代理人代为承认、放弃、变更诉讼请求,进行和解,提起反诉或者上诉,必须有委托人的特别授权。

离婚案件有诉讼代理人的,本人除不能表达意思的以外,仍应出庭;确因特殊情况无法出庭的,必须向人民法院提交书面意见。

10.3.3 民事诉讼证据的种类、保全和应用

1. 证据的种类

根据《民事诉讼法》,证据包括:(1)当事人的陈述;(2)书证;(3)物证;(4)视

听资料；（5）电子数据；（6）证人证言；（7）鉴定意见；（8）勘验笔录。证据必须查证属实，才能作为认定事实的根据。

2. 证据的保全

《民事诉讼法》规定，在证据可能灭失或者以后难以取得的情况下，当事人可以在诉讼过程中向人民法院申请保全证据，人民法院也可以主动采取保全措施。因情况紧急，在证据可能灭失或者以后难以取得的情况下，利害关系人可以在提起诉讼或者申请仲裁前向证据所在地、被申请人住所地或者对案件有管辖权的人民法院申请保全证据。

3. 证据的应用

1）当事人收集证据

当事人对自己提出的主张，有责任提供证据。

下列事实，当事人无须举证证明：（1）自然规律以及定理、定律；（2）众所周知的事实；（3）根据法律规定推定的事实；（4）根据已知的事实和日常生活经验法则推定出的另一事实；（5）已为人民法院发生法律效力的裁判所确认的事实；（6）已为仲裁机构生效裁决所确认的事实；（7）已为有效公证文书所证明的事实。其中第（2）项至第（4）项规定的事实，当事人有相反证据足以反驳的除外；第（5）项至第（7）项规定的事实，当事人有相反证据足以推翻的除外。

2）法院收集证据

人民法院认为审理案件需要的证据，应当主动调查收集，主要包括：（1）涉及可能损害国家利益、社会公共利益的；（2）涉及身份关系的；（3）涉及《民事诉讼法》第58条规定诉讼的；（4）当事人有恶意串通损害他人合法权益可能的；（5）涉及依职权追加当事人、中止诉讼、终结诉讼、回避等程序性事项的。除以上情形外，人民法院调查收集证据，应当依照当事人的申请进行。

当事人及其诉讼代理人因客观原因不能自行收集的证据，可以在举证期限届满前书面申请人民法院调查收集，主要包括：（1）证据由国家有关部门保存，当事人及其诉讼代理人无权查阅调取的；（2）涉及国家秘密、商业秘密或者个人隐私的；（3）当事人及其诉讼代理人因客观原因不能自行收集的其他证据。

3）证据的认定

人民法院应当按照法定程序，全面、客观地审查核实证据。证据应当在法庭上出示，并由当事人互相质证。对涉及国家秘密、商业秘密和个人隐私的证据应当保密，需要在法庭出示的，不得在公开开庭时出示。

经过法定程序公证证明的法律事实和文书，人民法院应当作为认定事实的根据，但有相反证据足以推翻公证证明的除外。书证应当提交原件，物证应当提交原物。提交原件或者原物确有困难的，可以提交复制品、照片、副本、节录本。人民法院对视听资料，应当辨别真伪，并结合本案的其他证据，审查确定能否作为认定事实的根据。

凡是知道案件情况的单位和个人，都有义务出庭作证。有关单位的负责人应当支持证人作证。不能正确表达意思的人，不能作证。经人民法院通知，证人应当出庭作证。有下列情形之一的，经人民法院许可，可以通过书面证言、视听传输技术或者视听资料等方式作证：（1）因健康原因不能出庭的；（2）因路途遥远，交通不便不能出庭的；(3) 因自然灾害等不可抗力不能出庭的；(4) 其他有正当理由不能出庭的。

人民法院对当事人的陈述，应当结合本案的其他证据，审查确定能否作为认定事实的根据。当事人拒绝陈述的，不影响人民法院根据证据认定案件事实。

当事人可以就查明事实的专门性问题向人民法院申请鉴定。当事人申请鉴定的，由双方当事人协商确定具备资格的鉴定人；协商不成的，由人民法院指定。

鉴定人有权了解进行鉴定所需要的案件材料，必要时可以询问当事人、证人。鉴定人应当提出书面鉴定意见，在鉴定书上签名或者盖章。当事人对鉴定意见有异议或者人民法院认为鉴定人有必要出庭的，鉴定人应当出庭作证。经人民法院通知，鉴定人拒不出庭作证的，鉴定意见不得作为认定事实的根据；支付鉴定费用的当事人可以要求返还鉴定费用。当事人可以申请人民法院通知有专门知识的人出庭，就鉴定人作出的鉴定意见或者专业问题提出意见。

勘验物证或者现场，勘验人必须出示人民法院的证件，并邀请当地基层组织或者当事人所在单位派人参加。当事人或者当事人的成年家属应当到场，拒不到场的，不影响勘验的进行。有关单位和个人根据人民法院的通知，有义务保护现场，协助勘验工作。勘验人应当将勘验情况和结果制作笔录，由勘验人、当事人和被邀参加人签名或者盖章。

根据《最高人民法院关于民事诉讼证据的若干规定》(2019年修正)，下列证据不能单独作为认定案件事实的根据：(1) 当事人的陈述；(2) 无民事行为能力人或者限制民事行为能力人所作的与其年龄、智力状况或者精神健康状况不相当的证言；(3) 与一方当事人或者其代理人有利害关系的证人陈述的证言；(4) 存有疑点的视听资料、电子数据；(5) 无法与原件、原物核对的复制件、复制品。

10.3.4 民事诉讼时效

1. 时效制度的概念

所谓时效，即时间的经过会产生相应的法律效力。诉讼时效是指权利人在一定期间内不行使权利，则义务人有权提出拒绝履行的抗辩的制度。诉讼时效制度旨在督促权利人行使权利，有利于稳定既有的社会秩序，方便证据收集和保全，及时解决纠纷。

根据《民法典》，诉讼时效期间届满的，义务人可以提出不履行义务的抗辩。由此，诉讼时效届满，则赋予了义务人抗辩权，义务人可以行使抗辩权，亦可以不行使该抗辩权。人民法院不得主动适用诉讼时效的规定。诉讼时效届满，权利人的实体权利仍然存在，所以诉讼时效期间届满后，义务人同意履行的，不得以诉讼时效期间届满为由抗辩；义务人已经自愿履行的，不得请求返还。

诉讼时效的这一特点，与撤销权、解除权等权利的存续期间不同。根据《民法典》，法律规定或者当事人约定的撤销权、解除权等权利的存续期间，除法律另有规定外，自权利人知道或者应当知道权利产生之日起计算，不适用有关诉讼时效中止、中断和延长的规定。存续期间届满，撤销权、解除权等权利消灭。

诉讼时效的期间、计算方法以及中止、中断的事由由法律规定，当事人约定无效。当事人对诉讼时效利益的预先放弃无效。

法律对仲裁时效有规定的，依照其规定；没有规定的，适用诉讼时效的规定。

2. 诉讼时效的适用范围

根据《民法典》，下列请求权不适用诉讼时效的规定：（1）请求停止侵害、排除妨碍、消除危险；（2）不动产物权和登记的动产物权的权利人请求返还财产；（3）请求支付抚养费、赡养费或者扶养费；（4）依法不适用诉讼时效的其他请求权。以上不适用诉讼时效的请求权，或是因为其侵权行为持续存在，或是因为物权的公示效力，或是因为关系基本人身权益等考量。

3. 诉讼时效期间及其起算

《民法典》规定，向人民法院请求保护民事权利的诉讼时效期间为3年。法律另有规定的，依照其规定，如：《民法典》规定，因国际货物买卖合同和技术进出口合同争议提起诉讼或者申请仲裁的期限为4年。

诉讼时效期间自权利人知道或者应当知道权利受到损害以及义务人之日起计算。但是，自权利受到损害之日起超过20年的，人民法院不予保护，有特殊情况的，人民法院可以根据权利人的申请决定延长。

当事人约定同一债务分期履行的，诉讼时效期间自最后一期履行期限届满之日起计算，如施工合同项下工程款的分期支付。无民事行为能力人或者限制民事行为能力人对其法定代理人的请求权的诉讼时效期间，自该法定代理终止之日起计算。

4. 诉讼时效的中止和中断

根据《民法典》，在诉讼时效期间的最后6个月内，因下列障碍，不能行使请求权的，诉讼时效中止：（1）不可抗力；（2）无民事行为能力人或者限制民事行为能力人没有法定代理人，或者法定代理人死亡、丧失民事行为能力、丧失代理权；（3）继承开始后未确定继承人或者遗产管理人；（4）权利人被义务人或者其他人控制；（5）其他导致权利人不能行使请求权的障碍。自中止时效的原因消除之日起满6个月，诉讼时效期间届满。

诉讼时效中止旨在解决权利人因客观原因不能行使权利时的救济问题，该"不能行使"的期间限定为诉讼时效期间的最后6个月内；如前述障碍发生在6个月之前，则权利人仍有足够的时间行使权利，无需设立特殊制度进行救济。

根据《民法典》第195条，有下列情形之一的，诉讼时效中断，从中断、有关程序终结时起，诉讼时效期间重新计算：（1）权利人向义务人提出履行请求；（2）义务人同意履行义务；（3）权利人提起诉讼或者申请仲裁；（4）与提起诉讼或者申请仲裁具有同等效力的其他情形。

10.3.5 民事诉讼的审判程序

1. 起诉和受理

起诉必须符合下列条件：（1）原告是与本案有直接利害关系的公民、法人和其他组织；（2）有明确的被告；（3）有具体的诉讼请求和事实、理由；（4）属于人民法院受理民事诉讼的范围和受诉人民法院管辖。

人民法院应当保障当事人依照法律规定享有的起诉权利。对符合起诉条件的，必须受理。符合起诉条件的，应当在7日内立案，并通知当事人；不符合起诉条件的，应当在7日内作出裁定书，不予受理；原告对裁定不服的，可以提起上诉。

2. 开庭审理

人民法院应当在立案之日起 5 日内将起诉状副本发送被告，被告应当在收到之日起 15 日内提出答辩状。被告不提出答辩状的，不影响人民法院审理。

开庭审理时，由审判长或者独任审判员核对当事人，宣布案由，宣布审判人员、法官助理、书记员等的名单，告知当事人有关的诉讼权利义务，询问当事人是否提出回避申请。法庭调查按照下列顺序进行：（1）当事人陈述；（2）告知证人的权利义务，证人作证，宣读未到庭的证人证言；（3）出示书证、物证、视听资料和电子数据；（4）宣读鉴定意见；（5）宣读勘验笔录。当事人在法庭上可以提出新的证据。当事人经法庭许可，可以向证人、鉴定人、勘验人发问。原告增加诉讼请求，被告提出反诉，第三人提出与本案有关的诉讼请求，可以合并审理。

原告经传票传唤，无正当理由拒不到庭的，或者未经法庭许可中途退庭的，可以按撤诉处理；被告反诉的，可以缺席判决。被告经传票传唤，无正当理由拒不到庭的，或者未经法庭许可中途退庭的，可以缺席判决。宣判前，原告申请撤诉的，是否准许，由人民法院裁定。人民法院裁定不准许撤诉的，原告经传票传唤，无正当理由拒不到庭的，可以缺席判决。

人民法院适用普通程序审理的案件，应当在立案之日起 6 个月内审结。有特殊情况需要延长的，经本院院长批准，可以延长 6 个月；还需要延长的，报请上级人民法院批准。

3. 诉讼中止和终结

诉讼中止，是指诉讼过程中发生法定情形，暂停诉讼程序，待中止情形消失后恢复审理的制度。根据《民事诉讼法》，有下列情形之一的，中止诉讼：（1）一方当事人死亡，需要等待继承人表明是否参加诉讼的；（2）一方当事人丧失诉讼行为能力，尚未确定法定代理人的；（3）作为一方当事人的法人或者其他组织终止，尚未确定权利义务承受人的；（4）一方当事人因不可抗拒的事由，不能参加诉讼的；（5）本案必须以另一案的审理结果为依据，而另一案尚未审结的；（6）其他应当中止诉讼的情形。中止诉讼的原因消除后，恢复诉讼。

诉讼终结，是指诉讼中发生法定情形，导致诉讼已无必要或者无可能性，故而结束审理的制度。根据《民事诉讼法》第 154 条，有下列情形之一的，终结诉讼：（1）原告死亡，没有继承人，或者继承人放弃诉讼权利的；（2）被告死亡，没有遗产，也没有应当承担义务的人的；（3）离婚案件一方当事人死亡的；（4）追索赡养费、扶养费、抚养费以及解除收养关系案件的一方当事人死亡的。

4. 判决和裁定

法庭辩论终结，应当依法作出判决。判决前能够调解的，还可以进行调解，调解不成的，应当及时判决。根据《民事诉讼法》，判决书应当写明判决结果和作出该判决的理由。判决书内容包括：（1）案由、诉讼请求、争议的事实和理由；（2）判决认定的事实和理由、适用的法律和理由；（3）判决结果和诉讼费用的负担；（4）上诉期间和上诉的法院。判决书由审判人员、书记员署名，加盖人民法院印章。

人民法院审理案件，其中一部分事实已经清楚，可以就该部分先行判决。

根据《民事诉讼法》，裁定适用于下列范围：（1）不予受理；（2）对管辖权有异议的；（3）驳回起诉；（4）保全和先予执行；（5）准许或者不准许撤诉；（6）中止或者终结诉讼；（7）补正判决书中的笔误；（8）中止或者终结执行；（9）撤销或者不予执行仲裁裁决；（10）不予执行公证机关赋予强制执行效力的债权文书；（11）其他需要裁定解决的事项。对上述第（1）项至第（3）项裁定，可以上诉。

裁定书应当写明裁定结果和作出该裁定的理由。裁定书由审判人员、书记员署名，加盖人民法院印章。口头裁定的，记入笔录。

5. 简易程序和小额诉讼

基层人民法院和它派出的法庭审理事实清楚、权利义务关系明确、争议不大的简单的民事案件，可以适用简易程序。基层人民法院和它派出的法庭审理上述规定以外的民事案件，当事人双方也可以约定适用简易程序。简易程序在起诉方式、传唤方式、审判组织、庭审阶段等方面均较为简便、灵活，如原告可以口头起诉，由审判员一人独任审理。简易程序旨在提高效率，节省审判资源，快捷解决纠纷。人民法院适用简易程序审理案件，应当在立案之日起3个月内审结。有特殊情况需要延长的，经本院院长批准，可以延长1个月。

《民事诉讼法》规定了小额诉讼制度，小额诉讼是适用简易程序的情形之一，《民事诉讼法》对小额诉讼有特别规定的，适用其规定。根据《民事诉讼法》，基层人民法院和它派出的法庭审理事实清楚、权利义务关系明确、争议不大的简单金钱给付民事案件，标的额为各省、自治区、直辖市上年度就业人员年平均工资50%以下的，适用小额诉讼的程序审理，实行一审终审。

基层人民法院和它派出的法庭审理上述规定的民事案件，标的额超过各省、自治区、直辖市上年度就业人员年平均工资50%但在2倍以下的，当事人双方也可以约定适用小额诉讼的程序。

根据《民事诉讼法》，人民法院审理下列民事案件，不适用小额诉讼的程序：（1）人身关系、财产确权案件；（2）涉外案件；（3）需要评估、鉴定或者对诉前评估、鉴定结果有异议的案件；（4）一方当事人下落不明的案件；（5）当事人提出反诉的案件；（6）其他不宜适用小额诉讼的程序审理的案件。也即，有上述几种情形的，即使诉争金额符合"小额"的标准，也不得适用小额诉讼。

人民法院适用小额诉讼的程序审理案件，应当在立案之日起2个月内审结。有特殊情况需要延长的，经本院院长批准，可以延长1个月。

6. 第二审程序

1）二审程序的提起

当事人不服地方人民法院第一审判决的，有权在判决书送达之日起15日内向上一级人民法院提起上诉。当事人不服地方人民法院第一审裁定的，有权在裁定书送达之日起10日内向上一级人民法院提起上诉。

上诉状应当通过原审人民法院提出，并按照对方当事人或者代表人的人数提出副本。当事人直接向第二审人民法院上诉的，第二审人民法院应当在5日内将上诉状移交原审人民法院。

2）二审审理程序

第二审人民法院应当对上诉请求的有关事实和适用法律进行审查。第二审人民法院对上诉案件应当开庭审理。经过阅卷、调查和询问当事人，对没有提出新的事实、证据或者理由，人民法院认为不需要开庭审理的，可以不开庭审理。

第二审人民法院对上诉案件，经过审理，按照下列情形，分别处理：（1）原判决、裁定认定事实清楚，适用法律正确的，以判决、裁定方式驳回上诉，维持原判决、裁定；（2）原判决、裁定认定事实错误或者适用法律错误的，以判决、裁定方式依法改判、撤销或者变更；（3）原判决认定基本事实不清的，裁定撤销原判决，发回原审人民法院重审，或者查清事实后改判；（4）原判决遗漏当事人或者违法缺席判决等严重违反法定程序的，裁定撤销原判决，发回原审人民法院重审。原审人民法院对发回重审的案件作出判决后，当事人提起上诉的，第二审人民法院不得再次发回重审。

第二审人民法院审理上诉案件，可以进行调解。调解达成协议，应当制作调解书，由审判人员、书记员署名，加盖人民法院印章。调解书送达后，原审人民法院的判决即视为撤销。第二审人民法院判决宣告前，上诉人申请撤回上诉的，是否准许，由第二审人民法院裁定。

人民法院审理对判决不服的上诉案件，应当在第二审立案之日起3个月内审结。有特殊情况需要延长的，由本院院长批准。第二审人民法院对不服第一审人民法院裁定的上诉案件的处理，一律使用裁定，终审裁定，应当在第二审立案之日起30日内作出。

7. 审判监督程序

审判监督程序是对已经生效的判决、裁定、调解书中存在的错误予以纠正的程序。审判监督程序不同于一审、二审程序，并非一个独立的审级。适用再审程序审理的案件，可能适用第一审程序，也可能适用第二审程序。从审判监督程序的启动主体看，包括当事人申请再审、人民法院决定再审和人民检察院提起抗诉。当事人申请再审应当在判决、裁定、调解书生效后的6个月内提出，法院和检察院提起审判监督程序不受时间限制。

1）当事人申请再审

根据《民事诉讼法》，当事人对已经发生法律效力的判决、裁定，认为有错误的，可以向上一级人民法院申请再审；当事人一方人数众多或者当事人双方为公民的案件，也可以向原审人民法院申请再审。当事人申请再审的，不停止判决、裁定的执行。

根据《民事诉讼法》第211条规定，当事人的申请符合下列情形之一的，人民法院应当再审：（1）有新的证据，足以推翻原判决、裁定的；（2）原判决、裁定认定的基本事实缺乏证据证明的；（3）原判决、裁定认定事实的主要证据是伪造的；（4）原判决、裁定认定事实的主要证据未经质证的；（5）对审理案件需要的主要证据，当事人因客观原因不能自行收集，书面申请人民法院调查收集，人民法院未调查收集的；（6）原判决、裁定适用法律确有错误的；（7）审判组织的组成不合法或者依法应当回避的审判人员没有回避的；（8）无诉讼行为能力人未经法定代理人代为诉讼或者应当参加诉讼的当事人，因不能归责于本人或者其诉讼代理人的事由，未参加诉讼的；（9）违反法律规定，剥夺当事人辩论权利的；（10）未经传票传唤，缺席判决的；（11）原判决、裁定遗漏或者超出诉讼请求的；（12）据以作出原判决、裁定的法律文书被撤销或者变更的；（13）审判人员审理该案件时有贪污受贿，徇私舞弊，枉法裁判行为的。

此外，当事人对已经发生法律效力的调解书，提出证据证明调解违反自愿原则或者调解协议的内容违反法律的，也可以申请再审。经人民法院审查属实的，应当再审。

但，当事人对已经发生法律效力的解除婚姻关系的判决、调解书，不得申请再审。

人民法院应当自收到再审申请书之日起 3 个月内审查，符合法律规定的，裁定再审；不符合规定的，裁定驳回申请。有特殊情况需要延长的，由本院院长批准。

因当事人申请裁定再审的案件由中级人民法院以上的人民法院审理，但当事人依照《民事诉讼法》第 210 条的规定选择向基层人民法院申请再审的除外。最高人民法院、高级人民法院裁定再审的案件，由本院再审或者交其他人民法院再审，也可以交原审人民法院再审。

当事人申请再审，应当在判决、裁定发生法律效力后 6 个月内提出。

按照审判监督程序决定再审的案件，裁定中止原判决、裁定、调解书的执行，但追索赡养费、扶养费、抚养费、抚恤金、医疗费用、劳动报酬等案件，可以不中止执行。

2）人民法院决定再审

根据《民事诉讼法》规定，各级人民法院院长对本院已经发生法律效力的判决、裁定、调解书，发现确有错误，认为需要再审的，应当提交审判委员会讨论决定。最高人民法院对地方各级人民法院已经发生法律效力的判决、裁定、调解书，上级人民法院对下级人民法院已经发生法律效力的判决、裁定、调解书，发现确有错误的，有权提审或者指令下级人民法院再审。

3）人民检察院提起抗诉

根据《民事诉讼法》，最高人民检察院对各级人民法院已经发生法律效力的判决、裁定，上级人民检察院对下级人民法院已经发生法律效力的判决、裁定，发现有《民事诉讼法》第 211 条规定情形之一的，或者发现调解书损害国家利益、社会公共利益的，应当提出抗诉。

地方各级人民检察院对同级人民法院已经发生法律效力的判决、裁定，发现有上述第 211 条规定情形之一的，或者发现调解书损害国家利益、社会公共利益的，可以向同级人民法院提出检察建议，并报上级人民检察院备案；也可以提请上级人民检察院向同级人民法院提出抗诉。

各级人民检察院对审判监督程序以外的其他审判程序中审判人员的违法行为，有权向同级人民法院提出检察建议。

根据《民事诉讼法》，有下列情形之一的，当事人可以向人民检察院申请检察建议或者抗诉：（1）人民法院驳回再审申请的；（2）人民法院逾期未对再审申请作出裁定的；（3）再审判决、裁定有明显错误的。

人民检察院对当事人的申请应当在 3 个月内进行审查，作出提出或者不予提出检察建议或者抗诉的决定。当事人不得再次向人民检察院申请检察建议或者抗诉。人民检察院提出抗诉的案件，接受抗诉的人民法院应当自收到抗诉书之日起 30 日内作出再审的裁定。

10.4 行政复议制度

行政复议，是行政复议机关对公民、法人或者其他组织认为侵犯其合法权益的具体行政行为，基于申请而予以受理、审理并作出决定的制度。行政复议是对具体行政行为的一种法律救济制度。

10.4.1 行政复议范围

1. 可申请复议的范围

公民、法人或者其他组织认为行政机关的行政行为侵犯其合法权益，有权向行政复议机关提出行政复议申请。该行政行为，包括法律、法规、规章授权的组织的行政行为。《行政复议法》规定，有下列情形之一的，公民、法人或者其他组织可以依照本法申请行政复议：（1）对行政机关作出的行政处罚决定不服；（2）对行政机关作出的行政强制措施、行政强制执行决定不服；（3）申请行政许可，行政机关拒绝或者在法定期限内不予答复，或者对行政机关作出的有关行政许可的其他决定不服；（4）对行政机关作出的确认自然资源的所有权或者使用权的决定不服；（5）对行政机关作出的征收征用决定及其补偿决定不服；（6）对行政机关作出的赔偿决定或者不予赔偿决定不服；（7）对行政机关作出的不予受理工伤认定申请的决定或者工伤认定结论不服；（8）认为行政机关侵犯其经营自主权或者农村土地承包经营权、农村土地经营权；（9）认为行政机关滥用行政权力排除或者限制竞争；（10）认为行政机关违法集资、摊派费用或者违法要求履行其他义务；（11）申请行政机关履行保护人身权利、财产权利、受教育权利等合法权益的法定职责，行政机关拒绝履行、未依法履行或者不予答复；（12）申请行政机关依法给付抚恤金、社会保险待遇或者最低生活保障等社会保障，行政机关没有依法给付；（13）认为行政机关不依法订立、不依法履行、未按照约定履行或者违法变更、解除政府特许经营协议、土地房屋征收补偿协议等行政协议；（14）认为行政机关在政府信息公开工作中侵犯其合法权益；（15）认为行政机关的其他行政行为侵犯其合法权益。

2. 请求审查行政规范性文件

公民、法人或者其他组织认为行政机关的行政行为所依据的下列规范性文件不合法，在对行政行为申请行政复议时，可以一并向行政复议机关提出对该规范性文件的附带审查申请：（1）国务院部门的规范性文件；（2）县级以上地方各级人民政府及其工作部门的规范性文件；（3）乡、镇人民政府的规范性文件；（4）法律、法规、规章授权的组织的规范性文件。上述所列规范性文件不含规章。规章的审查依照法律、行政法规办理。

3. 不能申请复议的范围

《行政复议法》规定，下列事项不属于行政复议范围：（1）国防、外交等国家行为；（2）行政法规、规章或者行政机关制定、发布的具有普遍约束力的决定、命令等规范性文件；（3）行政机关对行政机关工作人员的奖惩、任免等决定；（4）行政机关对民事纠纷作出的调解。

10.4.2 行政复议的申请、受理和决定

1. 行政复议申请

1）行政复议参加人

（1）复议申请人。依法申请行政复议的公民、法人或者其他组织是申请人。有权申请行政复议的公民死亡的，其近亲属可以申请行政复议。有权申请行政复议的法人或者

其他组织终止的,其权利义务承受人可以申请行政复议。有权申请行政复议的公民为无民事行为能力人或者限制民事行为能力人的,其法定代理人可以代为申请行政复议。同一行政复议案件申请人人数众多的,可以由申请人推选代表人参加行政复议。代表人参加行政复议的行为对其所代表的申请人发生效力,但是代表人变更行政复议请求、撤回行政复议申请、承认第三人请求的,应当经被代表的申请人同意。申请人以外的同被申请行政复议的行政行为或者行政复议案件处理结果有利害关系的公民、法人或者其他组织,可以作为第三人申请参加行政复议,或者由行政复议机构通知其作为第三人参加行政复议。第三人不参加行政复议,不影响行政复议案件的审理。申请人、第三人可以委托一至二名律师、基层法律服务工作者或者其他代理人代为参加行政复议。申请人、第三人委托代理人的,应当向行政复议机构提交授权委托书、委托人及被委托人的身份证明文件。授权委托书应当载明委托事项、权限和期限。申请人、第三人变更或者解除代理人权限的,应当书面告知行政复议机构。

(2)被申请人。公民、法人或者其他组织对行政行为不服申请行政复议的,作出行政行为的行政机关或者法律、法规、规章授权的组织是被申请人。两个以上行政机关以共同的名义作出同一行政行为的,共同作出行政行为的行政机关是被申请人。行政机关委托的组织作出行政行为的,委托的行政机关是被申请人。作出行政行为的行政机关被撤销或者职权变更的,继续行使其职权的行政机关是被申请人。

2)复议申请期限

公民、法人或者其他组织认为行政行为侵犯其合法权益的,可以自知道或者应当知道该行政行为之日起 60 日内提出行政复议申请;但是法律规定的申请期限超过 60 日的除外。因不可抗力或者其他正当理由耽误法定申请期限的,申请期限自障碍消除之日起继续计算。

行政机关作出行政行为时,未告知公民、法人或者其他组织申请行政复议的权利、行政复议机关和申请期限的,申请期限自公民、法人或者其他组织知道或者应当知道申请行政复议的权利、行政复议机关和申请期限之日起计算,但是自知道或者应当知道行政行为内容之日起最长不得超过 1 年。

因不动产提出的行政复议申请自行政行为作出之日起超过 20 年,其他行政复议申请自行政行为作出之日起超过 5 年的,行政复议机关不予受理。

3)申请复议的形式

申请人申请行政复议,可以书面申请;书面申请有困难的,也可以口头申请。

书面申请的,可以通过邮寄或者行政复议机关指定的互联网渠道等方式提交行政复议申请书,也可以当面提交行政复议申请书。行政机关通过互联网渠道送达行政行为决定书的,应当同时提供提交行政复议申请书的互联网渠道。口头申请的,行政复议机关应当当场记录申请人的基本情况、行政复议请求、申请行政复议的主要事实、理由和时间。申请人对两个以上行政行为不服的,应当分别申请行政复议。

4)复议前置

有下列情形之一的,申请人应当先向行政复议机关申请行政复议,对行政复议决定不服的,可以再依法向人民法院提起行政诉讼:(1)对当场作出的行政处罚决定不服;(2)对行政机关作出的侵犯其已经依法取得的自然资源的所有权或者使用权的决定不服；(3) 认为行政机关存在《行政复议法》第 11 条规定的未履行法定职责情形；(4) 申请政府信息公开，行政机关不予公开；(5) 法律、行政法规规定应当先向行政复议机关申请行政复议的其他情形。对上述规定的情形，行政机关在作出行政行为时应当告知公民、法人或者其他组织先向行政复议机关申请行政复议。

5) 行政复议管辖

《行政复议法》第 24 条规定，县级以上地方各级人民政府管辖下列行政复议案件：(1) 对本级人民政府工作部门作出的行政行为不服的；(2) 对下一级人民政府作出的行政行为不服的；(3) 对本级人民政府依法设立的派出机关作出的行政行为不服的；(4) 对本级人民政府或者其工作部门管理的法律、法规、规章授权的组织作出的行政行为不服。除上述规定外，省、自治区、直辖市人民政府同时管辖对本机关作出的行政行为不服的行政复议案件。

省、自治区人民政府依法设立的派出机关参照设区的市级人民政府的职责权限，管辖相关行政复议案件。对县级以上地方各级人民政府工作部门依法设立的派出机构依照法律、法规、规章规定，以派出机构的名义作出的行政行为不服的行政复议案件，由本级人民政府管辖；其中，对直辖市、设区的市人民政府工作部门按照行政区划设立的派出机构作出的行政行为不服的，也可以由其所在地的人民政府管辖。

《行政复议法》第 25 条规定，国务院部门管辖下列行政复议案件：(1) 对本部门作出的行政行为不服的；(2) 对本部门依法设立的派出机构依照法律、行政法规、部门规章规定，以派出机构的名义作出的行政行为不服的；(3) 对本部门管理的法律、行政法规、部门规章授权的组织作出的行政行为不服的。

对省、自治区、直辖市人民政府依照《行政复议法》第 24 条第 2 款的规定、国务院部门依照《行政复议法》第 25 条第 1 项的规定作出的行政复议决定不服的，可以向人民法院提起行政诉讼；也可以向国务院申请裁决，国务院依照《行政复议法》的规定作出最终裁决。

对海关、金融、外汇管理等实行垂直领导的行政机关、税务和国家安全机关的行政行为不服的，向上一级主管部门申请行政复议。对履行行政复议机构职责的地方人民政府司法行政部门的行政行为不服的，可以向本级人民政府申请行政复议，也可以向上一级司法行政部门申请行政复议。公民、法人或者其他组织申请行政复议，行政复议机关已经依法受理的，在行政复议期间不得向人民法院提起行政诉讼。公民、法人或者其他组织向人民法院提起行政诉讼，人民法院已经依法受理的，不得申请行政复议。

2. 行政复议的受理

行政复议机关收到行政复议申请后，应当在 5 日内进行审查。对符合下列规定的，行政复议机关应当予以受理：(1) 有明确的申请人和符合规定的被申请人；(2) 申请人与被申请行政复议的行政行为有利害关系；(3) 有具体的行政复议请求和理由；(4) 在法定申请期限内提出；(5) 属于《行政复议法》规定的行政复议范围；(6) 属于本机关的管辖范围；(7) 行政复议机关未受理过该申请人就同一行政行为提出的行政复议申请，并且人民法院未受理过该申请人就同一行政行为提起的行政诉讼。对不符合上述规定的行政复议申请，行政复议机关应当在审查期限内决定不予受理并说明理由；不属于本机关管辖的，还应当在不予受理决定中告知申请人有管辖权的行政复议机关。行政复议申请的审查期限届满,行政复议机关未作出不予受理决定的,审查期限届满之日起视为受理。

行政复议申请材料不齐全或者表述不清楚,无法判断行政复议申请是否符合规定的,行政复议机关应当自收到申请之日起5日内书面通知申请人补正。补正通知应当一次性载明需要补正的事项。申请人应当自收到补正通知之日起10日内提交补正材料。有正当理由不能按期补正的,行政复议机关可以延长合理的补正期限。无正当理由逾期不补正的,视为申请人放弃行政复议申请,并记录在案。行政复议机关收到补正材料后,依照规定处理。

对当场作出或者依据电子技术监控设备记录的违法事实作出的行政处罚决定不服申请行政复议的,可以通过作出行政处罚决定的行政机关提交行政复议申请。行政机关收到行政复议申请后,应当及时处理;认为需要维持行政处罚决定的,应当自收到行政复议申请之日起5日内转送行政复议机关。

行政复议机关受理行政复议申请后,发现该行政复议申请不符合规定的,应当决定驳回申请并说明理由。

法律、行政法规规定应当先向行政复议机关申请行政复议、对行政复议决定不服再向人民法院提起行政诉讼的,行政复议机关决定不予受理、驳回申请或者受理后超过行政复议期限不作答复的,公民、法人或者其他组织可以自收到决定书之日起或者行政复议期限届满之日起15日内,依法向人民法院提起行政诉讼。

公民、法人或者其他组织依法提出行政复议申请,行政复议机关无正当理由不予受理、驳回申请或者受理后超过行政复议期限不作答复的,申请人有权向上级行政机关反映,上级行政机关应当责令其纠正;必要时,上级行政复议机关可以直接受理。

3. 行政复议的决定

1)行政复议审理的一般规定

行政复议机关受理行政复议申请后,依法适用普通程序或者简易程序进行审理。行政复议机构应当指定行政复议人员负责办理行政复议案件。行政复议人员对办理行政复议案件过程中知悉的国家秘密、商业秘密和个人隐私,应当予以保密。行政复议机关依照法律、法规、规章审理行政复议案件。行政复议机关审理民族自治地方的行政复议案件,同时依照该民族自治地方的自治条例和单行条例。

上级行政复议机关根据需要,可以审理下级行政复议机关管辖的行政复议案件。下级行政复议机关对其管辖的行政复议案件,认为需要由上级行政复议机关审理的,可以报请上级行政复议机关决定。行政复议期间行政行为不停止执行;但是有下列情形之一的,应当停止执行:(1)被申请人认为需要停止执行;(2)行政复议机关认为需要停止执行;(3)申请人、第三人申请停止执行,行政复议机关认为其要求合理,决定停止执行;(4)法律、法规、规章规定停止执行的其他情形。

2)行政复议中止与终止

《行政复议法》第39条规定,行政复议期间有下列情形之一的,行政复议中止:(1)作为申请人的公民死亡,其近亲属尚未确定是否参加行政复议;(2)作为申请人的公民丧失参加行政复议的行为能力,尚未确定法定代理人参加行政复议;(3)作为申请人的公民下落不明;(4)作为申请人的法人或者其他组织终止,尚未确定权利义务承受人;(5)申请人、被申请人因不可抗力或者其他正当理由,不能参加行政复议;(6)依照规定进行调解、和解,申请人和被申请人同意中止;(7)行政复议案件涉及的法律适用问题需要有权机关作出解释或者确认;(8)行政复议案件审理需要以其他案件的审理结果为依据,而其他案件尚未审结;(9)有《行政复议法》第 56 条或者第 57 条规定的情形;(10)需要中止行政复议的其他情形。行政复议中止的原因消除后,应当及时恢复行政复议案件的审理。行政复议机关中止、恢复行政复议案件的审理,应当书面告知当事人。行政复议期间,行政复议机关无正当理由中止行政复议的,上级行政机关应当责令其恢复审理。

《行政复议法》第 56 条规定,申请人依法提出对有关规范性文件的附带审查申请,行政复议机关有权处理的,应当在 30 日内依法处理;无权处理的,应当在 7 日内转送有权处理的行政机关依法处理。第 57 条规定,行政复议机关在对被申请人作出的行政行为进行审查时,认为其依据不合法,本机关有权处理的,应当在 30 日内依法处理;无权处理的,应当在 7 日内转送有权处理的国家机关依法处理。

行政复议期间有下列情形之一的,行政复议机关决定终止行政复议:(1)申请人撤回行政复议申请,行政复议机构准予撤回;(2)作为申请人的公民死亡,没有近亲属或者其近亲属放弃行政复议权利;(3)作为申请人的法人或者其他组织终止,没有权利义务承受人或者其权利义务承受人放弃行政复议权利;(4)申请人对行政拘留或者限制人身自由的行政强制措施不服申请行政复议后,因同一违法行为涉嫌犯罪,被采取刑事强制措施;(5)依照《行政复议法》第 39 条第(1)项、第(2)项、第(4)项的规定中止行政复议满 60 日,行政复议中止的原因仍未消除。

3)复议程序和时限

行政复议机关依法审理行政复议案件,由行政复议机构对行政行为进行审查,提出意见,经行政复议机关的负责人同意或者集体讨论通过后,以行政复议机关的名义作出行政复议决定。经过听证的行政复议案件,行政复议机关应当根据听证笔录、审查认定的事实和证据,依照《行政复议法》作出行政复议决定。提请行政复议委员会提出咨询意见的行政复议案件,行政复议机关应当将咨询意见作为作出行政复议决定的重要参考依据。

适用普通程序审理的行政复议案件,行政复议机关应当自受理申请之日起 60 日内作出行政复议决定;但是法律规定的行政复议期限少于 60 日的除外。情况复杂,不能在规定期限内作出行政复议决定的,经行政复议机构的负责人批准,可以适当延长,并书面告知当事人;但是延长期限最多不得超过 30 日。适用简易程序审理的行政复议案件,行政复议机关应当自受理申请之日起 30 日内作出行政复议决定。

4)复议决定的类型

行政行为有下列情形之一的,行政复议机关决定变更该行政行为:(1)事实清楚,证据确凿,适用依据正确,程序合法,但是内容不适当;(2)事实清楚,证据确凿,程序合法,但是未正确适用依据;(3)事实不清、证据不足,经行政复议机关查清事实和证据。行政复议机关不得作出对申请人更为不利的变更决定,但是第三人提出相反请求的除外。

行政行为有下列情形之一的,行政复议机关决定撤销或者部分撤销该行政行为,并可以责令被申请人在一定期限内重新作出行政行为：(1) 主要事实不清、证据不足；(2) 违反法定程序；(3) 适用的依据不合法；(4) 超越职权或者滥用职权。行政复议机关责令被申请人重新作出行政行为的，被申请人不得以同一事实和理由作出与被申请行政复议的行政行为相同或者基本相同的行政行为，但是行政复议机关以违反法定程序为由决定撤销或者部分撤销的除外。

行政行为有下列情形之一的，行政复议机关不撤销该行政行为，但是确认该行政行为违法：(1) 依法应予撤销，但是撤销会给国家利益、社会公共利益造成重大损害；(2) 程序轻微违法，但是对申请人权利不产生实际影响。行政行为有下列情形之一，不需要撤销或者责令履行的，行政复议机关确认该行政行为违法：(1) 行政行为违法，但是不具有可撤销内容；(2) 被申请人改变原违法行政行为，申请人仍要求撤销或者确认该行政行为违法；(3) 被申请人不履行或者拖延履行法定职责，责令履行没有意义。

被申请人不履行法定职责的，行政复议机关决定被申请人在一定期限内履行。行政行为有实施主体不具有行政主体资格或者没有依据等重大且明显违法情形，申请人申请确认行政行为无效的，行政复议机关确认该行政行为无效。行政行为认定事实清楚，证据确凿，适用依据正确，程序合法，内容适当的，行政复议机关决定维持该行政行为。行政复议机关受理申请人认为被申请人不履行法定职责的行政复议申请后，发现被申请人没有相应法定职责或者在受理前已经履行法定职责的，决定驳回申请人的行政复议请求。

被申请人不按照规定提出书面答复、提交作出行政行为的证据、依据和其他有关材料的，视为该行政行为没有证据、依据，行政复议机关决定撤销、部分撤销该行政行为，确认该行政行为违法、无效或者决定被申请人在一定期限内履行，但是行政行为涉及第三人合法权益，第三人提供证据的除外。

行政复议机关作出行政复议决定，应当制作行政复议决定书，并加盖行政复议机关印章。行政复议决定书一经送达，即发生法律效力。

5) 行政补偿和行政赔偿

被申请人不依法订立、不依法履行、未按照约定履行或者违法变更、解除行政协议的，行政复议机关决定被申请人承担依法订立、继续履行、采取补救措施或者赔偿损失等责任。被申请人变更、解除行政协议合法，但是未依法给予补偿或者补偿不合理的，行政复议机关决定被申请人依法给予合理补偿。

申请人在申请行政复议时一并提出行政赔偿请求，行政复议机关对依照《国家赔偿法》的有关规定应当不予赔偿的，在作出行政复议决定时，应当同时决定驳回行政赔偿请求；对符合《国家赔偿法》的有关规定应当给予赔偿的，在决定撤销或者部分撤销、变更行政行为或者确认行政行为违法、无效时，应当同时决定被申请人依法给予赔偿；确认行政行为违法的，还可以同时责令被申请人采取补救措施。申请人在申请行政复议时没有提出行政赔偿请求的，行政复议机关在依法决定撤销或者部分撤销、变更罚款，撤销或者部分撤销违法集资、没收财物、征收征用、摊派费用以及对财产的查封、扣押、冻结等行政行为时，应当同时责令被申请人返还财产，解除对财产的查封、扣押、冻结措施，或者赔偿相应的价款。

6）复议调解与和解

当事人经调解达成协议的，行政复议机关应当制作行政复议调解书，经各方当事人签字或者签章，并加盖行政复议机关印章，即具有法律效力。调解未达成协议或者调解书生效前一方反悔的，行政复议机关应当依法审查或者及时作出行政复议决定。

当事人在行政复议决定作出前可以自愿达成和解，和解内容不得损害国家利益、社会公共利益和他人合法权益，不得违反法律、法规的强制性规定。当事人达成和解后，由申请人向行政复议机构撤回行政复议申请。行政复议机构准予撤回行政复议申请、行政复议机关决定终止行政复议的，申请人不得再以同一事实和理由提出行政复议申请。但是，申请人能够证明撤回行政复议申请违背其真实意愿的除外。

7）复议决定的履行

被申请人应当履行行政复议决定书、调解书、意见书。被申请人不履行或者无正当理由拖延履行行政复议决定书、调解书、意见书的，行政复议机关或者有关上级行政机关应当责令其限期履行，并可以约谈被申请人的有关负责人或者予以通报批评。

申请人、第三人逾期不起诉又不履行行政复议决定书、调解书的，或者不履行最终裁决的行政复议决定的，按照下列规定分别处理：（1）维持行政行为的行政复议决定书，由作出行政行为的行政机关依法强制执行，或者申请人民法院强制执行；（2）变更行政行为的行政复议决定书，由行政复议机关依法强制执行，或者申请人民法院强制执行；（3）行政复议调解书，由行政复议机关依法强制执行，或者申请人民法院强制执行。

行政复议机关根据被申请行政复议的行政行为的公开情况，按照国家有关规定将行政复议决定书向社会公开。县级以上地方各级人民政府办理以本级人民政府工作部门为被申请人的行政复议案件，应当将发生法律效力的行政复议决定书、意见书同时抄告被申请人的上一级主管部门。

10.5 行政诉讼制度

行政诉讼是指公民、法人或者其他组织认为行政行为侵犯其合法权益，依法向人民法院提起诉讼，由人民法院主持审理行政争议并作出裁判的诉讼制度。行政诉讼通过行使国家的审判权来处理和解决行政主体和行政相对人之间的行政争议，为行政相对人的合法权益提供法律保障。

行政诉讼有别于行政复议，主要表现在：一是监督的性质不同。行政复议属于行政监督，行政诉讼属于司法监督。二是权利救济的属性不同。行政复议是行政救济，而行政诉讼则属于司法救济。三是审查的内容不同。在行政复议中，复议机关既审查行政行为的合法性，又审查其适当性；行政诉讼中，法院一般只审查行政主体行政行为的合法性。

10.5.1 行政诉讼的受案范围和法院管辖

1. 行政诉讼的受案范围

行政诉讼受案范围，从人民法院的角度来说即主管范围，是指人民法院对哪些行政行为拥有司法审查的权限；从行政相对人的角度来说即诉权范围，是指受到行政权侵犯的公民、法人或其他组织权益受司法保护的范围。公民、法人或者其他组织认为行政机关和行政机关工作人员的行政行为侵犯其合法权益，有权依法向人民法院提起诉讼。上述所称行政行为，包括法律、法规、规章授权的组织作出的行政行为。

1）应当受理的范围

《行政诉讼法》规定，人民法院受理公民、法人或者其他组织提起的下列诉讼：（1）对行政拘留、暂扣或者吊销许可证和执照、责令停产停业、没收违法所得、没收非法财物、罚款、警告等行政处罚不服的；（2）对限制人身自由或者对财产的查封、扣押、冻结等行政强制措施和行政强制执行不服的；（3）申请行政许可，行政机关拒绝或者在法定期限内不予答复，或者对行政机关作出的有关行政许可的其他决定不服的；（4）对行政机关作出的关于确认土地、矿藏、水流、森林、山岭、草原、荒地、滩涂、海域等自然资源的所有权或者使用权的决定不服的；（5）对征收、征用决定及其补偿决定不服的；（6）申请行政机关履行保护人身权、财产权等合法权益的法定职责，行政机关拒绝履行或者不予答复的；（7）认为行政机关侵犯其经营自主权或者农村土地承包经营权、农村土地经营权的；（8）认为行政机关滥用行政权力排除或者限制竞争的；（9）认为行政机关违法集资、摊派费用或者违法要求履行其他义务的；（10）认为行政机关没有依法支付抚恤金、最低生活保障待遇或者社会保险待遇的；（11）认为行政机关不依法履行、未按照约定履行或者违法变更、解除政府特许经营协议、土地房屋征收补偿协议等协议的；（12）认为行政机关侵犯其他人身权、财产权等合法权益的。除上述规定外，人民法院受理法律、法规规定可以提起诉讼的其他行政案件。

《最高人民法院关于审理行政协议案件若干问题的规定》（法释〔2019〕17号）规定，公民、法人或者其他组织就下列行政协议提起行政诉讼的，人民法院应当依法受理：（1）政府特许经营协议；（2）土地、房屋等征收征用补偿协议；（3）矿业权等国有自然资源使用权出让协议；（4）政府投资的保障性住房的租赁、买卖等协议；（5）符合规定的政府与社会资本合作协议；（6）其他行政协议。

2）不予受理的范围

《行政诉讼法》规定，人民法院不受理公民、法人或者其他组织对下列事项提起的诉讼：（1）国防、外交等国家行为；（2）行政法规、规章或者行政机关制定、发布的具有普遍约束力的决定、命令；（3）行政机关对行政机关工作人员的奖惩、任免等决定；（4）法律规定由行政机关最终裁决的行政行为。

《最高人民法院关于适用〈中华人民共和国行政诉讼法〉的解释》（法释〔2018〕1号）进一步规定，公民、法人或者其他组织对行政机关及其工作人员的行政行为不服，依法提起诉讼的，属于人民法院行政诉讼的受案范围。下列行为不属于人民法院行政诉讼的受案范围：（1）公安、国家安全等机关依照刑事诉讼法的明确授权实施的行为；（2）调解行为以及法律规定的仲裁行为；（3）行政指导行为；（4）驳回当事人对行政行为提起申诉的重复处理行为；（5）行政机关作出的不产生外部法律效力的行为；（6）行政机关为作出行政行为而实施的准备、论证、研究、层报、咨询等过程性行为；（7）行政机关根据人民法院的生效裁判、协助执行通知书作出的执行行为，但行政机关扩大执行范围或者采取违法方式实施的除外；（8）上级行政机关基于内部层级监督关系对下级行政机关作出的听取报告、执法检查、督促履责等行为；（9）行政机关针对信访事项作出的登记、受理、交办、转送、复查、复核意见等行为；（10）对公民、法人或者其他组织权利义务不产生实际影响的行为。

《最高人民法院关于审理行政协议案件若干问题的规定》（法释〔2019〕17号）规定，因行政机关订立的下列协议提起诉讼的，不属于人民法院行政诉讼的受案范围：（1）行政机关之间因公务协助等事由而订立的协议；（2）行政机关与其工作人员订立的劳动人事协议。

2. 行政诉讼的法院管辖

行政诉讼管辖是人民法院之间受理第一审行政案件的职权划分，具体明确了各级人民法院以及不同地域、不同专业属性的人民法院受理第一审行政案件的分工和权限。行政诉讼管辖涉及级别管辖和地域管辖，确定的是人民法院对第一审行政案件的分工，第二审行政案件的管辖依第一审管辖结果确定。

1）级别管辖

基层人民法院管辖第一审行政案件。中级人民法院管辖下列第一审行政案件：（1）对国务院部门或者县级以上地方人民政府所作的行政行为提起诉讼的案件；（2）海关处理的案件；（3）本辖区内重大、复杂的案件；（4）其他法律规定由中级人民法院管辖的案件。高级人民法院管辖本辖区内重大、复杂的第一审行政案件。最高人民法院管辖全国范围内重大、复杂的第一审行政案件。

《最高人民法院关于适用〈中华人民共和国行政诉讼法〉的解释》（法释〔2018〕1号）第5条规定，有下列情形之一的，属于行政诉讼法规定的"本辖区内重大、复杂的案件"：（1）社会影响重大的共同诉讼案件；（2）涉外或者涉及香港特别行政区、澳门特别行政区、台湾地区的案件；（3）其他重大、复杂案件。

2）地域管辖

行政案件由最初作出行政行为的行政机关所在地人民法院管辖。经复议的案件，也可以由复议机关所在地人民法院管辖。经最高人民法院批准，高级人民法院可以根据审判工作的实际情况，确定若干人民法院跨行政区域管辖行政案件。

对限制人身自由的行政强制措施不服提起的诉讼，由被告所在地或者原告所在地人民法院管辖。"原告所在地"包括原告的户籍所在地、经常居住地和被限制人身自由地。因不动产提起的行政诉讼，由不动产所在地人民法院管辖。"因不动产提起的行政诉讼"是指因行政行为导致不动产物权变动而提起的诉讼。不动产已登记的，以不动产登记簿记载的所在地为不动产所在地；不动产未登记的，以不动产实际所在地为不动产所在地。

两个以上人民法院都有管辖权的案件，原告可以选择其中一个人民法院提起诉讼。原告向两个以上有管辖权的人民法院提起诉讼的，由最先立案的人民法院管辖。

《最高人民法院关于适用〈中华人民共和国行政诉讼法〉的解释》规定，各级人民法院行政审判庭审理行政案件和审查行政机关申请执行其行政行为的案件。专门人民法院、人民法庭不审理行政案件，也不审查和执行行政机关申请执行其行政行为的案件。铁路运输法院等专门人民法院审理行政案件，应当执行行政诉讼法的规定。

3）移送管辖与指定管辖

人民法院发现受理的案件不属于本院管辖的，应当移送有管辖权的人民法院，受移送的人民法院应当受理。受移送的人民法院认为受移送的案件按照规定不属于本院管辖的，应当报请上级人民法院指定管辖，不得再自行移送。

有管辖权的人民法院由于特殊原因不能行使管辖权的，由上级人民法院指定管辖。人民法院对管辖权发生争议，由争议双方协商解决。协商不成的，报它们的共同上级人民法院指定管辖。

4）管辖转移与管辖权异议

上级人民法院有权审理下级人民法院管辖的第一审行政案件。下级人民法院对其管辖的第一审行政案件，认为需要由上级人民法院审理或者指定管辖的，可以报请上级人民法院决定。

人民法院受理案件后，被告提出管辖异议的，应当在收到起诉状副本之日起15日内提出。对当事人提出的管辖异议，人民法院应当进行审查。异议成立的，裁定将案件移送有管辖权的人民法院；异议不成立的，裁定驳回。人民法院对管辖异议审查后确定有管辖权的，不因当事人增加或者变更诉讼请求等改变管辖，但违反级别管辖、专属管辖规定的除外。有下列情形之一的，人民法院不予审查：（1）人民法院发回重审或者按第一审程序再审的案件，当事人提出管辖异议的；（2）当事人在第一审程序中未按照法律规定的期限和形式提出管辖异议，在第二审程序中提出的。

10.5.2 行政诉讼参加人

行政诉讼参加人是指在整个或部分诉讼过程中参加行政诉讼，对行政诉讼程序能够产生重大影响的人。诉讼参加人是诉讼权利义务的主要承担者，是进行诉讼活动的基本主体。诉讼参加人包括原告、被告、第三人、共同诉讼人和诉讼代理人。诉讼当事人是指因发生行政争议，以自己名义进行诉讼，并受人民法院裁判拘束的主体。诉讼当事人包括原告、公益诉讼起诉人、被告、第三人、共同诉讼人。诉讼当事人与诉讼代理人共同构成诉讼参加人。

1. 行政诉讼原告

行政诉讼的原告是指认为自己的合法权益受到行政主体的行政行为侵犯或者实质影响而向人民法院提起诉讼的人，包括公民、法人或者其他组织。

《行政诉讼法》规定，行政行为的相对人以及其他与行政行为有利害关系的公民、法人或者其他组织，有权提起诉讼。有权提起诉讼的公民死亡，其近亲属可以提起诉讼。有权提起诉讼的法人或者其他组织终止，承受其权利的法人或者其他组织可以提起诉讼。

《最高人民法院关于适用〈中华人民共和国行政诉讼法〉的解释》规定，有下列情形之一的，属于行政诉讼法规定的"与行政行为有利害关系"：（1）被诉的行政行为涉及其相邻权或者公平竞争权的；（2）在行政复议等行政程序中被追加为第三人的；（3）要求行政机关依法追究加害人法律责任的；（4）撤销或者变更行政行为涉及其合法权益的；（5）为维护自身合法权益向行政机关投诉，具有处理投诉职责的行政机关作出或者未作出处理的；（6）其他与行政行为有利害关系的情形。行政诉讼法规定的"近亲属"包括配偶、父母、子女、兄弟姐妹、祖父母、外祖父母、孙子女、外孙子女和其他具有扶养、赡养关系的亲属。公民因被限制人身自由而不能提起诉讼的，其近亲属可以依其口头或者书面委托以该公民的名义提起诉讼。近亲属起诉时无法与被限制人身自由的公民取得联系，近亲属可以先行起诉，并在诉讼中补充提交委托证明。

2. 行政公益诉讼起诉人

人民检察院在履行职责中发现生态环境和资源保护、食品药品安全、国有财产保护、国有土地使用权出让等领域负有监督管理职责的行政机关违法行使职权或者不作为，致使国家利益或者社会公共利益受到侵害的，应当向行政机关提出检察建议，督促其依法履行职责。行政机关不依法履行职责的，人民检察院依法向人民法院提起诉讼。行政机关应当在收到检察建议书之日起2个月内依法履行职责，并书面回复人民检察院。出现国家利益或者社会公共利益损害继续扩大等紧急情形的，行政机关应当在15日内书面回复。行政机关不依法履行职责的，人民检察院依法向人民法院提起诉讼。

《最高人民法院、最高人民检察院关于检察公益诉讼案件适用法律若干问题的解释》规定，人民检察院以公益诉讼起诉人身份提起公益诉讼，依照民事诉讼法、行政诉讼法享有相应的诉讼权利，履行相应的诉讼义务，但法律、司法解释另有规定的除外。人民检察院提起行政公益诉讼应当提交下列材料：（1）行政公益诉讼起诉书，并按照被告人数提出副本；（2）被告违法行使职权或者不作为，致使国家利益或者社会公共利益受到侵害的证明材料；（3）已经履行诉前程序，行政机关仍不依法履行职责或者纠正违法行为的证明材料。

3. 行政诉讼被告

行政诉讼被告是指原告指控其行政行为违法，侵犯原告合法权益，并经人民法院通知应诉的具有国家行政职权的机关和组织。《行政诉讼法》第26条规定，公民、法人或者其他组织直接向人民法院提起诉讼的，作出行政行为的行政机关是被告。两个以上行政机关作出同一行政行为的，共同作出行政行为的行政机关是共同被告。行政机关被撤销或者职权变更的，继续行使其职权的行政机关是被告。

1）委托行政的被告确认

行政机关委托的组织所作的行政行为，委托的行政机关是被告。没有法律、法规或者规章规定，行政机关授权其内设机构、派出机构或者其他组织行使行政职权的，属于《行政诉讼法》规定的委托。当事人不服提起诉讼的，应当以该行政机关为被告。

2）经过行政复议案件的被告确认

经复议的案件，复议机关决定维持原行政行为的，作出原行政行为的行政机关和复议机关是共同被告；复议机关改变原行政行为的，复议机关是被告。复议机关在法定期限内未作出复议决定，公民、法人或者其他组织起诉原行政行为的，作出原行政行为的行政机关是被告；起诉复议机关不作为的，复议机关是被告。

3）经上级机关批准而作出行政行为的被告确认

当事人不服经上级行政机关批准的行政行为，向人民法院提起诉讼的，以在对外发生法律效力的文书上署名的机关为被告。

4）内部机构或派出机构的被告确认

行政机关组建并赋予行政管理职能但不具有独立承担法律责任能力的机构，以自己的名义作出行政行为，当事人不服提起诉讼的，应当以组建该机构的行政机关为被告。法律、法规或者规章授权行使行政职权的行政机关内设机构、派出机构或者其他组织,超出法定授权范围实施行政行为,当事人不服提起诉讼的,应当以实施该行为的机构或者组织为被告。

5)开发区管理机构及其职能部门的被告确认

当事人对由国务院、省级人民政府批准设立的开发区管理机构作出的行政行为不服提起诉讼的,以该开发区管理机构为被告;对由国务院、省级人民政府批准设立的开发区管理机构所属职能部门作出的行政行为不服提起诉讼的,以其职能部门为被告;对其他开发区管理机构所属职能部门作出的行政行为不服提起诉讼的,以开发区管理机构为被告;开发区管理机构没有行政主体资格的,以设立该机构的地方人民政府为被告。

6)村委会和居委会的被告确认

当事人对村民委员会或者居民委员会依据法律、法规、规章的授权履行行政管理职责的行为不服提起诉讼的,以村民委员会或者居民委员会为被告。当事人对村民委员会、居民委员会受行政机关委托作出的行为不服提起诉讼的,以委托的行政机关为被告。

7)事业单位和行业协会的被告确认

当事人对高等学校等事业单位以及律师协会、注册会计师协会等行业协会依据法律、法规、规章的授权实施的行政行为不服提起诉讼的,以该事业单位、行业协会为被告。当事人对高等学校等事业单位以及律师协会、注册会计师协会等行业协会受行政机关委托作出的行为不服提起诉讼的,以委托的行政机关为被告。

8)房屋征收与补偿工作中的被告确认

市、县级人民政府确定的房屋征收部门组织实施房屋征收与补偿工作过程中作出行政行为,被征收人不服提起诉讼的,以房屋征收部门为被告。

征收实施单位受房屋征收部门委托,在委托范围内从事的行为,被征收人不服提起诉讼的,应当以房屋征收部门为被告。

4. 行政诉讼第三人

《行政诉讼法》规定,公民、法人或者其他组织同被诉行政行为有利害关系但没有提起诉讼,或者同案件处理结果有利害关系的,可以作为第三人申请参加诉讼,或者由人民法院通知参加诉讼。人民法院判决第三人承担义务或者减损第三人权益的,第三人有权依法提起上诉。

《最高人民法院关于适用〈中华人民共和国行政诉讼法〉的解释》规定,应当追加的原告,已明确表示放弃实体权利的,可不予追加;既不愿意参加诉讼,又不放弃实体权利的,应追加为第三人,其不参加诉讼,不能阻碍人民法院对案件的审理和裁判。行政机关的同一行政行为涉及两个以上利害关系人,其中一部分利害关系人对行政行为不服提起诉讼,人民法院应当通知没有起诉的其他利害关系人作为第三人参加诉讼。与行政案件处理结果有利害关系的第三人,可以申请参加诉讼,或者由人民法院通知其参加诉讼。人民法院判决其承担义务或者减损其权益的第三人,有权提出上诉或者申请再审。行政诉讼法规定的第三人,因不能归责于本人的事由未参加诉讼,但有证据证明发生法律效力的判决、裁定、调解书损害其合法权益的,可以依照行政诉讼法的规定,自知道或者应当知道其合法权益受到损害之日起6个月内,向上一级人民法院申请再审。

5. 共同诉讼人

当事人一方或者双方为2人以上，因同一行政行为发生的行政案件，或者因同类行政行为发生的行政案件、人民法院认为可以合并审理并经当事人同意的，为共同诉讼。必须共同进行诉讼的当事人没有参加诉讼的，人民法院应当依法通知其参加；当事人也可以向人民法院申请参加。人民法院应当对当事人提出的申请进行审查，申请理由不成立的，裁定驳回；申请理由成立的，书面通知其参加诉讼。

当事人一方人数众多的共同诉讼，可以由当事人推选代表人进行诉讼。代表人的诉讼行为对其所代表的当事人发生效力，但代表人变更、放弃诉讼请求或者承认对方当事人的诉讼请求，应当经被代表的当事人同意。"人数众多"，一般指10人以上。当事人一方人数众多的，由当事人推选代表人。当事人推选不出的，可以由人民法院在起诉的当事人中指定代表人。

6. 诉讼代理人

没有诉讼行为能力的公民，由其法定代理人代为诉讼。法定代理人互相推诿代理责任的，由人民法院指定其中一人代为诉讼。当事人、法定代理人，可以委托一至二人作为诉讼代理人。下列人员可以被委托为诉讼代理人：（1）律师、基层法律服务工作者；（2）当事人的近亲属或者工作人员；（3）当事人所在社区、单位以及有关社会团体推荐的公民。

代理诉讼的律师，有权按照规定查阅、复制本案有关材料，有权向有关组织和公民调查、收集与本案有关的证据。对涉及国家秘密、商业秘密和个人隐私的材料，应当依照法律规定保密。当事人和其他诉讼代理人有权按照规定查阅、复制本案庭审材料，但涉及国家秘密、商业秘密和个人隐私的内容除外。

10.5.3 行政诉讼证据的种类和举证责任

1. 行政诉讼证据的种类

证据包括：（1）书证；（2）物证；（3）视听资料；（4）电子数据；（5）证人证言；（6）当事人的陈述；（7）鉴定意见；（8）勘验笔录、现场笔录。以上证据经法庭审查属实，才能作为认定案件事实的根据。

2. 举证责任

1）被告的举证责任

被告对作出的行政行为负有举证责任，应当提供作出该行政行为的证据和所依据的规范性文件。被告不提供或者无正当理由逾期提供证据，视为没有相应证据。但是，被诉行政行为涉及第三人合法权益，第三人提供证据的除外。在诉讼过程中，被告及其诉讼代理人不得自行向原告、第三人和证人收集证据。

被告在作出行政行为时已经收集了证据，但因不可抗力等正当事由不能提供的，经人民法院准许，可以延期提供。原告或者第三人提出了其在行政处理程序中没有提出的理由或者证据的，经人民法院准许，被告可以补充证据。原告可以提供证明行政行为违法的证据。原告提供的证据不成立的，不免除被告的举证责任。

2）原告的举证责任

在起诉被告不履行法定职责的案件中，原告应当提供其向被告提出申请的证据。

但有下列情形之一的除外：（1）被告应当依职权主动履行法定职责的；（2）原告因正当理由不能提供证据的。在行政赔偿、补偿的案件中，原告应当对行政行为造成的损害提供证据。因被告的原因导致原告无法举证的，由被告承担举证责任。《最高人民法院关于适用〈中华人民共和国行政诉讼法〉的解释》规定，在行政赔偿、补偿案件中，因被告的原因导致原告无法就损害情况举证的，应当由被告就该损害情况承担举证责任。对于各方主张损失的价值无法认定，应当由负有举证责任的一方当事人申请鉴定，但法律、法规、规章规定行政机关在作出行政行为时依法应当评估或者鉴定的除外；负有举证责任的当事人拒绝申请鉴定的，由其承担不利的法律后果。当事人的损失因客观原因无法鉴定的，人民法院应当结合当事人的主张和在案证据，遵循法官职业道德，运用逻辑推理和生活经验、生活常识等，酌情确定赔偿数额。

3）补充证据与调取证据

人民法院有权要求当事人提供或者补充证据。对当事人无争议，但涉及国家利益、公共利益或者他人合法权益的事实，人民法院可以责令当事人提供或者补充有关证据。

人民法院有权向有关行政机关以及其他组织、公民调取证据。但是，不得为证明行政行为的合法性调取被告作出行政行为时未收集的证据。与本案有关的下列证据，原告或者第三人不能自行收集的，可以申请人民法院调取：（1）由国家机关保存而须由人民法院调取的证据；（2）涉及国家秘密、商业秘密和个人隐私的证据；（3）确因客观原因不能自行收集的其他证据。在证据可能灭失或者以后难以取得的情况下，诉讼参加人可以向人民法院申请保全证据，人民法院也可以主动采取保全措施。

4）证据的质证

能够反映案件真实情况、与待证事实相关联、来源和形式符合法律规定的证据，应当作为认定案件事实的根据。证据应当在法庭上出示，并由当事人互相质证。对涉及国家秘密、商业秘密和个人隐私的证据，不得在公开开庭时出示。人民法院应当按照法定程序，全面、客观地审查核实证据。对未采纳的证据应当在裁判文书中说明理由。以非法手段取得的证据，不得作为认定案件事实的根据。

有下列情形之一的，属于《行政诉讼法》规定的"以非法手段取得的证据"：（1）严重违反法定程序收集的证据材料；（2）以违反法律强制性规定的手段获取且侵害他人合法权益的证据材料；（3）以利诱、欺诈、胁迫、暴力等手段获取的证据材料。

10.5.4 行政诉讼的起诉和受理

1. 起诉

1）起诉的程序条件

对属于人民法院受案范围的行政案件，公民、法人或者其他组织可以先向行政机关申请复议，对复议决定不服的，再向人民法院提起诉讼；也可以直接向人民法院提起诉讼。法律、法规规定应当先向行政机关申请复议，对复议决定不服再向人民法院提起诉讼的，依照法律、法规的规定。法律、法规规定应当先申请复议，公民、法人或者其他组织未申请复议直接提起诉讼的，人民法院裁定不予立案。

公民、法人或者其他组织不服复议决定的，可以在收到复议决定书之日起15日内向人民法院提起诉讼。复议机关逾期不作决定的，申请人可以在复议期满之日起15日内向人民法院提起诉讼。法律另有规定的除外。复议机关不受理复议申请或者在法定期限内不作出复议决定，公民、法人或者其他组织不服，依法向人民法院提起诉讼的，人民法院应当依法立案。

2）起诉的时间条件

公民、法人或者其他组织直接向人民法院提起诉讼的，应当自知道或者应当知道作出行政行为之日起 6 个月内提出。法律另有规定的除外。因不动产提起诉讼的案件自行政行为作出之日起超过 20 年，其他案件自行政行为作出之日起超过 5 年提起诉讼的，人民法院不予受理。公民、法人或者其他组织不知道行政机关作出的行政行为内容的，其起诉期限从知道或者应当知道该行政行为内容之日起计算，但最长不得超过规定的起诉期限。

公民、法人或者其他组织申请行政机关履行保护其人身权、财产权等合法权益的法定职责，行政机关在接到申请之日起 2 个月内不履行的，公民、法人或者其他组织可以向人民法院提起诉讼。法律、法规对行政机关履行职责的期限另有规定的，从其规定。公民、法人或者其他组织在紧急情况下请求行政机关履行保护其人身权、财产权等合法权益的法定职责，行政机关不履行的，提起诉讼不受上述规定期限的限制。公民、法人或者其他组织因不可抗力或者其他不属于其自身的原因耽误起诉期限的，被耽误的时间不计算在起诉期限内。公民、法人或者其他组织因上述规定以外的其他特殊情况耽误起诉期限的，在障碍消除后 10 日内，可以申请延长期限，是否准许由人民法院决定。

3）起诉的一般条件

提起诉讼应当符合下列条件：（1）原告是符合规定的公民、法人或者其他组织；（2）有明确的被告；（3）有具体的诉讼请求和事实根据；（4）属于人民法院受案范围和受诉人民法院管辖。"有具体的诉讼请求"是指：（1）请求判决撤销或者变更行政行为；（2）请求判决行政机关履行特定法定职责或者给付义务；（3）请求判决确认行政行为违法；（4）请求判决确认行政行为无效；（5）请求判决行政机关予以赔偿或者补偿；（6）请求解决行政协议争议；（7）请求一并审查规章以下规范性文件；（8）请求一并解决相关民事争议；（9）其他诉讼请求。当事人单独或者一并提起行政赔偿、补偿诉讼的，应当有具体的赔偿、补偿事项以及数额；请求一并审查规章以下规范性文件的，应当提供明确的文件名称或者审查对象；请求一并解决相关民事争议的，应当有具体的民事诉讼请求。当事人未能正确表达诉讼请求的，人民法院应当要求其明确诉讼请求。

4）起诉的形式条件

起诉应当向人民法院递交起诉状，并按照被告人数提出副本。书写起诉状确有困难的，可以口头起诉，由人民法院记入笔录，出具注明日期的书面凭证，并告知对方当事人。

2. 受理

人民法院在接到起诉状时对符合法律规定的起诉条件的，应当登记立案。对当场不能判定是否符合法律规定的起诉条件的，应当接收起诉状，出具注明收到日期的书面凭证，并在 7 日内决定是否立案。不符合起诉条件的，作出不予立案的裁定。裁定书应当载明不予立案的理由。原告对裁定不服的，可以提起上诉。起诉状内容欠缺或者有其他错误的，应当给予指导和释明，并一次性告知当事人需要补正的内容。不得未经指导和释明即以起诉不符合条件为由不接收起诉状。对于不接收起诉状、接收起诉状后不出具书面凭证，以及不一次性告知当事人需要补正的起诉状内容的，当事人可以向上级人民法院投诉，上级人民法院应当责令改正，并对直接负责的主管人员和其他直接责任人员依法给予处分。

人民法院既不立案，又不作出不予立案裁定的，当事人可以向上一级人民法院起诉。上一级人民法院认为符合起诉条件的，应当立案、审理，也可以指定其他下级人民法院立案、审理。

公民、法人或者其他组织认为行政行为所依据的国务院部门和地方人民政府及其部门制定的规范性文件不合法，在对行政行为提起诉讼时，可以一并请求对该规范性文件进行审查。

10.5.5 行政诉讼的审理、判决和执行

1. 行政诉讼的审理和判决

1）一般规定

人民法院公开审理行政案件，但涉及国家秘密、个人隐私和法律另有规定的除外。涉及商业秘密的案件，当事人申请不公开审理的，可以不公开审理。

诉讼期间，不停止行政行为的执行。但有下列情形之一的，裁定停止执行：（1）被告认为需要停止执行的；（2）原告或者利害关系人申请停止执行，人民法院认为该行政行为的执行会造成难以弥补的损失，并且停止执行不损害国家利益、社会公共利益的；（3）人民法院认为该行政行为的执行会给国家利益、社会公共利益造成重大损害的；（4）法律、法规规定停止执行的。当事人对停止执行或者不停止执行的裁定不服的，可以申请复议一次。

经人民法院传票传唤，原告无正当理由拒不到庭，或者未经法庭许可中途退庭的，可以按照撤诉处理；被告无正当理由拒不到庭，或者未经法庭许可中途退庭的，可以缺席判决。

人民法院审理行政案件，不适用调解。但是，行政赔偿、补偿以及行政机关行使法律、法规规定的自由裁量权的案件可以调解。调解应当遵循自愿、合法原则，不得损害国家利益、社会公共利益和他人合法权益。

在涉及行政许可、登记、征收、征用和行政机关对民事争议所作的裁决的行政诉讼中，当事人申请一并解决相关民事争议的，人民法院可以一并审理。在行政诉讼中，人民法院认为行政案件的审理需以民事诉讼的裁判为依据的，可以裁定中止行政诉讼。

人民法院对行政案件宣告判决或者裁定前，原告申请撤诉的，或者被告改变其所作的行政行为，原告同意并申请撤诉的，是否准许，由人民法院裁定。

人民法院审理行政案件，以法律和行政法规、地方性法规为依据。地方性法规适用于本行政区域内发生的行政案件。人民法院审理民族自治地方的行政案件，并以该民族自治地方的自治条例和单行条例为依据。人民法院审理行政案件，参照规章。

人民法院在审理行政案件中，经审查认为规定的规范性文件不合法的，不作为认定行政行为合法的依据，并向制定机关提出处理建议。

2）第一审普通程序

（1）庭前准备

人民法院应当在立案之日起 5 日内，将起诉状副本发送被告。被告应当在收到起诉状副本之日起 15 日内向人民法院提交作出行政行为的证据和所依据的规范性文件，并提出答辩状。人民法院应当在收到答辩状之日起 5 日内，将答辩状副本发送原告。被告不提出答辩状的，不影响人民法院审理。人民法院审理行政案件，由审判员组成合议庭，或者由审判员、陪审员组成合议庭。合议庭的成员，应当是 3 人以上的单数。

（2）判决

行政案件的判决可以分为以下几种类型。

① 驳回诉讼请求判决。行政行为证据确凿，适用法律、法规正确，符合法定程序的，或者原告申请被告履行法定职责或者给付义务理由不成立的，人民法院判决驳回原告的诉讼请求。

② 撤销判决。行政行为有下列情形之一的，人民法院判决撤销或者部分撤销，并可以判决被告重新作出行政行为：第一，主要证据不足的；第二，适用法律、法规错误的；第三，违反法定程序的；第四，超越职权的；第五，滥用职权的；第六，明显不当的。人民法院判决被告重新作出行政行为的，被告不得以同一的事实和理由作出与原行政行为基本相同的行政行为。

③ 履行判决。人民法院经过审理，查明被告不履行法定职责的，判决被告在一定期限内履行。人民法院经过审理，查明被告依法负有给付义务的，判决被告履行给付义务。

④ 变更判决。行政处罚明显不当，或者其他行政行为涉及对款额的确定、认定确有错误的，人民法院可以判决变更。人民法院判决变更，不得加重原告的义务或者减损原告的权益。但利害关系人同为原告，且诉讼请求相反的除外。被告不依法履行、未按照约定履行或者违法变更、解除规定的协议的，人民法院判决被告承担继续履行、采取补救措施或者赔偿损失等责任。被告变更、解除规定的协议合法，但未依法给予补偿的，人民法院判决给予补偿。复议机关与作出原行政行为的行政机关为共同被告的案件，人民法院应当对复议决定和原行政行为一并作出裁判。

⑤ 确认判决。行政行为有下列情形之一的，人民法院判决确认违法，但不撤销行政行为：第一，行政行为依法应当撤销，但撤销会给国家利益、社会公共利益造成重大损害的；第二，行政行为程序轻微违法，但对原告权利不产生实际影响的。行政行为有下列情形之一，不需要撤销或者判决履行的，人民法院判决确认违法：第一，行政行为违法，但不具有可撤销内容的；第二，被告改变原违法行政行为，原告仍要求确认原行政行为违法的；第三，被告不履行或者拖延履行法定职责，判决履行没有意义的。行政行为有实施主体不具有行政主体资格或者没有依据等重大且明显违法情形，原告申请确认行政行为无效的，人民法院判决确认无效。人民法院判决确认违法或者无效的，可以同时判决责令被告采取补救措施；给原告造成损失的，依法判决被告承担赔偿责任。

人民法院对公开审理和不公开审理的案件，一律公开宣告判决。当庭宣判的，应当在 10 日内发送判决书；定期宣判的，宣判后立即发给判决书。宣告判决时，必须告知当事人上诉权利、上诉期限和上诉的人民法院。人民法院应当在立案之日起 6 个月内作出第一审判决。有特殊情况需要延长的,由高级人民法院批准,高级人民法院审理第一审案件需要延长的,由最高人民法院批准。

3)简易程序

人民法院审理下列第一审行政案件,认为事实清楚、权利义务关系明确、争议不大的,可以适用简易程序:(1)被诉行政行为是依法当场作出的;(2)案件涉及款额2000元以下的;(3)属于政府信息公开案件的。除上述规定以外的第一审行政案件,当事人各方同意适用简易程序的,可以适用简易程序。发回重审、按照审判监督程序再审的案件不适用简易程序。

适用简易程序审理的行政案件,由审判员一人独任审理,并应当在立案之日起45日内审结。人民法院在审理过程中,发现案件不宜适用简易程序的,裁定转为普通程序。

4)第二审程序

当事人不服人民法院第一审判决的,有权在判决书送达之日起15日内向上一级人民法院提起上诉。当事人不服人民法院第一审裁定的,有权在裁定书送达之日起10日内向上一级人民法院提起上诉。逾期不提起上诉的,人民法院的第一审判决或者裁定发生法律效力。

人民法院对上诉案件,应当组成合议庭,开庭审理。经过阅卷、调查和询问当事人,对没有提出新的事实、证据或者理由,合议庭认为不需要开庭审理的,也可以不开庭审理。人民法院审理上诉案件,应当对原审人民法院的判决、裁定和被诉行政行为进行全面审查。

人民法院审理上诉案件,应当在收到上诉状之日起3个月内作出终审判决。有特殊情况需要延长的,由高级人民法院批准,高级人民法院审理上诉案件需要延长的,由最高人民法院批准。

人民法院审理上诉案件,按照下列情形,分别处理:(1)原判决、裁定认定事实清楚,适用法律、法规正确的,判决或者裁定驳回上诉,维持原判决、裁定;(2)原判决、裁定认定事实错误或者适用法律、法规错误的,依法改判、撤销或者变更;(3)原判决认定基本事实不清、证据不足的,发回原审人民法院重审,或者查清事实后改判;(4)原判决遗漏当事人或者违法缺席判决等严重违反法定程序的,裁定撤销原判决,发回原审人民法院重审。原审人民法院对发回重审的案件作出判决后,当事人提起上诉的,第二审人民法院不得再次发回重审。人民法院审理上诉案件,需要改变原审判决的,应当同时对被诉行政行为作出判决。

5)审判监督程序

当事人对已经发生法律效力的判决、裁定,认为确有错误的,可以向上一级人民法院申请再审,但判决、裁定不停止执行。

当事人的申请符合下列情形之一的,人民法院应当再审:(1)不予立案或者驳回起诉确有错误的;(2)有新的证据,足以推翻原判决、裁定的;(3)原判决、裁定认定事实的主要证据不足、未经质证或者系伪造的;(4)原判决、裁定适用法律、法规确有错误的;(5)违反法律规定的诉讼程序,可能影响公正审判的;(6)原判决、裁定遗漏诉讼请求的;(7)据以作出原判决、裁定的法律文书被撤销或者变更的;(8)审判人员在审理该案件时有贪污受贿、徇私舞弊、枉法裁判行为的。

各级人民法院院长对本院已经发生法律效力的判决、裁定，发现有《行政诉讼法》规定情形之一，或者发现调解违反自愿原则或者调解书内容违法，认为需要再审的，应当提交审判委员会讨论决定。最高人民法院对地方各级人民法院已经发生法律效力的判决、裁定，上级人民法院对下级人民法院已经发生法律效力的判决、裁定，发现有《行政诉讼法》规定情形之一，或者发现调解违反自愿原则或者调解书内容违法的，有权提审或者指令下级人民法院再审。

最高人民检察院对各级人民法院已经发生法律效力的判决、裁定，上级人民检察院对下级人民法院已经发生法律效力的判决、裁定，发现有《行政诉讼法》规定情形之一，或者发现调解书损害国家利益、社会公共利益的，应当提出抗诉。地方各级人民检察院对同级人民法院已经发生法律效力的判决、裁定，发现有《行政诉讼法》规定情形之一，或者发现调解书损害国家利益、社会公共利益的，可以向同级人民法院提出检察建议，并报上级人民检察院备案；也可以提请上级人民检察院向同级人民法院提出抗诉。各级人民检察院对审判监督程序以外的其他审判程序中审判人员的违法行为，有权向同级人民法院提出检察建议。

2. 行政诉讼的执行

行政诉讼中的执行，是指人民法院和其他国家机关及其工作人员依照法定的程序，运用法定的强制手段，迫使行政诉讼当事人履行人民法院已经发生法律效力的裁判的活动。当事人必须履行人民法院发生法律效力的判决、裁定、调解书。

公民、法人或者其他组织拒绝履行判决、裁定、调解书的，行政机关或者第三人可以向第一审人民法院申请强制执行，或者由行政机关依法强制执行。行政机关拒绝履行判决、裁定、调解书的，第一审人民法院可以采取下列措施：（1）对应当归还的罚款或者应当给付的款额，通知银行从该行政机关的账户内划拨；（2）在规定期限内不履行的，从期满之日起，对该行政机关负责人按日处50元至100元的罚款；（3）将行政机关拒绝履行的情况予以公告；（4）向监察机关或者该行政机关的上一级行政机关提出司法建议。接受司法建议的机关，根据有关规定进行处理，并将处理情况告知人民法院；（5）拒不履行判决、裁定、调解书，社会影响恶劣的，可以对该行政机关直接负责的主管人员和其他直接责任人员予以拘留；情节严重，构成犯罪的，依法追究刑事责任。

公民、法人或者其他组织对行政行为在法定期限内不提起诉讼又不履行的，行政机关可以申请人民法院强制执行，或者依法强制执行。《最高人民法院关于适用〈中华人民共和国行政诉讼法〉的解释》规定，行政机关申请执行其行政行为，应当具备以下条件：（1）行政行为依法可以由人民法院执行；（2）行政行为已经生效并具有可执行内容；（3）申请人是作出该行政行为的行政机关或者法律、法规、规章授权的组织；（4）被申请人是该行政行为所确定的义务人；（5）被申请人在行政行为确定的期限内或者行政机关催告期限内未履行义务；（6）申请人在法定期限内提出申请；（7）被申请执行的行政案件属于受理执行申请的人民法院管辖。行政机关申请人民法院执行，应当提交行政强制法规定的相关材料。人民法院对符合条件的申请，应当在5日内立案受理，并通知申请人；对不符合条件的申请，应当裁定不予受理。行政机关对不予受理裁定有异议，在15日内向上一级人民法院申请复议的，上一级人民法院应当在收到复议申请之日起15日内作出裁定。